CARTAS SOBRE
"O CAPITAL"

KARL MARX
&
FRIEDRICH ENGELS

CARTAS SOBRE
"O CAPITAL"

Tradução de Leila Escorsim

Revisão técnica e apresentação de José Paulo Netto

Edição aos cuidados de Miguel Yoshida

1ª edição

EXPRESSÃO POPULAR

São Paulo – 2020

Copyright © 2020, by Editora Expressão Popular

Revisão: *Aline Piva e Lia Urbini*
Projeto gráfico: *Zap Design*
Diagramação: *Gustavo Motta*
Capa: a partir de A. Rodchenko, *Natureza-morta com Leica e caderno*, 1930
Impressão e acabamento: *Gráfica Paym*

Dados Internacionais de Catalogação-na-Publicação (CIP)

M392c	Marx, Karl, 1818-1883
	  Cartas sobre o capital / Karl Marx e Friedrich Engels ; tradução de Leila Escorsim ; revisão técnica e apresentação de José Paulo Netto. –1.ed. —São Paulo: Expressão Popular, 2020.
	  480 p. : il.
	
	  ISBN 978-65-5891-009-1
	
	  1. O Capital. 2. Economia política – Crítica. I. Engels, Friedrich. II. Escorsim, Leila. III. Paulo Netto, José. IV. Título.
	
	CDU 330.14
	335.412

Catalogação na Publicação: Eliane M. S. Jovanovich CRB 9/1250

1ª edição: dezembro de 2020

EDITORA EXPRESSÃO POPULAR LTDA.
Rua Abolição, 201 – Bela Vista
CEP 01319-010 – São Paulo – SP
Tel: (11) 3112-0941 / 3105-9500
livraria@expressaopopular.com.br
www.facebook.com/ed.expressaopopular
www.expressaopopular.com.br

SUMÁRIO

NOTA EDITORIAL 11

APRESENTAÇÃO.. 15
José Paulo Netto

CARTAS SOBRE "*O CAPITAL*"

1845

1. Engels a Marx – *Barmen, 20 de janeiro* 43

1846

2. Marx a C. F. J. Leske – *Bruxelas, 1º de agosto*................................. 47
3. Engels a Marx – *Paris, 18 de setembro* 50
4. Marx a P. V. Annenkov – *Bruxelas, 28 de dezembro*....................... 52

1851

5. Marx a Engels – *Londres, 7 de janeiro* 65
6. Engels a Marx – *Manchester, 29 de janeiro* 69
7. Marx a Engels – *Londres, 3 de fevereiro* 71
8. Engels a Marx – *Manchester, 25 de fevereiro* 77
9. Marx a Engels – *Londres, 2 de abril*.. 79
10. Engels a Marx – *Manchester, 3 de abril* 79
11. Marx a Engels – *Londres, 14 de agosto*... 81
12. Marx a Engels – *Londres, 13 de outubro* 84

1852

13. Marx a J. A. Weydemeyer – *Londres, 5 de março*........................... 87
14. Marx a A. Cluss – *Londres, 7 de dezembro* 90

1853

15. Marx a Engels – *Londres, 2 de junho*.. 93
16. Engels a Marx – *Manchester, 6 de junho* 94
17. Marx a Engels – *Londres, 14 de junho*.. 95
18. Marx a A. Cluss – *Londres, 15 de setembro* 100

1857

19. Marx a Engels – *Londres, 10 de janeiro*....................................... 101
20. Marx a Engels – *Londres, 23 de abril*.. 102
21. Engels a Marx – *Manchester, 7 de dezembro* 102
22. Engels a Marx – *Manchester, 9 de dezembro* 106
23. Engels a Marx – *Manchester, 11 de dezembro* 107
24. Engels a Marx – *Manchester, 17 de dezembro* 110
25. Marx a Engels – *Londres, 18 de dezembro*................................... 112
26. Marx a Ferdinand Lassalle – *Londres, 21 de dezembro* 113

1858

27. Marx a Engels – *Londres, 16 de janeiro*.. 115
28. Marx a Engels – *Londres, 29 de janeiro* 116
29. Marx a Ferdinand Lassalle – *Londres, 22 de fevereiro*................................. 116
30. Marx a Engels – *Londres, 2 de março*... 119
31. Engels a Marx – *Manchester, 4 de março*.. 119
32. Marx a Engels – *Londres, 5 de março*.. 121
33. Marx a Ferdinand Lassalle – *Londres, 11 de março*...................................... 124
34. Marx a Engels – *Londres, 2 de abril*.. 125
35. Engels a Marx – *Manchester, 9 de abril* 131
36. Marx a Engels – *Londres, 31 de maio* 131
37. Marx a Ferdinand Lassalle – *Londres, 12 de novembro* 132
38. Marx a Engels – *Londres, 29 de novembro*... 133

1859

39. Marx a Engels – *Londres, 13 de janeiro*.. 135
40. Marx a J. A. Weydemeyer – *Londres, 1º de fevereiro*.................................... 136
41. Marx a Engels – *Londres, 25 de fevereiro* 139
42. Marx a Ferdinand Lassalle – *Londres, 28 de março* 143
43. Marx a Engels – *Londres, 22 de julho* 144
44. Marx a Ferdinand Lassalle – *Londres, 6 de novembro*.................................. 144

1860

45. Engels a Marx – *Manchester, 31 de janeiro* 147
46. Marx a Ferdinand Lassalle – *Londres, 15 de setembro*.................................. 149

1862

47. Marx a Engels – *Londres, 6 de março* 151
48. Marx a Ferdinand Lassalle – *Londres, 16 de junho*....................................... 152
49. Marx a Engels – *Londres,18 de junho*.. 154
50. Marx a Engels – *Londres, 2 de agosto* 156
51. Marx a Engels – *Londres, 9 de agosto* 161
52. Marx a Engels – *Londres, 20 de agosto* 163
53. Engels a Marx – *Manchester, 9 de setembro*... 164
54. Marx a Ludwig Kugelmann – *Londres, 28 de dezembro*............................... 164

1863

55. Marx a Engels – *Londres, 24 de janeiro*.. 167
56. Marx a Engels – *Londres, 28 de janeiro* 167
57. Marx a Engels – *Londres, 29 de maio*.. 171
58. Marx a Engels – *Londres, 12 de junho* 172
59. Marx a Engels – *Londres, 6 de julho* 174
60. Marx a Engels – *Londres, 15 de agosto* 178

1864

61. Marx a Karl Klings – *Londres, 4 de outubro* 181

1865

62. Marx a Engels – *Londres, 20 de maio* 183
63. Marx a Engels – *Londres, 24 de junho* 185
64. Marx a Engels – *Londres, 31 de julho* 186
65. Marx a Engels – *Londres, 20 de novembro* 186

1866

66. Marx a Engels – *Londres, 10 de fevereiro*... 189
67. Marx a Engels – *Londres, 13 de fevereiro*... 190
68. Marx a Ludwig Kugelmann – *Londres, 23 de agosto* 192
69. Marx a Ludwig Kugelmann – *Londres, 13 de outubro*.................................. 192

1867

70. Marx a Engels – *Londres, 2 de abril*.. 195
71. Engels a Marx – *Manchester, 4 de abril* 195
72. Marx a Engels – *Hamburgo, 13 de abril*.. 196
73. Marx a Johann Philipp Becker – *Hannover, 17 de abril*............... 196
74. Marx a Engels – *Hannover, 24 de abril*.. 197
75. Engels a Marx – *Manchester, 27 de abril* 198
76. Marx a Siegfried Meyer – *Hannover, 30 de abril*.......................... 199
77. Marx a Ludwig Büchner – *Hannover, 1º de maio* 200
78. Marx a Engels – *Hannover, 7 de maio* 201
79. Engels a Marx – *Manchester, 16 de junho* 202
80. Marx a Engels – *Londres, 22 de junho* 203
81. Engels a Marx – *Manchester, 24 de junho* 206
82. Engels a Marx – *Manchester, 26 de junho* 207
83. Marx a Engels – *Londres, 27 de junho* 208
84. Marx a Engels – *Londres, 27 de junho* 209
85. Engels a Marx – *Manchester, 11 de agosto* 213
86. Marx a Engels – *Londres, 14 de agosto* 213
87. Engels a Marx – *Manchester, 15 de agosto* 213
88. Marx a Engels – *[Londres,] 16 de agosto*... 214
89. Engels a Marx – *Manchester, 23 de agosto* 215
90. Marx a Engels – *Londres, 24 de agosto* 216
91. Engels a Marx – *Manchester, 26 de agosto* 218
92. Engels a Marx – *Manchester, 27 de agosto*..................................... 219
93. Engels a Marx – *Manchester, 1 de setembro*.................................. 223
94. Marx a Engels – *Londres, 4 de setembro*... 224
95. Engels a Marx – *Manchester, 11 de setembro* 224
96. Marx a Engels – *Londres, 12 de setembro*....................................... 225
97. Marx a Kugelmann – *Londres, 11 de outubro* 225
98. Engels a Hermann Meyer – *Manchester, 18 de outubro*.............. 226
99. Marx a Engels – *Londres, 2 de novembro* 226
100. Marx a Engels – *Londres, 7 de novembro* 227
101. Engels a Kugelmann – *Manchester, 8 e 20 de novembro*........... 228
102. Engels a Marx – *Manchester, 10 de novembro*............................. 229
103. Marx a Ludwig Kugelmann – *[Londres,] 30 de novembro* 230
104. Marx a Victor Schily – *Londres, 30 de novembro*........................ 231
105. Marx a Engels – *Londres, 7 de dezembro*...................................... 232

1868

106. Marx a Engels – *Londres, 3 de janeiro* 235
107. Engels a Marx – *Manchester, 7 de janeiro* 236
108. Marx a Engels – *Londres, 8 de janeiro* 236
109. Marx a Ludwig Kugelmann – *Londres, 6 de março* 238
110. Marx a Engels – *Londres, 14 de março* 239
111. Marx a Ludwig Kugelmann – *Londres, 17 de março*................... 241
112. Marx a Engels – *Londres, 25 de março* 243
113. Marx a Engels – *Londres, 22 de abril*.. 245
114. Engels a Marx – *Manchester, 26 de abril*....................................... 248
115. Marx a Engels – *Londres, 30 de abril*.. 248
116. Marx a Engels – *Londres, 4 de maio*.. 254
117. Engels a Marx – *Manchester, 6 de maio*... 255
118. Marx a Engels – *Londres, 7 de maio*.. 257
119. Engels a Marx – *Manchester, 10 de maio*....................................... 258
120. Marx a Engels – *Londres, 16 de maio*.. 259
121. Marx a Engels – *Londres, 23 de maio*.. 260
122. Marx a Engels – *Londres, 23 de junho*.. 262
123. Engels a Marx – *Manchester, 2 de julho*... 264
124. Marx a Siegfried Meyer – *Londres, 4 de julho*............................. 264
125. Marx a Engels – *Londres, 11 de julho*.. 265

126. Marx a Ludwig Kugelmann – *Londres, 11 de julho* 267
127. Engels a Marx – *Manchester, 12 de agosto* 270
128. Engels a Marx – *Manchester, 16 de setembro* 270
129. Marx a Engels – *Londres, 16 de setembro* 271
130. Engels a Marx – *Manchester, 18 de setembro* 271
131. Marx a N. F. Danielson – *Londres, 7 de outubro* 272
132. Marx a Engels – *Londres, 10 de outubro* 272
133. Marx a Ludwig Kugelmann – *Londres, 10 de outubro* 273
134. Engels a Marx – *Manchester, 14 de outubro* 274
135. Marx a Engels – *Londres, 15 de outubro* 274
136. Marx a Engels – *Londres, 7 de novembro* 275
137. Marx a Engels – *Londres, 14 de novembro* 276

1869

138. Marx a Ludwig Kugelmann – *Londres, 11 de fevereiro* 277
139. Marx a Engels – *Londres, 1º de março* 278
140. Marx a Engels – *Londres, 20 de março* 279
141. Marx a John M. Ludlow – *Londres, 10 de abril* 279
142. Engels a Marx – *Manchester, 19 de novembro* 280
143. Marx a Engels – *Londres, 26 de novembro* 285
144. Engels a Marx – *Manchester, 29 de novembro* 289
145. Marx a Kugelmann – *Londres, 29 de novembro* 290

1870

146. Marx a César De Paepe – *Londres, 24 de janeiro* 291
147. Marx a Engels – *Londres, 10 de fevereiro* 292
148. Marx a Engels – *Londres, 14 de abril* 293
149. Engels a Marx – *Manchester, 15 de abril* 294
150. Marx a Ludwig Kugelmann – *Londres, 27 de junho* 296

1871

151. Marx a Siegfried Meyer – *Londres, 21 de janeiro* 299
152. Marx a Wilhelm Liebknecht – *Londres, 13 de abril* 300
153. Marx a N. F. Danielson – *Londres, 13 de junho* 300
154. Marx a N. F. Danielson – *Londres, 9 de novembro* 301

1872

155. Marx a Maurice Lachâtre – *Londres, 18 de março* 303
156. Marx a N. F. Danielson – *Londres, 28 de maio* 304
157. Marx a F. A. Sorge – *Londres, 21 de junho* 305
158. Marx a N. F. Danielson – *12 de dezembro* 306

1873

159. Marx a N. F. Danielson – *Londres, 18 de janeiro* 309
160. Marx a Engels – *Manchester, 31 de maio* 309
161. Engels a Marx – *Londres, 29 de novembro* 310

1875

162. Marx a Piotr L. Lavrov – *Londres, 11 de fevereiro* 313
163. Marx a Piotr L. Lavrov – *Londres, 18 de junho* 314
164. Engels a Piotr L. Lavrov – *Londres, 12-17 de novembro* 315

1876

165. Marx a F. A. Sorge – *Londres, 4 de abril* 319

1877

166. Marx a Engels – *Londres, 5 de março* 321
167. Engels a Marx – *Brighton, 6 de março* 322
168. Marx a Engels – *Londres, 7 de março* 322
169. Marx a Engels – *Londres, 25 de julho* 324

170. Marx a Engels – *Londres, 1º de agosto* 325
171. Marx a Sigmund Schott – *Londres, 3 de novembro* 326

1878

172. Engels a Wilhelm Bracke – *Londres, 30 de abril* 327
173. Marx a N. F. Danielson – *Londres, 15 de novembro* 329

1879

174. Marx a N. F. Danielson – *Londres, 10 de abril* 331
175. Marx a Carlo Cafiero – *Londres, 29 de julho* 337

1880

176. Marx a F. Domela Nieuwenhuis – *Londres, 27 de junho* 339

1881

177. Engels a Karl Kautsky – *Londres, 1º de fevereiro* 341
178. Marx a N. F. Danielson – *Londres, 19 de fevereiro* 344
179. Marx a Vera Zassulitch – *Londres, 8 de março* 348
180. Engels a Eduard Bernstein – *Londres, 12 de março* 349
181. Marx a F. A. Sorge – *Londres, 20 de junho* 352

1882

182. Engels a Eduard Bernstein – *Londres, 25-31 de janeiro* 355
183. Engels a Eduard Bernstein – *Londres, 22-25 de fevereiro* 357
184. Engels a Eduard Bernstein – *Londres, 10 de março* 358
185. Engels a Karl Kautsky – *Londres, 12 de setembro* 361
186. Engels a Marx – *Londres, 15 de dezembro* 362

1883

187. Engels a Eduard Bernstein – *Londres, 8 de fevereiro* 363
188. Engels a Eduard Bernstein – *Londres, 10 de fevereiro* 365
189. Engels a Piotr L. Lavrov – *Londres, 2 de abril* 365
190. Engels a F. Domela Nieuwenhuis – *Londres, 11 de abril* 366
191. Engels a F. A. Sorge – *Londres, 29 de junho* 367
192. Engels a August Bebel – *Eastbourne, 30 de agosto* 368
193. Engels a Karl Kautsky – *Londres, 18 de setembro* 369

1884

194. Engels a Piotr L. Lavrov – *Londres, 28 de janeiro* 371
195. Engels a Piotr L. Lavrov – *Londres, 5 de fevereiro* 372
196. Engels a Eduard Bernstein – *Londres, 11 de abril* 373
197. Engels a Karl Kautsky – *Londres, 26 de abril* 375
198. Engels a Karl Kautsky – *Londres, 23 de maio* 376
199. Engels a Kautsky – *Londres, 21-22 de junho* 378
200. Engels a Karl Kautsky – *Londres, 26 de junho* 378
201. Engels a Eduard Bernstein – *Worthing, 22 de agosto* 380
202. Engels a Karl Kautsky – *Worthing, 22 de agosto* 381
203. Engels a Karl Kautsky – *Londres, 20 de setembro* 382

1885

204. Engels a Piotr L. Lavrov – *Londres, 12 de fevereiro* 385
205. Engels a Johann Philipp Becker – *Londres, 2 de abril* 386
206. Engels a N. F. Danielson – *Londres, 23 de abril* 386
207. Engels a N. F. Danielson – *Londres, 3 de junho* 388
208. Engels a F. A. Sorge – *Londres, 3 de junho* 389
209. Engels a August Bebel – *Londres, 22-24 de junho* 390
210. Engels a N. F. Danielson – *Londres, 8 de agosto* 390
211. Engels a N. F. Danielson – *Londres, 13 de novembro* 391

1886

212. Engels a F. A. Sorge – *Londres, 29 de abril*.. 393
213. Engels a F. Kelley-Wischnewetzky – *Eastbourne, 13-14 de agosto*.............. 394

1887

214. Engels a N. F. Danielson – *Londres, 19 de fevereiro*.................................... 395
215. Engels a F. A. Sorge – *Londres, 10 de março*.. 396

1888

216. Engels a N. F. Danielson – *Londres, 5 de janeiro*....................................... 397
217. Engels a Conrad Schmidt – *Londres, 8 de outubro*..................................... 399
218. Engels a N. F. Danielson – *Londres, 15 de outubro*.................................... 400

1889

219. Engels a Karl Kautsky – *Londres, 28 de janeiro* 405
220. Engels a N. F. Danielson – *Londres, 4 de julho* 407
221. Engels a Karl Kautsky – *Londres, 15 de setembro*...................................... 408

1890

222. Engels a Conrad Schmidt – *Londres, 27 de outubro*.................................... 411

1891

223. Engels a F. A. Sorge – *Londres, 4 de março*.. 421
224. Engels a Karl Kautsky – *Londres, 17 de março* 422
225. Engels a Max Oppenheim – *Londres, 24 de março* 422
226. Engels a Conrad Schmidt – *Ryde, Ilha de Wight, 1º de julho*...................... 424
227. Engels a N. F. Danielson – *Londres, 29-31 de outubro* 425
228. Engels a Conrad Schmidt – *Londres, 1º de novembro*................................. 428
229. Engels a Karl Kautsky – *Londres, 3 de dezembro* 429
230. Engels a Karl Kautsky – *Londres, 27 de dezembro*..................................... 429

1892

231. Engels a Conrad Schmidt – *Londres, 4 de fevereiro* 431
232. Engels a August Bebel – *Londres, 8 de março*.. 433
233. Engels a N. F. Danielson – *Londres, 15 de março* 434
234. Engels a Karl Kautsky – *Londres, 30 de março*.. 437
235. Engels a N. F. Danielson – *Londres, 18 de junho*....................................... 438
236. Engels a Conrad Schmidt – *Londres, 12 de setembro*................................. 443
237. Engels a N. F. Danielson – *Londres, 22 de setembro* 444

1893

238. Engels a August Bebel – *Londres, 24 de janeiro*... 449
239. Engels a Vladimir I. Shmuilov – *Londres, 7 de fevereiro*............................ 450
240. Engels a N. F. Danielson – *Londres, 24 de fevereiro* 451
241. Engels a Rudolf H. Meyer – *Londres, 19 de julho*....................................... 452
242. Engels a F. A. Sorge – *Londres, 2 de dezembro* 455

1894

243. Engels a Walther Borgius – *Londres, 25 de janeiro*.................................... 457
244. Engels a Karl Kautsky – *Londres, 23 de setembro* 460

1895

245. Engels a G. Plekhanov – *Londres, 26 de fevereiro* 463
246. Engels a Conrad Schmidt – *Londres, 12 de março*...................................... 465
247. Engels a Victor Adler – *Londres, 16 de março* 469
248. Engels a Conrad Schmidt – *Londres, 6 de abril*.. 470
249. Engels a Stephan Bauer – *Londres, 10 de abril*.. 472
250. Engels a Richard Fischer – *Londres, 15 de abril*... 472
251. Engels a Karl Kautsky – *Londres, 21 de maio* 473
252. Engels a Filippo Turati – *Eastbourne, 28 de junho* 476

ÍNDICE DE NOMES.. 477

NOTA EDITORIAL

Às vésperas de comemorar 40 anos, em fevereiro de 2021, o ANDES-SN (Sindicato Nacional dos Docentes das Instituições de Ensino Superior) estabelece uma parceria com a Editora Expressão Popular para fortalecer a perspectiva da produção clássica e crítica do pensamento social.

O movimento docente das instituições de Ensino Superior no Brasil teve início em um ambiente hostil para a liberdade de expressão e associação do(a)s trabalhador(a)s, pois era o período de enfrentamento à ditadura civil-militar (1964-1985). Foi nesse período que a Associação Nacional dos Docentes de Ensino Superior, a ANDES, nasceu. Um processo de criação calcado em uma firme organização na base, a partir das Associações Docentes (AD), que surgiram em várias universidades brasileiras a partir de 1976. Após a Constituição Federal de 1988, com a conquista do direito à organização sindical do funcionalismo público, a ANDES é transformada em o ANDES-SN, sindicato nacional. Toda a sua história é marcada pela luta em defesa da educação e dos direitos do conjunto da classe trabalhadora, contra os autoritarismos e os diversos e diferentes ataques à educação e à ciência e tecnologia públicas. Também é marca indelével de sua história a defesa da carreira dos/as professores/as e de condições de trabalho dignas para garantir o tripé ensino-pesquisa-extensão.

A luta da ANDES – posteriormente, ANDES-SN – sempre foi marcada por uma leitura materialista e dialética da realidade. As análises de conjuntura que sistematicamente guiaram as ações tanto da associação quanto do sindicato sempre assumiram como base os grandes clássicos da crítica à Economia Política. Valorizá-los neste momento não é olhar o passado: muito ao contrário, significa fortalecer as bases que nos permitem fazer prospecções sobre a conjuntura e preparar-nos para a ação vindoura.

Em tempos de obscurantismo e de ascensão da extrema-direita, de perseguição à educação pública e aos/às educadores/as, de mercantilização da educação e da ciência e tecnologia, de desvalorização do pensamento crítico, de tentativa de desqualificação da ciência e de criminalização dos que lutam, ousamos resistir, ousamos lutar, nas ruas e também na disputa de corações e mentes. Por isso, ao celebrar os 40 anos de luta do ANDES-SN, a realização dessa parceria, que divulga e revigora a contribuição de pensadores/as clássicos/as, fortalece nossa perspectiva crítica e potencializa nossas lutas.

Reafirmar nosso compromisso com a defesa intransigente da educação pública, gratuita, laica, de qualidade, socialmente referenciada, antipatriarcal, antirracista, anticapacitista, antimachista, antilgbtfóbica é uma das tarefas centrais do atual tempo histórico. Não há melhor forma de reafirmar nosso compromisso do que lançar luz às questões centrais do capitalismo dependente, dar visibilidade à luta de classes e à necessária construção de um projeto de educação emancipatório.

* * *

Esta edição das *Cartas sobre O capital*, que a Expressão Popular põe à disposição dos leitores brasileiros no ano em que se comemora a passagem do bicentenário de nascimento de Friedrich Engels, recupera o modelo do volume K. Marx-F. Engels, *Briefe über Das Kapital* (Berlin: Dietz, 1954), que, por sua vez, retomava uma coletânea editada anteriormente (1948) em Moscou.

A edição brasileira desta antologia – a primeira em língua portuguesa – não tem em conta apenas o volume publicado em alemão em 1954: para a distribuição cronológica das cartas e o conteúdo das notas, recorreu-se ainda à edição francesa (*Lettres sur "Le capital"*. Paris: Éd. Sociales, 1964, apresentada e anotada por G. Badia, também tradutor com J. Chabbert e P. Meier), à castelhana (*Cartas sobre "El capital"*. Barcelona: Edima, 1968, traduzida por F. Perez e reeditada em Barcelona por Laia, 1974; esta edição apresenta cartas não recolhidas por G. Badia), à italiana (*Lettere sul "Capitale"*. Bari: Laterza, 1971, aos cuidados de G. Bedeschi) e à inglesa (*Letters on "Capital"*. London: New Park Publications, 1983, vertida por A. Drummond e acrescida da introdução de G. Pilling). E foi compulsada a correspondência Marx-Engels coligida em volumes de *Karl Marx-F. Engels Werke* (*MEW*, Berlin: Dietz, v.

27 a 39, 1965-1968) e de *Karl Marx-Friedrich Engels Collected Works* (*MECW*, London: Lawrence & Wishart, Electric Book, v. 38 a 50, 2010). Observe o leitor: a) nos textos de Marx e Engels, o que vier expresso em português entre colchetes é da nossa responsabilidade editorial; b) palavras e expressões grafadas em outro idioma que não o original da respectiva carta foram mantidas no texto, também entre colchetes; c) nas cartas de que foram extraídos trechos situados depois dos seus começos, não estão reproduzidas as saudações iniciais dos signatários; d) dispensamo-nos de indicar o idioma em que originalmente as cartas foram redigidas (na sua maioria, em alemão, inglês e francês); e) figura antes do início de cada missiva o local onde se encontrava o destinatário naquele momento.

Ao entregar ao leitor de língua portuguesa este precioso acervo textual, ao mesmo tempo que homenageia os 200 anos do nascimento de Friedrich Engels, a Expressão Popular está convencida de oferecer a estudiosos, militantes dos movimentos populares e pesquisadores d'*O capital* mais um instrumento de trabalho para compreender melhor tanto o processo de elaboração dessa que foi a obra máxima de Karl Marx quanto o papel que, também nela, desempenhou a exemplar contribuição do seu amigo inseparável na construção da teoria fundamental para a urgente transformação social do mundo contemporâneo.

As notas desta edição baseiam-se nas elaboradas pelos editores das *MEW*, das *MECW* e nas redigidas por Gilbert Badia para a edição francesa dessas *Cartas*, selecionadas, ampliadas e adaptadas ao público de língua portuguesa por José Paulo Netto.

Agradecemos à Leila Escorsim, professora da Universidade Federal do Rio de Janeiro, e a José Paulo Netto, professor emérito da mesma instituição, ambos também docentes da Escola Nacional Florestan Fernandes, pela solidariedade e pelo trabalho militante na tradução, cotejamento e edição das notas deste volume.

Diretoria Nacional do Andes-SN
(Gestão 2018-2020)

Expressão Popular
Brasília/São Paulo, 2020

APRESENTAÇÃO

José Paulo Netto

> No método de análise, algo me prestou um grande
> serviço [...]: voltei a folhear a *Lógica* de Hegel.
> Marx, 16/01/1858

> O que falta a todos estes senhores é a dialética. [...]
> O que fazer? – se, para eles, Hegel não existiu.
> Engels, 27/10/1890

A correspondência de Marx e Engels – seja o total de cartas trocadas entre os dois no decurso de quase 40 anos de uma amizade e uma parceria teórico-política únicas, seja o daquelas que enviaram a terceiros e deles receberam – constitui um acervo textual indiscutivelmente extraordinário. Na entrada do século XXI, estimou-se que escreveram cerca de 4 mil cartas, das quais umas 2.500 intercambiadas entre si, e que teriam recebido de outrem 10 mil missivas.[1]

Ainda nos fins do século XIX, após o falecimento de Engels (1895), começou o movimento para dar a público documentos epistolares (mas não só) de Marx e de Engels – o passo inicial coube à filha mais jovem de Marx, a militante Eleanor Marx, aliás a sua testamenteira literária (ao lado de Engels).[2] O

---

[1] Cf. M. Musto, "La *nuova MEGA* e il carteggio di Marx ed Engels del 1858-1859". *Critica marxista*. Roma: Riuniti, n. 5, 2004. Cf. também, *infra*, a nota 8.

[2] Eleanor Marx (1855-1898), apelidada *Tussy*, com a colaboração do seu companheiro Edward Aveling, editou, dois anos após a morte de Engels, a brochura *Karl Marx. The Earsten Question. A Reprint of Letters written 1853-1856 dealing with the events of the Crimean War*. London: Swan Sonnenschein, 1897. A breve, intensa e trágica vida desta filha de Marx tem merecido, nos últimos anos, atenção especial – cf., p. ex., Y. Kapp, *Eleanor Marx. A Biography*. London: Verso, 2004

movimento foi estimulado pela direção do Partido Social-Democrata Alemão e acabou por se constituir numa tarefa coletiva da organização. No caso específico das cartas de Marx e Engels, um primeiro esforço institucional-partidário para divulgá-las foi conduzido por August Bebel (1840-1913) e Eduard Bernstein (1850-1932): os dois organizaram os volumes, editados em setembro de 1913, que reuniram 1.386 cartas, redigidas entre 1844 e 1883.[3]

Um solitário V. I. Lenin (1870-1924), naquele tempo exilado na Suíça, examinou atentamente os quatro volumes e, em dezembro de 1913/inícios de 1914 (ano no qual se dedicaria a estudar *A ciência da lógica*, de Hegel[4]), criticando embora os critérios editoriais adotados por Bebel e Bernstein, extratou largamente várias das cartas marx-engelsianas e pronunciou sobre o seu conteúdo um juízo lapidar:

> Se se tentasse definir em uma única palavra o foco, por assim dizer, de toda esta correspondência, o ponto central para o qual converge todo o corpo de ideias expressas e discutidas – a palavra seria *dialética*. A aplicação da dialética materialista à reconfiguração de toda a Economia Política, desde os seus fundamentos, a sua aplicação à história, às ciências naturais, à filosofia e à política e às táticas da classe operária – foi isto o que mais interessou a Marx e a Engels. Com isto contribuíram com o que havia de mais essencial e novo, constituindo o magistral avanço que ofereceram à história do pensamento revolucionário.[5]

O leitor que percorrer as páginas do volume que agora tem em mãos poderá examinar alguns dos textos cuja relevância levou aquele que seria o grande líder da Revolução de Outubro a expressar-se de modo tão certeiro.

---

e R. Holmes, *Eleanor Marx. A Life*. London: Bloomsbury, 2014 (obra a ser publicada em 2021 pela Expressão Popular). E, no recente (setembro de 2020) festival de Veneza – a 77ª *Mostra Internazionale d'Arte Cinematografica* –, a diretora italiana Susanna Nicchiarelli apresentou o filme *Miss Marx*, em que *Tussy* é retratada na sua maturidade (1883-1898).

[3] *Der Briefwechsel zwischen Friedrich Engels und Karl Marx 1844 bis 1883*. Stuttgart: Dietz, 1913, 4 vols.

[4] Cf. V. I. Lenin, *Cadernos sobre a dialética de Hegel*. Rio de Janeiro: Ed. UFRJ, 2011. Cf. também V. I. Lenin, *Cadernos filosóficos: Hegel*. São Paulo: Boitempo, 2018.

[5] Lenin sumariou, extratou e glosou inúmeras cartas, compondo com suas anotações um caderno de mais de 70 páginas (conservado no então *Instituto de Marxismo-Leninismo*, em Moscou). O parágrafo aqui reproduzido extraiu-se de um artigo que ficou inédito até sair na edição de 28 de novembro de 1920 do *Pravda* (desde novembro de 1917, o órgão central do partido de Lenin), comemorativa do centésimo aniversário do nascimento de Engels (cf. V. I. Lenin, *Collected Works*. Moscow: Progress Publishers, 1977, vol. 19, p. 554).

1

Precisamente na sequência da Revolução de Outubro criaram-se as condições para que a ideia de coligir *todo* o acervo literário marx-engelsiano e oferecê-lo à luz pública – envolvendo o que havia de textos inéditos, incluída a sua correspondência, mas também recuperando os materiais já divulgados – ganhasse o estatuto de um projeto cuidadoso. Tais condições foram propiciadas pelo suporte do jovem Estado soviético (com Lenin à cabeça), que ofereceu os meios para a organização, em janeiro de 1921, do *Instituto Marx-Engels* (depois, algumas vezes renomeado), sob a direção de David Riazanov (1870-1938). Este qualificado intelectual revolucionário, à frente de um grupo de pesquisadores, planejou e começou a implementar o que deveriam ser as obras completas de Marx e Engels (a coleção *Marx-Engels Gesamtausgabe*, conhecida como *MEGA*[6]).

O projeto inicialmente conduzido por Riazanov, em seguida dirigido por V. V. Adoratsky (1878-1945), não se concluiu, interrompendo-se quando da agressão nazista (1941) à União Soviética. Mas as pesquisas processadas no instituto criado em 1921 de alguma forma prosseguiram: especialistas soviéticos trabalharam, entre 1928 e 1946, para oferecer a primeira edição russa do que seriam as *Obras completas* [*Sochineniya*] de Marx e Engels; apesar do título geral e do que então se concretizou do projeto (28 volumes em 33 tomos), a incompletude do material publicado neste lapso temporal ficou evidente. De qualquer modo, cresceu nesses anos o acervo epistolar de Marx e Engels que saiu do ineditismo.[7]

---

[6] Cf., *infra*, a nota 8.

[7] Naturalmente que não cabe, nesta oportunidade, historiar em detalhe o percurso da divulgação da correspondência marx-engelsiana. Baste-nos assinalar que, em 1934, Adoratsky anunciou uma edição, em dois volumes, de uma seleta de cartas de Marx e de Engels, que – vertida por Donna Torp – logo foi publicada em Londres pela Martin Lawrence (editora do Partido Comunista que, posteriormente, associando-se a Ernest Wishart, deu origem à importante casa editorial Lawrence & Wishart). E, ainda durante a Segunda Guerra, saiu em Moscou um volume intitulado *Karl Marx and Frederick Engels. Selected Correspondence. 1846-1895*. Moscow: International Publishers, 1942, que parece ser ter sido o padrão no qual se espelharam não apenas uma edição inglesa que circulou amplamente na Ásia – *The Correspondence of Marx and Engels. 1846-1895*. Calcuta: National Book Agency, 1945 – mas, a partir dos anos 1950, toda uma série de volumes similares na Europa, nas Américas e na Ásia. E já em 1º de janeiro de 1948 veio à luz, em Moscou, o volume

Foi somente com a documentação reunida, primeiro nos volumes das *Karl Marx-Friedrich Engels Werke* (edição alemã conhecida pelo acrônimo *MEW*, 39 volumes + 2 suplementares, publicados pela casa Dietz, de Berlim, entre 1956 e 1968), e depois nos das *Marx-Engels Collected Works* (*Obras coligidas de Marx e Engels*, conhecidas pela sigla *MECW* – 50 volumes editados, entre 1975 e 2005, por Lawrence & Wishart/Londres e International Publishers/ Nova York) –, somente então o legado epistolar de Marx e Engels trazido à luz ganhou maior dimensão, mas, ainda assim, sem estar, na sua totalidade, disponível ao exame público.[8]

O fato é que, desde meados dos anos 1940, vieram à luz, na Europa e nas Américas (e também no Oriente), coletâneas e seletas, as mais variadas, de cartas dos dois revolucionários. Não é possível, nesta oportunidade, listar minimamente tais coletâneas,[9] mas cabe assinalar que o interesse

---

K. Marx-F. Jengels o «Kapitale», a partir do qual, em 1954, a editora Dietz (Berlim) produziu *Briefe über Das Kapital*, volume referido na "Nota editorial" que abre este livro.

[8] Note-se que, nas *MEW*, a correspondência ocupa 9 volumes e, nas *MECW*, 13; assinale-se que outros empreendimentos similares, por motivos políticos, não se completaram (como o encetado, a partir de 1972, na Itália, pelas Editori Riuniti, de Roma, interrompido em 1990 após o lançamento de 32 volumes; uma editora de Nápoles, a Città del Sole, procura retomar o projeto). No entretempo, registraram-se esforços para publicar parte considerável da correspondência – por exemplo, os 13 volumes da *Marx-Engels Correspondance*, editados em francês entre 1972-1989/2020 (Paris: Éd. Sociales) e, especialmente, começou-se, a partir de 2008, a implementar o projeto da *Grande Édition de Marx et d'Engels* (*GEME*), à base de materiais da nova *MEGA²*, mencionada a seguir. Uma nova edição de *todo* o acervo textual marx-engelsiano, ainda em curso de publicação, designada pelo acrônimo *MEGA²* e que pretende ser a mais completa reunião de escritos de Marx e Engels até hoje realizada, reserva toda uma seção (entre as quatro previstas no seu projeto) exclusivamente para a correspondência dos dois autores – sobre a *MEGA* e a *MEGA²*, cf., dentre uma já larga documentação, o competente ensaio de Hugo E. A. Gama Cerqueira, "Breve história da edição crítica das obras de Karl Marx". *Revista de Economia Política*. São Paulo, vol. 35, n. 4, out./ dez. 2015.

[9] Elas compõem um rol enorme, desde as que contemplam um amplo espectro temático (p. ex., *Carlos Marx y Federico Engels. Correspondencia*. Buenos Aires: Cartago, 1957 – com larga difusão em países de idioma castelhano) àquelas centradas em cartas de interesse mais nacional (p. ex., a organizada por G. Del Bo, *La corrispondenza di Marx e Engels con italiani. 1848-1895*. Milano: Feltrinelli, 1964) e às que privilegiam um determinado interlocutor (p. ex., as endereçadas a L. Kugelmann, *in* Karl Marx, *O 18 brumário e Cartas a Kugelmann*. Rio de Janeiro: Paz e Terra, 1969) e, ainda, às que destacam também os seus assuntos privados (p. ex., a recolha de F. J. Raddatz, *Mohr an General: Marx und Engels in ihren Briefen*. Viena: Molden, 1980; compreende-se o

pelo intercâmbio epistolar de Marx e de Engels se mantém vivo nos dias correntes.[10]

Observe-se que esta correspondência só adquire a sua efetiva significação quando devidamente contextualizada – tanto no marco da *biografia* dos seus signatários quanto na *conjuntura histórica* precisa em que suas peças foram redigidas.[11] Escritas em diferentes idiomas (especialmente alemão, inglês e francês, muitas vezes mesclando-os numa mesma missiva),[12] as cartas aqui coligidas são típicas de uma correspondência *privada*, propriamente particular,[13] compreensivelmente vazadas sem preocupações formais, em tom

---

título: *Mohr* [Mouro] e *General* [General] eram apelidos com que os mais íntimos tratavam Marx e Engels e com que os dois se nomeavam mutuamente).

Haveria que mencionar, ademais, a relevância de coletâneas de cartas redigidas por familiares de Marx – de que são exemplos, entre muitas, as editadas por O. Meier e F. Evans, *The Daughters of Karl Marx. Family Correspondance. 1866-1898*. London: Penguin, 1984 e R. Heckert e A. Limmroth, *Jenny Marx. Die Briefe*. Berlin: Dietz, 2014 – para não dizer do interessante volume Karl et Jenny Marx. *Lettres d'amour et de combat*. Paris: Payot-Rivages, 2013.

[10] Saliente-se que, no momento em que se redige esta *Apresentação*, lança-se na Alemanha um volume, organizado por Klaus Körner, reunindo 1.600 cartas: *Dear Frederick! Lieber Mohr! Friedrich Engels und Karl Marx in Briefen*. Darmstadt: WBG, 2020.

[11] O leitor de língua portuguesa já tem disponível uma expressiva bibliografia que viabiliza, é verdade que muito diferencialmente, esta necessária e dupla contextualização. Apenas para citar biografias editadas mais recentemente no Brasil, anote-se – F. Wheen, *Karl Marx*. Rio de Janeiro: Record, 2001; F. Mehring, *Karl Marx. A história de sua vida*. São Paulo: Sundermann, 2013; J. Sperber, *Karl Marx. Uma vida do século XIX*. Barueri: Amarilys, 2014; G. S. Jones, *Karl Marx. Grandeza e ilusão*. São Paulo: Cia. das Letras, 2017; M. Heinrich, *Karl Marx e o nascimento da sociedade moderna*. São Paulo, Boitempo, vol. 1, 2018; A. Segrillo, *Karl Marx. Uma biografia dialética*. Curitiba: Prismas, 2018; J. P. Netto, *Karl Marx – uma biografia*. São Paulo: Boitempo, 2020; O. Coggiola, *Engels. O segundo violino*. São Paulo: Xamã, 1995; T. Hunt, *Comunista de casaca: a vida revolucionária de Friedrich Engels*. Rio de Janeiro: Record, 2010; G. Mayer, *Friedrich Engels. Uma biografia*. São Paulo: Boitempo, 2020.

Sabe-se que é incontável o elenco de biografias de Marx e Engels em distintos idiomas – ao longo desta *Apresentação*, contudo, faremos o possível para apresentar indicações bibliográficas somente em português.

[12] Foram redigidas em inglês as cartas que, neste volume, receberam os números 141, 173, 174, 178, 207, 210, 213, 214, 216, 218, 220, 227, 233, 235, 237 e 240 e em francês os números 4, 146, 155, 162, 163, 164 (cf., no corpo deste volume, a nota 471), 189, 194, 204, 245 e 252. Todas as outras aqui coligidas foram originalmente escritas em alemão.

[13] Salvo, apenas e obviamente, nos casos de cartas prévia e intencionalmente destinadas à divulgação pública ou endereçadas a personalidades e instituições com as quais os signatários tinham relações diplomáticas e/ou episódicas.

coloquial (por vezes valendo-se mesmo de termos vulgares) e, inevitável e frequentemente, exprimindo opiniões e juízos que o calor da hora tornava eventualmente equivocados e inclusive estados anímicos momentâneos e passageiros. É evidente que esses aspectos adjetivos importam quando se trata de signatários cuja estatura teórico-intelectual e política alcançou relevo mundial duradouro – e Marx e Engels personificam, como poucos, missivistas com tais características. Mas tais aspectos nem por isso deixam de ser adjetivos.

Significativos são alguns *traços gerais* que se revelam *sempre* presentes e reiterados no que, de fato, há de mais objetivo e expressivo na correspondência de Marx e Engels – e que contribuem para compor o perfil dos dois camaradas de ideias e de lutas. Destaquemos cinco desses traços (cuja visibilidade, no presente volume, seguramente será verificada pelo leitor atento):

> – a viva referência à *herança cultural* provinda da Antiguidade (greco--romana), enriquecida e redimensionada com o Renascimento (aí, é óbvio, incluída a Reforma) e atualizada com a Ilustração, cujos conteúdos Marx e Engels dominavam com extrema segurança;

> – o domínio *exaustivo e crítico* das manifestações teóricas, culturais e científicas que lhes eram contemporâneas nos mais distintos campos do conhecimento (História, Filosofia, Economia Política, Arte/Literatura, Ciências e Tecnologias...), dando provas – para além de qualquer eruditismo/enciclopedismo – do acúmulo e do processamento de um impressionante universo de informações;

> – a aguda consciência da *permanente necessidade da pesquisa* para a formulação/comprovação de qualquer juízo sobre a realidade, concebendo o seu conhecimento como historicamente condicionado e, pois, passível de ampliação, retificação e revisão;[14]

---

[14] Marx e Engels, conquanto legatários da concepção clássica de *verdade* – como verdade *objetiva* –, não a tomaram dogmaticamente: sempre levaram em conta a natureza aberta, jamais conclusa, do conhecimento teórico-científico; mas esta concepção do *caráter relativo do conhecimento* nunca derivou, no seu pensamento, numa *concepção relativista* do conhecimento. Vale aqui uma notação de Lenin: "A dialética – como Hegel explicava – *contém* um elemento de relativismo, de negação, de ceticismo, mas *não se reduz* ao relativismo. *A dialética materialista de Marx e de Engels* contém certamente o relativismo, mas não se reduz a ele: *reconhece a relatividade de todos os nossos conhecimentos, não no sentido da negação da verdade objetiva, mas no sentido da condicionalidade*

– a *sistemática investigação* das relações – *de autonomia e de dependência* – entre as várias modalidades de conhecimento desenvolvidas historicamente (Filosofia, Arte, Ciência etc.) e os suportes econômico-sociais e políticos determinados que as embasavam;

– a *recusa explícita* de modalidades explicativas/compreensivas da vida histórico-social fundadas em reducionismos analíticos, conducentes a soluções simplistas e esquemáticas.

Entretanto, sem minimizar o que se encontra nesses (e ainda noutros) traços da correspondência marx-engelsiana que já está dada ao conhecimento público, o que a nós nos parece *essencial* para o estudioso que a examina hoje deve ser buscado nas suas passagens que se referem estrita e diretamente às *motivações das iniciativas políticas* mais importantes dos signatários[15] e, muito especialmente, ao *desenvolvimento do seu projeto teórico*. Justifica esta priorização, em face do que já conhecemos das biografias de Marx e de Engels, uma razão elementar: tanto num caso como noutro, dispomos de *critérios objetivos* para avaliar documentalmente *as resultantes* do que na correspondência se registra como *intencionalidade* – vale dizer: temos hoje muito mais *elementos factuais e textuais* que aqueles consignados nas cartas de Marx e de Engels para ajuizar das conexões entre as suas intenções e o que delas efetivamente se concretizou.

Sinalizemos em que estas últimas observações mostram-se pertinentes para o que nos interessa maiormente ao apresentar esta edição das *Cartas sobre "O capital"*. Tanto em 1948, data da primeira recolha delas em um volume, quanto em 1954, quando se fez uma edição alemã de divulgação mais ampla e a partir de meados dos anos 1960, com a sua publicitação alargada (saem sucessivamente em volumes específicos as suas edições em francês, castelhano, italiano e inglês), pelo menos os três livros d'*O capital* já eram de pleno

---

histórica dos limites da aproximação dos nossos conhecimentos em relação a esta verdade" (V. I. Lenin, *Materialismo e empiriocriticismo*. Lisboa/Moscou: Avante!/Progresso, 1982, p. 103. Os itálicos da última frase são meus [*JPN*]).

[15]   Citemos umas poucas entre várias: criação de meios de comunicação (*Anais franco-alemães, Nova Gazeta Renana* e sua revista), fundação de/ingresso em organizações (*Comitê de correspondência comunista, Liga dos comunistas, Associação Internacional dos Trabalhadores*), intervenção em processos políticos (*Comuna de Paris*, constituição e desenvolvimento do Partido Social-Democrata Alemão/crítica aos programas de Gotha e Erfurt) etc.

domínio público.[16] Até então, cartas como as recolhidas no presente volume eram praticamente o único material autógrafo significativo que poderia contribuir para esclarecer a gênese e a elaboração da *opus magnum* marxiana. Ora, atualmente dispomos não só de edições integrais d'*O capital*[17] – e de mais outras obras a ele conexas[18] –, mas ainda de materiais preparatórios para a grande e inconclusa obra.[19] Atualmente, pois, o estudioso d'*O capital* tem à sua disposição um conjunto textual que lhe propicia melhores condições para acompanhar e compreender o desenvolvimento do processo teórico-analítico que, objeto da correspondência marx-engelsiana aqui compendiada, apresenta-se então globalmente formatado. Assim, o estudioso pode examinar o teor da correspondência e aferi-lo considerando o que objetivamente dele resultou.

Agora, ao fim do segundo decênio do século XXI, sob a luz dos materiais relacionados a *O capital* já conhecidos, as cartas reunidas neste volume podem

---

[16] Sublinhemos o *pelo menos* – porque há que lembrar que a primeira edição do livro IV, sob a responsabilidade de K. Kautsky, entre 1905 e 1910, mostrou-se francamente insatisfatória; somente entre 1956 e 1962 divulgou-se em alemão um texto mais fiel, reproduzido depois nas *MEW*, vols. 26.1, 26.2 e 26.3 (Berlin: Dietz, 1974). Ademais, a afirmação não vale inteiramente para o leitor brasileiro: o livro I d'*O capital* saiu aqui em 1968, concluindo-se com o livro III somente em 1974 (Rio de Janeiro: Civilização Brasileira); o livro IV só viria à luz entre 1980 e 1985 – cf. a nota seguinte.

[17] Os três primeiros livros d'*O capital* estão vertidos em várias edições brasileiras – a mais recente das quais saiu pela Boitempo/São Paulo (devidamente citada no corpo do presente volume); há ainda uma confiável edição portuguesa (em oito tomos, o tomo I das Edições Avante!/Progresso, de Lisboa/Moscou, 1990 e os demais das Edições Avante!, Lisboa, 1992-2017); o livro IV também está acessível no Brasil, em três volumes, sob o título de *Teorias da mais-valia. História crítica do pensamento econômico* (em edição da Civilização Brasileira/RJ/vol. I e da DIFEL/SP/vols. II e III, igualmente consignada no corpo deste volume). Importa notar, ademais, que nessas edições d'*O capital*, nomeadamente nos livros II e III, há prefácios de Engels que relatam um andamento analítico e formal de que o camarada de Marx só tomou conhecimento após a morte deste último (14 de março de 1883).

[18] Em especial, da integralidade dos *Grundrisse. Manuscritos econômicos de 1857-1858. Esboços da crítica da Economia Política*. São Paulo/Rio de Janeiro: Boitempo/Ed. UFRJ, 2011. Uma primeira edição – muito problemática – dos *Grundrisse* apareceu na União Soviética em 1939-1941; somente se pôde contar com edições fiáveis nos anos 1950/1960. Para uma aproximação à história editorial desta obra, cf. M. Musto, ed., *Karl Marx's Grundrisse. Foundations of the critique of political economy 150 years later*. London: Routledge, 2008.

[19] Materiais que se encontram em volumes da segunda seção ("O capital e seus trabalhos preparatórios") da já mencionada *MEGA²*.

(e devem) ser apreciadas de um modo novo, mais rigoroso e melhor fundamentado, que esteve fora do alcance dos principais estudiosos que as analisaram até as sétima e oitava décadas do século passado. Pensamos, todavia, que, submetidas ao filtro crítico contemporâneo, elas conservam ainda uma importância toda especial.

2

Estão coligidas no presente volume 252 cartas (ou extratos delas) escritas no curso de meio século, de 1845 a 1895 – a primeira, de Engels para Marx, redigida cerca de quatro meses depois do seu histórico encontro em Paris (fins de agosto/inícios de setembro de 1844), e a última, também de Engels, endereçada a um socialista italiano poucas semanas antes da sua morte (5 de agosto de 1895). São 79 as cartas de Marx para Engels; 42 as de Engels para Marx; as de Marx para outros interlocutores (ou personalidades de destaque) 55, e as de Engels, também para outros destinatários, 76.

Todos os textos (cartas, seus extratos) aqui recolhidos referem-se a *O capital*; no entanto, são textos que, tomados *per se*, isolada e aleatoriamente, não dispõem, salvo algumas exceções, de uma significação mais notável; decerto que o leitor constatará que a sua ponderação teórico-filosófica é muito diversa, que sua relevância é bastante diferenciada. Não obstante esta diversidade, uma vez considerados em seu conjunto podem oferecer uma visão abrangente e esclarecedora do processo teórico-crítico protagonizado por Marx até a publicação do livro I d'*O capital* e, de algum modo, dos seus cuidados com a divulgação da obra e com a preparação da sua continuidade.

O leitor notará, também, que seu fluxo não foi uniforme; estas cartas de Marx para Engels – e, daqui em diante, todas as nossas observações se referem especialmente às missivas aqui coletadas – ganham uma frequência maior na abertura dos anos 1850 (quando Engels vai residir em Manchester e Marx, em Londres, volta a se ocupar dos estudos econômicos, transitória e compreensivelmente secundarizados durante os eventos revolucionários de 1848 e suas consequências imediatas) e crescem a partir da crise econômica de 1857 (quando Marx, analisando-a, vê-se compelido a avançar na elaboração dos *Grundrisse* e preparar a *Contribuição à crítica da Economia Política* – que elc, cntão, pcnsava ser uma espécie de capítulo inaugural d'*O capital*)[20]. Esse fluxo maior será visível até 1870, ano após o qual ver-se-á claramente reduzido – porquanto Engels se transferirá para Londres e os contatos Marx-Engels far-se-ão *vis-à-vis*, quase diários até o fim da vida de Marx. Também verificará o leitor que, depois da publicação do livro I (1867), sem deixar de tocar em questões eminentemente teóricas, a correspondência de Marx relativa à crítica da Economia Política envolverá mais outros interlocutores, tematizando principalmente desdobramentos/continuidades daquele livro e problemas das suas traduções (francesa e russa) e da sua divulgação. Quanto à correspondência firmada por Engels, ademais do inegável significado das suas respostas a Marx, o leitor notará que seu relevo cresce após a morte de Marx: são imprescindíveis as informações que fornece sobre o estado dos materiais referentes aos livros II e III e sobre o seu trabalho para publicá-los, além da preocupação com a sua divulgação; sobretudo, ressalta o seu empenho, acentuado nos anos 1890, em defender o *espírito* da obra marxiana contra o que se lhe afigurava como a sua deformação nas mãos de epígonos.

Não cabe, evidentemente, sumariar nesta "Apresentação" o conteúdo que o leitor examinará ao longo das páginas deste volume. Mas talvez seja de alguma valia propiciar-lhe umas simples e breves indicações para que atente para certos pontos que julgamos merecer visada mais cuidadosa.

O primeiro deles se refere aos *planos* formulados por Marx para a sua *opus magnum*, no que tange sobretudo à estrutura expositiva a adotar, aspecto salientado em estudos realizados por vários de seus exegetas qualificados;[21] mesmo levando em conta tais estudos, cremos ser indispensável verificar como o próprio Marx registrou o seu movimento no tocante a este ponto – e, para tanto, vale destacar como ele se manifestou nas cartas de números 29, 34, 40, 69, 73, 76, 84 e 90.

Outro ponto importante, bem visível e reiterado nas cartas de Marx, diz respeito ao andamento da elaboração da sua crítica da Economia Política. É surpreendente constatar como Marx *(auto)iludiu-se* sobre a dificuldade de

---

[20] K. Marx, *Contribuição à crítica da Economia Política*. São Paulo: Expressão Popular, 2008. Para outra versão/edição desta obra, cf. K. Marx, *Para a crítica da Economia Política*, São Paulo: Abril Cultural, col. "Os economistas", 1982.

[21] Cf., adiante, no corpo deste volume, a nota 119, referente à carta de número 29.

desenvolver esta crítica – tal como ele a operou, com a radicalidade ímpar com que a realizou.[22] *A crítica da Economia Política constituiu efetivamente, no plano teórico, o empreendimento central da sua vida*, mobilizando toda a sua energia por quase meio século, absorvendo-o da segunda metade dos anos 1840 aos seus últimos dias.[23] Empreendimento só interrompido transitória e brevemente, seja por exigências da ação prático-política (as jornadas revolucionárias de 1848-1849, a reorganização da *Liga dos Comunistas* no exílio em 1850-1852, a defesa da sua honra de comunista,[24] a Comuna de Paris em 1871),[25] seja pelo agravamento, particularmente acentuado a partir de 1870, das suas condições de saúde. Mas, de 1846 à publicação do livro I d'*O capital*, em 1867, Marx, nas suas cartas, afirmava a seus correspondentes que a sua crítica da Economia estava quase a ponto de ser concluída (cartas de números 2, 4, 9, 12, 18, 33). É bastante provável que o imenso e fecundíssimo trabalho que Marx desenvolveu entre 1857 e 1865 – período em que realizou as suas mais decisivas descobertas teóricas[26] – tenha contribuído para que ele abandonasse, gradativamente, as suas ilusões quanto aos prazos que anunciava para a conclusão da sua obra (afinal nunca concluída).[27] De qualquer forma,

---

[22] Autoilusão tanto mais surpreendente quando se considera que Marx manteve sempre uma clara consciência da sua originalidade (e, logo, dos seus limites) como pensador. Consciência límpida no tocante ao que lhe era peculiar no campo da política (cf., p. ex., a carta de número 13, a Weydemeyer) como da Economia Política (cf., p. ex., as cartas de números 90 e 108, ambas a Engels).

[23] Cf. M. Musto, *O velho Marx. Uma biografia de seus últimos anos (1881-1883)*. São Paulo: Boitempo, 2018.

[24] Que, no fim dos anos 1850, Karl Vogt (um cientista que, posteriormente, comprovou-se ser um estipendiário de Napoleão III) tentou macular. Marx gastou todo o ano de 1860 para reunir a documentação probatória do caráter calunioso das acusações de Vogt; cf. K. Marx, *Sr. Vogt*. Lisboa: Iniciativas Editoriais, 1976, I-II.

[25] É fato que a dinâmica da *Associação Internacional dos Trabalhadores* (1864-1872) tomou um tempo precioso de Marx – mas não perturbou sensivelmente o ritmo do seu trabalho teórico.

[26] Deste trabalho resultaram os *Grundrisse*, a *Contribuição à crítica da Economia Política* e os substanciais manuscritos de 1861-1863 e 1863-1865. Sobre os manuscritos de 1861-1863, cf. K. Marx, *Para a crítica da Economia Política. Manuscrito de 1861-1863. Cadernos I a V. Terceiro capítulo: O capital em geral*. Belo Horizonte: Autêntica, 2010 (com sucinta e competente apresentação do tradutor Leonardo de Deus). Permito-me assinalar ao leitor que apresentei um quadro abrangente deste período da vida de Marx no cap. V ("Londres: o apogeu intelectual. 1857-1867") da biografia que dele escrevi, citada na nota 11, *supra*.

[27] O "todo artístico" mencionado por Marx na carta de número 64 foi objeto de várias revisões. Uma delas quando o livro I já estava em processo de impressão (a carta 80, a Engels, de junho de 1867)

se ainda em outubro de 1868, em carta endereçada a N. F. Danielson, tradutor russo d'*O capital*, ele se dava seis meses (!) para terminar o livro II (carta de número 131), dez anos depois, ao mesmo correspondente, informava que o referido livro não iria para a tipografia antes de 1879 (carta de número 173).[28]

É desnecessário dizer que, ao longo dos anos, Engels o concitou a apressar a elaboração/publicação da sua crítica da Economia Política (de que é exemplo a carta de número 45). Estranhamente, *Marx nunca expôs, de forma detalhada, ao seu camarada mais próximo e amigo mais querido, o estado real, preciso e determinado das suas elaborações e dos seus escritos econômico-políticos*; daí o assombro de Engels quando passou os olhos, pela primeira vez, dias após as exéquias de Marx, em alguns de seus fundamentais manuscritos concernentes a *O capital* e verificou o nível de *inacabamento* de vários deles (cartas de números 189 e 192). Nos anos seguintes à morte de Marx, Engels dedicou-se ao complexo e delicado trabalho de preparar a edição dos livros II e III d'*O capital* – e vê-se o quanto de cuidados ele expendeu lendo-se as cartas de números 194, 206, 208, 209, 219, 220, 229 e 240.[29]

O fato de Marx não propiciar a Engels o acompanhamento textual, sistemático e regular, do avanço da sua crítica da Economia Política é mesmo chamativo, tanto mais considerando a frequência com que o consultava para o enfrentamento de questões, muitas vezes altamente relevantes – fossem elas de ordem prática, fossem de ordem teórica. Não são poucas as cartas (p. ex., as de números 28, 30, 47, 52, 55, 65, 90, 118, 137...) que atestam a recorrência

---

e outras para a tradução francesa (as cartas a Danielson, de números 154, de novembro de 1871, e 156, de maio de 1872).

[28] Observem-se as duas primeiras razões pelas quais, poucos meses depois, numa carta (a de número 174) ao mesmo Danielson, Marx esclarece que o atraso na publicação do livro II não o apoquenta – nelas fica evidente o escrúpulo científico de Marx em face de fenômenos contemporâneos que ele deveria levar em conta.

Recorde-se que o livro II só foi para a tipografia em fevereiro de 1885, sob a responsabilidade editorial de Engels.

[29] Cf. também os prefácios de Engels citados na nota 17, *supra*. Entendemos mesmo que tais cuidados fazem de Engels, especialmente no caso do livro III, mais que um simples editor – para nós, ele é quase um co-autor. Sobre a intervenção de Engels na textualidade d'*O capital*, cf. as contribuições de M. Kräkte e R. Roth vertidas em *Verinotio. Revista on-line de filosofia e ciências humanas*. Belo Horizonte, ano X, n. 20, out./dez., 2015

de Marx aos préstimos de Engels para obter informações factuais e/ou para avaliar da procedência das suas hipóteses e ajuizar da correção dos resultados a que chegava. A atenção que Marx conferia às judiciosas apreciações de Engels, às suas indicações bibliográficas, às suas informações históricas etc. ficará evidenciada ao leitor desta correspondência e seria supérfluo assinalá-la nesta "Apresentação".[30] E este leitor, mesmo que não conheça a fundo a relação entre Marx e Engels, convirá ser substancialmente justa a gratidão expressa por Marx ao amigo em 7 de maio de 1867:

> Sem tua ajuda nunca poderia terminar minha obra[31] e podes crer que sempre pesou sobre minha consciência – como uma montanha – a preocupação de que, precisamente por ajudar-me, tenhas sido obrigado a desperdiçar econômica e espiritualmente teus magníficos dotes e que, por acréscimo, tenhas compartilhado minhas pequenas misérias. (carta de número 78, p. 202)

Os últimos aspectos a destacar nesta "Apresentação" relacionam-se exatamente a este homem de "magníficos dotes", ao qual Marx foi tão grato – Engels. A referência de Marx nada tem de exagerada; a modéstia de Engels – que se via, ao lado de Marx, como não mais que um "segundo violino"[32] – mereceu de Florestan Fernandes o juízo mais adequado:

> É óbvio que K. Marx é uma figura ímpar na história da filosofia, das ciências sociais e do comunismo. Engels foi o primeiro a proclamar isso e o fez com uma devoção ardente, considerando-o como um gênio do qual ele teve a sorte de partilhar o destino. Contudo, a modéstia de F. Engels não deve ser um fator de

---

[30] Chame-se, entretanto e sumariamente, a atenção do leitor para a relevância do temário que Marx levava ao crivo crítico de Engels: problemas referentes à *circulação monetária*, à *renda fundiária*, à *reprodução* econômico-material, às conexões entre *capital constante* e *capital variável*, às correlações entre *taxa de mais-valia* e *taxa de lucro*, aos contributos de *economistas clássicos* (Smith, Ricardo) e às contrafações de *economistas vulgares* (Carey)...

[31] Marx refere-se, está claro, ao livro I d'*O capital*.

[32] Assim Engels se caracteriza numa carta a J. P. Becker, de 15 de outubro de 1884 (*MEW*, 1967, 36, p. 218). E dez anos depois da morte de Marx, ele escrevia a F. Mehring: "Quando se tem a sorte de trabalhar 40 anos com um homem como Marx, normalmente, enquanto ele vive, não se é tão reconhecido como se acredita merecer; mas quando o grande homem morre, então o menor passa a ser facilmente superestimado – e este parece ser agora precisamente o meu caso. Mas a história acabará colocando tudo no seu devido lugar" (K. Marx-F. Engels, *Ausgewählte Schriften*. Berlin: Dietz, 1972, II, p. 465).

confusão. Ser o segundo, o companheiro por decisão mútua e o seguidor mais acreditado não só na vida cotidiana, mas na produção científica e na atividade política de Marx, quer dizer alguma coisa. Além disso, F. Engels não era só um 'segundo' ou um 'seguidor': por várias vezes foi ele quem abriu os caminhos originais das investigações mais promissoras de K. Marx; a ele cabiam, na divisão do trabalho comum, certos assuntos e tarefas; e Marx confiava em seu critério histórico, científico e político, a ponto de convertê-lo em uma espécie de *sparring* intelectual. [...] Tudo isso quer dizer que ele não era um reflexo da sombra de Marx; ele projetava a sua própria sombra. Não se pode separá-los, principalmente se o assunto for a constituição do materialismo dialético e seu desenvolvimento.[33]

O leitor que percorrer as páginas deste volume decerto verificará as razões do professor Florestan para afirmar que Engels foi um pensador com *luz própria*. Constatará, antes de mais, que o "segundo violino" sempre deu provas da sua *autonomia intelectual* em face de Marx: a sua entusiasmada admiração pelos avanços teóricos do camarada (p. ex., cartas de números 6, 85, 87) não travou o seu senso crítico diante de passagens que mereceram dele reparos significativos (p. ex., cartas de números 53, 79, 82, 89, 93). O mesmo leitor terá também a oportunidade de apreciar diálogos entre parceiros revelando competência similar (p. ex., cartas de números 7-8, 15-16, 31-32, 148-149). Enfim, no que toca ao que Florestan designa "a constituição do materialismo dialético e seu desenvolvimento", basta examinar cartas como as de números 222 e 243 para se ter uma amostra privilegiada da intervenção de Engels neste domínio.

3

As cartas coligidas neste volume se referem a uma obra marxiana que, como é de conhecimento geral, não foi concluída: *O capital*. Todo analista sério desta obra sabe que a sua inconclusão não pode ser debitada a uma eventual "falta de tempo" do autor para levá-la a seu termo. *O capital* não permaneceu inacabado porque Marx careceu de tempo para terminá-lo: mais que inacabado, *O capital* apresenta-se e apresentar-se-á *inacabável* na mesma

---

[33] Cf. F. Fernandes, *Marx, Engels, Lenin. A história em processo*. São Paulo: Expressão Popular, 2012, p. 28-29.

escala em que o seu objeto – o modo de produção capitalista e a ordem social que sobre ele se ergue, a sociedade burguesa – não se exaurir factual e historicamente. Somente quando se operar este exaurimento, a crítica marxiana da Economia Política poderá ser concluída (e, pois, superada). O essencial do que Marx nos ofereceu foi a descoberta/elaboração genial do *método* adequado para o conhecimento teórico do modo de produção capitalista e da sociedade burguesa;[34] mas este conhecimento só se concluirá quando o seu objeto se esgotar histórica e concretamente. Nas mãos de Marx, a crítica da Economia Política permitiu-lhe inaugurar, sobre ela, uma *teoria social* – uma teoria da gênese, da constituição, da dinâmica e das condições de crise da sociedade burguesa. Esta linha de argumentação sustenta que tanto a teoria social de Marx quanto a crítica da Economia Política em que ela se funda serão ambas, sempre e necessariamente, uma *crítica e uma teoria em desenvolvimento* enquanto o modo de produção capitalista e a sociedade burguesa perdurarem como realidade histórica existente e em transformação.

Ambas, crítica da Economia Política e teoria social marxianas, sempre tiveram um *caráter sistemático*, rigoroso e sujeito a comprovação, retificação, revisão e ampliação a partir do seu confronto com a *prática social e histórica*.[35] Torna-se claro, com a simples e honesta verificação destes traços, que um tal caráter sistemático nada tem em comum com os tradicionais sistemas teórico-filosóficos conclusos e cerrados, cujas resultantes e implicações pretendem-se geralmente autonomizadas da processualidade histórica real (portanto, atribuindo-se veracidade e validez universais e atemporais). De resto, é expressa a ironia de Engels sobre a "criação de sistemas" e a sua recusa em apresentar as suas ideias, e as de Marx, sob a forma de um "outro sistema".[36]

---

[34] Sobre isto, permanece seminal o ensaio de G. Lukács, "O marxismo ortodoxo", *in* J. P. Netto, org., *Lukács. Sociologia*. São Paulo: Ática, col. "Grandes cientistas sociais", 1981. Para outra versão deste texto clássico, cf. G. Lukács, *História e consciência de classe. Estudos sobre a dialética marxista*. São Paulo: WMF/Martins Fontes, 2019.

[35] É evidente que estes traços não derivam simplesmente de exigências teórico-metodológicas, mas se vinculam à relação de Marx e de Engels (e, posteriormente, dos continuadores da sua tradição teórica e política) com as lutas de classes contemporâneas, com as suas opções de classe e, num quadro mais geral, com o contexto sociopolítico em que viveram.

[36] Cf. o prefácio (1878) de Engels ao seu *Anti-Dühring. A revolução da ciência segundo o senhor Eugen Dühring*. São Paulo: Boitempo, 2015, p. 30.

Algo *decisivo*, porém, segundo a nossa interpretação, deve ser explicitado aqui: a obra revolucionária que Marx elaborou – a crítica marxiana da Economia Política e, logo, a sua teoria social –, sem ser um "sistema" cerrado qualquer, à moda tradicional, configura uma arquitetura teórica assentada em *três pilotis* que a mantêm de pé enquanto, em simultâneo, íntegros e sólidos: o *método dialético*, a *teoria do valor-trabalho* e a *perspectiva da revolução*. Mutilado este tríptico – pela ausência ou invalidação de qualquer um de seus constituintes –, a arquitetura teórica erguida por Marx terá comprometido medularmente o seu *peculiar caráter revolucionário*.[37]

---

[37] Entenda-se o que aqui se designa *perspectiva da revolução*: trata-se da assunção da *possibilidade concreta* de um processo de transformação social radical, envolvendo, a partir do estatuto da propriedade, todo o complexo societário da ordem burguesa.

É desnecessário dizer que foi mediante quase 15 anos de pesquisa e reflexão sistemáticas que Marx alcançou a plena concepção desse tríptico – de fato, ele o resumiu em 1858 como "o resultado de 15 anos de trabalho e, portanto, o fruto do melhor período da minha vida" (cf., neste volume, a carta de número 37). Para uma exaustiva bibliografia sobre esses pilares da obra marxiana, mais uma vez permito-me remeter o leitor à minha biografia de Marx, já citada em nota anterior. De qualquer modo, a seguir listam-se títulos em português que propiciam uma primeira e diferenciada aproximação à temática.

Sobre a dialética, cf. as formulações de Engels no *Anti-Dühring. A revolução da ciência segundo o senhor Eugen Dühring*. São Paulo: Boitempo, 2015 (esp. p. 150-172) e mais: G. Lukács, "O marxismo ortodoxo", citado, *supra*, na nota 34; H. Lefebvre, *Materialismo dialético e sociologia*. Lisboa: Presença, s.d. (esp. p. 33-65) e *Lógica formal. Lógica dialética*. Rio de Janeiro: Civilização Brasileira, 1975; J.-P. Sartre, *Questão de método*. São Paulo: Difel, 1966; J.-P. Sartre *et alii, Marxismo e existencialismo. Controvérsia sobre a dialética*. Rio de Janeiro: Tempo Brasileiro, 1966; R. Havemann, *Dialética sem dogma*. Rio de Janeiro: Zahar, 1967; M. Löwy, *Método dialético e teoria política*. Rio de Janeiro: Paz e Terra, 1975; J. d'Hondt *et alii, A lógica em Marx*. Lisboa: Iniciativas Editoriais, 1978; L. Goldmann, *Dialética e cultura*. Rio de Janeiro: Paz e Terra, 1979 e *Ciências humanas e filosofia*. São Paulo: Difel, 1986; K. Kosik, *Dialética do concreto*. Rio de Janeiro: Paz e Terra, 2007; L. Kofler, *História e dialética*. Rio de Janeiro; Ed. UFRJ, 2010; J. Barata-Moura, *Totalidade e contradição. Acerca da dialética*. Lisboa: Avante!, 2012; C. J. Arthur, *A nova dialética e O capital de Marx*. São Paulo: Edipro, 2016. E há fecundas e refinadas indicações em M. L. Müller, "Exposição e método dialético em *O capital*". Belo Horizonte: Boletim SEAF, n. 2, 1982 e em J. V. Fagundes, *A dialética do abstrato e do concreto em Karl Marx*. Lisboa: Grupo de Estudos Marxistas, 2014.

Acerca da teoria do valor-trabalho, cf. M. Dobb, *Teorias do valor e distribuição desde Adam Smith*. Lisboa: Presença, 1977; I. A. Rubin, *A teoria marxista do valor*. São Paulo: Brasiliense, 1980; L. G. M. Belluzzo, *Valor e capitalismo*. São Paulo: Brasiliense, 1980; F. J. Teixeira, *Trabalho e valor*. São Paulo: Cortez, 2004; A. Saad Filho, *O valor de Marx*. Campinas: Unicamp, 2011; R. A. Carcanholo, *Marx, Ricardo e Smith: sobre a teoria do valor*. Vitória: Edufes, 2012; vale também a leitura

Estes pilares fundamentais suportam a estrutura revolucionária própria da obra marxiana e neles se apoia, necessária e exemplarmente, *O capital* – e decerto repontam nas cartas coligidas neste volume. Nunca se destacará suficientemente que a teoria revolucionária de Marx só é sustentável na medida em que estes três pilotis tenham assegurada a sua inteireza, a sua validez e a sua vigência: a impugnação de qualquer um deles vulnerabiliza a crítica da Economia Política e, logo, a teoria social marxianas. Ao longo dos últimos cento e tantos anos, eles foram, *e não por acaso*, o alvo central daqueles que tentaram minimizar ou claramente infirmar o essencial conteúdo revolucionário da obra de Marx – pense-se na desqualificação do *método dialético*, por E. Bernstein (1850-1932) ou por L. Colletti (1924-2001),[38] na contestação da *teoria do valor-trabalho*, por C. Menger (1840-1921) e em seguida por seus discípulos da "escola austríaca" e E. Böhm-Bawerk (1851-1914) ou por P. A. Samuelson (1915-2009) e, enfim, na identificação da *perspectiva da revolução* a uma espécie de milenarismo utópico irrealizável, inviabilizada pela conta-

---

de dois ensaios: L. Mattei, "Teoria do valor-trabalho: do ideário clássico aos postulados marxistas". *Ensaios FEE*. Porto Alegre, vol. 24, n. 1, 2003 e T. C. Lopes, "Teoria do valor-trabalho: a crítica da contradição e a crítica da redundância". *Revista da Sociedade Brasileira de Economia Política*. São Paulo, n. 35, junho de 2013. Para a evolução do trato marxiano da teoria do valor--trabalho, continua indispensável o recurso a E. Mandel, *A formação do pensamento econômico de Karl Marx*. Rio de Janeiro: Zahar, 1968.

No que toca à problemática da revolução, cf. E. Fischer e F. Marek, *O que Marx realmente disse*. Rio de Janeiro: Civilização Brasileira, 1970; O. Negt, "O marxismo e a teoria da revolução no último Engels", *in* E. J. Hobsbawm, org., *História do marxismo*. Rio de Janeiro: Paz e Terra, 1982, vol. 2; J. Texier, *Revolução e democracia em Marx e Engels*. Rio de Janeiro, ed. UFRJ, 2005; M. Pinheiro, org., *140 anos da Comuna*. São Paulo: Expressão Popular, 2011; E. Renault *et alii*, *Ler Marx*. São Paulo: Unesp, 2011; M. Löwy, *A teoria da revolução no jovem Marx*. São Paulo: Boitempo, 2012; M. Del Roio, org., *Marx e a dialética da sociedade civil*. São Paulo: Cultura Acadêmica, 2014 (partes III e V); há elementos pertinentes em M. Braz, *Partido e revolução. 1848-1989*. São Paulo: Expressão Popular, 2011 e em D. Losurdo, *A luta de classes – uma história política e filosófica*. São Paulo: Boitempo, 2015, ademais de uma bela remissão histórica em I. Viparelli, "O contributo da revolução europeia de 1848 à teoria revolucionária de K. Marx". *Humanidades em revista*. Ijuí: Ed. Unijuí, n. 8, janeiro/junho de 2009.

[38] Dois autores que, diga-se de passagem, durante parte significativa de suas vidas se alinharam no campo teórico da tradição marxista. Aliás, é larga a lista daqueles que, tornando-se conhecidos como marxistas, a certa altura de sua trajetória afastam-se de posições que anteriormente defenderam com ardor.

minação de uma qualquer teoria do *fim da história* (velharia rançosa que F. Fukuyama tentou revitalizar em 1992).[39]

Sublinhamos, linhas acima, que os alvos prioritários da desqualificação da crítica da Economia Política e da teoria social de Marx não o foram (não o são) por razões casuais e/ou motivações aleatórias. Os mais lúcidos adversários de ambas tinham (têm) inteira clareza da centralidade dos alvos que miravam (miram): a recusa do *método dialético* joga por terra toda a *estrutura teórica* da elaboração marxiana; a infirmação da *teoria do valor-trabalho* exclui do campo da análise a mera hipótese da *exploração do trabalho pelo capital* como inerente à relação entre os dois termos; a negação da *perspectiva da revolução* conduz ao efetivo *cancelamento da transitoriedade histórica* da ordem do capital (vale dizer: conduz à sua naturalização/perenização). Em todo e qualquer caso, pouco restaria de Marx: um economista (!) científica e tecnicamente superado, ou um crítico moralista – entre tantos! – da sociedade burguesa, ou um reformista de cariz utópico.[40]

Também ao longo de mais de um século, marxistas preparados desconstruíram essas críticas, revelando os seus equívocos e as suas falácias e, simultaneamente, contribuindo para o desenvolvimento da crítica da Economia Política e da teoria social marxianas. Para tais marxistas, as formulações marx-engelsianas são *absolutamente essenciais e necessárias* para compreender as transformações que a dinâmica capitalista experimentou desde as elaborações teóricas de Marx e Engels – mas, igualmente, eles tiveram (e têm) consciência de que tais formulações não são *suficientes* para esclarecer teorica-

---

[39] Também ex-marxistas contribuíram para esta identificação, como se verifica na carreira de Leszek Kolakowski (1927-2009): no epílogo de sua obra mais celebrada, ele sentenciou que "o marxismo foi a maior fantasia do nosso século [XX]" e não corou ao escrever que "o marxismo é a doutrina da confiança cega de que um paraíso de satisfação universal está à nossa espera na virada da esquina" (L. Kolakowski, *Main Currents of Marxism. Its Origin, Growth and Dissolution. III. The Breakdown*. Oxford: Clarendon Press, 1978, p. 523 e 526).

[40] Estamos nos referindo às críticas a Marx-Engels operadas com um mínimo de seriedade e algum nível intelectual – não a ataques puramente ideológicos exercitados por serventuários de organizações reacionárias ou por intelectuais de ocasião. Desnecessário é dizer o quanto essas críticas se degradaram a partir da emersão de experiências de transição socialista e, depois, nos tempos da *Guerra Fria* e na sequência do colapso das experiências do *socialismo real* – e, mais recentemente chegaram ao rés-do-chão, no quadro da impressionante decadência ideológica própria dos ventos ditos neoliberais.

mente os novos processos econômicos e sociopolíticos próprios do capitalismo mais tardio. Contudo, não é este o espaço para assinalar o *desenvolvimento* da tradição marxista nas quadras históricas mais recentes, nem para sinalizar as *provas históricas reais* que vêm confirmando as projeções de Marx e de Engels sobre o evolver da ordem do capital.[41]

Voltemos brevemente ao Marx d'*O capital* para mirar de novo, também de modo rápido, as cartas que aqui se publicam. No posfácio (24 de janeiro de 1873) à segunda edição do livro I da obra que saiu à luz em 1867, Marx não gasta mais de 10% das suas páginas para esclarecer algumas questões relativas ao seu método dialético. Nelas, afirma sem qualquer ambiguidade:

> Meu método dialético, em seus fundamentos, não é apenas diferente do méto-do hegeliano, mas exatamente seu oposto. *Para Hegel, o processo de pensamento, que ele, sob o nome de Ideia, chega mesmo a transformar num sujeito autônomo, é o demiurgo do processo efetivo, o qual constitui apenas a manifestação externa do primeiro. Para mim, ao contrário, o ideal não é mais do que o material, transposto e traduzido na cabeça do homem.*

> Critiquei o lado mistificador da dialética hegeliana há quase 30 anos,[42] quando ela ainda estava na moda. Mas quando eu elaborava o primeiro volume [o livro I] de *O capital*, os enfadonhos, presunçosos e medíocres epígonos[43] que hoje pontificam na Alemanha culta acharam-se no direito de tratar Hegel [...] como um 'cachorro morto'. Por essa razão, declarei-me publicamente como discípulo daquele grande pensador e, no capítulo sobre a teoria do valor, cheguei até a coquetear aqui e ali com seus modos peculiares de expressão. *A mistificação que*

---

[41] Há aqui uma grande documentação à disposição dos estudiosos. Quanto ao desenvolvimento da tradição marxista no último meio século, considere-se, apenas a título sugestão e aleatoriamente, o trabalho de autores tão diferentes, e operando em tão diversas áreas, como P. M. Sweezy, P. A. Baran, E. Mandel, F. Chesnais, D. Harvey, I. Mészáros, E. Altvater, G. Therborn, P. Anderson, E. M. Wood, M. Löwy, T. Eagleton, F. Jameson, J. B. Foster e dezenas de outros pesquisadores. Quanto às provas históricas reais por que passaram (passam) as projeções de Marx e Engels sobre o devir da ordem capitalista, cf., entre muitos, J. P. Netto, "Uma face contemporânea da barbárie". *Vértice*. Lisboa, II série, março-abril/2011, n. 157, dedicado ao III Encontro Internacional/Civilização ou barbárie/Os desafios do mundo contemporâneo/Serpa, 30 out.-1º nov. 2010.

[42] Os editores inseriram aqui uma nota, indicando que Marx se referia ao seu texto "Crítica da filosofia do direito de Hegel", disponível em K. Marx, *Crítica da filosofia do direito de Hegel*. São Paulo: Boitempo, 2005 (esp. p. 27-141).

[43] Outra nota editorial: "Marx refere-se aqui aos filósofos Ludwig Büchner, Friedrich Albert Lange, Eugen Karl Dühring, Gustav Theodor Fechner, entre outros".

> *a dialética sofre nas mãos de Hegel não impede em absoluto que ele tenha sido o primeiro a expor, de modo amplo e consciente, suas formas gerais de movimento. Nele, ela se encontra de cabeça para baixo. É preciso desvirá-la, a fim de descobrir o cerne racional dentro do invólucro místico.*

> *A dialética mistificada tornou-se moda na Alemanha porque parecia sublimar a situação existente. Mas, na sua forma racional, causa escândalo e horror à burguesia e aos porta-vozes de sua doutrina, porque sua concepção do existente, afirmando-o, encerra, ao mesmo tempo, o reconhecimento da negação e da necessária destruição dele; porque apreende, de acordo com seu caráter transitório, as formas em que se configura o devir; porque, enfim, por nada se deixa impor, e é, na sua essência, crítica e revolucionária.[44]*

Não é a primeira vez que Marx, que concluíra o livro I há mais de meia década, ao mesmo tempo em que reitera o seu reconhecimento da grandeza filosófica de Hegel, sublinha com indiscutível nitidez a *diferencialidade essencial do fundamento da sua dialética em face da de Hegel* – a questão do *materialismo*. Ele já o fizera justamente numa das cartas coligidas neste volume, na qual escreve:

> [Dühring] sabe muito bem que meu método *não* é o de Hegel, posto que sou materialista e Hegel é um idealista. A dialética de Hegel é a forma fundamental de toda a dialética, mas *somente* quando despojada de sua forma mística – e é precisamente isto o que distingue o meu método (cf. a carta de número 109, p. 238).

O leitor observará, nas cartas aqui reunidas, raras alusões expressas de Marx à dialética: ele sinalizará a sua precariedade nos procedimentos de Proudhon (carta de número 4), comentará que uma passada de olhos no Hegel que já dominava estimulou a sua análise do lucro e, mais adiante, sugerirá a operação da dialética no processo histórico das transformações da propriedade fundiária (carta de número 34).[45] Também Engels a tangenciará

---

[44] Os dois primeiros parágrafos desta citação foram extraídos de K. Marx, *O capital. Crítica da economia política*. São Paulo: Boitempo, 2013, I, p. 90-91. O último parágrafo foi extraído de K. Marx, *O capital. Crítica da economia política*. Rio de Janeiro: Civilização Brasileira, 1968, I, 1, p. 17. Nos dois casos, todos os itálicos são meus [*JPN*].

[45] Processo da maior relevância na análise que Marx oferece da gênese do capitalismo, especialmente quando trata da *acumulação primitiva* (K. Marx, *O capital*, ed. Boitempo, 2013, livro I, cap. 24). Para uma sugestiva tematização do referido processo histórico, cf. D. C. M. Andrade, "Histori-

em poucas cartas (de números 35, 79, 161, 189 e 228) – e, salvo a determina-ção marxiana supracitada (carta 109), nenhuma dessas alusões é efetivamente substantiva. Das cartas de Engels, dois tópicos chamam a atenção: na de nú-mero 189, Engels lembra-se de um esboço que Marx anunciou que gostaria de escrever sobre a dialética e que nunca foi localizado[46] – parece-nos, a nós, que Marx provavelmente não o teria escrito, por razões adiante tangenciadas –; na outra, a de número 228, ele recupera quase literalmente o que Marx exprimira no passo do posfácio à segunda edição do livro I d'*O capital* que transcrevemos em parágrafo precedente – o que somente reitera a relevância do *materialismo marxiano* ali explicitado.

Ora – pode indagar o eventual leitor –, se a dialética (mais exatamente, o método nela implicado) é *central* na obra marxiana, por que, na corres-pondência relativa a *O capital*,[47] Marx é tão econômico no seu trato? Por que sugerimos, poucas linhas acima, que ele não escreveria (à diferença de muitos dos seus seguidores e do próprio Engels, que dedicou à dialética mais de duas dezenas de páginas no seu *Anti-Dühring*, como, aliás, assinalamos na nota 37, *supra*) um "esboço" de lógica dialética? Poderíamos responder muito su-mariamente, recorrendo – novamente – a Lenin: "[...] Marx não nos deixou a *Lógica* (com L maiúsculo), deixou-nos a lógica d'*O capital*".[48] Mas, aqui, não devemos ser concisos à custa de Lenin.

O exame dos escritos de Marx mostra que ele sempre foi muito econômico na tematização da dialética (do *seu* método dialético). Ela reponta em poucas passagens de textos marxianos n'*A sagrada família* (cf. K. Marx-F. Engels, *A sagrada família*. S. Paulo: Boitempo, 2033, esp. p. 43-67), é objeto de uma pri-

---

cidade da propriedade privada capitalista e os cercamentos". *História: debates e tendências.* Passo Fundo: UPF, vol. 18, n. 3, set./dez.-2018.

[46] Foi em janeiro de 1858 que Marx revelou a Engels (cf. a carta de número 27) o *desejo* de preparar "dois ou três folhetins" sobre o "núcleo racional" da dialética de Hegel.

[47] Lembremos que o "juízo lapidar" de Lenin, com que abrimos esta *Apresentação*, não se referia especificamente a cartas relacionadas a *O capital*.

[48] V. I. Lenin, *Cadernos sobre a dialética de Hegel*, ed. bras. citada, p. 201. E o líder bolchevique con-clui o parágrafo em que figura esta frase com a seguinte (e polêmica) formulação: "Em *O capital*, são aplicados a uma ciência a lógica, a dialética e a teoria do conhecimento (não são necessárias três palavras: é a mesma coisa) de um materialismo que recolheu tudo o que há de precioso em Hegel e que o fez avançar".

meira explicitação n'*A ideologia alemã* (cf. K. Marx-F. Engels, *A ideologia alemã*. S. Paulo: Boitempo, esp. p. 29-95), é tratada no §1 do segundo capítulo da *Miséria da filosofia* (cf. K. Marx, *Miséria da filosofia*. S. Paulo: Expressão Popular, 2009, p. 119-142) e, mais concretamente, comparece nos *Grundrisse*, na sua "Introdução" (cf. K. Marx, *Grundrisse. Manuscritos econômicos de 1857-1858. Esboços da crítica da economia política*. S. Paulo/Rio de Janeiro: Boitempo/Ed. UFRJ, 2011, p. 39-64) e, enfim, está presente no prefácio à primeira edição e no posfácio à segunda edição do livro I d'*O capital* (cf. K. Marx, *O capital. Crítica da Economia Política*. S. Paulo: Boitempo, 2013, I, p. 77-81 e 83-91).[49] Verifica-se, com efeito, que, do ponto de vista formal, essas aproximações de Marx à problemática metodológica são – considerada a magnitude da sua obra – muito parcimoniosas e, sobretudo, não têm a mesma densidade teórica. Em nosso entender, a explicitação contida nos textos d'*A ideologia alemã* é primacial por embasar o *caráter materialista* das concepções marxianas; a argumentação exarada no referido parágrafo da *Miséria da filosofia* é decisiva por abrigar a questão da *totalidade*;[50] mas é somente na "Introdução" (*Grundrisse*) que Marx oferece a *formulação teórico-metodológica fundamental* que orientará as suas pesquisas mais sólidas e *teoricamente* revolucionárias.[51] É en-

---

[49] É neste posfácio, aliás, que se encontra a célebre, e relevante, distinção entre "modo de investigação" e "modo de exposição".

[50] Categoria tão constitutiva do pensamento dialético quanto tão esconjurada pelos pós-modernos (e não só...). Trata-se de uma das categorias nucleares do pensamento marxiano, e das mais complexas – veja-se o que escreveu um dos seus mais rigorosos analistas, que sustentou ser esta categoria, para Marx, a "categoria fundamental da realidade" – realidade que, para ele, constitui-se como "um complexo de complexos", todos articulados como totalidades: "A verdadeira totalidade, a totalidade do materialismo dialético, [...] é uma unidade concreta de forças opostas em luta recíproca; isto significa que, sem causalidade, nenhuma totalidade viva é possível e que, ademais, cada totalidade é relativa; significa que, quer em face de um nível mais alto, quer em face de um nível mais baixo, ela resulta de totalidades subordinadas e, por seu turno, é função de uma totalidade e de uma ordem superiores; segue-se, pois, que esta função é igualmente relativa. Enfim, cada totalidade é relativa e mutável, mesmo historicamente: ela pode esgotar-se e destruir-se – seu caráter de totalidade subsiste apenas no marco de circunstâncias históricas determinadas e concretas" (G. Lukács, *O jovem Marx e outros escritos de filosofia*. Rio de Janeiro: Ed. UFRJ, 2007, p. 59). Para avançar no trato desta categoria e, em particular, de outra, igualmente nuclear, a de *mediação*, cf. I. Mészáros, *O conceito de dialética em Lukács*. São Paulo: Boitempo, 2013, esp. p. 57-70.

[51] Há pelo menos dois livros, disponíveis ao leitor brasileiro, que demonstram – mediante angulações e ênfases diversas – a excepcional importância dos *Grundrisse*: R. Rosdolsky, *Gênese e estrutura de* O capital *de Karl Marx*. Rio de Janeiro: EDUERJ/Contraponto, 2001 e E. Dussel, *A*

tão, na abertura da sua década de maior fecundidade/criatividade (1857-1867) – realmente, o período em que se registra o seu *apogeu intelectual* –, que Marx alcança o pleno domínio do *seu* método e pôde discorrer sobre ele, mesmo breve e sinteticamente, sugerindo sua inteireza e complexidade, antecipando a base da *riqueza categorial* que desenvolveria articuladamente nas análises que constituiriam o arcabouço d'*O capital*.

As formulações de Marx que se encontram na "Introdução", assentadas no original materialismo proposto por ele (e Engels) desde 1845-1846 (n'*A ideologia alemã* e nas *Teses sobre Feuerbach*),[52] nada têm em comum com os paradigmas que apresentam a "metodologia científica" própria da modelagem dominante da pesquisa acadêmica, no melhor dos casos marcada por influxos neokantianos e no pior por um formalismo epistemologista. Amparadas numa perspectivação ontológica,[53] as formulações marxianas da "Introdução" incidem sobretudo *na relação que o sujeito do conhecimento (com as condições teóricas que lhe são necessárias) deve estabelecer com o seu objeto real e determinado para reproduzir, no plano ideal* (quer dizer, na sua consciência) *e fielmente, a sua estrutura e a sua dinâmica objetivas*. Por isto, na concepção marxiana, *não é cabível qualquer autonomização do método em face da pesquisa concreta*. Há que considerar a sábia lição de um marxista competente:

> A categoria de *totalidade*, que está no centro do pensamento dialético, cancela uma separação rigorosa entre a reflexão sobre o método e a investigação concreta, que são as duas faces da mesma moeda. De fato, parece certo que *o método só se encontra na própria investigação* e que esta só pode ser válida e frutífera na medida em que toma consciência, progressivamente, da natureza do seu próprio avanço e das condições que lhe permitem avançar.[54]

---

produção teórica de Marx. Um comentário aos Grundrisse. São Paulo: Expressão Popular, 2012. Para uma primeira e didática abordagem à "Introdução", cf. J. P. Netto, *Introdução ao estudo do método de Marx.* São Paulo: Expressão Popular, 2011.

[52] As *Teses...* encontram-se em K. Marx-F. Engels, *A ideologia alemã*, ed. cit., p. 533-539. Sobre elas, cf. G. Labica, *As "Teses sobre Feuerbach" de Karl Marx*. Rio de Janeiro: Jorge Zahar, 1990 e, numa extraordinária exegese, J. Barata-Moura, *As teses das "teses". Para um exercício de leitura.* Lisboa: Avante!, 2018.

[53] Para a clarificação desta perspectiva, cf. esp. G. Lukács, *Para uma ontologia do ser social.* São Paulo: Boitempo, 2012, I, p. 281-422.

[54] L. Goldmann, *El hombre y lo absoluto. El dios oculto.* Barcelona: Península, 1985, p. 7 (os itálicos da segunda frase são meus [*JPN*]).

Assim, vê-se que é procedente a hipótese de que Marx *não* levaria a cabo o seu desejo de escrever folhetins "resumindo" o "núcleo racional" da dialética hegeliana para um público leigo nem, no limite, para apresentar um conjunto de "regras do método dialético", à moda do que o fizeram sociólogos acadêmicos – do esforçado e honesto E. Durkheim a prestigiados epígonos (A. Giddens)[55] – e, por seu turno, também muitos marxistas. Quem quiser *apreender o método de Marx*, na sua essencialidade, não o encontrará em cartas, manuais ou tratados de epistemologia: há de procurá-lo, e encontrá-lo, na textualidade que registra a sua análise – vai encontrá-lo especialmente n'*O capital*. Torna-se, pois, cristalino o significado da notação de Lenin que invocamos ao mencionar a "lógica de *O capital*".

A atenção a *esta* lógica, porém, é perceptível em várias passagens das cartas reunidas neste volume – em especial quando Marx se detém na exposição de segmentos da sua obra capital (cartas de números 34, 40 e 84), nas elaborações quantitativas das quais parte para capturar a essência dissimulada pela aparência fenomênica (p. ex., na carta de número 50),[56] nas incontáveis referências aos economistas vulgares (incapazes de avançar para além da *imediaticidade* dos processos econômicos – cf., p. ex. a carta de número 150) e até na menção das dificuldades do leitor diante da terminologia própria à dialética (cartas de número 103 – em que se refere aos "termos incompreensíveis" – e 155; o próprio Engels preocupou-se com a tradução, para o inglês, dessa terminologia, como se vê na carta de número 81). E quanto a Engels, além das suas cartas já lembradas aqui, há outras duas – as de números 222 e 243 – que merecem leitura atenta; em ambas, mas particularmente na segunda delas, ainda que sem uma referência explícita à dialética, o camarada de Marx mostra exemplarmente como operar uma *análise dialética* da vida social.

Quanto à tematização da teoria do valor-trabalho – outro pilar essencial da arquitetura teórico-crítica marxiana –, ela está presente notadamente na correspondência de Marx dos anos 1860 (entre outras, nas cartas de números 34, 50, 82, 83 e 108). E dela ocupa-se Engels principalmente depois da morte de Marx – entre outras, nas cartas de números 246 e 248.

---

[55] Cf. E. Durkheim, *As regras do método sociológico*. São Paulo: Cia. Ed. Nacional, 1995 e A. Giddens, *Novas regras do método sociológico*. Rio de Janeiro: Zahar, 1978.

[56] Não se esqueça da qualificação de Marx para estudos matemáticos, devidamente comprovada nos *Mathematical Manuscripts of Karl Marx*. London: New Park, 1983.

A *perspectiva da revolução* é, dentre os constituintes do tríptico que sustenta as marxianas crítica da Economia Política e a teoria social, o que menos referência expressa encontra nas cartas recolhidas neste livro. Isto se compreende pelo conteúdo dominantemente teórico do material que elas reúnem. Aliás, este conteúdo, próprio de todo *O capital*, pode induzir o leitor incauto a supor um divórcio entre a teoria de Marx e o seu programa sociopolítico; mas que o leitor seja avisado e não se engane: *o teórico Marx* (como qualquer teórico) *é político* e é um *político revolucionário*. Claro que Marx não confunde elaboração teórica com formulação política; nos seus textos estritamente teóricos, a *perspectiva da revolução* emerge da análise teórica mesma – recordemos que é somente nos parágrafos finais do penúltimo capítulo do livro I que ele enuncia "que soa a hora derradeira da propriedade privada e os expropriadores são expropriados".[57] A perspectiva da revolução não surge, quando em seus textos teóricos, nem por acaso nem como efeito retórico. N'*O capital*, da sua gênese à sua longa e dolorosa gestação, que tanto lhe custou,[58] esperava "alcançar, para o nosso partido, uma vitória no terreno científico" (carta de número 40); a continuidade do material publicado em 1859 (*Contribuição à crítica da Economia Política*) é posta por ele como tendo "um objetivo diretamente revolucionário" (carta de número 46); com o livro de 1867, ele queria "assestar, no plano teórico, um golpe na burguesia do qual ela nunca se recuperará" (carta de número 61); antepôs o seu empenho teórico-crítico à participação num congresso da *Internacional* porque estava convicto de, "com este trabalho, [...] fazer algo muito mais importante para a classe operária que tudo o que poderia fazer pessoalmente em qualquer congresso" (carta de número 68); ele pensava *O capital* como "certamente o mais temível petardo

---

[57] K. Marx, *O capital. Crítica da Economia Política*. São Paulo: Boitempo, 2013, I, p. 832. E observe o leitor o comentário de Engels, na carta de número 208, acerca da decepção daqueles que gostariam de encontrar material para agitação no livro II d'*O capital*.

[58] Justificando a um amigo o não ter respondido aprazadamente às suas cartas ao tempo em que se dedicava à redação do livro I d'*O capital*, Marx escreveu: "[...] Tive que aproveitar *cada* instante em que podia trabalhar para terminar minha obra, pela qual sacrifiquei saúde, felicidade e família. Espero que não seja necessário acrescentar mais nada a esta explicação. Rio-me das pessoas pretensamente 'práticas' e da sua sabedoria. Se se deseja comportar-se como um animal, pode-se evidentemente voltar as costas aos tormentos da humanidade e preocupar-se apenas com a própria pele. Mas eu me consideraria realmente como *não prático* se morresse sem haver terminado meu livro [...]" (carta de número 76, p. 199).

que jamais se lançou à cabeça dos burgueses" (carta de número 73). Vê-se: a *perspectiva da revolução*, que satura todo *O capital*, operou como o grande acicate para Marx erguer a sua arquitetura teórica e, muito para além disto, assegurou o seu caráter *revolucionário*.[59]

Esta breve "Apresentação" – que deixou de destacar importantes elementos contidos nas cartas que se seguem[60] – não pretende mais que oferecer uma primeira aproximação a uma pequena parcela daquele extraordinário acervo epistolar que encantou o exigente Lenin ao tempo do seu exílio suíço. Que o leitor do idioma português possa também encantar-se, nas condições igualmente difíceis e tão outras do tempo presente, com a riqueza que jorra desse inesgotável manancial de ideias que é a correspondência de Marx e Engels.

Recreio dos Bandeirantes/RJ,
setembro de 2020.

---

[59] Há muitos anos sustento a tese de que, entre a teoria marxiana e o protagonismo histórico do proletariado, existe "uma relação *genética e metodológica*"; o que os vincula "não é uma conexão externa, de natureza meramente política" – esta relação é "um *nexo imanente* que ultrapassa de longe o enlace político. Ainda que este não se realizasse empírica e historicamente, o nexo estaria dado, porque é o proletariado enquanto *classe em si* que, pela sua existência mesma, viabiliza a dialética social a partir da perspectiva do trabalho. *Esta perspectiva é a assunção do ponto de vista histórico da classe operária* – independentemente do trânsito desta (em nível histórico-universal) para a condição de *classe para si*; entre a teoria social marxiana e o proletariado, "inserem-se mediações lógico-históricas". "A perspectiva da revolução não é o horizonte da teoria social de Marx: é o *ponto arquimédico* a partir do qual ela integra a leitura do real nos próprios movimentos que o estruturam" ("Teoria e revolução em Marx", *in* J. P. Netto, *Democracia e transição socialista. Escritos de teoria e política*. Belo Horizonte: Oficina de Livros, 1990, p. 66-67).

[60] Dispondo de mais espaço, seria necessário, por exemplo, sublinhar o significado do trato marxiano conferido ao *Tableau économique* de Quesnay e da alternativa apresentada a ele (carta de número 59) e, também, por exemplo, salientar a atenção de Engels a fenômenos financeiros mais visíveis após os trabalhos de Marx, como o "mercado de valores" (carta de número 222) – ou, ainda, no caso de ambos, enfatizar o seu interesse histórico e político por certas áreas à época periféricas (cartas sobre o Oriente, cartas a correspondentes russos).

CARTAS SOBRE *"O CAPITAL"*

Carta de Marx a Engels em que anuncia o término do primeiro volume de O capital, *16 de agosto de 1867 – ver carta 88.*

1845

1. ENGELS A MARX[1]

(em Paris)

Barmen, 20 de janeiro de 1845

[...] O que me proporciona uma satisfação particularíssima é que, na Alemanha, já se impôs a literatura comunista; hoje, isto é um fato consumado [*fait accompli*]. Há um ano começava a impor-se, fora da Alemanha, em Paris, ou melhor, era aí onde se iniciava e é aqui que já pesa sobre os ombros do nosso bom alemão Miguel.[2] Diários, semanários, revistas mensais e trimestrais e toda uma reserva de artilharia pesada que começa a avançar, tudo marcha magnificamente. E marcha, ademais, com grande rapidez! E tampouco a propaganda clandestina deixou de dar seus frutos: sempre que vou a Colônia, sempre que entro ali em um café, novos progressos e novos partidários. A associação de Colônia[3] fez maravilhas: pouco a pouco descobrem-se grupos

---

[1] Marx está então em Paris, mas logo será expulso da França, por exigências do governo prussiano – atendidas pelo governo francês a 25 de janeiro dc 1845.

[2] Símbolo do alemão médio, algo assim como *Zé da Silva* designa o brasileiro comum.

[3] Em 1844-1845, a burguesia alemã fundara "Associações para o bem das classes trabalhadoras" em uma série de cidades prussianas, em particular, em Colônia (novembro de 1844). Em 10 de novembro, alguns democratas, antigos redatores da *Rheinische Zeitung* [*Gazeta Renana*], conseguiram impor à Associação uns estatutos que previam a organização dos trabalhadores e sua defesa contra o "poder do capital". Diante dessa orientação, a burguesia liberal – da qual um dos líderes era Ludolf Camphausen (1803-1890) – abandonou a associação e se esforçou para que as autoridades a suprimissem.

comunistas isolados que vão crescendo sem fazer barulho e sem que tenhamos que intervir diretamente.

O *Gemeinnütziges Wochenblatt* [*Semanário gratuito*], que antes aparecia como suplemento da *Rheinische Zeitung* [*Gazeta Renana*],[4] está agora também em nossas mãos; d'Ester[5] se encarregou disso e verá o que se pode fazer. Porém, do que mais necessitamos atualmente é de algumas obras de certa importância que possam proporcionar um ponto de apoio sólido a todos os nossos semissábios, que estão cheios de boa vontade, mas não conseguem avançar sozinhos. Disponha-te a terminar teu livro de Economia Política;[6] pouco importa que muitas páginas não te satisfaçam: os espíritos estão maduros e temos que golpear o ferro agora que ele se apresenta em brasa. Também o meu trabalho sobre a Inglaterra[7] não deixará, seguramente, de produzir seu efeito – os fatos são realmente demasiado chocantes; mas eu gostaria de ter

---

[4] *Rheinische Zeitung für Politik, Handel und Gewerbe* [*Gazeta Renana de política, comércio e indústria*], diário fundado pela burguesia renana na luta contra o absolutismo prussiano, circulou de 1º de janeiro de 1842 a 31 de março de 1843. Nela colaboraram jovens hegelianos; em abril de 1842, Marx passou a integrar a sua redação e, em outubro, tornou-se seu redator-chefe, com o que o jornal ganhou um caráter democrático mais incisivo, convertendo-se em alvo constante de ataques da imprensa reacionária e da censura governamental. Foi fechado por decreto do governo de 19 de janeiro de 1843, vigente a partir de 1º de abril.

[5] Karl Ludwig Johann d'Ester (1811-1859), médico de Colônia. Participou do processo revolucionário de 1848-1849 como membro da *Liga dos Comunistas*, exilando-se na Suíça após a derrota.

[6] Engels se refere aqui ao projeto de Marx, que este lhe comunicara em Paris no encontro que tiveram em agosto/setembro de 1844, de publicar em dois tomos uma "crítica da política e da Economia Política" – projeto marxiano nunca concluído. A obra – para a qual Marx chegou a firmar com Carl Friedrich Julius Leske (1821-1886), de Darmstad, a 1º de fevereiro de 1845, um contrato editorial – reuniria parte da sua "Crítica da filosofia do direito de Hegel. Introdução" e extratos dos seus "Manuscritos econômico-filosóficos de 1844". Vários biógrafos, entre os quais Auguste Cornu (*Carlos Marx. Federico Engels.* La Habana: Ed. Ciencias Sociales, IV, 1976, p. 183) e Maximilien Rubel ("Introduction" ["Introdução"] a Karl Marx, *Oeuvres*. Paris: La Pléiade/Gallimard, 1968, II, p. LXIII), além de estudiosos como Ernest Mandel (*A formação do pensamento econômico de Karl Marx. De 1843 até a redação de* O capital. Rio de Janeiro: Zahar, 1968, p. 46) e Nicolai Lápine (*O jovem Marx.* Lisboa: Caminho, 1983, p. 232), referem-se a este projeto de Marx. Lembre-se que ambos os textos marxianos citados nesta nota estão traduzidos ao português em K. Marx, *Contribuição à Crítica da filosofia do direito de Hegel. Introdução.* São Paulo: Expressão Popular, 2010 e K. Marx, *Cadernos de Paris & Manuscritos econômico-filosóficos de 1844.* São Paulo: Expressão Popular, 2015.

[7] Alusão à sua obra, publicada em maio de 1845, *A situação da classe trabalhadora na Inglaterra.* São Paulo: Boitempo, 2010.

as mãos mais livres para tratar de não poucos temas que seriam ainda mais contundentes e mais eficazes na atual situação da burguesia alemã. Nós outros, alemães saturados de teoria – é ridículo, porém é um sinal dos tempos e da decomposição dessa sujeira nacional[8] –, não estamos [todavia][9] totalmente preparados para lançar-nos ao desenvolvimento da nossa teoria, nem sequer ainda pudemos publicar a crítica do absurdo.[10] Já chegou a hora! Prepara-te, pois, para terminar até abril; faze como eu: põe uma data limite na qual queira positivamente *concluir* e trata de imprimi-la rapidamente. Se não puderes imprimi-la aí, faze com que a editem em Mannheim, em Darmstadt ou em outro lugar. Mas é preciso fazê-lo o mais breve possível [...].

---

8   Engels chamará mais tarde a este estado de coisas *Die deutsche Misere* [*a miséria alemã*]. A expressão também aparece em Marx.

9   Palavra ilegível no original, neste ponto danificado.

10 Alusão a *Die heilige Familie, oder Kritik der kritischen Kritik. Gegen Bruno Bauer und Consorten.* A obra foi publicada pouco depois da redação desta carta de Engels, em fevereiro de 1845. Há edição brasileira: *A sagrada família ou A crítica da crítica crítica. Contra Bruno Bauer e consortes.* São Paulo: Boitempo, 2003.

1846

2. MARX A C. F. J. LESKE[11]

(em Darmstadt)

Bruxelas, 1º de agosto de 1846

Caro senhor:

O senhor recebeu, quando do retorno do correio, uma resposta à carta em que me expunha seus escrúpulos a respeito da edição. No que se refere à questão do "caráter científico", disse-lhe que a obra[12] era "científica, mas que esta palavra não devia ser tomada no sentido que lhe dá o governo prussiano" etc. Se o senhor recordar, todavia, a sua primeira carta, verificará que nela se expressava uma grande inquietude causada pela advertência feita pelas autoridades prussianas e pela investigação policial de que o senhor foi alvo. Imediatamente lhe escrevi dizendo que buscaria outra casa editorial [...].

Recebi uma segunda carta sua, na qual o senhor me comunicava, por uma parte, que renunciava a editar a obra e, por outra, que consentia em manter a antecipação que fizera, debitando-a ao novo editor [...].

Quanto às causas do atraso em responder-lhe, ei-las: alguns capitalistas alemães haviam concordado na edição de vários escritos de Engels, de Hess[13]

---

[11] Cf., *supra*, a nota 6.

[12] Cf. *supra*, a nota 6.

[13] Moses Hess (1812-1875), filósofo que teve destaque entre os *jovens hegelianos*, influiu sobre o *jovem* Engels, colaborou com a *Gazeta Renana* e, até os anos 1850, manteve relações significativas com Marx e Engels.

e meus. Deram-me, inclusive, a esperança de uma edição maior e, de toda maneira, que não seria molestada por nenhuma ação do tipo policialesca. Por meio de um amigo[14] desses senhores, praticamente me garantiram a publicação da minha *Crítica da economia*.[15] Este amigo permaneceu em Bruxelas até maio com a finalidade de passar, com toda a segurança, para o outro lado da fronteira, o manuscrito do primeiro volume da publicação de cuja redação me ocupo e na qual colabora Engels etc.[16] Uma vez na Alemanha, ele deveria escrever-me com a resposta conclusiva sobre se aceitavam ou não editar a *Crítica da economia*. Não recebemos notícia alguma ou apenas notícias imprecisas; e depois que enviamos à Alemanha a maior parte do manuscrito do segundo volume para esta publicação, aqueles senhores escreveram por fim, há muito pouco tempo, que, como consequência do investimento de seu capital em outro negócio, *já não havia mais nada a fazer* nesta questão. Daí por que se atrasou a resposta definitiva que eu devia lhe comunicar. Quando tudo ficou resolvido, acertei com o sr. Pirscher,[17] de Darmstadt, que estava aqui, que ele lhe levaria uma carta minha.

Por causa desta edição, dado o acordo com aqueles capitalistas alemães, interrompi momentaneamente meu trabalho na *Economia*. Parecia-me, com efeito, importante *publicar primeiro* um escrito polêmico contra a filosofia alemã e contra o *socialismo alemão*, que é sua consequência, antes de abordar desenvolvimentos *positivos*. Isto é necessário para preparar o público para compreender o ponto de vista da minha Economia Política, que se opõe dia-

---

[14] Joseph Arnold Weydemeyer (1818-1886), jornalista, membro da redação da *Nova Gazeta Renana* (1848-1849), participou do processo revolucionário de 1848-1849 como membro da *Liga dos Comunistas*. Emigrou para os Estados Unidos em 1851, combateu na guerra civil norte-americana na condição de tenente-coronel do Exército da União e faleceu em St. Louis (Missouri). Vinculado a Marx e a Engels desde 1846, foi um publicista do socialismo na América.

[15] Cf. *supra*, a nota 6.

[16] Trata-se do material constitutivo de *Die deutsche Ideologie: Kritik der neuesten deutschen Philosophie in ihren Repräsentanten. Feuerbach, B. Bauer und Stirner, und des deutschen Sozialismus in seinen verschiedenen Propheten (1845-1846)*. À falta de editor, a obra foi publicada postumamente. Há edição brasileira: *A ideologia alemã. Crítica da mais recente filosofia alemã em seus representantes Feuerbach, B. Bauer e Stirner, e do socialismo alemão em seus diferentes profetas*. São Paulo: Boitempo, 2007.

[17] Não foi possível obter quaisquer informações sobre este portador da carta de Marx.

metralmente à ciência alemã dominante até hoje. Ademais, trata-se do mesmo escrito polêmico de que já lhe havia falado em uma de minhas cartas e que devia estar terminado antes da publicação da *Economia*.

Já disse o suficiente sobre isto [...].

Como o manuscrito quase terminado do primeiro volume de minha obra se encontra aqui há algum tempo, não o entregarei para impressão sem voltar a repassá-lo outra vez a partir do ponto de vista do conteúdo e da forma. É muito compreensível que um escritor que avança em seu trabalho não possa mandar à impressão *palavra por palavra,* seis meses depois, o que havia escrito seis meses antes.

A isto se soma que *Les physiocrates* [*Os fisiocratas*], em dois volumes *in--folio,*[18] apareceram somente em *finais de julho*, embora estivessem anunciados desde quando estive em Paris, e só chegarão aqui dentro de alguns dias. E, agora, preciso ter em conta esta obra em sua totalidade [...].

O primeiro volume, revisado e corrigido, estará pronto para impressão em *fins de novembro*. O segundo volume, que é mais histórico, poderá segui-lo rapidamente.

Já lhe escrevi, em uma carta anterior, que o manuscrito superará em mais de 20 o número de *placards*[19] previstos, e isto se deve em parte à documentação recentemente publicada na Inglaterra, que cresceu muito e, em parte, como consequência das necessidades derivadas da própria redação [...].

Se for necessário, posso provar-lhe, pelas numerosas cartas que recebo da Alemanha e da França, que o público espera este escrito com grande impaciência.

Dr. Karl Marx

---

[18] Marx refere-se aos dois volumes editados, em 1846, em Paris, por Eugène Daire (1798-1847), com materiais de economistas fisiocratas.

[19] *Placard* (em alemão, *Bogen*) é um termo da antiga prática tipográfica que será frequente utilizado na correspondência registrada neste livro. Ele designa uma folha de prova, enviada ao autor para eventuais correções ou revisões, na qual se encontram impressas, geralmente, 16 páginas de tamanho uniforme.

3. ENGELS A MARX

(em Bruxelas)

Paris, 18 de setembro de 1846

[...] Em minha carta de negócios, cometi uma flagrante injustiça em relação a Proudhon;[20] como já não me sobrava espaço na referida carta, é necessário que a repare aqui. Eu acreditava que ele havia cometido um pequeno contrassenso, porém um contrassenso que poderia manter-se ainda dentro dos limites do senso comum. Mas ontem se discutiu a coisa de novo e em detalhe e, em meio à discussão, me dei conta de que este novo contrassenso *supera realmente todos os limites*. Imagina: os proletários devem *economizar* pequenas ações. Com estas ações (não se começa, evidentemente, com menos de 10 ou 20 mil trabalhadores) cria-se primeiro uma ou várias oficinas, em um ou vários setores de ofícios; aí se dá trabalho a uma parte dos acionistas e: 1º os produtos se vendem aos acionistas (que, desta maneira, não têm que pagar os lucros) ao preço das matérias-primas somado ao do trabalho; 2º o possível excedente se vende ao preço vigente no mercado mundial. À medida que vai aumentando (como resultado de novos aderentes ou das novas economias dos antigos acionistas), o capital da sociedade se emprega na instalação de novas oficinas e de novas fábricas etc. etc., até que... *todos* os proletários estejam ocupados e que *todas* as forças produtivas existentes no país sejam compradas e que os capitais que se encontram nas mãos dos burgueses tenham perdido por este meio todo poder para controlar o trabalho e procurar lucros. E é

---

[20] Pierre-Joseph Proudhon (1809-1865), importante teórico socialista francês, que Marx contatou em Paris e com o qual rompeu teórica e politicamente em 1847, com o livro *Miséria da filosofia* (São Paulo: Expressão Popular, 2009). Desde então, referências críticas a Proudhon repontam no conjunto da obra marxiana. De Proudhon pode-se ler em português *O que é a propriedade* (Lisboa: Estampa, 1997) e *Sistema das contradições econômicas ou Filosofia da miséria* (São Paulo: Ícone, I-Escala, II, 2003-2007). A "carta de negócios" (*Geschäftsbrief*) a que Engels refere-se aqui é a missiva que ele remeteu ao Comitê de Correspondência Comunista, em Bruxelas, a 16 de setembro de 1846, narrando os seus debates com proudhonianos em Paris – ela se encontra coligida em *MEW*, 1965, v. 27, p. 40-44.

deste modo que se suprime o capital, "inventando uma organização em que o capital – *quer dizer, os lucros* (rejuvenescimento do *droit d'aubaine*[21] de antigamente, de certo modo novamente situado na ordem do dia) – terá, por assim dizer, desaparecido". Nesta proposição, repetida mil vezes pelo Papá Eisermann[22] – que a aprendeu com Grün e a sabe de cor –, podes ver, claramente, como funcionam as formulações originais de Proudhon. Este pessoal tem a intenção de *comprar* primeiro *toda a França* e depois, quem sabe, nem mais nem menos todo o resto do mundo, graças às economias do proletariado, renunciando aos lucros e aos juros do seu capital. Alguém imaginou alguma vez um plano tão maravilhoso? Decerto que, se se quisesse operar mediante uma grande proeza [*tour de force*], não seria mais rápido, à luz prateada da lua, cunhar moedas de cinco francos? E aqui, os operários, esses jovens tolos (me refiro aos alemães), acreditam em todas estas idiotices; eles, que não podem sequer poupar dois centavos para ir a um comerciante de vinho [*marchand de vin*] à noite de suas reuniões, querem comprar toda a formosa França com suas economias! Rothschild e companhia são uns autênticos neófitos ao lado destes formidáveis monopolizadores [*accapareurs*]. É para se ter um ataque de nervos. Esse Grün embruteceu de tal forma esses coitados que, para eles, a fórmula mais absurda tem mais sentido que o fato mais simples utilizado como argumento econômico. É francamente desalentador ver-se obrigado a tropeçar com tão grosseira insensatez. Porém, há que ter paciência e não abandonarei meus pobres homens sem antes livrá-los de Grün e abrir a sua cabeça desorientada [...].

---

[21] O *droit d'aubaine* era um costume feudal que permitia ao rei apropriar-se dos bens que não tinham herdeiros diretos. Mencionando o "rejuvenescimento" desse direito, Engels aproveita para jogar com o nome de Karl Grün (1818-1887), então muito vinculado a Proudhon e que será referido abaixo nesta carta (em alemão, *grün* = verde; rejuvenescer = tornar verde). Lembre-se que Grün, representante do "socialismo verdadeiro", foi objeto de duras críticas de Marx e Engels (cf., p. ex., *A ideologia alemã*, ed. bras. cit., p. 467-510).

[22] Marceneiro alemão, exilado em Paris, nos anos 1840. Seguidor de Grün.

4. MARX A P. V. ANNENKOV[23]

(em Paris)

Bruxelas, 28 de dezembro de 1846

Meu caro Sr. Annenkov:

Já há muito tempo o senhor teria recebido minha resposta à sua carta de 1º de novembro, se o meu livreiro me tivesse mandado antes da semana passada a obra do Sr. Proudhon, *Philosophie de la misère* [*Filosofia da miséria*].[24] Li-a em dois dias, a fim de comunicar-lhe, sem perda de tempo, a minha opinião. Como a li muito rapidamente, não posso entrar em detalhes e me limito a falar-lhe da impressão geral que me produziu. Se o senhor quiser, poderei estender-me a respeito em uma segunda carta.

Confesso-lhe francamente que o livro me pareceu, de um modo geral, muito ruim mesmo. Em sua carta, o senhor ironiza, referindo-se à "parte insignificante de filosofia alemã" de que o Sr. Proudhon faz alarde nesta obra amorfa e presunçosa, mas o senhor supõe que o veneno da filosofia não afetou a sua argumentação econômica. Também estou muito longe de imputar à filosofia do Sr. Proudhon os erros da sua argumentação econômica. O Sr. Proudhon não nos oferece uma crítica falsa da Economia Política porque a sua filosofia seja ridícula; oferece-nos uma filosofia ridícula porque não compreendeu o estado social contemporâneo em sua engrenagem, para usarmos desta palavra que, como muitas outras coisas, o Sr. Proudhon tomou de Fourier.[25]

---

[23] Esta carta a Pavel V. Annenkov (1812-1887) – jornalista e crítico literário russo, um liberal moderado – foi redigida em francês e publicada pela primeira vez em 1912. Marx conheceu Annenkov em Paris, em 1843-1844, e há indicações de que se reencontraram em Bruxelas, em 1846. Gilbert Badia (1916-2004), membro da Resistência francesa, ensaísta, historiador, autor de importante biografia de Rosa Luxemburgo, respeitado estudioso de Marx, considera esta carta a prefiguração da obra de Marx contra Proudhon (*Miséria da filosofia*), que, a seu juízo, é a "primeira exposição do materialismo histórico".

[24] O título completo da obra proudhoniana, publicada em Paris, em 1846, é *Système des contradictions économiques ou Philosophie de la misère* [*Sistema das contradições econômicas ou Filosofia da miséria*]; cf., *supra*, a nota 20.

[25] Charles Fourier (1772-1837) foi um dos mais brilhantes dentre aqueles que Engels considera os principais "socialistas utópicos" do século XIX, pela sua arguta e profunda crítica da sociedade

Por que o Sr. Proudhon fala de deus, da razão universal, da razão impessoal da humanidade, razão que nunca falha, que é sempre igual a si mesma e da qual basta ter clara consciência para ser dono da verdade? Por que o Sr. Proudhon recorre a um hegelianismo superficial para dar-se ares de pensador profundo?

Ele mesmo nos fornece a chave do enigma. Para o Sr. Proudhon, a história é uma determinada série de desenvolvimentos sociais; ele vê na história a realização do progresso; enfim, acredita que os homens, enquanto indivíduos, não sabiam o que faziam, que imaginavam erradamente o seu próprio movimento, isto é, que seu desenvolvimento social parece, à primeira vista, algo diferente, separado, independente do seu desenvolvimento individual. O Sr. Proudhon não sabe explicar estes fatos e, então, recorre à sua hipótese – verdadeiro achado – da razão universal que se manifesta. Nada mais fácil do que inventar causas místicas, isto é, frases, quando se carece de senso comum.

Mas o Sr. Proudhon, reconhecendo que não compreende nada do desenvolvimento histórico da humanidade – e o confessa ao empregar as bombásticas palavras de razão universal, deus etc. –, não reconhece, também implícita e necessariamente, que é incapaz de compreender *desenvolvimentos econômicos*?

O que é a sociedade, qualquer que seja a sua forma? O produto da ação recíproca dos homens. Os homens podem escolher, livremente, esta ou aquela forma social? Nada disto. A um determinado estágio de desenvolvimento das faculdades produtivas dos homens corresponde determinada forma de comércio e de consumo. A determinadas fases de desenvolvimento da produção, do comércio e do consumo correspondem determinadas formas de constituição social, determinada organização da família, das ordens ou das classes; numa palavra, uma determinada sociedade civil. A uma determinada sociedade civil corresponde um determinado estado político, que não é mais que a expressão oficial da sociedade civil. Isto é o que o Sr. Proudhon jamais compreenderá,

---

burguesa, juntamente a Saint-Simon (1760-1825) e Robert Owen (1771-1858) – cf. Engels, "Do socialismo utópico ao socialismo científico", *in* K. Marx-F. Engels, *Obras escolhidas em três volumes*. Rio de Janeiro: Vitória, 1961, 2, p. 283-338. De Fourier, está vertido ao português *O novo mundo industrial e societário* (Porto: Textos marginais, 1973) e o singular *Dos cornudos: suas espécies e tipos*. (Lisboa: Cavalo de Ferro, 2004); de Owen, pode-se ler *Uma nova concepção de sociedade* (Braga: Textos filosóficos, 1976).

pois acredita que fez uma grande coisa remetendo-se do Estado à sociedade civil, isto é, do resumo oficial da sociedade à sociedade oficial.

É supérfluo acrescentar que os homens não são livres para escolher as *suas forças produtivas* – base de toda a sua história –, pois toda força produtiva é uma força adquirida, produto de uma atividade anterior. Portanto, as forças produtivas são o resultado da energia prática dos homens, mas esta mesma energia é circunscrita pelas condições em que os homens se acham colocados, pelas forças produtivas já adquiridas, pela forma social anterior, que não foi criada por eles e é produto da geração precedente. O simples fato de cada geração posterior deparar-se com forças produtivas adquiridas pelas gerações precedentes, que lhes servem de matéria-prima para novas produções, cria na história dos homens uma conexão, cria uma história da humanidade, que é tanto mais a história da humanidade quanto mais as forças produtivas dos homens, e, por conseguinte, as suas relações sociais, adquiriram maior desenvolvimento. Consequência necessária: a história social dos homens é sempre a história do seu desenvolvimento individual, tenham ou não consciência deste fato. As suas relações materiais formam a base de todas as suas relações. Estas relações materiais nada mais são que as formas necessárias nas quais se realiza a sua atividade material e individual.

O Sr. Proudhon confunde as ideias e as coisas. Os homens jamais renunciam àquilo que conquistaram, mas isto não quer dizer que não renunciem jamais à forma social sob a qual adquiriram determinadas forças produtivas. Muito ao contrário. Para não se verem privados do resultado obtido, para não perder os frutos da civilização, os homens são constrangidos, a partir do momento em que o modo do seu comércio não corresponde já às forças produtivas adquiridas, a modificar todas as suas formas sociais tradicionais. (Emprego aqui a palavra *comércio* em seu sentido mais amplo, do mesmo modo que empregamos em alemão o vocábulo *Verkehr*). Por exemplo: o privilégio, a instituição de grêmios e corporações, o regime regulamentado da Idade Média, eram relações que só correspondiam às forças produtivas adquiridas e ao estado social anterior, do qual aquelas instituições emergiram. Sob a tutela do regime corporativo e regulamentado, acumularam-se capitais, desenvolveu-se o comércio marítimo, fundaram-se colônias; e os homens teriam perdido estes frutos da sua atividade se se tivessem empenhado em conservar as formas à sombra das quais aqueles frutos amadureceram. Daí o ruído de dois trovões: as revoluções de 1640 e 1688. Na Inglaterra, foram destruídas todas as antigas formas econômicas, as relações sociais que lhes eram correspondentes e o estado político que era a expressão oficial da velha sociedade civil. Portanto, as formas da economia sob as quais os homens produzem, consomem e fazem suas trocas são *transitórias* e *históricas*. Ao adquirir novas forças produtivas, os homens transformam o seu modo de produção e, com ele, modificam as relações econômicas, relações necessárias a este modo de produção determinado.

Isto é o que o Sr. Proudhon não soube compreender e, menos ainda, demonstrar. Incapaz de seguir o movimento real da história, o Sr. Proudhon nos oferece uma fantasmagoria com pretensões a dialética. Não sente a necessidade de falar dos séculos XVII, XVIII e XIX porque a sua história decorre no reino nebuloso da imaginação e paira muito acima do tempo e do espaço. Numa palavra, isto não é história, mas velharia hegeliana: não é a história profana – a história dos homens –, é a história sagrada: a história das ideias. Em seu modo de ver, o homem não é mais que um instrumento do qual se vale a ideia ou a razão eterna para se desenvolver. As *evoluções* de que fala o Sr. Proudhon são concebidas como evoluções que se operam no seio místico da ideia absoluta. Se rasgarmos o véu que cobre esta linguagem mística, veremos que o Sr. Proudhon nos oferece a ordem em que as categorias econômicas se encontram alinhadas em sua cabeça. Não seria preciso esforçar-me muito para provar-lhe que essa é a ordem de uma cabeça muito desordenada.

O Sr. Proudhon inicia seu livro com uma dissertação acerca do *valor*, que é o seu tema predileto. Aqui, não entrarei na análise desta dissertação.

A série de evoluções econômicas da razão eterna começa com a *divisão do trabalho*. Para o Sr. Proudhon, a divisão do trabalho é uma coisa bem simples. Mas não foi o regime de castas uma determinada divisão do trabalho? Não foi o regime das corporações outra divisão do trabalho? E a divisão do trabalho do regime das manufaturas, que começou em meados do século XVII e terminou em fins do século XVIII, na Inglaterra, também não difere totalmente da divisão do trabalho da grande indústria, da indústria moderna?

O Sr. Proudhon se encontra tão longe da verdade que omite o que nem sequer os economistas profanos deixam de levar em conta. Tratando da divisão do trabalho, não se sente na necessidade de falar do *mercado* mundial. Por acaso a divisão do trabalho nos séculos XIV e XV, quando ainda não existiam colônias, quando a América ainda não existia para a Europa e à Ásia só se podia chegar através de Constantinopla, por acaso a divisão do trabalho não devia ser essencialmente diversa daquela do século XVII, quando as colônias já se achavam desenvolvidas?

Há mais, porém. Toda a organização interna dos países, todas as suas relações internacionais são outra coisa que a expressão de uma certa divisão do trabalho? Não se modificam com as transformações da divisão do trabalho?

O Sr. Proudhon compreendeu tão pouca coisa do problema da divisão do trabalho que nem mesmo menciona a separação entre cidade e campo, que, na Alemanha, se operou entre os séculos IX e XII. Assim, para o Sr. Proudhon, esta separação deve ser uma lei eterna, já que não conhece nem a sua origem nem o seu desenvolvimento. Em todo o seu livro, seu pensamento discorre como se esta criação de um modo determinado de produção devesse existir até a consumação dos séculos. Tudo o que o Sr. Proudhon diz, com referência à divisão do trabalho, é tão somente um resumo – ademais, muito superficial e incompleto – do que afirmaram, anteriormente, Adam Smith[26] e outros mil autores.

A segunda evolução da razão eterna são as *máquinas*. Para o Sr. Proudhon, a conexão entre a divisão do trabalho e as máquinas é inteiramente mística. Cada um dos modos da divisão do trabalho tinha seus instrumentos de produção específicos. De meados do século XVII a meados do século XVIII, por exemplo, os homens não produziam tudo à mão. Possuíam instrumentos, e instrumentos muito complicados, como teares, alavancas etc. etc.

Assim, pois, nada mais ridículo do que considerar as máquinas como resultantes da divisão do trabalho em geral.

---

[26] Adam Smith (1723-1790), pensador escocês, foi uma das figuras centrais da Economia Política – sua obra de 1776, *Investigação sobre a natureza e as causas da riqueza das nações*, marcou profundamente o pensamento de Marx: referências a ela são constantes nos textos marxianos, especialmente dos anos 1850 em diante, e são significativas as páginas que lhe dedicou no que seria o livro IV d'*O capital*, as *Teorias da mais-valia. História crítica do pensamento econômico*. São Paulo: Difel, 1980-1985, I-II-III. Há edição brasileira desta obra de Smith: *A riqueza das nações*. São Paulo: Martins Fontes, 2016, além de uma excelente edição portuguesa: *Inquérito sobre a natureza e as causas da riqueza das nações*. Lisboa: Fundação Calouste Gulbenkian, 1999, 2 v.

Assinalarei, também de passagem, que, se o Sr. Proudhon não chegou a compreender a origem histórica das máquinas, compreendeu menos ainda o seu desenvolvimento. Pode-se dizer que até 1825 – época da primeira crise universal – as necessidades do consumo, em geral, cresceram mais rapidamente que a produção e que o desenvolvimento das máquinas foi uma consequência obrigatória das necessidades do mercado. A partir de 1825, a invenção e a utilização das máquinas não foram mais que um resultado da guerra entre patrões e empregados. Mas isto só é válido com referência à Inglaterra. Quanto às nações europeias, viram-se obrigadas a empregar as máquinas em função da concorrência que lhes faziam os ingleses, tanto em seus próprios mercados quanto no mercado mundial. Já na América do Norte, a introdução da maquinaria deveu-se tanto à concorrência com outros países como à escassez de braços, isto é, à desproporção entre a população do país e suas necessidades industriais. Por tudo isto, o senhor pode ver quanta sagacidade exibe o Sr. Proudhon ao conjurar o fantasma da concorrência como terceira evolução, como antítese das máquinas!

Finalmente, é, em geral, um verdadeiro absurdo fazer das *máquinas* uma categoria econômica, ao lado da divisão do trabalho, da concorrência, do crédito etc.

A máquina tem tanto de categoria econômica quanto o boi que puxa o arado. A *utilização* atual das máquinas é uma das relações do nosso regime econômico contemporâneo, mas o modo de exploração das máquinas é algo totalmente diverso das próprias máquinas. A pólvora continua a ser pólvora, quer se empregue para produzir feridas, quer para estancá-las.

O Sr. Proudhon supera-se a si mesmo quando permite que a concorrência, o monopólio, os impostos ou as apólices, a balança comercial, o crédito e propriedade se desenvolvam no interior da sua cabeça, precisamente na ordem da minha enumeração. Quase todas as instituições de crédito já se haviam desenvolvido na Inglaterra em começos do século XVIII, antes da invenção das máquinas. O crédito público era apenas uma nova maneira de elevar os impostos e satisfazer as novas necessidades, originadas pela chegada da burguesia ao poder. Enfim, a *propriedade* constitui a última categoria no sistema do Sr. Proudhon. No mundo real, ao contrário, a divisão do trabalho e todas as demais categorias do Sr. Proudhon são relações sociais que, em seu conjunto, formam aquilo que atualmente se denomina *propriedade*. Fora destas relações, a propriedade burguesa não passa de uma ilusão metafísica ou jurídica. A propriedade de outra época, a propriedade feudal, desenvolve-se em uma série de relações sociais completamente diversas. Quando estabelece a propriedade como uma relação independente, o Sr. Proudhon comete algo mais que um simples erro de método: demonstra, claramente, que não apreendeu o vínculo que liga todas as formas da produção *burguesa*, que não compreendeu o caráter *histórico* e *transitório* das formas da produção em uma determinada época. O Sr. Proudhon só pode fazer uma crítica dogmática, pois não concebe nossas instituições sociais como produtos históricos e não compreende nem a sua origem nem o seu desenvolvimento.

O Sr. Proudhon também se vê obrigado a recorrer a uma *ficção* para explicar o desenvolvimento. Ele imagina que a divisão do trabalho, o crédito, as máquinas etc. foram inventados para servir à sua ideia fixa, à ideia da igualdade. A sua explicação é de uma ingenuidade sublime. Essas coisas foram inventadas para a igualdade, mas, desgraçadamente, voltaram-se contra ela. Este é todo o seu argumento. Noutras palavras: faz uma suposição gratuita e, como o desenvolvimento real e a sua ficção se contradizem a cada passo, conclui que há uma contradição. Ele dissimula o fato de que a contradição existe unicamente entre as suas ideias fixas e o movimento real.

Assim, pois, o Sr. Proudhon, devido principalmente à sua falta de conhecimentos históricos, não viu que os homens, ao desenvolverem as suas faculdades produtivas, isto é, vivendo, desenvolvem certas relações entre si, e que o modo destas relações muda necessariamente com a modificação e o desenvolvimento destas faculdades produtivas. Não percebeu que as *categorias econômicas* não são mais que *abstrações* destas relações reais e que somente são verdades enquanto estas relações subsistem. Incorre, por conseguinte, no erro dos economistas burgueses, que veem nestas categorias econômicas leis eternas e não leis históricas, válidas exclusivamente para certo desenvolvimento histórico, desenvolvimento determinado pelas forças produtivas. Isto posto, em vez de considerar as categorias econômico-políticas como abstrações de relações sociais reais, transitórias, históricas, o Sr. Proudhon, por meio de uma inversão mística, vê nas relações reais encarnações dessas abstrações. Estas, em si mesmas, são fórmulas que estiveram adormecidas no seio de deus padre desde o princípio do mundo.

Mas, chegando a este ponto, o bondoso Sr. Proudhon é acometido de grandes convulsões intelectuais. Se todas estas categorias são emanações do coração de deus, se constituem a existência oculta e eterna dos homens – como pode acontecer, primeiro, que se tenham desenvolvido e, segundo, que o Sr. Proudhon não seja conservador? O Sr. Proudhon explica todas estas contradições evidentes valendo-se de todo um sistema de antagonismos.

Para esclarecer este sistema de antagonismos, tomemos um exemplo.

O *monopólio* é bom porque é uma categoria econômica e, logo, uma emanação de deus. A concorrência é boa porque também é uma categoria econômica. Mas o que não é bom é a realidade do monopólio e a realidade da concorrência. E o que é pior ainda: monopólio e concorrência se entredevoram. O que se deve fazer? Como estes dois pensamentos eternos de deus se contradizem, parece evidente ao Sr. Proudhon que também no seio de deus há uma síntese de ambos, na qual os males do monopólio são equilibrados pela concorrência e vice-versa. Da luta entre estas duas ideias resultará que só o seu lado bom pode se exteriorizar. É preciso arrancar a deus esta ideia secreta, aplicá-la em seguida e tudo será um mar de rosas; é preciso revelar a fórmula sintética oculta na noite da razão impessoal da humanidade. Sem sequer titubear, o Sr. Proudhon oferece-se como revelador.

Contudo, por um segundo, observe a vida real. Na vida econômica dos nossos dias, o senhor verá não somente a concorrência e o monopólio, mas também a sua síntese, que não é uma *fórmula*, mas um *movimento*. O monopólio engendra a concorrência, a concorrência engendra o monopólio. Entretanto, esta equação, longe de eliminar as dificuldades da situação presente, como imaginam os economistas burgueses, tem como resultado uma situação ainda mais difícil e complicada. Assim, ao mudar a base sobre a qual se fundam as relações econômicas atuais, ao liquidar o *modo* atual de produção, liquida-se não somente a concorrência, o monopólio e o seu antagonismo, mas também a sua unidade, a sua síntese, o movimento que é o equilíbrio real da concorrência e do monopólio.

Dar-lhe-ei, agora, um exemplo da dialética do Sr. Proudhon.

Liberdade e *escravidão* constituem um antagonismo. Não há necessidade de referir os lados bons e maus da liberdade. Quanto à escravidão, é inútil falar de seus lados maus. A única coisa a explicar é o lado bom da escravidão. Não se trata da escravidão indireta, da escravidão do proletário; trata-se da escravidão direta, da escravidão dos negros no Suriname, no Brasil e nos estados meridionais da América do Norte.

A escravidão direta é um eixo do nosso industrialismo atual, tanto quanto as máquinas, o crédito etc. Sem a escravidão, não haveria algodão, e sem algodão não haveria indústria moderna. Foi a escravidão que valorizou as colônias, foram as colônias que criaram o comércio mundial – este comércio que é a condição necessária da grande indústria mecanizada. Assim, antes do tráfico dos negros, as colônias não davam ao mundo antigo mais que uns poucos produtos e não modificaram visivelmente a face da terra. A escravidão é, portanto, uma categoria econômica da mais alta importância. Sem a escravidão, a América do Norte, o país mais desenvolvido, transformar-se-ia num país patriarcal. Se tirarmos a América do Norte do mapa das nações, teremos a anarquia, a decadência absoluta do comércio e da civilização moderna. Mas abolir a escravidão equivaleria a riscar a América do Norte do mapa das nações. A escravidão é uma categoria econômica e, por isto, é verificável em todas as partes, desde que o mundo é mundo. Os povos modernos souberam dissimular a escravidão em seus próprios países e levá-la, sem nenhum disfarce, para o novo mundo. O que o bondoso Sr. Proudhon fará depois destas considerações acerca da escravidão? Buscará a síntese da liberdade e da escravidão, o verdadeiro termo médio, o equilíbrio entre a escravidão e a liberdade.

O Sr. Proudhon soube muito bem ver que os homens fazem o tecido, o pano, a seda – e é dele o grande mérito de ter visto estas coisas tão simples! O que o Sr. Proudhon não soube ver é que os homens produzem também, conforme as suas faculdades produtivas, as *relações sociais* nas quais produzem a seda e o tecido. E, ainda, não soube ver que os homens, que produzem as relações sociais segundo a sua produção material, produzem também as *ideias*, as *categorias*, isto é, as expressões abstratas ideais destas mesmas relações sociais. Portanto, estas categorias são tão pouco eternas quanto as relações que expressam. São produtos históricos e transitórios. Para o Sr. Proudhon, entretanto, as abstrações, as categorias, são a causa primária: são elas, e não os homens, que fazem a história. A *abstração*, a *categoria considerada como tal* – ou seja, separada dos homens e da sua ação material – é, naturalmente, imortal, inalterável, impassível; não é mais que um ser da razão pura, o que significa dizer, simplesmente, que a abstração, considerada como tal, é abstrata – admirável tautologia!

Também as relações econômicas, vistas sob a forma de categorias, são, para o Sr. Proudhon, fórmulas eternas, sem origem nem progresso.

Noutros termos: o Sr. Proudhon não afirma, diretamente, que a *vida burguesa* seja para ele uma *verdade eterna*; di-lo indiretamente, ao divinizar as categorias que expressam as relações burguesas sob a forma de ideias. Toma os produtos da sociedade burguesa como seres espontâneos, dotados de vida própria, e eternos, desde que eles se lhe apresentem sob a forma de categorias, de ideias. Não vê, portanto, mais além do horizonte burguês. Como opera sobre ideias burguesas, acreditando-as eternamente verdadeiras, luta por encontrar a sua síntese, o seu equilíbrio, e não vê que o seu modo atual de equilíbrio é o único possível.

Realmente, faz o que fazem todos os bons burgueses. Todos eles dizem que a concorrência, o monopólio etc., em princípio – ou seja, considerados como ideias abstratas –, são os únicos fundamentos da vida, embora, na prática, deixem muito a desejar. Todos eles querem a concorrência, sem as suas consequências funestas. Todos querem o impossível, ou seja: as condições burguesas de vida, sem as suas consequências necessárias. Nenhum deles compreende que a forma burguesa de produção é uma forma histórica e transitória, como o era a forma feudal. Este erro deriva de que, para eles, o homem burguês é a única base possível de toda sociedade, deriva de que não podem imaginar um estado social em que o homem deixe de ser burguês.

O Sr. Proudhon é, pois, necessariamente, um *doutrinário*. O movimento histórico que revoluciona o mundo atual reduz-se, para ele, ao problema de encontrar o verdadeiro equilíbrio, a síntese de duas ideias burguesas. Assim, à força de sutileza, o moço sagaz descobre o recôndito pensamento de deus, a unidade de duas ideias isoladas, e que só são isoladas porque o Sr. Proudhon arrancou-as da vida prática, da produção atual – que é a combinação das realidades que elas exprimem. No lugar do grande movimento histórico, que nasce do conflito entre as forças produtivas desenvolvidas pelos homens e suas relações sociais, que já não correspondem a elas; no lugar das terríveis guerras que se preparam entre as diversas classes de uma nação e entre as diferentes nações; no lugar da ação prática e violenta das massas, a única que pode resolver tais conflitos; no lugar deste amplo, prolongado e complexo movimento, o Sr. Proudhon coloca o movimento *cacadauphin*[27] da sua cabeça. Assim, são os sábios, os homens capazes de arrancar a deus seus íntimos pensamentos, os que fazem a história. À plebe só resta a tarefa de colocar em prática as suas revelações. Agora, o senhor compreenderá por que o Sr. Proudhon é inimigo declarado de todo movimento político. Para ele, a solução dos problemas atuais não consiste na ação pública, mas nas rotações dialéticas da sua cabeça. Como as categorias são, para ele, as forças motrizes, para modificá-las não é necessário modificar a vida prática. Muito ao contrário: é preciso mudar as categorias e, em consequência, a sociedade existente se modificará.

Em seu desejo de conciliar as contradições, o Sr. Proudhon não se questiona se não deverá ser subvertida a própria base destas contradições. Ele se parece em tudo ao doutrinário político, para quem o rei, a Câmara dos Deputados e o Senado são como partes integrantes da vida social, como categorias eternas. Só que ele busca uma nova fórmula para equilibrar estes poderes, cujo equilíbrio consiste, precisamente, no movimento atual, em que um desses poderes é vencedor como tão logo escravo do outro. Assim, no século XVIII, uma multidão de cabeças medíocres dedicou-se a buscar a verdadeira fórmula para equilibrar as ordens sociais, a nobreza, o rei, os parlamentos etc., e num belo dia percebeu que já não havia nem rei, nem parlamento, nem nobreza. O verdadeiro equilíbrio deste antagonismo era a

---

[27] À diferença de G. Badia e M. Rubel, que qualificaram o uso da palavra *cacadauphin* como "bizarrice" e/ou incompreensão da letra de Marx, o filósofo português Eduardo Chitas (1937-2011) verteu assim esta passagem: "[...] no lugar desse movimento vasto, prolongado e complicado, o Sr. Proudhon põe o movimento diarreico [*le mouvement cacadauphin*] da sua cabeça" (cf. Karl Marx e F. Engels, *Obras escolhidas em três tomos*. Lisboa/Moscou: Avante!/Progresso, 1982, I, p. 553). A propósito, observe-se que os editores ingleses desta carta esclareceram: "Aqui Marx usa a palavra *cacadauphin*, com a qual, durante a Revolução Francesa, os opositores do regime absolutista descreveram ironicamente o tecido cor de mostarda, lembrando a cor das fraldas do Dauphin" (cf. *MECW*, 2010, v. 38, p. 585, nota 136) – por mais inacreditável que possa parecer ao leitor de hoje, a cor das fraldas sujas do Delfim (Louis Joseph François de Bourbon, 1781-1789), exibidas pela sua mãe, Maria Antonieta (1755-1793), tornou-se à época predileta dos áulicos da rainha.

subversão de todas as relações sociais, que serviam de base a estas existências feudais e ao seu antagonismo.

Porque o Sr. Proudhon põe de um lado as ideias eternas, as categorias da razão pura e, de outro, os homens e a sua vida prática, que, segundo ele, é a aplicação destas categorias, o senhor encontra nele, desde o primeiro momento, um *dualismo* entre a vida e as ideias, entre a alma e o corpo – dualismo que se repete sob muitas formas. O senhor pode ver, agora, que este antagonismo não é mais que a incapacidade do Sr. Proudhon para compreender a origem e a história profanas das categorias que ele diviniza.

Já me estendi demasiado para me deter nas ridículas acusações que o Sr. Proudhon lança contra o comunismo. Por ora, o senhor convirá comigo em que um homem que não compreendeu o estado atual da sociedade, compreenderá menos ainda o movimento que tende a subvertê-la, bem como as expressões literárias deste movimento revolucionário.

O *único ponto* em que estou totalmente de acordo com o Sr. Proudhon refere-se à sua recusa do pieguismo socialista. Antes dele, eu já conquistara muitos inimigos com minhas ironias ao socialismo repetitivo, sentimental e utopista. Mas o Sr. Proudhon não abriga estranhas ilusões quando opõe o seu sentimentalismo de pequeno-burguês (refiro-me às suas frases declamatórias sobre o lar, o amor conjugal e todas essas banalidades) ao sentimentalismo socialista que, em Fourier, por exemplo, é muito mais profundo que as suas presunçosas vulgaridades? Ele mesmo percebe tão bem a nulidade de seus raciocínios, sua completa incapacidade para falar destas coisas, que se perde em explosões de raiva, em vociferações e em cóleras de homem honesto [*irae hominis probi*], espuma, jura, denuncia, maldiz a infâmia e a peste e jacta-se, diante de deus e dos homens, de estar limpo dos pecados socialistas! Não faz uma crítica irônica do sentimentalismo socialista, ou do que considera como tal. Como um santo, como o Papa, excomunga os pobres pecadores e canta as glórias da pequena burguesia e das miseráveis ilusões amorosas e patriarcais do lar. E isto não é um acaso. O Sr. Proudhon é, dos pés à cabeça, filósofo e economista da pequena burguesia. Em uma sociedade avançada, o *pequeno-burguês*, em virtude da posição que ocupa nela, faz-se meio socialista e meio economista, isto é, deslumbra-se com a magnificência da grande burguesia e, ao mesmo tempo, experimenta simpatia pelos sofrimentos do povo. É, simultaneamente, burguês e povo. Em seu foro íntimo, ufana-se da sua imparcialidade, com o ter encontrado o justo meio-termo, que pretende distinguir do termo médio. Esse pequeno-burguês diviniza a *contradição*, porque ela constitui o fundo do seu ser. Ele é a contradição social em ação. Deve justificar, teoricamente, o que ele próprio é na prática, e o Sr. Proudhon tem o mérito de ser o intérprete científico da pequena burguesia francesa, o que é um mérito real, pois a pequena burguesia será parte integrante de todas as revoluções sociais que se preparam.

Gostaria de enviar-lhe, com esta carta, o meu livro sobre Economia Política, mas, até agora, não consegui imprimir esta obra, bem como a minha crítica aos filósofos e socialistas alemães, de que lhe falei em Bruxelas. O senhor não pode imaginar as dificuldades que uma publicação deste tipo encontra na Alemanha, tanto por parte da polícia como dos editores, que são representantes interessados de todas as tendências que eu ataco. Quanto ao nosso próprio Partido, ele não é apenas pobre, mas uma grande fração dos comunistas alemães irrita-se com a minha oposição às suas utopias e declamações.

Ao seu dispor,

Charles Marx.

P. S.: O senhor talvez se pergunte por que lhe escrevo, não em bom alemão, mas num mau francês. Eis a razão: o meu tema é um autor francês.

Uma breve resposta de sua parte seria uma gentileza, pois eu logo saberia se o meu francês bárbaro foi compreendido.

1851

5. MARX A ENGELS

(em Manchester)

Londres, 7 de janeiro de 1851

Caríssimo Engels!

Escrevo-te hoje para submeter a teu exame uma pequena questão teórica [*questiuncula theoretica*], certamente que de natureza político-econômica [*naturae político-economicae*].

Comecemos do princípio [*ab ovo*]: sabes que, segundo a teoria de Ricardo,[28] a renda não é mais que a diferença entre o custo de produção e o preço do produto agrícola ou, como ele mesmo diz, a diferença entre o preço ao qual a produção da terra de pior qualidade deve ser vendida para cobrir seus custos (incluindo sempre nele o lucro do arrendatário e os juros que paga) e o preço ao qual pode ser vendida a da terra de melhor qualidade.

Segundo ele, e é assim que expõe sua teoria, o aumento da renda demonstra que:

1) recorre-se cada vez mais a terras de pior qualidade – ou ainda, a mesma quantidade de capital utilizado o é sucessivamente na mesma terra – que não produzem o mesmo lucro. Em uma palavra: a terra se deteriora na medida mesma em que a população se vê obrigada a

---

[28] O inglês David Ricardo (1772-1823) publicou a sua obra principal em 1817, *On the Principles of Political Economic and Taxation* (há ed. bras.: *Princípios de Economia Política e tributação*. São Paulo: Nova Cultural, 1985). Referências de Marx a Ricardo estão presentes na obra marxiana a partir de 1844 e suas ideias são estudadas nas *Teorias da mais-valia*, ed. cit., II.

fazê-la produzir mais. E vai se tornando menos fértil. Aí Malthus[29] encontrou diretamente a base real de sua teoria da população e na qual seus discípulos buscam agora a sua última tábua de salvação;

2) a renda não pode aumentar se não sobe o preço do trigo (ao menos *do ponto de vista da lei econômica*); ela baixa obrigatoriamente quando diminui este preço;

3) quando a *renda da terra de todo um país* aumenta, só há uma explicação possível: cultivou-se uma grande quantidade de terras ruins.

Ora, a história contradiz estas três *proposições*:

1) não há dúvidas de que, com o progresso da civilização, mais se cultivam terras com qualidade cada vez pior. Porém, há pouquíssimas dúvidas de que, em consequência do progresso da ciência e da indústria, essas terras piores sejam relativamente boas em comparação com as terras consideradas antigamente como boas;

2) desde 1815, o preço do trigo baixou de 90 para 50 xelins[30] e até mais antes da revogação das leis dos cereais;[31] uma queda irregular, porém

---

[29] As ideias de Thomas R. Malthus (1766-1834) foram objeto da crítica de Marx nas já citadas *Teorias da mais-valia*, II e III. Mas já n'*O capital,* Marx impugna quaisquer leis sociais (como a chamada "lei da população" de Malthus) formuladas abstratamente; diz ele, no livro I (1867), sobre leis referidas à população, que "cada modo de produção particular na história tem suas leis de população particulares, historicamente válidas. Uma lei abstrata de população só é válida para as plantas e os animais e, ainda assim, apenas enquanto o ser humano não interfere historicamente nesses domínios" (K. Marx, *O capital. Crítica da Economia Política*. São Paulo: Boitempo, 2013, I, p. 707). Há ed. bras. da obra de Malthus: *Princípios de Economia Política e Considerações sobre sua aplicação prática. Ensaio sobre a população*. São Paulo: Círculo do Livro, 1996. Para citações dos outros dois livros d'*O capital*, recorreremos às suas edições pela Boitempo: livro II, 2014 e livro III, 2017.

[30] Observe-se: o xelim equivalia à vigésima parte da libra (£); e quanto a um acre, equivale a cerca de 4 mil m²; o *bushel*, medida de cereais, equivale a 36,3 litros e o *quarter,* a oito *bushels* – nesta carta, parece que o *quarter* é tomado como sinônimo de *bushel*.

[31] As chamadas "Leis dos Cereais" (*Corn Laws*), promulgadas na Inglaterra em 1815 proibindo/limitando a importação do trigo, beneficiavam os grandes latifundiários (*landlords*). A luta pela revogação dessas leis, enfim vitoriosa em 1846, foi dirigida pela burguesia manufatureira de Manchester, por meio da *Liga contra as Leis dos Cereais* (*Anti-Corn Law League*), liderada por Richard Cobden (1804-1865) e John Bright (1811-1889). Marx trata da revogação das "leis dos cereais", que considera "o maior triunfo do livre-cambismo no século XIX", no seu "Discurso

constante. Assim acontece na Inglaterra. E, ressalvadas as mudanças necessárias [*mutatis mutandis*], em todos os países do continente;

3) observamos que em todos os países, como já havia advertido Petty,[32] quando baixa o preço do trigo, aumenta a soma das rendas do país.

O fundamental em tudo isto continua sendo estabelecer uma equação entre a lei da renda e o progresso da fertilização agrícola em geral – único meio, por uma parte, de explicar os fatos históricos e, por outra, de eliminar a teoria malthusiana da deterioração não só das "mãos" que trabalham, como também das terras.

Creio que isto se explica simplesmente da seguinte forma: suponhamos que, em um determinado estágio da agricultura, o preço do *quarter*[33] de trigo seja de 7 xelins, e que um acre de terra da melhor qualidade, que gere uma renda de 10 xelins, produza 20 *bushels*.[34] O rendimento do acre será, pois, = a 20 × 7, ou seja, 140 xelins. O custo da produção se eleva, neste caso, a 130 xelins. Estes 130 xelins representam, pois, o preço do produto da terra da pior qualidade explorada.

Suponhamos, agora, que aconteça uma melhora geral da agricultura. Ao supô-lo, admitamos concomitantemente que progridem a ciência, a indústria e a população. Uma fertilidade geral aumentada pela melhora da agricultura supõe estas condições, contrariamente à fertilidade que resultaria do simples acaso de uma colheita favorável.

---

sobre o problema do livre-câmbio", pronunciado em 8 de janeiro de 1848 na *Associação Demo-crática de Bruxelas* (cf. *Miséria da filosofia*, ed. cit., p. 219 e ss.). Também Engels se refere à "der-rogação das leis dos cereais, que instaurou [na Inglaterra] de uma vez para sempre o predomínio da burguesia, sobretudo de sua parte mais ativa, os fabricantes [industriais], sobre a aristocracia da terra. Foi esse o maior triunfo da burguesia, mas foi também o último conseguido em seu interesse próprio e exclusivo" (cf. o prefácio de 20 de abril de 1892 a "Do socialismo utópico ao socialismo científico", *in*: K. Marx e F. Engels, *Obras escolhidas em três volumes*. Rio de Janeiro: Vitória, 1961, 2, p. 299).

[32] William Petty (1623-1687), um dos fundadores da Economia Política, teve suas ideias estudadas por Marx nas já citadas *Teorias da mais-valia* (ed. cit., 1, 1980, p. 341-352). Parte da obra de Petty encontra-se traduzida no volume *Petty. Hume. Quesnay*, da coleção "Os economistas" (São Paulo: Abril Cultural, 1983).

[33] Cf. *supra*, a nota 30.

[34] Cf. *supra*, a nota 30.

Suponhamos que o preço do trigo baixe de 7 para 5 xelins por *quarter*, e que a melhor terra, a número um, que produzia antes 20 *bushels*, produza agora 30. Proporciona, pois, agora, em vez de 20 × 7, ou seja, 140 xelins, 30 × 5, ou seja, 150 xelins. Quer dizer, uma renda de 20 xelins, em lugar dos dez anteriores. A terra de pior qualidade, que não produz absolutamente nenhuma renda, deve produzir 26 *bushels*, porque, conforme a nossa hipótese anterior, seu preço é necessariamente de 130 xelins e 26 × 5 = 130. Se a melhoria – a saber, o progresso do conjunto da sociedade, da população etc. – não é tão geral que a terra da pior qualidade que há para exploração possa produzir 26 *bushels*, então o preço do trigo não pode baixar para 5 xelins o *quarter*.

Os 20 xelins de renda continuam expressando a diferença entre o custo de produção e o preço do trigo produzido na terra de melhor qualidade, ou entre o custo de produção da terra de pior qualidade e o da terra de melhor qualidade. Relativamente, uma das terras segue sendo tão infecunda como antes em relação à outra. Porém, a *fertilidade geral* aumentou.

Daí se supõe unicamente que, se o preço do trigo baixa de 7 para 5 xelins, o consumo, a demanda, aumentam nas mesmas proporções, ou que a produtividade não supera a demanda que se espera para um preço de cinco xelins. Esta suposição seria absolutamente errônea se o preço tivesse baixado de 7 para 5 devido a uma colheita excepcionalmente abundante, e é igualmente necessária no caso de um aumento gradual da fertilidade provocado pelos próprios produtores. Em todo caso, aqui se trata simplesmente da possibilidade econômica desta hipótese.

Daí se conclui que:

1) A renda pode aumentar, mesmo que o preço do produto da terra se reduza e, apesar de tudo, *a lei de R[icardo]*[35] *permanece válida*.

2) A lei da renda, tal como R[icardo] a estabelece em sua tese mais simples (sem levar em conta sua aplicação prática), não supõe a fertilidade decrescente do solo, mas tão somente, *a despeito do crescimento geral da fertilidade do solo que se dá com a evolução da sociedade*, fertilidades *diferentes* de solo ou uma diferença no resultado do capital empregado sucessivamente num mesmo solo.

---

[35] Na maioria de suas cartas, Marx ou Engels limitam-se a consignar as iniciais dos autores a que se referem. Quando isto ocorre, completamos os nomes colocando-os entre colchetes.

3) Quanto mais geral é a melhoria do solo, mais numerosos serão os tipos de terras que envolve, e o conjunto das rendas de todo o país poderá aumentar ainda quando o preço do trigo em geral baixe. Voltemos ao exemplo anterior: trata-se agora de saber tão somente qual é o número das propriedades fundiárias que produzem mais de 26 *bushels* a 5 xelins, sem que por isso tenham que produzir necessariamente 30; dito de outra forma, trata-se de conhecer a maior ou a menor variedade de solos cujas qualidades se situem entre o melhor e o pior. Isto não afeta, em absoluto, a taxa [*ratio*] da renda da terra melhor. Não afeta, em uma palavra, diretamente a *ratio* da renda.

Como sabes, na questão da renda, a principal dificuldade está em que provém da perequação do preço resultante de diferentes custos de produção, porém com a particularidade de que esta lei do preço de mercado não é mais que uma lei da concorrência burguesa. Entretanto, mesmo depois da abolição da produção burguesa, sempre nos defrontaríamos com um óbice: a terra ficaria relativamente menos fértil; com o mesmo trabalho, cada ano se produziria progressivamente menos, ainda que o melhor solo não proporcionasse produtos tão caros como os do pior terreno, como acontece no regime burguês. Com o que expus mais acima, esta reserva não se sustentaria.

Gostaria de conhecer o que pensas sobre este tema. [...]

6. ENGELS A MARX

(em Londres)

Manchester, 29 de janeiro de 1851

[...] Tua nova história sobre a renda da terra é em tudo absolutamente exata. Nunca pude compreender bem em Ricardo esta infertilidade do solo que vai aumentando constantemente com a população; tampouco nunca pude encontrar as justificativas que apoiam o seu preço do trigo em alta constante, porém – dada a minha bem conhecida preguiça no plano teórico [*en fait de théorie*] – me tranquilizei ouvindo uma voz interior que me fez nunca chegar ao fundo da questão. Não cabe a menor dúvida de que a tua solução é muito boa e, com isto, ganhaste o título de economista da renda da terra. Se existisse um direito e uma justiça sobre a terra, a totalidade da sua renda deveria passar às tuas mãos ao menos por um ano – e esta seria a menor coisa a que poderias aspirar.

Nunca pude compreender como Ricardo, com sua fórmula tão simples, pôde apresentar a renda da terra como a diferença de produtividade entre as distintas espécies de solo e que, para estabelecê-la, 1) não conheça outro fator senão o cultivo de terras cada vez piores; 2) ignore em absoluto os progressos da agricultura; 3) enfim, prescinda quase por completo da ampliação do cultivo a terras piores, enquanto, ao contrário, não deixe de utilizar esta afirmação: o capital investido várias vezes seguidas em uma terra determinada contribui cada vez menos para aumentar seu rendimento. Quanto mais evidente se tornava para mim a proposição que havia que provar, tanto menos tinham que ver com ela os argumentos utilizados na demonstração; e seguramente te recordas que, já nos *Anais Franco-alemães*,[36] eu me colocava contra a teoria da infertilidade crescente, invocando os progressos da agricultura científica, naturalmente de um modo muito tosco e sem tratar a questão com as devidas premissas e conclusões. E eis que clarificas tudo isto, e esta é uma razão a mais para que te apresses a terminar e publicar a *Economia Política*.[37] Se se pudesse publicar um artigo teu sobre a renda da terra numa revista [*revue*] inglesa, causaria grande sensação. Pensa e eu me encarrego da tradução [*je me charge de la traduction*]. [...]

---

[36] Engels refere-se ao seu ensaio "Umrisse einer Kritik der Nationalökonomie" ("Esboço de uma crítica da Economia Política"), escrito em finais de 1843/início de 1844 e publicado nos *Anais franco-alemães* (1844); o texto engelsiano está disponível em português em J. P. Netto (org.), *Engels/Política*. São Paulo: Ática, coleção Grandes cientistas sociais, v. 17, 1981. Marx, em 1859, refere-se a este ensaio de Engels – que, como se sabe, atraiu a sua atenção para Economia Política – como um "genial esboço de uma crítica das categorias econômicas" (cf. K. Marx, *Contribuição à crítica da Economia Política*. São Paulo: Expressão Popular, 2008, p. 49).

[37] Neste momento, Marx já avançava pesquisas dirigidas à crítica da Economia Política – mas o seu primeiro fruto só virá a público em 1859, com o livro *Zur Kritik der Politischen Ökonomie* (*Contribuição à crítica da Economia Política*). Quando o livro foi editado, logo Engels publicou dele uma resenha crítica em *Das Volk* [*O povo*], um jornal alemão que se editou em Londres entre maio e dezembro de 1859; esta resenha está disponível em português em K. Marx. *Contribuição à crítica da Economia Política*. ed. cit., p. 273-285.

7. MARX A ENGELS

(em Manchester)

Londres, 3 de fevereiro de 1851

[...] No momento, minha nova teoria da renda não me proporciona mais que a boa consciência a que aspira todo homem de bem. Em todo o caso, alegra-me saber que ficastes satisfeito. Uma relação inversamente proporcional entre a fertilidade da terra e a fertilidade humana não podia deixar de afetar profundamente o prolífico pai de família que hoje sou, tanto mais quanto que meu matrimônio é mais produtivo que minha indústria [*mon mariage est plus productif que mon industrie*].

Agora submeto a teu juízo simplesmente uma ilustração em apoio à teoria da circulação monetária [*currency*];[38] o estudo que faço dela poderia ser definido pelos hegelianos como um estudo da "alteridade", do "outro" – em uma palavra, do "sagrado".

A teoria do Sr. Loyd[39] – e todos os outros [*tutti frutti*] a partir de Ricardo – consiste nisto: suponhamos uma circulação [*currency*] puramente metálica. Se o dinheiro em circulação fosse demasiado abundante neste país, os preços subiriam e, consequentemente, a exportação de mercadorias diminuiria. E aumentaria a importação de mercadorias estrangeiras. As importações superariam as exportações. Consequência: uma balança comercial desfavorável. Exportar-se-ia dinheiro efetivo, a *currency* seria reduzida, os preços das mercadorias baixariam, as importações diminuiriam, as exportações aumentariam, o dinheiro refluiria novamente para o país – em suma, a situação voltaria a seu antigo equilíbrio. Em caso contrário, *mutatis mutandis*, a mesma coisa. Moral da história: como é necessário que o papel-moeda expresse as flutuações da circulação metálica [*metallic currency*], como é necessário substituir mediante uma regulação artificial o que em outro caso é lei natural, o Banco da Inglaterra [*Bank of England*] deve aumentar suas emissões de papel-moe-

---

[38] As questões abordadas aqui serão posteriormente tratadas por Marx, em especial na seção V do livro III d'*O capital*, principalmente nos capítulos 28, 33 e 34.

[39] Samuel Jones-Loyd, Barão de Overstone (1796-1883), banqueiro milionário e político inglês, cujas ideias sobre a circulação monetária incidiram na legislação bancária da Inglaterra (*Bank Charter Act*, 1844).

da quando a quantidade de lingotes de ouro e prata [*bullion*] aumenta – por exemplo, pela compra de valores do Estado [*government securities*], de bônus do Tesouro [*exchequer bills*] etc.– e reduzi-las quando a quantidade de *bullion* diminui, reduzindo seu desconto ou vendendo valores do Estado. Pois bem: eu sustento que o Banco deve fazer exatamente o contrário: *aumentar* seu desconto quando o *bullion diminui,* e deixá-lo seguir seu curso normal quando ele aumenta, sob pena de agravar inutilmente a crise comercial que se avizinha. Enfim, em outra ocasião [*une autre fois*] voltarei a te falar disto.

O que hoje quero explicar se refere aos princípios fundamentais deste assunto. Afirmo, com efeito: *mesmo no caso de uma circulação [currency] puramente metálica, a sua quantidade, a sua extensão, a sua contração nada têm a ver com a perda e o afluxo de metais preciosos, com a balança comercial positiva ou negativa, com as tendências favoráveis ou desfavoráveis do câmbio* – salvo casos excepcionais que praticamente nunca se apresentam, que, porém, podem ser definidos teoricamente. Tooke faz a mesma afirmação; contudo, não encontrei nenhuma prova em sua *história dos preços* para 1843-1847.[40]

Podes ver que a matéria é importante. Em primeiro lugar, toda a teoria da circulação se encontra comprometida em sua própria base. Em segundo lugar, demonstra-se como o desenvolvimento das crises, apesar do *sistema de crédito* ser uma de suas condições, não tem relação com a *currency* senão na medida em que as insensatas intervenções do Estado em sua regulamentação podem agravar (como em 1847) a crise em curso.

Notas que, na ilustração seguinte, admite-se que *o afluxo* de *bullion* corre parelho com negócios prósperos, com preços todavia não muito elevados porém em alta, uma superabundância de capital, um excedente das exportações sobre as importações. E vice-versa as saídas de ouro, *mutatis mutandis.* Pois bem: esta hipótese é igualmente a de certas pessoas contra as quais vai dirigida esta polêmica. Não podem dizer nada contra ela. Na realidade, podem-se apresentar mil e um casos em que o ouro sai para o exterior mesmo quando,

---

[40] Marx refere-se a Thomas Tooke (1774-1858), economista inglês nascido na Rússia que, com o banqueiro e estatístico inglês William Newmarch (1820-1882), publicou *A History of Prices and of the State of the Circulation from 1793 to 1856* [*Uma história dos preços e do estado da circulação de 1793 a 1856*], obra em seis volumes editada em Londres, entre 1838 e 1857; a remissão de Marx é ao v. IV (Londres, 1848). Tooke é muito citado por Marx, e também por Engels, no trato da evolução de preços e de questões de moeda e circulação.

no país que o exporta, os preços dos demais artigos sejam muito mais baixos que nos países aos quais se exporta o ouro. Este é, por exemplo, o caso da Inglaterra de 1809 a 1811 e 1812 etc. etc. Ademais, a *hipótese geral* é, primeiramente, exata em abstrato [*in abstracto*] e, em segundo lugar, adotada pelos teóricos da *currency*. Por conseguinte, a esta altura, não há discussão sobre este ponto.

Suponhamos, então, que, *na Inglaterra, a currency seja unicamente metálica* – o que não equivale a supor que o *sistema de crédito* não esteja vigente. O Banco da Inglaterra se transformaria, ao contrário, em *banco de depósitos e de empréstimos*. Simplesmente, seus empréstimos seriam apenas em espécie. Se não se admitir esta hipótese, o que aqui aparece como *depósito [dépôt] do Banco da Inglaterra* apareceria como tesouros [*hoards*] de particulares e seus empréstimos apareceriam como empréstimos de particulares. *Por conseguinte, o que aqui se diz dos depósitos do Banco da Inglaterra* não é mais que uma *abreviação para não apresentar o processo de maneira dispersa*, mas, ao contrário, para agrupá-lo em torno de um só foco [*focus*].

Primeiro caso. *Ingresso de bullion*. A coisa é aqui bem simples. Muito capital inativo e, por conseguinte, aumento dos depósitos. Para dar-lhes saída, o banco diminuiria a sua taxa de juro. Consequência: ampliação dos negócios no país. A *circulação* só aumentaria se os negócios crescessem até o ponto de necessitar, para se realizarem, de uma circulação ampliada. Do contrário, a *currency* excedente refluiria ao banco sob a forma de depósito etc., em seguida à retração do tráfico etc. A *currency* não é, pois, aqui, uma *causa*. Seu aumento não é, afinal de contas, mais que a *consequência* da criação de um capital maior e não o inverso. (No caso examinado, a *primeira* consequência seria *um crescimento dos depósitos*, isto é, de um capital não empregado, e não da circulação).

Segundo caso. Aqui é onde a coisa realmente começa. Parte-se do suposto da *exportação de bullion*. Princípio de um período de crise [*pressure*]. Tendência desfavorável das trocas. Somada a isso, uma má colheita etc. (ou,[41] também, uma alta nas matérias-primas da indústria), necessidade de aumentar constantemente a importação de mercadorias. Admitamos para o começo de um período deste tipo o seguinte balanço do Banco da Inglaterra:

---

[41] Suprimido no original: "sem suspender fortes importações".

a)

Capital	14.500.000£	Valores do Estado	10.000.000£
Reservas	3.500.000£	Letras de câmbio	12.000.000£
Depósitos	12.000.000£	Lingotes de ouro ou moedas[42]	8.000.000£
	30.000.000£		30.000.000£

Como se supôs que não existem *notas de banco*, o banco não deve mais que £12 milhões de *depósitos*. Segundo seu princípio (que é comum aos bancos de depósitos e de circulação) de não estar obrigado a ter em moeda [*cash*] mais que um terço de suas obrigações de pagamento [*liabilities*], seu *caixa em metal* [*bullion*] de £8 milhões é duas vezes demasiado elevado. Para realizar um lucro maior, *baixa a taxa de juro* e aumenta seus descontos [*discounts*], por exemplo, em £4 milhões, que são exportados para a compra de cereais etc. O balanço do banco, então, é o seguinte:

b)

Capital	14.500.000£	Valores do Estado	10.000.000£
Reservas	3.500.000£	Letras de câmbio	16.000.000£
Depósitos	12.000.000£	Lingotes de ouro ou moedas[43]	4.000.000£
	30.000.000£		30.000.000£

Consequência deste quadro:

Os comerciantes atuam primeiro sobre a *reserva de metais preciosos* [*bullion reserve*] *do banco* quando se veem obrigados a exportar ouro. Este ouro exportado *diminui* a sua reserva (do banco), sem afetar minimamente a *currency*. Que os £4 milhões estejam no sótão do banco ou no barco que navega para Hamburgo *dá no mesmo* para a *currency*. Resulta, finalmente, que uma importante *saída de ouro* [*drain of bullion*] (neste caso, de £4 milhões) pode produzir-se sem afetar na menor medida seja a *currency*, seja o comércio do país em geral. Isto é verdadeiro durante todo o período em que a *caixa em metal* [*bullion reserve*], que era demasiado importante em relação às *obrigações*

---

[42] No original, estes termos figuram em inglês, de cima para baixo: *Government securities, Bills of Exchange, Bullion coin.*

[43] Cf. a nota 42, *supra*.

de pagamento [*liabilities*], não volte a ficar reduzida à sua *devida proporção* [*due proportion*] diante de tais obrigações de pagamento.

c) Porém, suponhamos agora que persistem as condições que necessitaram da saída [*drain*] dos £4 milhões: escassez de cereais, alta do preço do algodão bruto etc. O banco se inquieta por sua segurança: *eleva as taxas de juro* e limita seus *descontos* [*discounts*] – donde dificuldades [*pressure*] no mundo dos negócios. Como se manifestam estas dificuldades? Se lança mão dos seus depósitos, seu *bullion* se reduz proporcionalmente: se os depósitos baixam a £9 milhões, quer dizer, diminuem £3 milhões, do *bullion reserve* do banco terão que sair também £3 milhões. Esse *bullion reserve* baixaria, pois (£4 milhões menos £3 milhões) a £1 milhão para os depósitos de £9 milhões, uma proporção perigosa para o banco. Se quiser, então, manter sua reserva em metais em um terço dos depósitos, diminuirá seus descontos em 2 milhões. O balanço se apresentará então como segue:

Capital	14.500000£	Valores do Estado	10.000.000£
Reservas	3.500.000£	Efetivos descontados	14.000.000£
Depósitos	9.000.000£	Lingotes de ouro ou moedas[44]	3.000.000£
	27.000.000£		27.000.000£

Consequência: quando a saída de ouro é tão importante que o *bullion reserve* alcança a proporção exigida [*due proportion*] em relação ao montante dos depósitos, o banco eleva a taxa de juro e diminui o desconto. Mas então se começa a sentir *o efeito sobre os depósitos* e, em consequência da sua diminuição, a reserva de *bullion* se reduz, porém o desconto de letras [*discount of bills*] se reduz em maior proporção. A *currency* não se vê afetada em nada. Uma parte do *bullion* retirado e dos depósitos *preenche* o vazio originado pela contração dos meios de compensação do banco na circulação interior, a outra parte se vai ao estrangeiro.

d) Suponhamos que a importação de cereais etc. continue, que os depósitos baixem a £4.500.000; o banco deverá, então, para manter a reserva necessária em relação às suas *liabilities*, reduzir ainda outros £3 milhões de seus descontos – e o balanço seria o seguinte:

---

[44] Veja-se o quadro anterior. O segundo termo é agora: *Bills under discount*.

Capital	14.500.000£	Valores do Estado	10.000.000£
Reservas	3.500.000£	Efetivos descontados	11.000.000£
Depósitos	4.500.000£	Lingotes de ouro ou moedas	1.500.000£
	22.500.000£		22.500.000£

Nesta hipótese, o banco haveria reduzido seus descontos de £16 para £11 milhões, isto é, em £5 milhões. As necessidades da circulação se compensam com os depósitos retirados. Porém, ao mesmo tempo, produz-se penúria de capital, preço elevado das matérias-primas, diminuição da demanda e, logo, dos negócios e, finalmente, da circulação, da *currency* necessária. A parte restante deste numerário seria enviada ao estrangeiro, sob a forma de *bullion*, como pagamento das importações. Em último termo, a *currency* vê-se afetada, mas não descerá abaixo da quantidade indispensável à circulação, exceto se o *bullion reserve* cair abaixo da proporção estritamente necessária entre ele e os depósitos.

Sobre o anteriormente exposto, há que observar:

1. Em lugar de diminuir seus descontos, o banco poderia vender abaixo do preço seus valores do Estado [*public securities*], o que, na situação prevista, não seria um bom negócio – porque o resultado seria idêntico. Em lugar de diminuir sua própria reserva e seus descontos, diminuiria os dos particulares que colocam seu dinheiro nos fundos do Estado;

2. Supus aqui uma saída de dinheiro do banco da ordem de 6.500.000. Em 1839, produziu-se uma de 9 a 10 milhões;

3. O processo suposto no caso de uma circulação puramente metálica pode, com papel-moeda, chegar até o fechamento dos caixas bancários – como aconteceu duas vezes, no século XVIII, em Hamburgo.

Escreve-me logo.

K. M.

8. ENGELS A MARX

(em Londres)

Manchester, 25 de fevereiro de 1851

[...] Em todo caso, te devo há tempos uma resposta a propósito da tua história da *currency*. No meu entender, a coisa em si é completamente correta e contribuirá muito para reduzir esta teoria insensata da circulação a fatos essenciais [*fundamental facts*] e claros. Aqui vão as únicas observações que tenho a fazer ao que expões em tua carta:

1. suponhamos, como dizes, que, no começo do período de crise [*period of pressure*], as contas do Banco da Inglaterra se saldem com 12 milhões de £ de depósitos e 8 milhões de lingotes ou moeda [*bullion or coin*]. Para desembaraçá-lo dos 4 milhões de £ supérfluos, tu o fazes baixar a taxa de desconto. Creio que não terias necessidade de fazê-lo e, pelo que me recordo, a redução da taxa de desconto no começo da crise [*pressure*] nunca ocorreu até agora. No meu entender, a *pressure*[45] atuaria imediatamente sobre os depósitos e não só restabeleceria com toda a rapidez o equilíbrio entre *bullion* e depósitos – mais: obrigaria o banco a elevar a taxa de desconto, a fim de que o *bullion* não caísse abaixo do terço do aporte dos depósitos. Na mesma proporção em que aumenta a *pressure*, freia-se a circulação do capital e o movimento das mercadorias. Porém, as letras de câmbio postas em circulação chegam a seu vencimento e devem ser pagas. Em consequência, há que pôr em movimento o capital de reserva, os depósitos; tu me compreendes: não enquanto [*qua*] *currency*, mas enquanto [*qua*] capital. E assim só a saída de ouro [*drain of bullion*], unida à *pressure*, bastará para desembaraçar o banco do *bullion* excedente. Para isto, não é necessário que o banco *reduza* a sua taxa de juro em condições que fazem simultaneamente *subir* a taxa de juro geral no conjunto do país;

2. em um período de dificuldades econômicas crescentes, creio que o banco deveria (para não se expor a uma situação de comprometimen-

---

[45] Nesta carta, consideramos dispensável seguir traduzindo os termos ingleses, como *bullion*, *pressure* etc., que aparecem em abundância nessa carta e cuja significação já se tornou clara na anterior.

to) elevar a relação entre o *bullion* e os depósitos na mesma proporção em que aumenta a *pressure*. Esses 4 milhões excedentes seriam para ele uma solução, e utilizados o maior tempo possível. Na hipótese que formulaste, no caso de as dificuldades aumentarem, uma relação *bullion*/depósitos de ⅔ a 1, ½ a 1 e mesmo ⅗ a 1, não seria em absoluto exagerada e tanto mais fácil de realizar quanto a diminuição dos depósitos do *bullion reserve* diminuiria absolutamente, ainda quando aumentasse relativamente. A avalanche [*run*] sobre o banco, absolutamente possível neste caso, assim como com o papel-moeda, pode ser provocada por condições comerciais absolutamente normais, sem que o crédito do banco seja questionado;

3. tu dizes: "Em último termo, a *currency* vê-se afetada". Teus próprios supostos – a saber, ela que é afetada pela paralisia dos negócios e que, em consequência, é naturalmente necessária uma *currency* menos importante – levam à conclusão de que a circulação monetária diminui ao mesmo tempo em que diminui a atividade do comércio e em que uma parte torna-se supérflua na medida em que aumenta a *pressure*. Certamente que esta diminuição não é *sensível* senão ao final, quando a *pressure* é grande; porém, este processo, no fim das contas, se desenvolve já desde o princípio da *pressure*, mesmo quando, efetivamente, não se pode demonstrá-lo em detalhe. Mas na medida em que esta expulsão [*superseding*] de uma parte da circulação é uma *consequência* das demais condições comerciais, da *pressure* independente da *currency*, e na medida em que todas as demais mercadorias e outros elementos da situação comercial se veem afetados *antes* dela, e igualmente na medida em que essa diminuição da *currency* é *praticamente* sensível em último termo, na mesma medida é certo que ela se veja finalmente afetada pela crise.

Estes comentários, como podes ver, limitam-se estritamente ao teu modo de ilustrar [*modus illustrandi*]; a coisa em si é perfeitamente correta.

F. E.

9. MARX A ENGELS

(em Manchester)

Londres, 2 de abril de 1851

[...] O pior é que me vejo repentinamente interrompido em meus estudos na biblioteca. Estou tão adiantado que, em cinco semanas, terei terminado com toda esta merda de economia [*ökonomischen Scheiße*]. Uma vez feito isto [*Et cela fait*], redigirei em minha casa a *Economia Política*,[46] mas no *Museum*[47] me lançarei a outra ciência. Isto começa a me aborrecer [*Ça commence à m'ennuyer*]. No fundo [*Au fond*], esta ciência não fez nenhum progresso desde A. Smith e D. Ricardo, apesar de todas as investigações particulares e frequentemente muito refinadas que se realizaram.

Responda-me à pergunta que te fiz na última carta. [...]

10. ENGELS A MARX

(em Londres)

Manchester, 3 de abril de 1851

[...] Em relação à questão que apresentaste em tua penúltima carta, ela não está muito clara. Penso, contudo, que te bastará o que segue.

O negociante[48] como firma, pessoa que realiza lucro, e o mesmo negociante como consumidor são, no comércio [*commerce*], personagens completamente distintos, dois inimigos que se enfrentam. O negociante como firma leva um nome – é a conta capital ou as perdas e os ganhos. O negociante, comilão, beberrão, arrendatário, fazedor de filhos chama-se conta de gastos domésticos. O conceito capital coloca na conta dos gastos domésticos cada cêntimo [*centime*] que passa do bolso comercial ao bolso privado, e como a

---

[46] Cf. a nota 37, *supra*.

[47] Marx refere-se ao *British Museum* [*Museu Britânico*], cuja biblioteca, fundada em 1753, era frequentada assiduamente por ele desde junho de 1850.

[48] Por *negociante* [*Kaufmann*], Engels compreende aqui o empresário em geral – qualquer um que investe o seu capital numa empresa qualquer. Na "penúltima carta" – de 31 de março de 1851 – a que ele se refere, Marx fala de comerciantes, industriais etc.

conta dos gastos domésticos não tem mais que um débito e não um crédito (é, pois, um dos piores devedores da firma), o total dos débitos da conta dos gastos domésticos não é ao final do ano mais que uma pura e simples perda que se deduz do lucro. No entanto, no balanço e no cálculo da porcentagem do lucro, tem-se o costume de considerar a soma gasta na manutenção da casa como disponível e como parte integrante do lucro; por exemplo: se, para um capital de 100 mil táleres,[49] ganha-se 10 mil táleres, mesmo gastando-se alegremente 5 mil táleres, considera-se que se obteve um lucro de 10% e, depois que se contabiliza todo o ganho, a conta do capital para o próximo ano registra 105 mil táleres. O procedimento é, na realidade, um tanto mais complicado que o que expus aqui: com efeito, conta do capital e conta dos gastos domésticos raras vezes estão vinculadas, ou eventualmente só no balanço de fim de ano o conceito dos gastos domésticos figura geralmente como devedor do caixa, que faz o papel de corretor; porém, ao final, tudo se reduz ao que acabo de dizer.

No caso de vários associados [associés], a coisa é muito simples. Por exemplo: *A* tem 50 mil táleres no negócio e *B* tem também 50 mil táleres; realizam um lucro de 10 mil táleres e cada um deles gasta 2.500 táleres. No final do ano, o balanço é o seguinte (em contabilidade simples, sem as contas fictícias):

Crédito de *A* junto com *A* e *B* – aporte de capital	50.000 táleres
Crédito de *A* junto com *A* e *B* – parte de lucro	5.000 táleres
	55.000 táleres
Débito conjunto de *A* e *B* – recebido em espécie	2.500 táleres
Crédito de *A* para o ano seguinte	52.500 táleres

Igualmente para *B*. Mas a empresa não deixa, sempre, de calcular que obteve um lucro de 10%. Numa palavra: os negociantes ignoram, no cálculo do percentual dos lucros, os gastos da existência dos associados [associés]; ao contrário, fazem-nos figurar no cálculo do aumento do capital que resulta do lucro [...].

Alegro-me, enfim, por teres concluído a *Economia política*: a coisa estava realmente atrasando demais e tu, enquanto tens pela frente um livro que ainda não leste e consideras importante, não consegues escrever. [...]

---

[49] O táler foi uma moeda de prata que teve largo curso em Estados germânicos entre os séculos XVI e XIX.

11. MARX A ENGELS

(em Manchester)

Londres, 14 de agosto de 1851

Querido Engels:

Dentro de um ou dois dias, enviar-te-ei o Proudhon, mas devolve-o quando já o tiveres lido. Por razões de ordem financeira, quero publicar duas ou três páginas sobre este livro.[50] E me comunicas o teu parecer com mais detalhes do que costumas fazê-lo em teus rápidos bilhetes.

A manobra proudhoniana – e o conjunto é antes de mais uma polêmica contra o comunismo, apesar de tudo o que lhe rouba e ainda quando o comunismo se lhe apareça por meio de uma versão alterada de Cabet e de Blanc[51] – reduz-se, no meu entender, ao arrazoado seguinte.

O verdadeiro inimigo que há que se combater é o capital. A afirmação pura do capital, no plano econômico, é o juro. O que se chama lucro não é mais que uma forma particular de salário. Nós suprimimos o juro transformando-o em uma anualidade [*annuité*], quer dizer, um adiantamento anual do capital. E está aqui a vantagem assegurada para sempre à classe operária – leia-se: a classe *industrial* – e à classe capitalista propriamente dita condenada ao desaparecimento progressivo. As diferentes formas de juro são: o juro do dinheiro, o aluguel e o arrendamento da terra. Assim, a sociedade burguesa se encontra conservada e apenas se vê despojada da sua má tendência [*mauvaise tendance*].

---

[50] Trata-se do livro de Proudhon, publicado em Paris neste mesmo ano, *Idée générale de la révolution au dix-neuvième siècle* [*Ideia geral da revolução no século XIX*]. Em carta anterior (8/8/1851), a que Engels respondeu em seguida (11/8/1851), Marx comentou a obra. Há indícios de que Marx tenha escrito um longo artigo sobre este livro de Proudhon, mas o manuscrito teria se perdido.

[51] Étienne Cabet (1788-1856), autor de *Viagem à Icária* (1842), em que expôs o seu utopismo socialista, teve importante influência na França dos anos 1830-1840 e fundou colônias experimentais nos Estados Unidos. Louis Blanc (1811-1882), expressão do socialismo pequeno-burguês, foi membro do governo provisório saído da Revolução de 1848, sobre a qual escreveu uma história em 2 volumes (1870-1880) e também deixou uma *História da revolução francesa* (12 volumes, publicados entre 1847 e 1862). Em passagens d'*A sagrada família* e d'*A ideologia alemã*, Marx e Engels aludem a Cabet, e Marx o menciona nos *Manuscritos econômico-filosóficos de 1844*. As referências de Marx a Louis Blanc são mais frequentes em *As lutas de classes na França (de 1848 a 1850)*; as poucas que lhe faz Engels no *Anti-Dühring* são irrelevantes.

A liquidação social [*liquidation sociale*] não é mais que o meio que permite inaugurar a sociedade burguesa "sadia". Rápida ou lentamente, isto pouco importa [*peu nous importe*]. Quero, em primeiro lugar, o teu parecer sobre as contradições, as ambiguidades, as obscuridades dessa liquidação [*liquidation*]. Porém, a panaceia realmente soberana desta sociedade que recomeça do zero é a abolição do juro, isto é, a perenização do juro sob a forma de uma anuidade [*annuité*]. De tudo isto, apresentado não como meio, mas como *lei econômica* da sociedade burguesa reformada, resultam naturalmente duas coisas:

1) metamorfose dos pequenos capitalistas não industriais em capitalistas industriais;

2) eternização da classe dos grandes capitalistas, porque, no fundo [*au fond*], tomando a média, a sociedade não paga nunca *em bloco* (não incluído o lucro industrial) mais que a anuidade [*annuité*]. Se o contrário fosse verdade, o cálculo do juro do Dr. Price[52] seria uma realidade e todo o globo terrestre não bastaria *para pagar os juros* do menor capital que teria sido aplicado nos tempos de Jesus Cristo. De fato, pode-se afirmar com certeza que, por exemplo, na Inglaterra, o país mais burguês do mundo, o capital investido há 50 ou 100 anos em terras ou em outra forma não teria sido amortizado nunca, pelo menos enquanto preço, que é do que aqui se trata. Tomemos como exemplo a valorização mais elevada da riqueza nacional da Inglaterra, por exemplo, 5 bilhões. A Inglaterra produz 500 milhões ao ano. Toda a riqueza da Inglaterra é igual, pois, apenas ao trabalho anual multiplicado por dez. Logo, não somente não se amortizou o capital – em valor, ele sequer se *reproduziu*. E isto em virtude de uma lei muito simples. O valor se estabelece em sua origem à base dos custos de produção iniciais, conforme o tempo de trabalho originalmente necessário para fabricar o produto. Porém, uma vez que se tenha fabricado o produto, seu preço está determinado pelos custos necessários para *reproduzi-lo*. E os gastos de reprodução diminuem constantemente e

---

[52] Richard Price (1723-1791), estatístico e publicista liberal, publicou em 1771 o ensaio – posteriormente tornado muito conhecido e utilizado – *Observations on Reversionary Payments* [*Observações sobre pagamentos reversíveis*]. Marx se detém sobre "os devaneios fabulosos do dr. Price, que ultrapassam em muito as fantasias dos alquimistas", ao tratar da "exteriorização da relação capitalista sob a forma do capital portador de juros" (cf. K. Marx, *O capital*, livro III, esp. p. 445 e seguintes).

com maior rapidez à medida que a época está mais industrializada. Por conseguinte, lei da depreciação permanente do próprio valor-capital mesmo, que limita a lei da renda e do juro que, do contrário, estaria votada ao absurdo. Esta é também a explicação da proposição que tu estabeleceste: nenhuma fábrica cobre seus custos de produção. Proudhon não pode, pois, renovar a sociedade introduzindo uma lei que, no fundo [*au fond*], já está funcionando sem os seus conselhos.

O meio pelo qual Proudhon obtém todos esses resultados é o banco. Temos aqui um quiproquó [*Il y a ici um qui pro quo*]. As operações bancárias devem ser divididas em duas partes: 1) *transformação de capital em numerário*. Aqui tomo simplesmente em consideração *dinheiro contra capital*, o que certamente pode produzir-se nos gastos de produção e nada mais: quer dizer, a ½ ou ¼ %; 2) *antecipação de capital* sob forma de dinheiro; aqui, o juro dependerá da quantidade de capital. A única coisa que o crédito pode fazer, neste caso, é transformar, por concentração etc. etc., uma riqueza existente, porém improdutiva, em capital real e ativo. Proudhon considera 2 tão fácil como 1, e, no final das contas [*au bout du compte*], acabará que, designando uma quantidade ilusória de capital na forma monetária, não faz, no melhor dos casos, mais que reduzir o *juro* do capital para elevar seu *preço* nas mesmas proporções. O que tem como único resultado desacreditar seu papel.

Deixo-te o prazer de degustar no texto original as relações entre a aduana [*douane*] e o juro. A coisa era por demais saborosa para que eu me arriscasse, mutilando-a, a estropiá-la. O senhor P[roudhon] não se explica claramente nem sobre sua postura em relação à participação do município nas construções e na terra – e isto é precisamente o que deveria fazer frente aos comunistas – nem sobre a maneira pela qual os operários tomam posse das fábricas. Em todo caso, quer "*companhias operárias fortes*" ["*des compagnies ouvrières puissantes*"], porém sente um temor tal a estas "corporações" industriais que reserva o direito de dissolvê-las não ao Estado, é certo, mas à sociedade [*société*]. Como bom francês, limita a associação [*association*] à fábrica porque não conhece nem um *Moses and Son*, nem tem um arrendatário escocês [*Midlothian farmer*].[53] O camponês e o sapateiro franceses, o alfaiate, o comerciante se lhe

---

[53] Acerca desta referência a *Moses and Son*, a edição aos cuidados de G. Badia (reproduzida nas versões castelhanas) faz menção a um "grande banco de Londres" (ed. franc. cit., p. 56, nota); a edição inglesa de 1983 não consigna nenhuma notação a respeito; tanto na ed. cit. das *MEW*

aparecem como realidades eternas e que há que aceitar [*données eternelles et qu'il faut accepter*]. Porém, quanto mais me aprofundo nesta porcaria,[54] mais me convenço de que a reforma da agricultura, e igualmente desta merda de propriedade que se baseia nela, é o alfa e o ômega da futura revolução. Sem isto, o pai Malthus teria razão.

Em relação a Louis Blanc etc., a obra é preciosa especialmente em razão de suas insolentes invectivas contra Rousseau, Robespierre,[55] deus, a fraternidade [*fraternité*] e outras tolices.

No que se refere ao *New York Tribune*,[56] é necessário que tu me ajudes, agora que estou inteiramente entregue à *Economia Política*. Escreve uma série de artigos sobre a Alemanha, a partir de 1848 – cheios de ironia e num tom muito livre. Esses senhores dão mostras de uma grande *audácia* quando se trata de assuntos estrangeiros. [...]

12. MARX A ENGELS

(em Manchester)

Londres, 13 de outubro de 1851

[...] Por outro lado, é preciso que me envies, enfim, teus pontos de vista [*vues*] sobre Proudhon, por mais breves que sejam. Eles me interessam tanto

---

(1965, v. 27, p. 314, nota) quanto nas *MECW* (2010, v. 38, p. 424, nota) remete-se a uma importante fábrica londrina de confecções de roupas masculinas – operante entre 1829 e 1884, que experimentou verdadeiro apogeu nos anos 1840. *Midlothian* é um condado da Escócia.

54 Vale dizer: [...] *quanto mais avanço no estudo da Economia Política* [...].

55 J.-J. Rousseau (1712-1778). Genebrino, foi figura central da Ilustração francesa, contribuindo para a constituição do pensamento democrático moderno. Notável escritor, sua obra mais conhecida e influente é o *Contrato social* (redigido em 1757).
M. Robespierre (1758-1794). Conhecido como "o Incorruptível", liderou a fração jacobina na Revolução Francesa e conduziu o governo com a sua orientação dominando o Comitê de Salvação Pública (1793-1794). À sua derrota no verão de 1794, com o *golpe do Termidor* (julho de 1794), seguiu-se a travagem do processo revolucionário.

56 O *New York Daily Tribune* [*Tribuna Diária de Nova York*], criado em 1841, tornou-se, à época, o diário de maior circulação no mundo. Marx foi seu correspondente em Londres entre 1852 e 1862. E Engels efetivamente o ajudou: dentre os 487 artigos publicados por Marx, 125 foram redigidos em Manchester pelo amigo.

mais porque estou em vias de redigir a *Economia Política*. Nestes últimos tempos, continuo indo à biblioteca para enfronhar-me sobretudo em tecnologia e na sua história, assim como em Agronomia, para fazer-me ao menos uma ideia geral de todo esse labirinto.

O que faz a crise comercial? [*Qu'est-ce que fait la crise commerciale?*] *The Economist*[57] está cheio de palavras de consolo, de garantias e dos grandes discursos que precedem regularmente as crises. Apesar de tudo, adverte-se seu próprio medo nos esforços que faz por clarificar, mediante seu palavrório, o medo dos demais. Se o livro de Johnston – *Notes on North America* [*Notas sobre a América do Norte*], 2 v., 1851, cair nas tuas mãos, encontrarás todo tipo de informação interessante. Este J[ohnston] é o Liebig inglês.[58] Talvez se possa localizar numa das bibliotecas nas proximidades de Manchester um atlas de geografia física de Johnston (que não se deve confundir com o anterior).[59] Contém um resumo de todas as pesquisas modernas e antigas neste domínio. Custa 10 guinéus.[60] Não calculado, pois, para particulares. Não se sabe nada do querido [*dear*] Harney. Parece estar na Escócia.[61]

Os ingleses reconhecem que os norte-americanos levaram a palma na exposição industrial[62] e que os derrotaram em todos os pontos: 1) guta-percha:

---

[57]   *The Economist* [*O economista*], importante periódico especializado, fundado em Londres em 1843.

[58]   O título completo do livro citado, de James F. W. Johnston (1796-1855), é *Notes on North America Agricultural, Economical and Social* [*Observações agrícolas, econômicas e sociais sobre a América do Norte*], editado em Edimburgo/Londres, 1851. Justus von Liebig (1803-1873), químico alemão, pesquisou o emprego de adubos minerais na agricultura.

[59]   Marx refere-se aqui ao *The National Atlas of Historical, Commercial and Political Geography* [*Atlas nacional de geografia histórica, comercial e política*] (1843), de autoria do renomado geógrafo e cartógrafo escocês Alexander K. Johnston (1804-1871).

[60]   Moeda inglesa equivalente a 21 xelins.

[61]   Esta alusão a Harney – George Julian Harney (1817-1897) –, líder da ala esquerda do movimento cartista e amigo de Marx e Engels, parece dever-se a uma indagação deste último, formulada em comunicação anterior, acerca de seu endereço.

[62]   Marx refere-se aqui à *Exposição Internacional de Londres/1851* – título oficial: *The Great Exhibition of the Works of Industry of All Nations* [*Grande exposição das obras da indústria de todas as nações*] –, realizada em Hyde Park, no *Crystal Palace* [*Palácio de Cristal*], especialmente construído para o evento, entre 1º de maio e 15 de outubro de 1851. A exposição foi pensada e patrocinada por organismos e instituições oficiais ingleses para celebrar a potência industrial da Inglaterra vitoriana.

novas matérias e novos produtos; 2) armas, revólveres; 3) máquinas: colhei-tadeiras, semeadoras, máquinas de costura; 4) daguerreótipos utilizados em grande escala pela primeira vez; 5) navegação, com seus barcos [*yachts*]. E enfim, para demonstrar que podem igualmente fornecer artigos de luxo, ex-puseram um enorme bloco de mineral de ouro californiano e, a seu lado, uma baixela em ouro maciço [*virgin*].

K. Marx

1852

13. MARX A J. A. WEYDEMEYER[63]

(em Nova York)

Londres, 5 de março de 1852

[...] Finalmente, eu, se fosse você, observaria aos senhores democratas em geral [*en général*] que fariam melhor em familiarizar-se eles mesmos com a literatura burguesa antes de permitir-se ladrar contra o que é contrário a eles. Estes senhores deveriam estudar, por exemplo, as obras de Thierry, Guizot, John Wade[64] etc., e adquirir algumas luzes sobre a "história das classes" no passado. Deveriam familiarizar-se com os rudimentos da Economia Política antes de pretender criticá-la. Basta, por exemplo, abrir a grande obra de Ricardo para, já na primeira página, dar com as linhas iniciais do seu prefácio:

> O produto da terra – tudo que se obtém de sua superfície pela aplicação combinada de trabalho, maquinaria e capital – se divide entre *três classes* da sociedade, a saber: o proprietário da terra, o dono do capital necessário para seu cultivo e os trabalhadores cujos esforços são empregados no seu cultivo.[65]

---

[63] Sobre Weydemeyer, cf. *supra*, a nota 14.

[64] Augustin Thierry (1795-1856), historiador romântico-liberal e político francês. François Guizot (1787-1874), historiador e político francês. John Wade (1788-1875), publicista inglês.

[65] "The produce of the earth – all that is derived from its surface by the united application of labour, machinery and capital, is divided among *three classes* of the community; namely, the proprietor of the land, the owner of the stock or capital necessary for its cultivation and the labourers by whose industry it is cultivated" (D. Ricardo, *Princípios de Economia Política e tributação*, ed. cit. na nota 28, *supra*, p. 65. Os itálicos em "três classes" não constam do original – são de Marx).

Até que ponto a sociedade burguesa nos Estados Unidos carece da necessária maturidade para tornar sensível e compreensível a luta de classes, demonstra-o da forma mais estrondosa *C. H. Carey* (da Filadélfia), o único economista importante da América do Norte.[66] Ele ataca Ricardo – o representante (intérprete) clássico da burguesia e o adversário mais estoico do proletariado – como um homem cujas obras serviriam de arsenal aos anarquistas, aos socialistas e a todos os inimigos da ordem burguesa. E não só Ricardo, mas também Malthus, Mill, Say, Torrens, Wakefield, Mac Culloch, Senior, Whately, R. Jones[67] etc. – a todas estas figuras destacadas da ciên-

---

[66] Marx, aqui, inverteu a ordem dos prenomes do economista que cita – Henry Charles Carey (1793-1879), autor de *Principles of Political Economy* [*Princípios de Economia Política*] (Filadélfia, 3 v.,1837-1840). Marx ocupou-se de Carey especialmente enquanto tratava da sua crítica da Economia Política – cf., p. ex., o texto (de julho de 1857) que foi apenso à edição brasileira dos *Grundrisse* (*Grundrisse. Manuscritos econômicos de 1857-1858. Esboços da crítica da Economia Política*. São Paulo/Rio de Janeiro: Boitempo/UFRJ, 2011, p. 27-36) – e alude a ele em passagens dos três livros d'*O capital*.

[67] Sobre Ricardo e Malthus, cf. *supra*, as notas 28 e 29. Quanto aos outros autores (todos ingleses, à exceção de James Mill e J.-B. Say) mencionados aqui por Marx, anote-se: o escocês James Mill (1773-1836), pensador liberal, publicou os seus *Elements of Political Economy* [*Elementos de Economia Política*] em 1821, que Marx leu atentamente no primeiro semestre de 1844 na tradução francesa de J. T. Parisot (1823), conforme se registra em *MEW, Ergänzungsband I*. Berlin: Dietz, 1968, p. 443-463; cf. também as notas 10 a 23 dos *Cadernos de Paris*, em K. Marx, *Cadernos de Paris & Manuscritos econômico-filosóficos de 1844*. São Paulo: Expressão Popular, 2015, p. 199-223. Marx menciona Mill em vários passos d'*O capital* e discute ideias suas ao tematizar a "desagregação da escola ricardiana", nas *Teorias da mais-valia* (ed. cit., 1985, III, p. 1139 e ss.).
O filho de James Mill, John Stuart Mill (1806-1873), foi um dos mais influentes pensadores ingleses do século XIX – seu livro *The Principles of Political Economic* é de 1848 (há ed. bras.: *Princípios de Economia Política*. São Paulo: Nova Cultural, 1986, I-II); Marx alude ao eclético Stuart Mill em inúmeras passagens d'*O capital* e também nas *Teorias da mais-valia* (ed. cit., 1985, III, p. 1.243 e ss.).
Jean-Baptiste Say (1767-1832) publicou em 1803 o seu *Traité d'économie politique* (há ed. bras.: *Tratado de Economia Política*. São Paulo: Nova Cultural, 1986). Marx menciona Say – pouco elogiosamente – em muitas páginas d'*O capital* e alude brevemente a ele nas *Teorias da mais-valia* (ed. bras. cit., I, 1980, p. 82-83).
Em 1821, Robert Torrens (1780-1864) deu à luz o seu *An Essay on the Production of Wealth* [*Ensaio sobre a produção da riqueza*]. Há alusões de Marx a ele n'*O capital* e também nas *Teorias da mais-valia* (ed. cit., 1985, III, p. 1134-1139).
Marx recorreu à obra *England and America* [*A Inglaterra e a América*], de 1833, de Edward Gibbon Wakefield (1796-1862), na elaboração do último capítulo – "A teoria moderna da colonização" – d'*O capital* (K. Marx, *O capital*, I, p. 835 e ss.).

cia econômica na Europa, acusa-os de desagregar a sociedade e de preparar a guerra civil demonstrando que as bases econômicas das diferentes classes sociais só podem suscitar entre elas um antagonismo necessário e sempre crescente. Tenta refutá-los, não certamente como este imbecil do Heinzen,[68] vinculando a existência das classes à de privilégios *políticos* e de *monopólios*, mas querendo argumentar que as condições *econômicas* – renda (propriedade territorial), *lucro* (capital) e salário (trabalho assalariado) –, longe de serem condições da luta e do antagonismo, são sobretudo condições de associação e harmonia. Naturalmente, consegue apenas provar que as relações "ainda não completamente desenvolvidas" dos Estados Unidos representam, a seus olhos, "relações normais".

Agora, no que a mim me concerne, não me corresponde o mérito de haver descoberto a existência das classes na sociedade moderna, nem tampouco a luta que nela travam entre si. Historiadores burgueses expuseram muito antes que eu a evolução histórica desta luta de classes e economistas burgueses des-

---

John Ramsay Mac Culloch (1789-1864) publicou em 1825 *The Principles of Political Economy* [*Princípios de Economia Política*]. Mac Culloch, divulgador de Ricardo, foi citado – nem sempre gentilmente – por Marx n'*O capital* e em páginas das *Teorias da mais-valia* (ed. cit., 1985, III). Nassau William Senior (1790-1864) produziu muitos textos de Economia Política entre 1827 e 1852. Vários foram traduzidos ao francês, inclusive o volume *Principes fondamentaux de l'économie politique* [*Princípios fundamentais da Economia Política*], organizado em 1836 por J. Arrivabene – em que Nassau Senior critica impertinentemente concepções de A. Smith e é objeto da corrosiva ironia de Marx (cf. *Teorias da mais-valia*, ed. cit., 1980, I, p. 269 e seguintes). Examinando outros textos de Senior, referidos em vários passos d'*O capital*, Marx qualifica-o como um "espadachim" a serviço dos capitalistas – cf. especialmente o comentário marxiano à *última hora* de Senior (K. Marx, *O capital,* I, p. 299 e ss.).
Richard Whately (1787-1863), arcebispo inglês, professor de Economia Política em Dublin.
Richard Jones (1790-1855), cuja obra mais importante, *An Essay on the Distribution of Wealth and on the Sources of Taxation* [*Ensaio sobre a distribuição da riqueza e as fontes da tributação*], publicou-se em 1831, é citado em várias páginas d'*O capital* e estudado nas *Teorias da mais-valia* (ed. cit., 1985, III, p. 1439 e ss.).

[68] O alemão Karl Heinzen (1809-1880), que chegou a colaborar com a *Gazeta Renana* (cf. a nota 4, *supra*), na sequência da revolução de 1848-1849, emigrou para os Estados Unidos, onde desenvolveu intensa atividade publicística. Marx e Engels, ainda em Bruxelas, no outono de 1847, criticaram duramente o anticomunismo de Heinzen, através do jornal *Deutsche Brüsseler Zeitung* [*Gazeta Alemã de Bruxelas*], que circulou regularmente entre janeiro de 1847 e fevereiro de 1848. Em outubro-novembro de 1847, Engels publicou o artigo "Die Kommunisten und Karl Heinzen" ["Os comunistas e Karl Heinzen"] e Marx, na sequência, "Die moralisierende Kritik und die kritisierende Moral" ["A crítica moralizante e a moral criticante"] – cf. *MEW*, 4, 1959, p. 309-324 e 331-359.

creveram a sua anatomia econômica. O que eu trouxe de novo é: 1) demonstrar que a *existência das classes* não está vinculada mais que a fases históricas determinadas do desenvolvimento da produção; 2) que a luta de classes leva necessariamente à *ditadura do proletariado*; 3) que esta mesma ditadura não representa mais que uma transição no sentido da *abolição de todas as classes* e de uma *sociedade sem classes*. Ignorantes tolos, como Heinzen, que não só negam a luta de classes, mas a própria existência destas classes, mostram tão somente que, apesar de todo o seu palavrório sanguinolento, de seus latidos que querem fazer-se passar por declarações humanistas, apoiam as condições sociais nas quais a burguesia robustece seu domínio para o resultado final, para o *nada mais além* [*nec plus ultra*] da história – provam que não são mais que servidores da burguesia, servidão tanto mais repugnante quanto menos esses cretinos compreendem a magnitude e a necessidade passageira deste mesmo regime burguês. [...]

14. MARX A A. CLUSS[69]

(em Washington)

Londres, 7 de dezembro de 1852

[...] Proudhon, como hábil charlatão, adotou, segundo seu costume, algumas de minhas ideias para fazer delas *suas* "mais recentes descobertas" – por exemplo, a ideia de que *não há ciência absoluta*, que há que explicar tudo pelas condições materiais etc. etc. Em seu livro sobre Luís Bonaparte,[70] reco-

---

[69] Adolf Cluss (1825-1905), membro da *Liga dos Comunistas* na Renânia (Mainz), exilando-se nos Estados Unidos na sequência da revolução de 1848-1849, fez uma brilhante carreira profissional em Washington, tornando-se um dos mais importantes arquitetos da capital norte-americana no fim do século XIX.

[70] Marx se refere ao livro de Proudhon, publicado em Paris, em 1852, *La révolution sociale demontrée par le coup d'Etat du 2 decembre* [*A revolução social demonstrada pelo golpe de Estado do 2 de dezembro*]. No que pode considerar-se o necrológio que redigiu em janeiro de 1865, logo após a morte de Proudhon, Marx observou que o "seu texto [de 1852] sobre o golpe de Estado não deve ser considerado, simplesmente, como uma obra ruim, mas como uma verdadeira vilania que, ademais, corresponde plenamente a seu ponto de vista pequeno-burguês" (carta de 24/01/1865 a J. B. Schweitzer, redator-chefe do *Sozial-Demokrat*, de Berlim – cf. K. Marx, *Miséria da filosofia*,

nhece abertamente o que, em seu tempo, eu tive que deduzir da sua *Filosofia da miséria*, a saber: que o pequeno burguês [*petit bourgeois*] é seu ideal.[71] A França, diz ele, compõe-se de três classes: 1) burguesia, 2) classe média (pequena burguesia [*petit bourgeois*]), 3) proletariado. A finalidade da história, especialmente da revolução, é agora fundir as classes um e três, os extremos, na classe dois, o justo termo médio. E isto se realizará mediante as operações proudhonianas de crédito, cujo resultado final é a supressão do juro em suas diversas formas. [...]

---

ed. bras. cit., p. 267). E, em 1869, ao prefaciar a segunda edição do seu *O 18 de brumário de Luís Bonaparte* (publicado pela primeira vez na primavera de 1852), Marx afirma que, na sua análise do golpe de Luís Bonaparte, Proudhon "tenta apresentar o golpe de Estado como resultado de um desenvolvimento histórico anterior. Mas, nas suas mãos, a construção histórica do golpe de Estado transforma-se numa apologia histórica do herói do golpe de Estado. Cai com isso no erro dos nossos pretensos historiadores objetivos" (K. Marx, *O 18 de brumário de Luís Bonaparte. in: A revolução antes da revolução*, v. II. Expressão Popular, 2008, p. 202.). Sobre Luís Bonaparte, cf. *infra*, a nota 257.

[71] Ao *Sistema das contradições econômicas ou Filosofia da miséria*, de Proudhon, publicado em 1846, Marx replicou duramente, em 1847, com a *Miséria da filosofia* – neste livro, ele caracteriza Proudhon de um modo que reafirmará ao longo de sua obra: "[...] O Sr. Proudhon se jacta de ter feito a crítica da Economia Política e do comunismo – está aquém de ambos. Aquém dos economistas porque, como filósofo que tem na manga uma fórmula mágica, acreditou poder dispensar-se de entrar em pormenores puramente econômicos; aquém dos socialistas porque carece da coragem e da lucidez necessárias para se elevar, ainda que especulativamente, acima do horizonte burguês. Ele pretende ser a síntese, e é um erro composto. *Pretende, como homem de ciência, pairar acima de burgueses e proletários, mas não passa do pequeno-burguês que oscila, constantemente, entre o capital e o trabalho, entre a Economia Política e o comunismo*" (K. Marx, *Miséria da filosofia*, ed. bras. cit., p. 142; os itálicos não constam do original – foram acrescentados pelo revisor da tradução). Cf. também, *supra*, as notas 20, 23 e 24.

1853

15. MARX A ENGELS

(em Manchester)

Londres, 2 de junho de 1853

[...] A propósito dos judeus e dos árabes, tua carta[72] me interessou muito. Ademais: 1) pode-se provar, em todas as tribos orientais, uma relação *geral* entre o estabelecimento [*settlement*] de uma parte dessas tribos e a permanência da vida nômade de outras desde que existe a história; 2) em tempos de Maomé, a rota comercial da Europa na Ásia variou consideravelmente o seu percurso, e as cidades da Arábia que intervieram muito no tráfico com a Índia etc., se encontravam comercialmente em decadência, o que também provocou esta evolução; 3) no que concerne à religião, o problema se reduz a um problema geral, a que, portanto, é fácil responder: por que a história do Oriente se apresenta como uma história das religiões? [...]

Bernier[73] descobre com toda exatidão a forma fundamental de todos os fenômenos do Oriente – fala da Turquia, da Pérsia, do Industão[74] – no fato de que não existia *propriedade territorial privada*. E esta é a verdadeira chave [*clef*], inclusive do céu oriental. [...]

---

[72] A carta de Engels a que Marx se refere foi provavelmente redigida/enviada por volta de 26 de maio de 1853 – cf. *MEW*, 1963, 28, p. 245-247.

[73] François Bernier (1625-1688), filósofo e escritor francês, muito apreciado por Marx e por vezes citado n'*O capital*.

[74] Antiga designação da região geográfica e histórica do sul da Ásia, onde se situam atualmente os territórios da Índia, Paquistão, Bangladesh, Nepal e Butão.

16. ENGELS A MARX

(em Londres)

Manchester, 6 de junho de 1853[75]

[...] A ausência de propriedade territorial é, com efeito, a chave de todo o Oriente. Sobre esta base repousa a história política e religiosa. Porém, donde provém que os orientais não acedam à propriedade territorial, nem sequer em sua forma feudal? Creio que isto depende principalmente do clima, conjugado com as condições do solo, sobretudo nas grandes extensões desérticas que vão do Saara, através da Arábia, Pérsia, Índia e Tartária, até as altas estepes asiáticas. A irrigação artificial é aqui a condição primeira da agricultura; ora, este é um problema das comunidades, das províncias ou do governo central. No Oriente, o governo nunca teve mais que três departamentos ministeriais: finanças (pilhagem do país), guerra (pilhagem do país e do exterior) e obras públicas [*travaux publics*], para cuidar da reprodução.[76] Na Índia, o governo britânico organizou os itens um e dois de forma bastante filisteia e descuidou inteiramente do item três, e a agricultura indiana caminha para a sua liquidação. No Oriente, a livre concorrência fracassou por completo. A fertilização artificial do solo, que se interrompeu quando as canalizações da água colapsaram, explica o fato, ademais muito estranho, de vastas zonas se encontrarem hoje desertas e incultas, zonas que outrora foram magnificamente cultivadas (Palmira, Petra, as ruínas do Iêmen, *n* localidades do Egito, da Pérsia e do Industão); isto explica, igualmente, que uma só guerra devastadora pode despovoar um país durante séculos e despojá-lo de toda a sua civilização. Nesta mesma ordem de ideias se situa igualmente, creio eu, o aniquilamento do comércio da Arábia meridional antes de Maomé, que tu consideras muito acertadamente um dos elementos capitais da revolução maometana. Não conheço com suficiente precisão a história do comércio dos seis primeiros séculos da era cristã para poder julgar até que ponto algumas causas materiais gerais obrigaram, em escala mundial, a preferir a rota comercial que, pela Pérsia, chega ao mar Negro e pelo Golfo Pérsico à Síria e Ásia Menor, à rota que

---

[75] Na edição *MEW* (1963, 28, p. 255), a datação completa desta carta é: *Manchester, 6. Juni* [*1853*] *abends* (*Manchester, 6 de junho* [*1853*]*, à noite*).

[76] Reprodução das bases econômicas que condicionam a existência dos homens.

cortava o Mar Vermelho. Em todo caso, é algo que não deixou certamente de ter grande consequência – a segurança relativa das caravanas no império persa bem governado dos sassânidas, ao passo que o Iêmen foi, dos anos 200 aos 600, constantemente submetido, invadido e saqueado pelos abissínios. As cidades da Arábia meridional, florescentes sob os romanos, não eram já no século VII mais que verdadeiros desertos e ruínas; em 500 anos, os beduínos das proximidades haviam se apropriado, em suas fontes, de tradições fabulosas e puramente míticas (veja-se o *Corão* e o historiador árabe Novaïri);[77] e o alfabeto em que estavam compostas suas inscrições era quase totalmente desconhecido, *embora não houvesse outro*, de sorte que a *escrita* caiu *de fato* no esquecimento. Coisas deste gênero supõem não só uma regressão [*superseding*] provocada por condições comerciais gerais, mas uma destruição direta e brutal, somente passível de explicação pela invasão etíope. A expulsão dos abissínios aconteceu uns 40 anos antes de Maomé e foi evidentemente o primeiro ato do despertar do sentimento nacional árabe, que estava exacerbado por invasões persas procedentes do Norte que chegavam quase à Meca. Ainda não me inteirei da história de Maomé; mas por agora me parece que representa o caráter de uma reação beduína contra os felás das cidades, sedentários, porém em declínio, à época igualmente em plena decadência religiosa, mesclando um culto à natureza abastardado por um judaísmo e por um cristianismo também decadentes. [...]

17. MARX A ENGELS

(em Manchester)

Londres, 14 de junho de 1853

[...] Carey, o economista norte-americano, publicou um novo livro: *Slavery at home and abroad*.[78] Sob o termo *slavery*, ele inclui todas as formas de escravidão, escravidão assalariada [*wages slavery*] etc. Ele me enviou o livro e

---

77 Nowairi ou Novaïri, historiador árabe (c. 1280-c.1332).

78 Sobre Carey, cf. *supra*, a nota 65. O título completo do livro aqui referido é *The Slave Trade, Domestic and Foreign: why it exists and how it may be extinguished* [*O comércio de escravos entre nós e no estrangeiro: por que existe e como se pode aboli-lo*]. Londres, 1853.

me citou repetidas vezes (conforme o *Tribune*), ora como "um escritor inglês contemporâneo" [*a recent english writer*], ora como "correspondente do [*Correspondent of the*] New York [*Daily*] Tribune".[79] Já te disse que, em suas obras publicadas até agora, este homem desenvolvia a ideia da "harmonia" das bases econômicas da burguesia e de que todo o mal [*mischief*] provinha, segundo ele, da intervenção supérflua do Estado. O Estado era sua besta negra [*bête noire*]. Agora, ele muda o estribilho. Responde por todo o mal a ação centralizadora da grande indústria. Porém, a culpa desta centralização cabe ainda à Inglaterra, que se converte em oficina [*workshop*] do mundo inteiro e reduz todos os demais países a uma agricultura tosca e separada da manufatura. E a responsável por todos os pecados da Inglaterra continua sendo a teoria de Ricardo-Malthus, especialmente a teoria de Ricardo sobre a renda da terra. A consequência necessária da teoria ricardiana, assim como da centralização industrial, seria o comunismo. E, para livrar-se de todos estes males, para opor à centralização a localização e a união da fábrica e da agricultura, repartidas por todo o país, nosso ultra livre-cambista [*ultrafreetrader*] nos recomenda ao final... *tarifas aduaneiras*. Para livrar-se dos efeitos da indústria burguesa, pela qual a Inglaterra é responsável, recorre, como bom norte-americano [*yankee*], à aceleração artificial desta evolução na própria América do Norte. Sua oposição à Inglaterra o precipita, por outro lado, a tributar elogios – à moda de Sismondi[80] – ao sistema pequeno burguês, tal como existe na Suíça, na Alemanha, na China etc. etc. etc. É o mesmo sujeito que há tempos atrás tinha o costume de debochar da França por suas semelhanças com a China. A única coisa positivamente interessante neste livro é a comparação da antiga escravidão dos negros da Jamaica praticada pela Inglaterra etc., com a escravidão dos negros nos Estados Unidos. Mostra que o essencial dos negros da Jamaica etc. provinha da renovada importação de bárbaros [*barbarians*] jo-

---

[79] Cf. *supra*, a nota 56.

[80] Jean-Charles-Léonard Simonde de Sismondi (1773-1842) – economista genebrino, crítico da sociedade burguesa a partir de um ponto de vista pequeno-burguês, preconizando, contra a grande indústria capitalista, a pequena produção – publicou em 1819 *Nouveaux Principes d'Économie Politique* [*Novos princípios de Economia Política*; há ed. bras.: Curitiba: Segesta, 2009]. É autor referido n'*O capital*; Marx, porém, sempre manteve a tese que, com Engels, sustentou desde 1848: Sismondi constituía o "cérebro" do socialismo pequeno-burguês na Inglaterra e na França (cf. K. Marx e F. Engels, *Manifesto do partido comunista*. São Paulo: Cortez, 1998, p. 35).

vens porque, sob o regime inglês, os negros não só não mantinham o número da sua população, mas também que dois terços das importações anuais eram sempre exterminados, enquanto a atual geração de negros norte-americanos é um produto autóctone, mais ou menos americanizado, que fala inglês etc. e, por conseguinte, *capaz de emancipação.*

O *Tribune* canta naturalmente, em voz alta, as glórias do livro de Carey. Com efeito, ambos têm em comum, sob o verniz do antindustrialismo sismondiano-filantrópico-socialista, o representarem a burguesia protecionista, isto é, a burguesia industrial da América do Norte. Este é também o segredo que explica por que o *Tribune* pode ser, apesar de todos os seus "ismos" e de suas frases socialistas, o "principal periódico" [*leading journal*] nos Estados Unidos.

O teu artigo sobre a Suíça[81] foi realmente um autêntico impacto para os "líderes" do *Tribune* (contra a centralização etc.) e o *mister* Carey. Eu continuei essa guerra secreta num primeiro artigo sobre a Índia,[82] no qual a destruição da indústria indiana por parte da Inglaterra é apresentada como *revolucionária.* Eles considerarão tudo isto muito escandaloso [*shocking*]. Ademais, a forma com que os britânicos administram a Índia sempre foi e continua sendo uma porcaria.

O caráter estacionário dessa parte da Ásia, apesar de muitos e inúteis movimentos de superfície, explica-se inteiramente por duas circunstâncias que se reforçam mutuamente: 1) as obras públicas [*public works*], que são negócio do governo central; 2) à parte isto, todo o império, com exceção de duas ou três grandes cidades, dividiu-se em *aldeias* que possuíam uma organização absolutamente discreta e que constituíam um pequeno universo para si mesmas. Em um informe ao Parlamento, estas são assim descritas:

> Um povoado, geograficamente considerado, é uma área do país que compreende uns 500 ou mil acres de terras aráveis ou sem cultivar; visto a partir de uma perspectiva política, assemelha-se a um município ou a uma comuna. Cada povoado é, e parece haver sido sempre e de fato, uma comunidade ou uma

---

[81] Marx refere-se ao artigo de Engels, "The political situation in the Swiss Republic" ["A situação política da república suíça"], publicado pelo *New York Daily Tribune*, ed. de 17 de maio de 1853; cf. *MEW*, 1960, 9, p. 87-94.

[82] Marx refere-se ao seu artigo "Brirish Rule in India" ["A dominação britânica na Índia"], publicado pelo *New York Daily Tribune*, ed. de 25 de junho de 1853; cf. *MEW*, 1960, 9, p. 127-133.

república distinta. Notáveis: 1. o *Potail, Goud, Mundil* etc., como se designa nas distintas línguas, é o habitante principal, que geralmente tem a superintendência dos assuntos do povoado, é o árbitro das diferenças entre os habitantes, garantia dos serviços de polícia e se ocupa em receber os impostos dentro do povoado... 2. O *Curnum, Shanboag* ou *Putwaree*, que cuida dos livros da contabilidade. 3. O *Taliary* ou *Sthulwar* e 4, o *Totie* são respectivamente os guardiões do povoado e das colheitas. 5. O *Neerguntee* distribui a água dos rios ou dos depósitos em quantidade equitativa aos distintos campos. 6. O *Joshee*, o astrólogo, anuncia as épocas de semeadura e colheita, assim como os dias e as horas favoráveis ou não para todos os trabalhos agrícolas. 7. O *Ferreiro* e 8. o *Carpinteiro* constroem os toscos instrumentos agrícolas e também a mais tosca ainda moradia do camponês. 9. O *Oleiro* fabrica os únicos utensílios do povo. 10. O *Lavandeiro* mantém a limpeza da escassa indumentária... 11. O *Barbeiro*. 12. O *Ourives*, que é também muitas vezes o *poeta* e o *mestre-escola* da escola do povoado numa só pessoa. Finalmente, o *Brahmim* para o culto. Sob esta simples forma de governo municipal, os habitantes do país vivem há tempos imemoriais. Os limites dos povoados raras vezes se modificaram; e ainda quando os mesmos povoados foram às vezes devastados e assolados pela guerra, fome e doenças, neles se perpetuam há séculos o mesmo nome, os mesmos limites, os mesmos interesses e as mesmas famílias. Os habitantes são indiferentes à dissolução e à divisão do reino; contanto que o povoado conserve sua integridade, não se preocupam em saber a que poder devem servir ou a que soberano devem devoção; sua economia interna segue sendo imutável.[83]

---

[83] "A village, geographically considered, is a tract of country compresing some 500 or 1.000 acres of arable and waste lands: politically viewed, it ressembles a corporation or towship. Every village is, and appears always to have been, in fact, a separate community or republic. Officials: 1) the *Potail, Goud, Mundil* etc. as he is termed in different languages, is the head inhabitant, who has generally the superintendence of the affair of the village, settles the disputes of the inhabitants, attends to the police, and performs the duty of collecting the revenue within the village... 2) The *Curnum, Shanboag* or Purwaree, is the register. 3) The *Taliary* or *Sthulwar* and 4) the *Totie*, are severally the watchmen of the village and of the crops. 5) The *Neerguntee* distributes the water of the streams or reservoirs in just proportion to the several fields. 6) The *Joshee*, or astrologer, announces the seedtimes and harvests, and the lucky or unlucky days or hours for all the operation of farming. 7) The *Smith*, and 8) the *Carpenter*, frame the rude instruments of husbandry and the ruder dwelling of the farmer. 9) The *Potter* fabricates the only utensils of the village. 10) The *Washerman* kepps clean the few garments... 11) The *Barber*. 12) The *Silversmith*, who is also often the *Poet* and *Schoolmaster* of the village in one person. Then the *Brahmin* for worship. Under this simple form of municipal government, the inhabitants of the country have lived from time immemorial. The boundaries of the country have been but seldom altered; and although the villages themselves have been sometimes injured, and even desolated, by war, famine and disease; the same name, the same limits, the same interests, and even the same families have continued for ages. The inhabitants give themselves no trouble about the breaking up and division of kingdoms: while the village remains entire, they care not to what power it is transferred, or to what sovereing it devolves; its internal economy remains unchanged."

O *Potail* é, geralmente, hereditário. Em algumas dessas comunidades [*communities*], as terras [*lands*] do povoado são cultivadas em comum [*cultivated in common*]; na maioria dos casos, cada habitante cultiva seu próprio campo [*each occupant tills its own field*]. Em cada uma delas, escravidão e regime de castas. As terras baldias [*waste lands*] servem de pastagens comunais [*commom pasture*]. O tecido e a fiação domésticos são feitos pelas mulheres e pelas jovens. Estas repúblicas idílicas, que só vigiam cuidadosamente *as fronteiras do seu povoado* contra o povoado vizinho, subsistem ainda, quase perfeitamente, nas regiões do noroeste da Índia [*north-western parts of India*], que há pouco foram parar nas mãos dos ingleses. Creio que não se pode imaginar uma base mais sólida para um despotismo asiático em estagnação. E quando os ingleses já tiverem "irlandizado" este país, a destruição destas formas ancestrais estereotipadas constitui a condição *sine qua non* da europeização. O coletor de impostos [*tax gatherer*] não é homem que possa manejar as coisas sozinho. Haverá que destruir a indústria ancestral, despojando esses povoados do seu caráter autossuficiente [*self-supporting*].

Em Bali, ilha da costa oriental de Java, ainda se podem descobrir, intactos, ao lado da religião hindu, os vestígios dessa organização indiana, assim como também os da sua influência em toda a ilha de Java. Quanto à *questão da propriedade*, ela constitui um *grande objeto de discussão* entre os ingleses que escrevem sobre a Índia. Nas terras montanhosas cortadas por vales ao sul do Crishna,[84] a propriedade do solo parece haver existido realmente. Em Java, ao contrário, *Sir* Stamford Raffles, antigo governador inglês, em sua *História de Java* [*History of Java*], assinala que, em toda a extensão do país onde a renda da terra poderia alcançar um montante bastante considerável, o soberano era o proprietário absoluto [*where rent to any considerable amount was attainable, the sovereign was absolute landlord*].[85] Em todo caso, parece que, na Ásia inteira, foram os muçulmanos os primeiros que, em princípio, estabeleceram a "não propriedade da terra".

---

[84] Rio – também grafado Khrisna – do Dekkan (grafado, às vezes, Deccan), em cuja foz há um delta muito cultivado.

[85] Thomas Stamford Bingley Raffles (1781-1826) teve grandes responsabilidades político-administrativas no Oriente entre 1811 e 1824. O livro citado por Marx – *The History of Java* – foi publicado em Londres, em 2 volumes, em 1817.

Observo ainda, a propósito dos povoados mencionados anteriormente, que figuram já no Manu[86] e que, para ele, toda a organização repousa no seguinte: dez dependem de um coletor de impostos [*receveur des impôts*][87] que está acima deles, depois cem e depois mil.

Escreve-me logo.

K. M.

18. MARX A A. CLUSS

(em Washington)

Londres, 15 de setembro de 1853

[...] Penso que na primavera começará o declínio comercial [*commercial downfall*], como em 1847 [...]. Continuo esperando que, antes, adiantarei as coisas o suficiente para poder retirar-me dois ou três meses e solitariamente redigir a minha *Economia Política*. Parece que sempre há algo a impedir-me de fazê-lo. Esse escrevinhar contínuo para o jornal me aborrece.[88] Isto me toma muito tempo, me dispersa e, na realidade, não me acrescenta nada. Por mais independente que se seja, nem por isso se deixa de estar menos atado ao jornal e a seu público, sobretudo quando se lhe pagam por artigos, como a mim. Trabalhos puramente científicos, isto já é outra coisa, muito diferente – e certamente [*certainly*] não é invejável a honra de figurar ao lado de um A.P.C., de um correspondente encarregado da seção feminina e mundana e de um *Metropolitanus*.[89] [...]

---

[86] "Código de Manu" – antiga coleção indiana (século II a.C. – século I d.C.) de instruções que definem os deveres de cada hindu de acordo com os dogmas do bramanismo. Atribui-se o código a Manu, um mítico pai do povo.

[87] Na Índia, funcionário principal de um distrito, encarregado de receber os impostos e investido de poderes judiciais.

[88] Alusão aos artigos que redigia para o *New York Daily Tribune*.

[89] Outros correspondentes do jornal. As iniciais A.P.C. designam Franz Pulszki (1814-1897), arqueólogo e publicista húngaro que emigrou para Londres depois do fracasso da revolução de 1848-1849. A mais autorizada ed. ingl. desta carta verteu *Metropolitanus* por *archbishop* (arcebispo – cf. *MECW*, 2010, v. 39, p. 367), à diferença de outras edições – como a *MEW* (1963, 28, p. 592), a francesa de Badia (p. 69) e a inglesa de 1983 (p. 40) – que mantiveram *Metropolitanus*.

1857

19. MARX A ENGELS

(em Manchester)

Londres, 10 de janeiro de 1857

[...] Proudhon está publicando em Paris uma "bíblia econômica".[90] *Destruirei e reconstruirei* [*Destruam et aedificabo*].[91] Disse que expôs a primeira parte na *Filosofia da miséria*. Agora vai "desvelar" a segunda. Este livro aparece em alemão, traduzido por Ludwig Simon,[92] que está atualmente em Paris, bem posto na casa de Königswärter (ou um nome deste estilo: o célebre banqueiro do *National*).[93] Tenho aqui uma recente publicação de um discípulo de Proudhon: *De la réforme des banques* [*Da reforma dos bancos*], de Alfred Darimon, 1856.[94] A velha treta. *A desmonetarização do ouro e da prata* ou *todas as mercadorias transformadas em instrumentos de intercâmbio com o mesmo direito que o ouro e a prata* [*La démonétisation de l'or et de l'argent* ou *toutes les marchandises transformées en instrumensts d'échange au même titre que l'or et l'argent*]. A obra tem uma introdução de Émile Girardin, e expressa

---

[90] Marx se refere aqui à edição (Paris, 1857) do *Manuel du Spéculateur à la Bourse* [*Manual do especulador da Bolsa*], publicado originalmente em 1853 sob anonimato. O livro, traduzido em seguida ao alemão, teve algum sucesso à época.

[91] A expressão latina aparecera como epígrafe na obra anterior de Proudhon, *Système des contradictions économiques ou Philosophie de la misère*, criticada por Marx.

[92] Ludwig Simon (1810-1872), advogado alemão, partícipe da revolução de 1848-1849 como membro da extrema esquerda do Parlamento de Frankfurt, exilado em Paris de 1855 a 1870.

[93] Maximilien Königswärter (1815-1878), banqueiro francês e parlamentar (1852-1863).

[94] Marx interessou-se muito por esta obra de Alfred Darimon (1819-1902) – cf. a sua crítica na ed. bras. dos *Grundrisse*, p. 67 e seguintes.

admiração diante de Isaac Pereire.[95] De certo modo se pode, então, ver aí a que golpes de Estado [*coups d'État*] socialistas Bonaparte se crê sempre capaz de recorrer no último momento. [...]

20. MARX A ENGELS
(em Manchester)

Londres, 23 de abril de 1857

[...] Ainda não tive tempo de fazê-lo, porém é absolutamente necessário que eu examine com atenção as relações entre as trocas e os lingotes de ouro e prata [*bullion*]. O papel que desempenha o dinheiro como tal para o estabelecimento do tipo de juro e do mercado financeiro [*money-market*] é algo formidável e *contradiz todas as leis da Economia Política* [*is something striking and quite antagonistic to all laws of political economy*]. Importante: os dois novos tomos da *History of prices* de Tooke que acabam de aparecer.[96] É uma pena que o velho dê a todas as suas pesquisas uma orientação [*turn*] absolutamente unilateral, fruto de sua direta oposição aos defensores do princípio da circulação monetária [*currency principle*].[97]

21. ENGELS A MARX
(em Londres)

Manchester, 7 de dezembro de 1857

Querido Marx:

A crise, com as eternas flutuações dos preços e dos estoques que se acumulam, me obrigou a semana passada a muitos registros; por isso, não pude te enviar mais que números do *Guardian*[98] sem carta alguma.

---

95 Émile de Girardin (1806-1881), jornalista francês, republicano que se tornou defensor de Luís Napoleão. Isaac Pereire (1806-1880), célebre banqueiro francês.

96 Volumes V e VI, Londres, 1857 – cf. *supra*, a nota 40.

97 Marx desenvolverá esta discussão em 1859, na sua *Contribuição à crítica da Economia Política* (cf., na ed. bras. cit., esp. p. 212 e ss.) e também n'*O capital* (cf., na ed. bras. cit., livro III, seção V, esp. cap. 34).

98 De Manchester, onde residia, Engels enviava a Marx o *Manchester Guardian*, jornal muito conhecido, fundado em 1821 e tornado diário a partir de 1855.

Em tua última carta, há um pequeno erro [*slight mistake*]. Tu escreves "que os preços do trigo, do açúcar etc., seguem se mantendo porque seus possuidores [*owners*] descontam as letras giradas contra eles por estas mercadorias, em lugar de vendê-las". Esses *possuidores que emitem tais letras* não podem descontá-las; não podem fazer outra coisa com estas letras que aceitá-las e pagá-las no seu vencimento. Os detentores [*holders*] das mercadorias não podem evitar vendê-las à força senão tomando empréstimos antecipados sobre elas. Isto será difícil nestas circunstâncias [*under the circumstances*] e, em todo caso, o montante dessas antecipações se reduz paralelamente à colossal queda dos preços das mercadorias (35% para o açúcar) e à certeza de que bastarão *algumas* vendas forçadas (apesar de tudo, inevitáveis) para fazer baixar mais as mercadorias. Por conseguinte, ali onde antes os *holders* conseguiam uma antecipação de ⅔ ou ¾ do valor, que era mais *alto*, agora não obtêm mais que um máximo de 50% do valor *reduzido*, isto é, aproximadamente a metade da antecipação que tratavam de obter antes. Esta realidade não pode senão provocar muito rapidamente a explosão de todos os negócios. Contudo, também é possível que o comércio de Mincing Lane e Mark Lane[99] permaneça baixando lentamente durante algum tempo e só então cause algumas grandes falências. É certo que estas quebras se produzirão, assim como outras em Liverpool e em outros portos. É enorme o que se perde no açúcar, café, algodão, lã, peles em estado bruto, tintas, seda etc. A colheita de algodão de 1857 se calcula em 3 milhões de fardos (alcançará 3 ¼); este lote perdeu, de setembro até o momento, £15 milhões de seu valor. Uma firma daqui tem embarcados 35 mil sacos de café; está perdendo uma libra por saco. A perda é também importante no algodão da Índia: uns 33%. À medida que os efeitos sobre essas mercadorias cheguem a seu termo, também vão se produzir mais falências.

A grande firma norte-americana que recebeu recentemente, depois de dois dias de negociações, um adiantamento de £1 milhão do Banco da Inglaterra, que a salvou, pertencia ao Sr. Peabody, o homem do banquete do 4 de julho [*4th-July-anniversary-dinner*].[100] Diz-se que inclusive os inquebráveis Suse & Sibeth[101] se viram obrigados há pouco a suplicar ao banco que os salvasse –

---

[99] Em Londres: *Mincing Lane*, bolsa do chá e do café; *Mark Lane*, bolsa dos cereais.

[100] George Peabody (1795-1869), desde 1850 oferecia em Londres, para comemorar o aniversário da independência dos Estados Unidos da América (4 de julho), um banquete para a aristocracia inglesa.

[101] Engels mencionará a seguir firmas cujos proprietários eram grandes capitalistas, às vezes banqueiros, em geral estabelecidas em Londres e envolvidas especialmente com importações.

eles que, à parte Frühling & Göschen, eram os únicos cujas letras de câmbio eram negociáveis nas Índias Orientais, desde 1847, sem certificado de carga da mercadoria como garantia. S[use] & S[ibeth] são os maiores avaros da terra e tão amedrontados que, se fosse possível, prefeririam não negociar a correr os menores riscos.

Aqui, tudo parece estar como antes. Faz uns oito ou dez dias, compradores indianos e levantinos irromperam bruscamente no mercado, fizeram suas provisões a preços mais baixos e desta forma ajudaram alguns fabricantes que se encontravam afogados com seus estoques de algodão, fios e tecidos a cobrir suas necessidades mais urgentes. Desde terça-feira (*4 de novembro?*),[102] tudo voltou à calma. Os fabricantes seguem fazendo gastos (carvão, óleo lubrificante etc.), que se mantêm os mesmos tanto se se trabalha a tempo inteiro ou a meio tempo [*short and full time*] – apenas caem os salários [*wages*], que foram reduzidos à metade ou a um terço. E não se vende nada; a maioria de nossos fabricantes de fios e tecidos [*spinners and manufacturers*] anda com grande escassez de capital de giro [*floating capital*] e muitos carecem dele completamente. Estes dias, oito ou nove pequenos fabricantes fecharam, porém isto é apenas o sinal de que a crise já alcançou esta categoria. Hoje me inteirei de que os Cookes, proprietários da enorme fábrica de Oxford Road (Oxford Road Twist Comp.) venderam seus cães de caça – foxes, galgos, caçadores de raposas [*hunters, foxhounds, greyhounds*] – e que um deles despediu seus serviçais e colocou seu palácio para alugar [*to be let*]; ainda não estão nas últimas, mas logo saltarão – mais uns 15 dias e o baile estará aqui em todo o seu apogeu.

A falência de Sewell e Neck é um golpe duro para a Noruega; até agora, ela não tinha sido afetada.

Em Hamburgo, a situação é formidável. Ullberg e Cramer (uns suecos que quebraram deixando a descoberto 12 milhões de marcos, dos quais 7 milhões em letras de câmbio!) – tinham um *capital de somente 300 mil marcos!!!* Grande quantidade de indivíduos arruinou-se simplesmente porque não dispunham de dinheiro líquido para uma só letra que vencia, quando talvez em suas carteiras tivessem cem vezes esta importância em papéis momentaneamente carentes de valor. Até hoje, nunca se produziu um pânico tão completo e clássico como o que reina atualmente em Hamburgo. Absolutamente *tudo*

---

[102] O parêntese – (*4 de novembro?*) – foi anotado por Marx.

carece de valor, fora o ouro e a prata. Na semana passada também quebrou uma antiga e rica firma: Christ. Matth. Schröder & Cia. J. H. Schröder & Cia., de Londres (seu irmão), telegrafou: se bastassem 2 milhões de marcos em banco, estava disposto a enviá-los em dinheiro (metal). Resposta: 3 milhões ou nada. Não podia ser menos de 3 milhões e Christian Matthias quebrou. Em Hamburgo, temos devedores dos quais não sabemos em absoluto se existem ou se já estão perdidos. Em Hamburgo, toda a história se baseia na mais fantástica galopada de letras bancárias que jamais se conheceu. Tudo se passa e chega a seu último extremo entre Hamburgo, Londres, Copenhagen e Estocolmo. O craque [*crash*] norte-americano e a baixa da produção desencadearam tudo isto e, no momento, Hamburgo está comercialmente arruinada. E os industriais alemães, sobretudo em Berlim, na Saxônia e na Silésia se veem de novo seriamente afetados por este craque.

O algodão está agora a 6 ⁹⁄₁₆ d. para a qualidade média [*middling*], e baixará sem dúvida muito rápido a 6 d.[103] Aqui, as fábricas não poderão, porém, voltar a trabalhar a pleno rendimento enquanto o aumento da produção não levar logo o preço para mais de 6 d. Se assim for, a alta se produzirá imediatamente.

Entre os filisteus daqui, a crise se traduz em um recrudescimento do alcoolismo. Ninguém pode resistir só, em sua casa, com a família e suas preocupações; os clubes se animam e o consumo de licores aumenta consideravelmente. Quanto mais na miséria se encontra um homem, mais esforços faz para se distrair. E, na manhã seguinte, constitui o exemplo mais surpreendente que se pode apresentar do estrago moral e físico.

Esta semana quero dedicar-me de novo à *Enciclopédia* e adiantar o mais possível os artigos de C.[104] Agora não posso trabalhar muito nem seguidamente, mas farei como puder. [...]

---

[103] d. = dinheiro: *penny* (plural: *pence*). É sabido que a libra esterlina = 20 xelins e que 1 xelim = 12 *pences*.

[104] Já se mencionou a vinculação de Marx ao *New York Daily Tribune* – cf., *supra*, a nota 56. Um dos editores do jornal, Charles A. Dana (1819-1897), empenhou-se na elaboração de uma enciclopédia (*The New American Cyclopaedia*), projeto que foi interrompido na entrada dos anos 1860. Marx foi convidado para contribuir e enviou, entre 1857 e 1861, 67 verbetes; destes, 16 foram preparados por Engels. Os textos marx-engelsianos, redigidos entre julho de 1857 e novembro de 1860, e publicados em ordem alfabética (por isto, na carta aqui reproduzida, Engels refere-se à letra *C*), estão coligidos em *MEW*, 1961, 14, p. 5-380.

Lupus se encontra igualmente pressionado pela crise, porém esta vai ser a sua oportunidade. Sansão está quebrado, de sorte que vai ter as manhãs livres.[105]

22. ENGELS A MARX

(em Londres)

Manchester, 9 de dezembro de 1857

Querido Mouro:[106]

Apressadamente, mais alguns detalhes sobre a crise. Em Hamburgo, o velho e muito célebre Banco de Crédito [*Girobank*][107] agravou loucamente a crise com seu formalismo bizantino. Eis o que sucedeu: Schumck, Souchay & Cia. daqui emitiram letras para Hamburgo. Para que a operação resulte *absolutamente segura*, ainda que as letras estejam amparadas por mercadorias etc., enviam o montante em letras de câmbio válidas por sete dias para o Banco da Inglaterra [*Bank of England seven days Bills*]. Estas letras foram devolvidas protestadas, como tanto papel inútil [*as so much waste paper*] e outras também foram devidamente protestadas. Segundo eles, só o dinheiro-metal teria algum valor. Letras endossadas por Schumck, S[ouchay] & Cia e outras duas casas tão solventes, válidas por dois meses, não puderam ser descontadas na última semana abaixo de 12,5%.

---

[105] Esta passagem da carta só adquire sentido – bem como aquela que virá em carta posterior (sinalizada na nota 109, *infra*) – se contextualizada devidamente. Veja-se: *Lupus*, apelido carinhoso de Wilhelm Wolff (1809-1864), comunista alemão vinculado a Marx e a Engels desde os anos 1840, à época ganhava a vida em Manchester dando aulas. Antes de partir de Londres (setembro de 1853) para Manchester, *Lupus* lutava contra o alcoolismo (comum entre exilados), quando entre ele e Marx ocorreu um desentendimento tolo, mas a que ambos conferiram importância. Neste passo, Engels alude ao fato de ele ter as manhãs livres para trabalhar, sem as consequências de bebedeiras. Graças à mediação de Engels, Marx e Wolff se reconciliaram, retomando os profundos laços afetivos constituídos desde 1846 – como se documenta na dedicatória de Marx a Wolff (no livro I d'*O capital*, publicado em 1867) e também na série de artigos ("Wilhelm Wolff") redigidos por Engels entre junho e novembro de 1876 (*MEW*, 1962, 19, p. 55-88).

[106] *Mohr* – apelido usado, carinhosamente, pelos íntimos no trato com Marx.

[107] Instituição criada no início do século XVII.

N. B. Quando te dou os nomes das casas em questão, entenda que ficará entre nós. Poderia ter sérios contratempos se chegarem a saber que abusei desta forma de informações confidenciais.

As casas comerciais de Liverpool e de Londres vão quebrar em pouco tempo. Em Liverpool, a situação é terrível: os sujeitos estão muito fragilizados e mal dispõem de energia para declarar a falência. Alguém que esteve lá na segunda-feira me contou que, na Bolsa de Liverpool, as coisas estão três vezes piores que aqui. Ademais, também aqui está se gestando de forma cada vez mais ameaçadora a tempestade. Os fabricantes de fios e tecidos gastam todo o dinheiro que recebem por suas mercadorias em salários e carvão – quando esse dinheiro se esgotar, explodirão. O mercado de ontem estava mais deprimido e mais pesado do que nunca.

Alguém me disse que conhece cinco ou seis empresas indianas que *seriam forçadas* a ir-se ao diabo por causa da marcha dos negócios desses últimos dias.

Os sujeitos não se deram conta até agora de que a especulação monetária era a coisa menos importante nesta crise e, de quanto mais conta se dão, mais ameaçadoras parecem as coisas.

Minha saúde vai bem. Provavelmente melhor amanhã ou no dia seguinte. Anexo uma pilha de *Guardians*. Observa as pequenas notícias locais – há fatos muito interessantes [*very interesting facts*].

F. E.

23. ENGELS A MARX

(em Londres)

Manchester, 11 de dezembro de 1857

Querido Mouro:

Encontro-me sempre muito ocupado [*very busy*] com dívidas incobráveis e baixas dos preços.

Nesta crise, é inegável que a superprodução foi geral como nunca até agora – o mesmo para os produtos coloniais, como os cereais. E isto é o extraordinário; provocará seguramente consequências fantásticas. Enquanto a superprodução se limitava tão somente à indústria, a coisa estava a meio caminho; contudo, a partir do momento em que afeta a agricultura, os trópicos e igualmente a zona temperada, o negócio está se tornando *formidável*.

A forma com que se dissimula a superprodução é, sempre mais ou menos, a extensão do crédito; porém, agora se trata especialmente da *avalanche de letras de câmbio*. O procedimento – que consiste em fazer dinheiro girando papéis com um banqueiro ou uma firma que se dedica à "corretagem de papéis", não obstante, cobri-los antes do vencimento, ou não cobri-los, segundo o convênio estabelecido – é a *regra* no continente e entre as firmas continentais da Inglaterra. Aqui assim o fazem todas as casas de corretagem. Este procedimento foi levado até um extremo fantástico em Hamburgo, onde havia em circulação mais de 100 milhões de marcos em letras de câmbio. Contudo, também em outros locais pôs-se em jogo uma assombrosa avalanche delas – com o que se perderam Sieveking & Mann, Hosling & Cia., Draper Pietroni & Cia. e outras firmas londrinenses. Neste sentido, estas empresas eram, sobretudo, *aquelas que mais giravam as letras*.

Aqui, na indústria inglesa e no comércio interior [*home trade*], este foi o procedimento: os sujeitos, em lugar de pagar em moeda metálica a 30 dias [*cash in a month*], faziam girar a dívida por 90 dias e, no vencimento, pagavam com juros. Na indústria da seda, o procedimento foi adquirindo amplitude à medida que subia o preço da seda. Em uma palavra, todo mundo trabalhou acima de suas forças, ultrapassando [*overtraded*] os limites de suas possibilidades. Mas *overtrading* não é sinônimo de superprodução, mesmo quando é idêntico no fundo. Uma sociedade mercantil [*mercantile comunity*] possui um capital de 20 milhões de libras; este capital constitui, em certo sentido, sua capacidade de produção, de transporte e de consumo. Se, mediante o jogo das letras de câmbio, faz com este capital um volume de negócios que supõe um capital de 30 milhões de libras, aumenta a produção em 50%; o consumo aumenta também com a prosperidade, mas é preciso que aumente nas mesmas proporções, digamos [*disons*] em 25%. Ao final de um período determinado, aparece compulsoriamente uma acumulação de mercadorias de 25% acima das necessidades verdadeiras, quer dizer [*bona fide, id est*], das necessidades médias *inclusive em um período de prosperidade*. Só isto deveria provocar a crise, mesmo que o mercado monetário, bússola do comércio, não a tenha anunciado antes. Se se produz o craque, além desses 25%, haverá no mínimo mais outros 25%, procedentes dos estoques de todos os produtos necessários que não são vendáveis. Na crise atual, pode-se estudar, em todos os seus detalhes, como nasce a superprodução pela extensão do crédito e pela excessiva [*overtrading*] amplitude dos negócios. Não há nada de novo na coisa em si, exceto a forma estranhamente clara em que se está desenvolvendo neste momento. Em 1847 e em 1837-1842, a coisa não estava tão nítida.

E eis aí a bela situação de Manchester e da indústria algodoeira: os preços são suficientemente baixos para permitir o que o filisteu chama de um negócio sólido [*a sound business*]. Porém, se houver o mínimo aumento da produção, o algodão subirá em flecha, porque ele não existe em Liverpool. É preciso continuar trabalhando a meio tempo [*short time*], mesmo havendo pedidos. Agora há muitos pedidos – entretanto, procedem de *locais que ainda não experimentaram a intensidade da crise*; os comissionistas sabem-no perfeitamente e, por isso, não os atendem: se atendessem, ver-se-iam em dificuldades sem conta e com pesadas dívidas.

Hoje, os preços voltaram a baixar. Fios que valiam de 14 a 14 ½ d. são oferecidos a 14 ¼ – e quem dá 10 ¾, os leva. Os indianos estão fora do mercado. Os gregos se veem isolados com o trigo, quase todos trabalham com ele, esse é seu principal frete de retorno (de Galati e de Odessa). Pelas razões antes indicadas, os alemães não podem comprar. As firmas de comércio interior [*home trade*] proibiram a seus compradores [*buyers*] que comerciem. A América do Norte está fora de questão [*America out of question*]. A Itália experimenta a baixa de todas as matérias-primas. Outras quatro semanas mais e as coisas estarão muito mal. Pequenas indústrias de fios e pequenos fabricantes de tecidos estão quebrando todos os dias.

Em Hamburgo, os Merck se mantêm somente graças ao adiantamento de 15 milhões do governo e a sua casa daqui conseguiu, ao menos por *um* dia, pagar os fabricantes de fios cujas faturas iam vencer. O principal personagem, entre os Merck de Hamburgo, é o ex-ministro do *Reich*, o Dr. Ernst Merck,[108] jurista, mas também sócio [*associé*].

---

[108] Ernst Merck (1811-1863), político que foi parlamentar e ministro das finanças.

Meus cumprimentos à tua mulher e tuas filhas. Não tenho tempo hoje de abordar a tua carta sobre a França. Teria que refletir muito [*Il faudrait trop réfléchir*].

F. E.

24. ENGELS A MARX

(em Londres)

Manchester, 17 de dezembro de 1857

Querido Marx:

A crise me coloca sob tensão [*en haleine*] de uma maneira infernal. Todos os dias os preços caem. Além disso, a crise nos pressiona cada vez mais. Meu velho se viu atingido por estes dias; tivemos que adiantar dinheiro a ele. Não creio, entretanto, que isto seja sério e, agora, carece de importância.

Manchester afunda cada vez mais na crise. A pressão constante sobre o mercado atua de modo fantástico. Ninguém consegue vender. Cada dia se ouve falar de ofertas mais baixas; quem conserva ainda algum sentido das conveniências nem sequer oferece sua mercadoria. A situação é terrível entre os fabricantes de fios e tecidos. Não há agente que venda fios aos fabricantes de tecidos, a não ser com pagamento em efetivo [*cash*] ou sólidas garantias. Alguns pequenos já fecharam, mas isto, por agora, não é nada.

Os Merck estão fortemente ameaçados, aqui e em Hamburgo – apesar das duas fortes subvenções. Espera-se que quebrem por estes dias. Só alguma sorte imprevista poderia salvá-los. Com um capital de 4 a 5 milhões de marcos, sua casa de Hamburgo terá uns 22 milhões em obrigações de pagamento [*liabilities*] (13 marcos = uma libra). Segundo outras informações, a crise teria acabado já com seu capital, que estaria reduzido a 600 mil marcos.

Outras quatro crises distintas nos esperam: 1) os produtos coloniais; 2) o trigo; 3) a fiação e tecelagem; 4) o comércio interior [*home trade*]; esta última, o mais tarde na primavera. Nos distritos da lã, ela já começou e certamente muito bem.

Não te esqueças de anotar os balanços de liquidação [*balance-sheets*] das falências – Bennoch, Twentymen, Reed em Derby, Mendes da Costa, Hoare, Buxton and Cia. Todos muito edificantes.

Teu ponto de vista sobre a França, desde a tua última carta, foi quase literalmente confirmado pelos jornais. Lá o craque é inevitável e arrastará primeiro os especuladores da Alemanha central e setentrional.

Tu observaste, certamente, as negociações relativas a Macdonald, Monteith, Stevens (L[ondon] and E[xchange] B[ank]). O L[ondon] E[xchange] B[ank], com os títulos de empréstimo [*borriwed notes*] que figuram como garantia [*security*], são a coisa mais formidável que já li.

A Alemanha do Norte, com a exceção de Hamburgo, quase não se viu afetada pela crise. Porém, já está começando. Em Elberfeld, Heimendahl (fabricante de forros de seda e negociante) quebrou; e em Barmen, Linde e Trappenberg, fabricante de quinquilharias [*small ware manufacturer*]. Ambas, firmas sérias. Até agora, os alemães do Norte quase não sofreram; entre eles, como aqui, a desorganização momentânea do mercado monetário não teve um efeito tão terrível que impossibilitasse a venda de mercadorias a baixo preço por um prolongado período de tempo.

Logo chegará a hora de Viena.

Lupus, agora, está obediente; fizemos o certo.[109]

Também entre o proletariado começam as queixas – neste momento, poucos sinais revolucionários: o longo período de prosperidade acarretou uma terrível desmoralização. Até os dias de hoje, os desempregados continuam mendigando e andando sem rumo. Os roubos à mão armada [*garrotte robberies*] aumentam, porém não de forma dramática.

Vejo-me tão obrigado a circular para acompanhar a crise que me resta muito pouco tempo para trabalhar para Dana.[110] E, entretanto, há que fazer também isto. O que escrever? Como será pago este trabalho?

Saudações cordiais à tua mulher e tuas crianças.

F. E.

---

[109] Ou seja: *Lupus* rendeu-se à pressão dos amigos para renunciar à bebida. Cf. a nota 105, *supra*.

[110] Cf. a nota 104, *supra*.

As informações sobre o mercado de Manchester continuam saindo no *Guardian* de sábado e de quarta-feira. Hoje te mando um pacote. Hoje aparece também, pela primeira vez, uma estatística em relação aos trabalhadores.

Felicitações pela tua previsão a respeito da lei bancária.[111]

25. MARX A ENGELS

(em Manchester)

Londres, 18 de dezembro de 1857

[...] Estou envolvido num trabalho gigantesco – a maioria dos dias até às quatro horas da manhã. Este trabalho é de dois tipos:

1) a elaboração dos traços fundamentais da *Economia política* – é absolutamente necessário ir até o fundo [*au fond*] da questão para o público e, para mim pessoalmente, livrar-me deste pesadelo [*individually, get rid of this nightmare*];

2) a *crise atual*. A este respeito, ademais dos artigos para o *Tribune*, anoto simplesmente todo o dia a dia – o que me toma um tempo considerável. Calculo que para a primavera poderíamos escrever *juntos* um folheto sobre esta história – para *novamente contactar com o público alemão* e para demonstrar que continuamos, de novo e sempre, os mesmos [*always the same*]. Abri três grandes arquivos: Inglaterra, Alemanha, França. Sobre a questão, no que se refere aos Estados Unidos, toda a documentação está no *Tribune*. Mais tarde, tudo isto poderá ser reunido. A propósito, gostaria muito que, na medida do possível, tu me enviasses o *Guardian todos os dias*. Quando me vejo obrigado a enfrentar de uma só vez toda uma semana ou um pouco menos, isto dobra o meu trabalho e me perturba. [...]

---

[111] Marx (em carta anterior, de 8/12/1857, a Engels – cf. *MEW*, 1963, 29, p. 222-225) previra a suspensão da lei sobre os bancos, que acabara de ser decretada pelo governo inglês.

26. MARX A FERDINAND LASSALLE[112]

(em Dusseldorf)

Londres, 21 de dezembro de 1857

[...] A presente crise comercial me estimulou a dedicar-me seriamente à formulação dos traços fundamentais da *Economia Política* e, ao mesmo tempo, a preparar alguma coisa sobre a atual crise. Vejo-me obrigado a matar...[113] o dia com trabalhos que me garantam o pão. Não me sobra, pois, mais que a noite para os *autênticos* trabalhos e ainda surgem enfermidades que vêm a interrompê-los. [...]

---

[112] Ferdinand Lassalle (1825-1864), importante socialista alemão, fundador (1863) da *Associação Geral dos Trabalhadores Alemães*. Dos fins dos anos 1840 até a entrada dos anos 1860, manteve relações com Marx e Engels – relações complexas, mesclando solidariedade e competição (cf., *infra*, a nota 151). As concepções socialistas de Lassalle – que, no plano teórico, continham verdadeiros plágios e deformações de ideias de Marx – tiveram influência especialmente na Alemanha, concorrendo com as propostas marx-engelsianas no interior da social-democracia germânica. De Lassalle, está vertida ao português a antologia *Manifesto operário e outros textos políticos* (Brasília: Instituto Teotônio Vilela, 1999) e, com várias edições, a sua conferência, de 1863, *A essência da constituição* (Rio de Janeiro: Lumen Juris, 2001).

[113] Um fragmento importante desta carta está danificado.

1858

27. MARX A ENGELS

(em Manchester)

Londres, 16 de janeiro de 1858

[...] Sinto-me extraordinariamente [*exceedingly*] contente sabendo que a tua saúde vai bem [*well*]. Eu mesmo, já há três semanas, voltei a tomar medicamentos e só terminei o tratamento hoje. Tinha abusado do trabalho noites adentro, é certo que bebendo, por uma parte, simples limonadas, mas, por outra parte, consumindo uma enorme quantidade de tabaco [*with an immense deal of tabacco*]. Ao menos, fiz magníficos achados. Por exemplo, joguei ao mar toda a teoria do lucro, tal como existia até agora. No método de análise, algo me prestou um grande serviço: por pura casualidade [*by mere accident*], voltei a folhear a *Lógica* de Hegel (Freiligrath encontrou alguns livros de Hegel que haviam pertencido antes a Bakunin e me enviou como presente).[114] Se algum

---

[114] De Georg Wilhelm Friedrich Hegel (1770-1831) – figura maior da filosofia clássica alemã, expressão mais alta da dialética idealista, sempre presente no pensamento marxiano, seja como referência inspiradora, seja como objeto de crítica – tem-se, em português, entre outras obras, *Introdução à filosofia da história* (Coimbra: Arménio Amado, 1961, *Estética*. Lisboa: Guimarães, 1993), *Fenomenologia do Espírito* (Petrópolis/Bragança Paulista: Vozes/Ed. Univ. São Francisco, 2008) e *Filosofia do direito* (S. Leopoldo/Recife/São Paulo: Unisinos/Universidade Católica de Pernambuco/Loyola, 2010).
Ferdinand Freiligrath (1810-1876), poeta, partícipe da revolução alemã de 1848-1849, exilado em Londres; depois de 1870, derivou para posições políticas conservadoras.
Mikhail Bakunin (1814-1876), corajoso revolucionário russo, relacionou-se bem com Marx até o final dos anos 1860 – então, suas concepções anarquistas levaram à ruptura política entre ambos, no interior da *Associação Internacional dos Trabalhadores*. De Bakunin, pode-se ler em português *Estatismo e anarquia* (São Paulo: Imaginário, 2003).

dia voltar a ter tempo para este tipo de trabalho, proporcionarei a mim o grande prazer de tornar acessível aos homens de bom senso, em dois ou três folhetins impressos, o *núcleo racional* do método que H[egel] descobriu e, ao mesmo tempo, mistificou.

De todos os economistas recentes, o caldo de necedades [*fadaises*] mais concentrado se encontra nas *Harmonias econômicas* do Sr. Bastiat.[115] Só um sapo [*crapaud*] pode preparar um cozido [*pot-au-feu*] tão harmonioso. [...]

28. MARX A ENGELS

(em Manchester)

Londres, 29 de janeiro de 1858

[...] Acabo de chegar, no meu trabalho econômico, a um ponto sobre o qual desejaria que me desses algumas explicações práticas, porque não pude encontrar nada, sobre a questão, nas obras teóricas. Trata-se da *circulação* do capital – suas diferenças nos distintos negócios, efeito da circulação sobre o lucro e os preços. Se quiseres dar-me algumas pequenas indicações a respeito, seriam muito bem [*very*] recebidas.[116] [...]

29. MARX A FERDINAND LASSALLE

(em Dusseldorf)

Londres, 22 de fevereiro de 1858

[...] Quero te informar do estado em que se encontram meus trabalhos econômicos. Empreendi de fato a redação final há alguns meses. Mas ela avança

---

[115] Marx refere-se aqui à obra *Harmonies économiques* (Paris, 1851), do liberal francês Frédéric Bastiat (1801-1850). De Bastiat estão traduzidos, entre outros, os textos contidos em *Ensaios* (Rio de Janeiro: Instituto Liberal, 1989) e *A lei* (São Paulo: Instituto Ludwig Von Mises Brasil, 2010).

[116] Embora ao longo de toda a sua obra econômica Marx tematize diversos aspectos da circulação, o seu tratamento sistemático aparece especialmente no livro II d'*O capital*.

muito lentamente, porque os temas que por muitos anos foram o centro dos estudos de uma pessoa, quando se quer concluí-los, sempre oferecem aspectos inéditos e exigem novas reflexões. Ademais, não sou dono do meu tempo – ao contrário [*rather*], sou seu criado. Não me resta mais que a noite para ocupar--me de meus trabalhos pessoais; e os frequentes ataques ou recaídas de uma doença do fígado dificultam inclusive minhas atividades noturnas. Nestas condições, o mais cômodo para mim seria a possibilidade de publicar todo este trabalho em fascículos, sem estabelecer uma periodicidade entre eles. E esta solução talvez tenha a vantagem de encontrar mais facilmente um editor, já que os fundos a investir no empreendimento seriam de pouca monta. Eu, naturalmente [*of course*], ficaria muito grato a ti se pudesses ver se, em Berlim, há algum empresário disposto a isto. Por "fascículos" entendo cadernos muito similares àqueles como se editou, aos poucos, a *Estética* de Vischer.[117]

Este trabalho de que trato aqui volta-se, em primeiro lugar, para a *crítica das categorias econômicas* ou, se quiseres [*if you like*], o sistema da economia burguesa apresentado de forma crítica. É, ao mesmo tempo, um quadro do sistema e a sua crítica através da sua exposição mesma. Não imagino de quantos *placards*[118] ele se constituirá e não calculo tê-lo pronto em breve porque, na verdade, se tivesse tempo, calma e meios para elaborar o todo antes de entregá-lo ao público, eu o tornaria muito mais conciso – sempre me agradou o método que consiste em condensar. Porém, se for divulgado em fascículos, o que talvez facilite a compreensão por parte do público, a forma será prejudicada – a obra adquirirá, necessariamente, uma extensão um pouco maior. Vê bem: logo que saibas com segurança se é possível resolver ou não este assunto em Berlim, te agradeço que me comuniques, porque, se não se puder resolver aí, eu farei uma tentativa em Hamburgo. Outra coisa: devo ser *pago* pelo editor – uma condição que pode inviabilizar minha chance em Berlim.

---

[117] Marx refere-se aqui à obra do esteta hegeliano Friedrich Theodor Vischer (1807-1887), *Aesthetik oder Wissenschaft des Schönen* [*Estética ou Ciência do Belo*], publicada em fascículos entre 1846 e 1857 – que ele estudou com atenção em 1857-1858.

A primeira resultante das pesquisas a que então Marx se dedicava sairá à luz em junho de 1859, sob o título de *Contribuição à crítica da Economia Política*, e foi publicada – de fato, com o decisivo apoio de Lassalle (cf., *infra*, as cartas de número 40 e 44) – em Berlim, pelo editor Duncker.

[118] Cf., *supra*, a nota 19.

A exposição, quero dizer: a forma de expor o tema, é absolutamente científica, isto é, não contradiz em nada as regulamentações da polícia no sentido habitual.[119] O conjunto se divide em seis livros: 1. Do capital (contém
alguns capítulos introdutórios [*Vorchapters*]). 2. Da propriedade fundiária.
3. Do trabalho assalariado. 4. Do Estado. 5. Comércio exterior. 6. Mercado
mundial.[120] Não posso deixar de fazer, de quando em quando, alusões críticas
a outros economistas – de polemizar, por exemplo, com Ricardo, na medida
em que ele mesmo, *qua* [como] burguês, é levado a cometer erros, inclusive
do ponto de vista estritamente econômico. Porém, no conjunto, a crítica e
a história da Economia Política e do socialismo deveriam ser tema de outro
trabalho. Finalmente, o breve *esboço histórico* do desenvolvimento das categorias ou das relações econômicas haveria de ser objeto de um terceiro livro.[121]
Depois de tudo [*after all*], tenho o pressentimento de que agora, quando, ao
cabo de 15 anos de estudos, cheguei a poder dedicar-me a esta obra, eventos
exteriores e tempestuosos provavelmente vão interferir [*interfere*]. Não importa [*never mind*]. Se tardei muito para atrair a atenção do mundo sobre esses
temas, trata-se evidentemente de minha própria [*my own*] culpa. [...]

---

[119] Marx alude aqui às medidas repressivas ainda vigentes na Prússia – faz esta observação na medida
em que os editores alemães temiam a apreensão dos seus lançamentos por razões políticas.

[120] Este é apenas um dos planos preliminares que Marx esboçou para *O capital* – noutras cartas,
reproduzidas mais adiante, será possível verificar mudanças em relação a ele. Ao leitor de língua
portuguesa estão acessíveis muitos estudos que oferecem preciosas informações sobre os vários
planos formulados por Marx para a sua obra maior; dentre muitos, destaquem-se: R. Rosdolsky,
Gênese e estrutura de O capital *de Karl Marx*. Rio de Janeiro: UERJ/Contraponto, 2001; L. G. de
Deus, "Marx em tempos de MEGA". *Estudos econômicos*. São Paulo: USP/FEA, v. 45, n. 4, out./
dez. de 2015 e M. Heinrich, "*O capital* depois da MEGA: descontinuidades, interrupções e novos
começos", *in* C. Bastien e J. V. Fagundes (coords.), *O capital de Marx 150 anos depois*. Coimbra:
Almeidina, 2018.

[121] Está aí a indicação do que seria o livro IV d'*O capital*, só publicado depois das mortes de Marx e
Engels – há ed. bras.: K. Marx, *Teorias da mais-valia. História crítica do pensamento econômico*. Rio
de Janeiro: Civilização Brasileira, 1980, I; São Paulo: DIFEL, 1983, II e 1985, III.

30. MARX A ENGELS

(em Manchester)

Londres, 2 de março de 1858

[...] A propósito, podes dizer-me de quanto em quanto tempo se renova a maquinaria, por exemplo, na tua fábrica? Babbage[122] afirma que, em Manchester, em média, o essencial das máquinas se renova a cada cinco anos [*the bulk of machinery is renovated every five years*]. Isto me parece um tanto surpreendente [*startling*] e não inteiramente crível [*quite trustworthy*]. O lapso de tempo ao fim do qual, em média, se renovam as máquinas é *um* elemento importante para a explicação do ciclo de vários anos que abarca o movimento industrial desde que se impôs a grande indústria. [...]

31. ENGELS A MARX

(em Londres)

Manchester, 4 de março de 1858

[...] Sobre a questão do equipamento, das máquinas, é difícil dizer algo positivo; em todo caso, Babbage está muito equivocado [*wrong*]. O critério mais seguro é o percentual que todo fabricante desconta anualmente pelo uso e pela manutenção de suas máquinas, de tal modo que, ao cabo de certo tempo, amortiza por completo sua maquinaria. Esta porcentagem é geralmente de 7 ½%; assim, o equipamento seria amortizado em 13 anos e ⅓ mediante os descontos anuais por sua utilização – isto é, poderia renová-lo inteiramente sem o menor prejuízo. Por exemplo: eu tenho um total de £10 mil de maquinaria; ao final de um ano, quando faço o balanço,

---

[122] Charles Babbage (1792-1871), inglês, matemático e inventor, publicou em 1832 *On the economy of machinery and manufactures* [*Sobre a economia de máquinas e manufaturas*], obra que Marx, em 1845, leu na tradução francesa de 1833 e extratou em seus cadernos de estudo em Bruxelas (1845). Marx refere-se a Babbage na *Miséria da filosofia* (1847), nos *Grundrisse* (1857-1858), nos seus manuscritos econômicos de 1861-1863 e n'*O capital*.

subtraio de	10.000£
7 ½% de desgaste	750£
	9.250£
gasto com reparações	100£
a maquinaria me custa	9.350£
Ao final do segundo ano amortizo	
7 ½% de 10.000£, 7 ½% de 100£	757,10£
	8.593,10£
gasto com manutenção	306,10£
Toda a maquinaria me custa agora	8.900£ etc.

Entretanto, 13 anos e ⅓ é um período muito longo, durante o qual podem produzir-se muitas bancarrotas e mudanças; pode acontecer de o fabricante se lançar a novos ramos da indústria, de vender equipamentos antigos e introduzir novos aperfeiçoamentos; porém, se este cálculo não fosse exato em termos gerais, a prática o teria modificado há tempos. Ademais, a maquinaria antiga que se vendeu não se converte imediatamente em sucata, encontra um comprador entre pequenos industriais da tecelagem etc., que continuam a usá-la. Estamos utilizando máquinas que têm seguramente 20 anos; e quando se tem ocasião de dar uma vista geral nas barulhentas e velhas fábricas daqui, descobrem-se máquinas que têm, em média, pelo menos 30 anos. Na maioria das máquinas não há mais do que um reduzido número de peças que se desgastam até o ponto de ter que substituí-las ao cabo de cinco ou seis anos; e, inclusive ao cabo de 15 anos, quando nenhuma descoberta fez caducar o princípio fundamental da máquina, as peças desgastadas podem ser facilmente substituídas (falo especialmente das máquinas de fiar e das máquinas para desbastar o fio). Decerto que é difícil fixar com precisão um limite à longevidade dessas máquinas. Há que acrescentar que as melhorias introduzidas nestes últimos 20 anos nas máquinas de fiar eram quase todas de tal natureza que podiam ser incorporadas ao quadro existente das máquinas, já que a maioria delas consistiu em aperfeiçoamento de detalhe. (Para o cardado, é verdade, o aumento da dimensão do cilindro de cardagem constituiu uma melhoria central que, para obter uma qualidade superior, tornou sucata a velha maquinaria; porém, para a qualidade usual, a antiga maquinaria é ainda bastante boa).

A afirmação de Babbage é tão absurda que, se fosse verdadeira, o capital industrial na Inglaterra deveria diminuir constantemente e seria preciso gastar muito dinheiro com ele. Um fabricante cujo conjunto de capital faz cinco rotações em quatro anos e, em cinco anos, seis rotações e um quarto, deveria obter, pois, além do lucro médio de 10% anuais, outros 20% sobre os ¾ aproximados de seu capital (maquinaria) para poder substituir, sem sofrer perdas, as velhas máquinas de que se desfaz; deveria ganhar, por consequência, uns 25%. O preço de todos os artigos teria que ser aumentado mais do que pelo efeito dos salários: onde estaria, então, a vantagem da máquina? Os salários [*wages*] pagos ao final do ano representam talvez um terço do preço da maquinaria – nas simples fiações e tecelagens, certamente menos – e o desgaste representaria ⅕ dessas somas, o que é ridículo. Na Inglaterra não há, seguramente, um só estabelecimento de categoria [*line*] normal da grande indústria que renove seu equipamento a cada cinco anos. Quem fosse tão tolo para fazê-lo, forçosamente perderia na primeira mudança; a velha maquinaria, ainda que fosse muito pior, teria vantagem sobre a nova; poderia produzir por muito menos, já que o mercado se ajusta não aos que calculam uns 15% de desgaste por libra de algodão fiado [*twist*], mas a aqueles que não aumentam seu preço mais que 6% (aproximadamente ⅘ do desgaste anual de 7 ½%) e, por conseguinte, vendem mais barato.

Bastam dez ou 12 anos para dar ao essencial [*bulk*] do equipamento mecânico outro caráter, isto é, renová-lo mais ou menos. O período de 13 anos e ⅓ pode ver-se afetado naturalmente pelas bancarrotas, pela quebra de peças essenciais que exigiram uma reparação muito cara etc. e outras eventualidades deste tipo, de tal modo que pode reduzir-se um pouco. Porém, seguramente, não por menos dos dez anos. [...]

32. MARX A ENGELS

(em Manchester)

Londres, 5 de março de 1858

[...] Muito obrigado por teus [*my best thanks for your*] esclarecimentos sobre a maquinaria. O período de 13 anos corresponde, na medida do necessário, à teoria: estabelece uma *unidade* para uma época de reprodução indus-trial [*one epoch of industrial reproduction*] que coincide *mais ou menos* [*plus ou moins*] com o período de repetição das grandes crises; naturalmente, o ciclo destas, no que se refere ao intervalo, está determinado por outros elementos. Para mim, o importante é encontrar as condições[123] materiais imediatas da grande indústria, *um* elemento determinante desses ciclos. A propósito da reposição da maquinaria, por oposição ao capital circulante, pensa-se sem querer nos Moleschott,[124] que também levam pouquíssimo em consideração o período de reprodução do esqueleto ósseo e melhor se contentam, junto aos economistas, com a média de rotação do conjunto do corpo humano. Outra questão sobre a qual necessito simplesmente uma ilustração, mesmo aproxi-mativa: como se reparte, na tua fábrica ou empresa fabril, o capital circulante [*floating capital*] entre as matérias-primas e os salários [*wages*] e que fração dele fica, em média, com o teu banqueiro [*bankier*]? E mais: como calculas a rotação nos teus livros? Aqui, as leis teóricas são muito simples e autoeviden-tes [*self evident*]; porém, de toda forma, convém ter uma idcia dc que forma a coisa se apresenta na prática. A forma de cálculo dos negociantes se apoia naturalmente, em parte [*partly*], sobre ilusões maiores do que as dos econo-mistas; contudo, por outro lado, este cálculo corrige, com ilusões práticas, as suas ilusões teóricas. Tu falas de 10% de lucros. Suponho que não levas em conta o juro [*I suppose that you do not take into the account the interest*] e que este figura ao lado do lucro. No *Primeiro Informe dos Inspetores de Fábricas* [*First Report of the Factory Commissioners*], encontro como ilustração média o quadro [*statement*] seguinte:[125]

---

[123] *Voraussetzungen*, em lugar de *fundamento* [*Grund*], que foi riscado no original marxiano.

[124] Jakob Moleschott (1822-1893), fisiologista nascido na Holanda, lecionou na Alemanha e na Suíça, radicando-se enfim na Itália; hegeliano nos seus inícios, tornou-se materialista vulgar.

[125] Todo este quadro está em inglês no original.
Nas suas pesquisas de 1850-1860, Marx examinou vários desses *Reports*, publicações oficiais do governo inglês, relativos aos anos de 1846, 1847, 1849, 1850, 1853, 1854, 1858, 1859 a 1864 – conforme levantamento de M. Rubel, "Index nominatif et bibliographique" ["Índice nominativo e bibliográfico"], *in* K. Marx, *Oeuvres*. Paris: Pléiade/Gallimard, 1968, II.

Capital aplicado em instalações e máquinas   10.000£
Capital circulante   7.000£

500£ juros pelo capital fixo de 10.000£
350£ juros pelo capital circulante
150£ aluguéis, impostos e taxas
650£ fundos de amortização de 6 ½% pelo desgaste do capital fixo
1.650£
1.100£ despesas acessórias (?), transportes, carvão, óleo
2.750£
2.600£ salários e soldos
5.350£
10.000£ por umas 400.000 libras (peso) de algodão bruto a 6 *pences* [126]
15.350£

Assim, temos £16 mil por 363.000 libras (peso) de fio retorcido. Valor: £16 mil. *Lucro:* 650£, ou seja, aproximadamente uns 4,2%. Os salários dos trabalhadores aqui são, pois, de cerca de uma sexta parte.

O lucro total não é, em suma, mais que aproximadamente [*about*] uns 10%, incluídos os juros. Mas o Sr. Senior que, todavia, escrevia no interesse dos fabricantes, dá 15% como lucro médio (incluindo os juros) em Manchester. É lamentável que no quadro [*stament*] anterior não se indique o *número* de trabalhadores, nem a proporção do que figura como *soldos* [*traitements*] em relação aos *salários* [*wages*] propriamente ditos.

A seguinte passagem de Ricardo, que ontem caiu por acaso nas minhas mãos, me fez compreender, de maneira surpreendente, como inclusive os melhores economistas, até o mesmíssimo [*such as ipsissimus*] Ricardo, se perdem em uma tagalerice absolutamente pueril quando deslizam para o moinho do modo de pensar burguês. Tu te lembrarás que A. Smith, que ainda pensava à moda antiga, sustenta que o comércio exterior, comparado ao comércio interior, fomenta tão só a metade do trabalho produtivo de um país [*one half of the encouragement to the productive labor of a country*] etc. Ao que Ricardo replica assim:

---

[126] Cf., *supra*, a nota 103.

O argumento de Smith me parece falacioso; com efeito, no caso em que se empreguem dois capitais, um português e outro inglês (como supõe Smith), um capital empregado [*employed*] no comércio exterior se converterá sempre no dobro do que se empregaria no comércio interior. Admitamos que a Escócia utilize um capital de mil libras para a produção de tecido que troca pela produção de um capital igual, investido na fabricação inglesa da seda. Em ambos os países, utilizam-se duas mil libras e uma quantidade proporcional de trabalho. Se a Inglaterra se apercebe que pode receber da Alemanha mais tecido em troca de seda (que antes exportava para a Escócia) e se a Escócia se apercebe que pode receber da França mais seda em troca de seu tecido (que antes trazia da Inglaterra), Inglaterra e Escócia deixam imediatamente de realizar este comércio entre si e o comércio interior de consumo será abandonado em proveito do comércio exterior. Porém, ainda quando neste comércio estejam implicados dois capitais adicionais – o da Alemanha e o da França –, não seguirá empregando-se a mesma quantidade de capital escocês e inglês e não seguirá fazendo-se com que se mova a mesma quantidade de indústria que anteriormente movia o comércio interior?[127]

A hipótese, marcada pelo exagero, de que, nas condições supostas, a Alemanha venderá sua seda à Inglaterra em vez de vendê-la à França e que a França comprará seu tecido da Escócia em lugar de comprá-lo da Alemanha, dificilmente seria esperável vinda de um camarada como Ricardo.

O amigo Thomas Tooke, o último economista inglês de algum valor [*of any value*], morreu.[128] [...]

33. MARX A FERDINAND LASSALLE

(em Berlim)

Londres, 11 de março de 1858

[...] O primeiro fascículo deverá constituir, em qualquer caso,[129] relativamente um todo e, como as bases do inteiro desenvolvimento estão contidos

---

[127] A passagem transcrita por Marx encontra-se em Ricardo, *Princípios de Economia Política e tributação* (vertida em termos um pouco diversos, cf. a p. 237 da ed. bras. cit. na nota 28, *supra*).

[128] O falecimento de Tooke (cf., *supra*, a nota 40) ocorrera a 26 de fevereiro de 1858, poucos dias antes de Marx escrever esta carta.

[129] Como se viu acima, na carta de número 29, Marx tencionava publicar os primeiros resultados da sua crítica da Economia Política (que viriam na *Contribuição à crítica da Economia Política*, de 1859) em fascículos – no primeiro deles, haveria um capítulo sobre o capital; depois, pensou em fazer deste capítulo um outro fascículo. O projeto foi logo modificado – cf. a próxima carta.

nele, dificilmente poderá ser redigido em menos de cinco ou seis *placards*.[130] Verei tudo isto quando elaborar a redação definitiva. Este fascículo compreende: 1) valor, 2) dinheiro, 3) o capital em geral (processo de produção do capital, processo de circulação do capital, unidade de ambos ou capital e lucro, juro) – o fascículo constituirá um folheto independente. Ao longo de teus estudos de economia, seguramente constataste que Ricardo, estudando o lucro, entra em contradição com sua definição (justa) de valor, contradição que, na sua escola, levou ao abandono completo do ponto de partida ou ao ecletismo mais repugnante. Creio que coloquei a coisa claramente. (É verdade que os economistas, olhando aí as coisas mais de perto, verificarão que tudo isto é um negócio muito difícil [*altogether it is a dirty business*]).

Quanto à extensão total das páginas a serem impressas, vejo-me agora, para dizer a verdade, na mais completa incerteza, já que a documentação da obra se encontra nos meus cadernos no formato de monografias que, muitas vezes, descem a detalhes – coisa que desaparecerá ao receberem a sua forma definitiva. Além disso, quando da redação, não tenciono, em absoluto, aprofundar igualmente os seis livros que constituirão as seis partes do conjunto; minha intenção, nas três últimas, é a de limitar-me aos aspectos principais, mesmo que nas três primeiras – que compreendem o desenvolvimento econômico fundamental propriamente dito – explicações não possam sempre ser evitadas. Não creio que tudo isto seja possível de terminar com menos de 30 ou 40 *placards*.[131]

Com a saudação do

K. M.

34. MARX A ENGELS

(em Manchester)

Londres, 2 de abril de 1858

[...] O que segue é um breve esquema da primeira parte [*short outline of the first part*]. Toda esta merda deve dividir-se em seis livros: 1. do capital,

---

[130] Recordemos que um *placard*, em termos de impressão, equivale a 16 páginas.

[131] Vê-se que, a esta altura das suas pesquisas, Marx estava longe de dimensionar a magnitude que a sua obra haveria de adquirir.

2. propriedade fundiária, 3. trabalho assalariado, 4. Estado, 5. comércio internacional, 6. mercado mundial.

I. *O capital* se subdivide em 4 seções: a) Capital em geral. (*Este é o objeto do primeiro fascículo*).[132] b) A *concorrência* ou ação recíproca de múltiplos capitais. c) O *crédito*, onde o capital aparece como um elemento geral frente aos capitalistas isolados. d) O *capital por ações*,[133] como a forma mais perfeita (que desemboca no comunismo), com – ao mesmo tempo – todas as suas contradições. A passagem do capital à propriedade fundiária é ao mesmo tempo histórica, já que a forma moderna de propriedade fundiária é o produto da ação do capital sobre a propriedade fundiária feudal etc. Igualmente, a passagem da propriedade fundiária ao trabalho assalariado não é só dialética, mas também histórica, uma vez que o último produto da propriedade fundiária moderna é a instauração generalizada do trabalho assalariado que, em seguida, aparece como a base de toda esta merda. Pois que me é difícil escrever [*well it is difficult for me to day write*], cuidemos agora do corpo de delito [*corpus delicti*].

I. *O capital. Primeira seção. O capital em geral.* (Em toda esta secção, tomar-se-á como hipótese que o salário do trabalho é sempre igual ao seu mínimo. As flutuações do próprio salário, abaixo ou acima do mínimo, fazem parte do estudo do trabalho assalariado. Além disso, se apresenta a propriedade fundiária como igual a zero, isto é, a propriedade fundiária, como relação econômica particular, não nos interessa por agora. Só mediante este recurso é possível não falar sempre de tudo a propósito de todas as relações).

1. *Valor.* Reduzido pura e simplesmente à quantidade de trabalho. O tempo como medida do trabalho. O valor de uso – trate-se de um ponto de vista subjetivo, da utilidade do produto [*usefulness*], ou de um ponto de vista objetivo, de sua possibilidade de utilização [*utility*] – o valor de uso aparece aqui, pois, tão só como condição material prévia do valor, que provisoriamente se situa por completo fora da determinação da forma econômica. O valor como tal não conta com outro "material" a não ser o próprio trabalho. Esta definição do valor, sugerida primeiro por Petty e depois claramente elaborada por

---

[132] Cf., *supra*, a nota 128.

[133] Os pontos *b, c* e *d* são tratados por Marx particularmente no livro III d'*O capital*.

Ricardo, não é senão a forma mais abstrata da riqueza burguesa. Implica em si mesma: 1) a abolição do comunismo natural (Índia etc.); 2) a supressão de todas as formas de produção não evoluídas e pré-burguesas, nas quais a troca não domina ainda a produção em toda a sua amplitude. Mesmo que seja uma abstração, trata-se de uma abstração histórica, a que não se pode aceder senão partindo de uma determinada evolução econômica da sociedade. Todas as objeções contra esta definição de valor são tomadas de relações de produção menos desenvolvidas ou se apoiam na confusão que consiste em opor a este valor, sob esta forma abstrata e não desenvolvida, determinações econômicas mais concretas, cujo valor foi abstrato e que, consequentemente, podem, por outro lado, ser consideradas como o desenvolvimento ulterior deste valor. Dada a obscuridade dos próprios senhores economistas quanto a saber quais são as relações desta abstração com formas ulteriores mais concretas da riqueza burguesa, essas objeções eram mais ou menos [*plus ou moins*] justificadas.

Desta contradição, que opõe as características gerais do valor à sua existência material em uma mercadoria determinada etc. – sendo estas características idênticas àquelas que aparecem mais tarde no dinheiro –, resulta a categoria deste último.

2. *Dinheiro*. Algumas palavras sobre os metais preciosos como suportes do dinheiro em suas diversas relações.

a) *O dinheiro como medida*. Alguns comentários marginais sobre a medida *ideal* em Steuart, Attwood, Urquhart;[134] de uma forma mais compreensível,

---

[134] James Steuart (1712-1780), escocês, mercantilista, autor de *Inquiry into the Principles of Political Economy* [*Investigação sobre os princípios da Economia Política*] (1767). Thomas Attwood (1783-1856), inglês, economista e político. Sobre Steuart e Attwood, cf. os comentários de Marx na *Contribuição à crítica da Economia Política* (ed. bras. cit., p. 109-114). David Urquhart (1805-1877), político inglês que exerceu funções diplomáticas, adversário da política externa conduzida entre 1846-1851 e 1855-1858 por Lord Palmerston (Henry John Temple, 1784-1865); para o juízo de Marx sobre Urquhart, cf. o texto marxiano, de novembro de 1853, "David Urquhart" (*MECW*, 2010, 12, p. 477-478). Num jornal londrino ligado a Urquhart – *Free Press* [*Imprensa livre*] –, Marx publicou, entre agosto de 1856 e abril de 1857, a série *Revelations of the Diplomatic History of the 18 Century* [*Revelações sobre a história diplomática do século XVIII*], preparada entre junho de 1856 e março de 1857; postumamente, em 1899, o panfleto, em edição organizada por Eleanor Marx, publicou-se sob o título *Secret Diplomatic History of the Eighteenth Century* [*História diplomática secreta do século XVIII*] – hoje disponível em *MECW*, 2010, 15, p. 25 e ss.

nos apologistas da moeda-trabalho (Gray, Bray[135] etc.; de quando em quando, algumas cacetadas nos proudhonianos). O valor da mercadoria, traduzido em dinheiro, é seu *preço*, que, provisoriamente, aparece em uma forma que não se diferencia do valor senão *dessa maneira puramente formal*. Conforme a lei geral do valor, uma quantidade determinada de dinheiro apenas expressa uma certa quantidade de trabalho materializado. Porque o dinheiro é uma medida, é indiferente que seu valor próprio seja variável.

b) *O dinheiro como meio de troca ou a circulação simples.* Aqui há que considerar apenas a forma simples dessa circulação; todas as circunstâncias que a determinam na sequência não formam parte dela e só as examinaremos mais adiante. (Suporemos relações mais evoluídas). Se chamamos M à mercadoria e D ao dinheiro, a circulação simples apresenta sem dúvida os dois movimentos da circulação ou ciclos: M-D-D-M e D-M-M-D (este último constitui a transição para *c)*; porém, o ponto de partida e o ponto de chegada não coincidem em absoluto, ou, se coincidirem, é por pura casualidade. O essencial das pretensas leis, estabelecidas pelos teóricos da economia, não considera a circulação do dinheiro dentro dos seus próprios limites, mas enquanto assumida e determinada por movimentos superiores. Tudo isto há que rechaçar. (Isto constitui, em parte, um dos elementos da teoria do crédito; contudo, há que considerá-lo, também em parte, em pontos onde o dinheiro reaparece, se bem que já tendo sofrido outras determinações). Aqui se trata, pois, do dinheiro como meio de circulação (*moeda*). Mas também enquanto *realização* do preço (não só forma evanescente). Da definição simples, segundo a qual a mercadoria, desde quando se a apresenta como preço, é já trocada idealmente por dinheiro, antes de sê-lo efetivamente, deduz-se logicamente a importante lei econômica de que *a massa dos meios de circulação é determinada pelos preços e não inversamente*. (Aqui, algumas observações históricas a propósito da polêmica sobre este ponto). Resulta também que a velocidade pode substituir a massa, porém também que é necessária uma *massa determinada* para os atos de troca simultâneos, na medida em que estes não se comportam reproca-

---

[135] John Gray (1798-1850), inglês, socialista utópico; Marx critica suas ideias na *Contribuição à crítica da Economia Política* (cf. ed. bras. cit., p. 115-119).

John Bray (1809-1895), socialista, discípulo de um dos mais importantes socialistas utópicos – Robert Owen (1771-1858); sobre Bray, cf. as observações de Marx na *Miséria da filosofia* (ed. bras. cit., p. 84 e ss.).

mente como + e − (equivalência e restrição que não há por que abordar neste ponto do desenvolvimento senão por antecipação). Não entro aqui em detalhes do desenvolvimento ulterior desta seção. Observa tão somente que a não coincidência de M-D e D-M é a forma mais abstrata e mais superficial em que se expressa a possibilidade das crises. Do desenvolvimento da lei que determina a massa em circulação pelos preços resulta que, sobre este ponto, formulem-se hipóteses que não são absolutamente válidas em todos os estágios de evolução da sociedade. Daí a estupidez que supõe, por exemplo, estabelecer facilmente [*tout bonnement*] um paralelo entre as relações comerciais modernas e a afluência à Roma do dinheiro procedente da Ásia e sua repercussão sobre os preços de então. As definições mais abstratas, se as submetermos a um exame mais detido, sempre acabam por mostrar uma base determinada, concreta, histórica. (Naturalmente [*of course*], porque foram abstraídas nessas definições).

c) *O dinheiro como dinheiro*. É o desenvolvimento da fórmula: D-M-M -D. O dinheiro como existência autônoma do valor em relação à circulação; existência material da riqueza abstrata. Manifesta-se já na circulação porque não aparece somente como meio de circulação, mas sim enquanto realiza um preço. Em sua qualidade de *c*, posto que *a* e *b* não aparecem mais que como funções suas, o dinheiro é a mercadoria geral dos contratos (aqui, o caráter variável de seu valor, um valor determinado pelo tempo de trabalho, adquire importância), objeto de entesouramento [*hoarding*]. (Esta função é hoje, todavia, importante na Ásia e, de forma geral [*generally*], no mundo antigo e na Idade Média. Subsiste atualmente no sistema bancário, porém desempenha tão somente um papel secundário. Nos períodos de crise, importância do dinheiro noutra vez desta forma. O dinheiro considerado deste modo, com as ilusões [*delusions*] que origina em toda a história mundial etc. propriedades destruidoras etc.). Como realização de todas as formas superiores, traz aquela que aparece o valor; formas definitivas: exteriormente, conclusão de todas as relações de valor. Mas o dinheiro deixa de ser uma relação econômica quando se imobiliza nesta forma que se esgota, se dissolve, em seu suporte material, prata ou ouro. Por outra parte, na medida em que entra em circulação e se troca de novo por M, o processo final, o consumo da mercadoria, se situa de novo fora da relação econômica. A circulação simples do dinheiro não implica o princípio da autorreprodução e remete, pois, a outras categorias que se situam fora dela. No dinheiro – como o demonstra o desenvolvimento de suas determinações – se apresenta a exigência do valor que entra na circulação, se mantém nesta circulação e ao mesmo tempo a implica: *o capital*. Esta transição é também histórica. A forma antediluviana do capital é o capital de negócio, que sempre dá como resultado o dinheiro. Ao mesmo tempo, nascimento do capital real a partir do dinheiro ou do capital comercial que se apropria da produção.

d) Essa circulação simples considerada em si mesma – e constitui a superfície da sociedade burguesa, em que as operações mais profundas de que ela surgiu estão apagadas – não apresenta nenhuma diferença entre os sujeitos da troca, mas tão somente diferenças formais e efêmeras. É *o reino da liberdade, da igualdade, da propriedade fundada sobre o "trabalho"*. A acumulação, tal como aparece aqui sob a forma de entesouramento [*hoarding*], não é mais que uma grande capacidade de economia etc. Inépcia, de um lado, dos teóricos da harmonia econômica, modernos livre-cambistas [*freetraders*] (Bastiat, Carey etc.), de opor a essas relações de produção mais evoluídas e seus antagonismos, como *sua* verdade, esta visão das coisas – o que há de mais abstrato e superficial. Inépcia dos proudhonianos e dos socialistas da mesma laia em opor as ideias de igualdade (etc.), correspondentes a este intercâmbio de equivalentes (ou considerados [*as such*] como tais), às desigualdades de que surgiu este intercâmbio e nas quais desemboca. Enquanto lei da apropriação nesta esfera, a apropriação pelo trabalho aparece como uma troca de equivalentes, quando na realidade a troca não faz mais que reproduzir o mesmo valor sob a forma de outra materialidade. Em uma palavra: tudo isto está muito bem, porém logo terminará muito próximo em terror e tudo como consequência da lei de equivalência. Agora estamos chegando, pois, ao

3. *Capital.*

Este constitui, propriamente falando, a parte importante deste fascículo e sobre este ponto é que eu mais necessito da tua opinião. Porém, hoje, não posso continuar escrevendo; esta maldita bile me torna doloroso o uso da pena e a cabeça me dá voltas de tanto tê-la inclinada sobre o papel. Portanto, até a próxima vez [*for next time*].

K. M.

35. ENGELS A MARX

(em Londres)

Manchester, 9 de abril de 1858

Querido Mouro:

O estudo do teu resumo [*abstract*] da primeira metade do fascículo me tomou muito tempo; é, na verdade, um resumo muito abstrato [*it is very abstract indeed*], coisa que não se pode evitar numa exposição tão breve; e várias vezes custou-me muito trabalho para apreender as transições dialéticas, porque me desabituei a todo raciocínio abstrato [*all abstract reasoning*]. Esta disposição do conjunto em seis livros não poderia ser melhor e me agrada extraordinariamente, mesmo que eu não vislumbre claramente a passagem dialética da propriedade fundiária ao salário. O desenvolvimento da história do dinheiro é igualmente muito sutil; tampouco aqui vejo claramente todos os detalhes, já que muitas vezes tenho que voltar ao começo para encontrar a fundamentação histórica. Porém, creio que quando tiver em mãos o final do capítulo em geral,[136] verei melhor o encadeamento [*drift*] das ideias e te escreverei detalhadamente o que penso. O tom abstrato e dialético deste epítome sumário evidentemente desaparecerá na redação. [...]

36. MARX A ENGELS

(em Manchester)

Londres, 31 de maio de 1858

[...] Durante minha ausência,[137] apareceu em Londres um livro de MacLaren sobre o conjunto do tema da *Currency* [*circulação monetária*];[138] a julgar pelos extratos saídos no *Economist*, é de primeira ordem [*first*

---

[136] Cf. "o capital em geral" – item da carta anterior.

[137] Semanas antes, Marx estivera descansando uns dias em Manchester, na casa de Engels.

[138] Marx refere-se ao livro do escocês James MacLaren (1818-1892) *A Sketch of the History of the Currency. Comprising a brief review of the opinions of the most eminent writers on the subject* [*Resumo da história dos meios de circulação. Contém um breve juízo das opiniões dos autores mais importantes sobre o tema*] (Londres, 1858).

rate]. Este livro não está, ainda, na biblioteca [do Museu Britânico]; em geral, os livros não chegam a ela senão alguns meses depois de sua publicação. Naturalmente, tenho que lê-lo antes de escrever a minha exposição. Pedi, pois, à minha mulher que fosse à *City*,[139] à loja do editor [*publisher*]. Porém, para nosso grande espanto, o livro custava 9 xelins e 6 *pences* – preço bem superior ao montante de todo o nosso tesouro de guerra. Eu me sentiria muito afortunado se pudesses enviar-me essa quantia por uma ordem postal [*post office order*]. É possível que o livro não contenha nada de novo para mim; contudo, a julgar pela atenção que lhe presta o *Economist*, e os extratos que eu mesmo li dele, minha consciência teórica não me permite continuar sem conhecê-lo.[140]
[...]

37. MARX A FERDINAND LASSALLE

(em Berlim)

Londres, 12 de novembro de 1858

[...] Em relação ao atraso em te enviar o manuscrito, explica-o primeiramente a doença que me acometeu; depois, foi necessário recuperar o tempo investindo em trabalhos para sobreviver. Porém, a verdadeira razão é a seguinte: a matéria, tinha-a diante de mim – a questão se reduzia a dar-lhe forma. Mas, em tudo o que escrevia, eu verificava que o meu estilo refletia a minha doença do fígado. E tenho duas razões para não tolerar que motivos de saúde venham a tisnar esta obra:[141]

1. ela é o resultado de 15 anos de trabalho e, portanto, o fruto do melhor período da minha vida;

2. ela apresenta pela primeira vez, *cientificamente*, um ponto de vista importante sobre as relações sociais. Devo, pois, ao nosso partido, não

---

[139] Centro histórico e financeiro de Londres.

[140] Marx pôde examinar o livro a que se refere na *Contribuição à crítica da Economia Política* (cf., na ed. bras. cit., a nota à p. 102) e na 2ª edição do livro I d'*O capital* (cf., na ed. bras. cit., a nota à p. 172).

[141] Refere-se à tantas vezes aludida *Crítica da Economia Política*.

comprometer a causa escrevendo mal, num estilo baço e tosco que é a marca de um fígado enfermo.

Não aspiro à elegância da exposição, mas apenas a redigir, com meu estilo habitual, o que me tem sido impossível durante os meses de sofrimento, ao menos sobre este objeto – ainda quando, mesmo durante este período, tive que escrever, e escrevi, no mínimo, dois volumes de textos em inglês sobre toda a classe de assuntos e algo mais [*omnibus rebus et quibusdam aliis*].[142] [...]

38. MARX A ENGELS

(em Manchester)

Londres, 29 de novembro de 1858

[...] Minha mulher está copiando de novo o manuscrito, que não poderá sair antes do final do mês. As razões deste atraso são: grandes períodos de indisposição física, situação que terminou agora com o inverno; demasiados problemas domésticos e econômicos. Finalmente: a primeira parte ficou mais importante devido a que, dos dois primeiros capítulos, o primeiro (*A mercadoria*) não estava previsto no projeto inicial e o segundo (*O dinheiro ou a circulação simples*) não estava redigido mais que em esquemas muito breves que, depois, foram tratados mais detalhadamente do que eu pensava no princípio.[143]

K. M.

---

[142] Alusão aos materiais escritos especialmente para o *New York Daily Tribune*.

[143] Cf., *supra*, a carta de número 34.

39. MARX A ENGELS

(em Manchester)

Londres, [provavelmente] 13 de janeiro de 1859

[...] O manuscrito terá cerca [*about*] de 12 *placards* na impressão (três fascículos) e – não caias para trás –, apesar de seu título, "O capital em geral", ainda não contém *nada* sobre o capital, mas somente os dois primeiros capítulos: 1. *A mercadoria* e 2. *O dinheiro ou a circulação simples*. Como vês, a parte elaborada em detalhes[144] (em maio, quando estive contigo) não aparece ainda. Isto está adequado a partir de um duplo ponto de vista; se a coisa for bem, poderá seguir rapidamente o terceiro capítulo sobre o capital.[145] Em segundo lugar: como na parte publicada, conforme a natureza mesma das coisas, os cães não poderão reduzir a sua crítica a simples insultos contra nossa tendência e, como o conjunto possui um tom extremamente [*exceedingly*] sério e científico, obrigo essa canalha [*canaille*] a levar ulteriormente mais a sério [*rather seriosly*] meus conceitos sobre o capital. Independentemente de todos estes objetivos práticos, penso que o capítulo sobre o dinheiro será interessante para os especialistas. [...]

---

[144] Cf., *supra*, a carta de número 34.

[145] De fato, tais concepções marxianas sobre o capital só vieram à luz oito anos depois, quando se publicou (1867) o livro I d'*O capital*.

40. MARX A J. A. WEYDEMEYER

(em Milwaukee)

Londres, 1º de fevereiro de 1859

[...] Minha *Crítica da Economia Política* aparecerá em fascículos (os primeiros dentro de oito a dez dias a partir de hoje) editados por Franz Duncker, de Berlim (*Bessersche Verlagsbuchhandlung* [*Casa editorial Besser*]).[146] Somente graças a seu zelo extraordinário e a seu talento persuasivo, Lassalle conseguiu estimular Duncker a dar este passo. Porém, o editor reservou-se uma porta de emergência: *o contrato definitivo depende da venda dos primeiros fascículos.*

Distribuo toda a *Economia Política* em 6 livros: Capital; Propriedade fundiária; Trabalho assalariado; Estado; Comércio exterior; Mercado mundial.[147]

O livro I, sobre o capital, divide-se em quatro partes:

Primeira parte: O capital em geral, subdividida em três capítulos: 1. *A mercadoria*; 2. *O dinheiro ou a circulação simples*; 3. *O capital*. Os capítulos um e dois – aproximadamente [*about*] dez *placards* de impressão – constituem a matéria dos primeiros cadernos próximos a aparecer. Tu compreenderás as razões *políticas* que me levam a segurar o capítulo 3 sobre o "capital" até que novamente eu tenha um ponto de apoio na Alemanha.

A matéria dos fascículos a aparecer proximamente é a seguinte:

1. *Primeiro capítulo. A mercadoria.*

> A) *Dados históricos sobre a análise da mercadoria.* (William Petty, inglês da época de Carlos II; Boisguillebert (Luís XIV); B) Franklin (primeiro escrito de juventude, em 1729); os fisiocratas, *Sir* James Steuart; Adam Smith; Ricardo e Sismondi).[148]

---

[146] Franz Gustav Duncker (1822-1888), democrata que, nos anos 1860, junto de Max Hirsch (1832-1905), fundou uma série de sindicatos reformistas (os conhecidos "sindicatos Hirsch-Duncker"). Duncker adquirira, em 1850, a editora berlinense que fora de Karl H. Wilhelm Besser (1808-1848).

[147] Cf., *supra*, as cartas de números 29 e 34.

[148] Cf., *supra*, as notas 26 (sobre Smith), 28 (sobre Ricardo), 32 (sobre Petty), 80 (sobre Sismondi) e 134 (sobre Steuart).
Pierre Le Pesant de Boisguillebert (1646-1714), economista francês precursor dos fisiocratas, foi estudado por Marx desde os anos 1840 e frequentemente citado por ele (*Manuscritos econômico-filosóficos de 1844, Miséria da filosofia, Contribuição à crítica da Economia Política, O capital*).

2. Segundo capítulo. O dinheiro ou a circulação simples.

1. *Medida dos valores*

B) *Teorias sobre a unidade de medida do dinheiro.* (Finais do século XVII, Locke e Lowndes; o bispo Berkeley (1750); *Sir* James Steuart; *Lord* Castlereagh; Thomas Attwood; John Gray; os proudhonianos).[149]

O pensador e político norte-americano Benjamin Franklin (1706-1790), um dos "pais da nação", também foi várias vezes referido por Marx – aqui, a remissão é ao seu ensaio de juventude (*A Modest Enquiry into the Nature and Necessity of a Paper Currency* [*Modesta investigação sobre a natureza e a necessidade de uma moeda de papel*]). Marx apreciava nas ideias de Franklin tanto a sua compreensão do trabalho como medida dos valores (cf. K. Marx, *Contribuição à crítica da Economia Política*, ed. bras. cit., p.84-85) quanto a importância que ele atribuía aos *instrumentos* na caracterização do trabalho humano (cf. K. Marx, *O capital*, ed. bras. cit., I, p. 257).

Carlos II (1600-1649) reinou na Inglaterra de 1625 a 1649 – foi executado ao fim da guerra civil (1641-1649). Luís XIV (1638-1715), o "rei Sol", chegou efetivamente ao trono francês em 1651, nele permanecendo até a morte.

[149] Cf., *supra*, as notas 134 (sobre Steuart e Attwood) e 135 (sobre Gray).

John Locke (1632-1704), grande filósofo inglês, pensador do liberalismo clássico, partícipe da "revolução gloriosa" (1688). Marx, desde que conheceu as ideias econômicas de Locke, a que se referiu reiteradamente, reconheceu a sua relevância – já em 1845-1846, considerou-o "um dos decanos da moderna Economia Política" (cf. K. Marx e F. Engels, *A ideologia alemã*. ed. bras. cit., p. 502 e, numa avaliação global do seu pensamento, escreveu mais tarde que "a concepção de Locke é da maior importância porque é a expressão clássica das ideias jurídicas da sociedade burguesa em oposição à feudal e, além disso, sua filosofia serviu de base a todas as ideias desenvolvidas por toda a economia inglesa posterior" (K. Marx, *Teorias da mais-valia. História crítica do pensamento econômico*, ed. bras. cit., 1980, I, p. 357). Várias obras de Locke estão disponíveis em português – p. ex., *Dois tratados sobre o governo* (São Paulo: Martins Fontes, 1998), *Cartas sobre a tolerância* (São Paulo: Ícone, 2017), além dos escritos coligidos no volume *Locke* da coleção "Os pensadores" (São Paulo: Nova Cultural, 1999) e dos seus *Ensaios políticos* (São Paulo: Martins Fontes, 2007).

William Lowndes (1652-1724) foi político e secretário do Tesouro inglês. Tornou-se conhecido pela publicação (1695) do *Report Containing an Essay for the Amendment of the Silver Coins* [*Relatório contendo um ensaio acerca da emenda sobre as moedas de prata*] – Marx alude à polêmica entre Lowndes e Locke (cf. K. Marx, *Grundrisse*, ed. bras. cit., p. 676-677).

O filósofo e clérigo irlandês George Berkeley (1685-1753) foi figura importante na constituição do moderno idealismo subjetivo e, no domínio econômico, um crítico das ideias mercantilistas e representante da teoria nominalista do dinheiro. Dele estão traduzidas as *Obras filosóficas* (São Paulo: Unesp, 2010) e *Três diálogos entre Hylas e Philonous* (São Paulo: Ícone, 2017).

Lord Castlereagh (Robert Steward, 1769-1822), conservador inglês, membro do *Bullion Committee* (cf. a próxima nota). No plano político, foi um dos responsáveis pela repressão do levante nacionalista irlandês (1798).

2. *Meio de circulação*

    a) *A metamorfose das mercadorias*

    b) *A circulação do dinheiro*

    c) *Numerário. Signo de valor*

3. *Dinheiro*

    a) *Entesouramento*

    b) *Meio de pagamento*

    c) *Moeda universal* [*Money of the world*]

4. *Os metais preciosos*

C) *Teorias sobre os meios de circulação e o dinheiro.* (Sistema monetário; *Spectator*, Montesquieu, David Hume; *Sir* James Steuart; A. Smith; J. B. Say, *Bullion Committee*; Ricardo; James Mill; *Lord* Overstone e sua escola; Thomas Tooke, James Wilson, John Fullarton).[150]

---

[150] *The Spectator* [*O espectador*] foi um influente diário londrino, fundado em 1711 por John Addison (1672-1719) e Richard Steele (1672-1719) – a ele, Marx se refere na *Contribuição à crítica da Economia Política* (cf. ed. bras. cit., p. 201).

O *Buillon Committee* [*Comissão da moeda*] foi uma comissão de notáveis ingleses que, no início do século XIX, influiu decisivamente na política monetária do governo e sobre o Banco da Inglaterra; o seu relatório de 1810 – que Marx menciona na *Contribuição à crítica da Economia Política* (ed. bras. cit., p. 213) – abriu o caminho para a restauração do padrão-ouro (1821).

Montesquieu (Charles-Louis de Secondat, 1689-1755), aristocrata francês, iluminista que, no domínio econômico, foi um dos pais da teoria quantitativa da moeda, deixou pelo menos duas obras relevantes: as *Lettres Persanes* (1721; ed. bras.: *Cartas persas*. São Paulo: Martins Fontes, 2009) e o célebre e influente *L'esprit des lois* (1748; ed. bras.: *O espírito das leis*. São Paulo: Martins Fontes, 2005). Marx estudou-o no início da década de 1840, mas as referências expressas a ele são incidentais nos textos marxianos.

David Hume (1711-1776), importante filósofo escocês, tem várias obras vertidas ao português, dentre as quais *Investigação sobre o entendimento humano* (São Paulo: Unesp, 2004) e *Tratado da natureza humana* (São Paulo: Unesp, 2009). A primeira referência significativa a Hume, na obra marx-engelsiana, surge ainda n'*A ideologia alemã* (cf. ed. bras. cit., p. 398): ali Hume é visto, assim como Hobbes (cf., *infra*, a nota 179) e Locke (cf., *supra*, a nota 149) como um homem de "formação universal"; se, no livro I d'*O capital*, o escocês é mencionado em alguns passos, e pouco mencionado no livro III, é fato que Marx atém-se à sua teoria da circulação monetária na *Contribuição à crítica da Economia Política* (cf., na ed. bras. cit., as p. 201-207).

Nestes dois capítulos, também destruo, ao mesmo tempo, o socialismo proudhoniano, que é agora na França o socialismo da moda [*fashionable*], que quer deixar subsistindo a produção privada, mas pretende *organizar* o intercâmbio dos produtos privados – quer *mercadoria*, mas não quer *dinheiro*. O comunismo deve, antes de tudo, desembaraçar-se deste "falso irmão". Fazendo abstração de toda finalidade polêmica, tu sabes que a análise das formas simples do dinheiro é a parte mais difícil, porque é a mais abstrata, da Economia Política.

Espero alcançar, para o nosso partido, uma vitória no terreno científico. É necessário agora que ele demonstre ser bastante numeroso para comprar suficientes exemplares a fim de tranquilizar os "escrúpulos de consciência" do editor. Da venda dos primeiros fascículos depende a continuação do empreendimento. Uma vez que eu tenha o contrato definitivo, então tudo estará em ordem [*all right*].

K. M.

41. MARX A ENGELS

(em Manchester)

Londres, 25 de fevereiro de 1859

[...] Estou moralmente seguro de que Duncker, *depois da minha carta a Lassalle*, levará adiante a minha brochura.[151] É verdade que o pequeno judeu Braun[152] não me escreveu depois de haver recebido meu manuscrito, e já faz

---

Lord Overstone (Samuel Jones-Loyd, 1796-1883), político e banqueiro inglês; contra suas ideias, posicionou-se o economista John Fullarton (1780-1849).

James Wilson (1805-1860), economista inglês, mercantilista.

[151] É como brochura [*Brochure*] que Marx se refere então à *Contribuição à crítica da Economia Política* (cf. *MEW*, 1963, 29, p. 402).

[152] É fato que Marx ficou grato a Lassalle por suas gestões junto a Duncker para a publicação da *Contribuição à crítica da Economia Política*. Neste passo da sua correspondência com Engels (e não só nele, como se verá adiante), porém, surge uma alusão pejorativa ao mesmo Lassalle – *pequeno*

mais de quatro semanas. Por uma parte, estava ocupado em editar sua própria obra, obra imortal e que "eletriza" o leitor – e, entretanto [*still*], o pequeno judeu e inclusive o seu "Herakleitos",[153] ainda que horrivelmente mal escrito, são melhores que qualquer outra coisa de que possam se orgulhar os democratas [*better than anything the democrates could boast of*]; ademais, em seguida, provavelmente terá que ocupar-se da última correção das provas do meu livro. Em segundo lugar, deve ter recebido, indiretamente, por meio da minha análise do dinheiro, um rude golpe na cabeça, que talvez o tenha deixado um pouco aturdido. Com efeito, ele fizera a seguinte observação a propósito de Heráclito (copio-a para ti, palavra por palavra, apesar da sua infinita extensão – mas é preciso que tu a leias, tu também):

---

judeu Braun; noutras missivas, Lassalle é referido também como *Itzig* (em alemão, diminutivo – igualmente pejorativo – de Isaac). Há duas observações a fazer quanto a isto.

A primeira diz respeito às relações Marx-Lassalle, cuja complexidade já se sinalizou (cf., *supra*, a nota 112). Até 1859, tais relações foram sobretudo de amizade; mas a confiança entre ambos foi quebrada pela forma como Lassalle divergiu de Marx (e Engels) em face da guerra da França e do Piemonte contra a Áustria (abril-julho de 1859): conhecendo o pensamento de ambos expresso publicamente, Lassalle, *sem prévio diálogo, comunicação ou troca de ideias com os dois amigos*, defendeu, também publicamente, posições completamente diversas às daqueles – e isto quando, tanto em público quanto privadamente, afirmava estar afinado politicamente com ambos. E na entrada dos anos 1860, as divergências de Marx-Engels com Lassalle se acentuaram, posto que este sustentava uma concepção de "socialismo de Estado" essencialmente estranha a Marx-Engels – com a desconfiança de ambos crescendo com a suspeita de que Lassalle estaria disposto a uma aliança secreta com Bismarck, *suspeita que foi indiscutivelmente comprovada nos anos imediatamente seguintes*. Entretanto, com Lassalle vivo, Marx e Engels não publicitaram a sua ruptura com ele, considerando o papel organizador que ele desenvolvia junto aos trabalhadores alemães.

A segunda observação refere-se ao pretenso "antissemitismo" de Marx, de que as alusões mencionadas seriam indicativas. Não é este o espaço para discutir mais esta inepta "acusação" que muitos autores fazem a Marx; basta aqui assinalar que ela é de todo impertinente e remeter o leitor interessado ao prólogo a K. Marx (*Para a questão judaica*. São Paulo: Expressão Popular, 2009, esp. p. 27-30) e ao excelente posfácio de Daniel Bensaïd a K. Marx, *Sobre a questão judaica* (São Paulo: Boitempo, 2010, p. 75-119).

[153] Referência à obra que Lassalle acabara de publicar – *Die Philosophie Herakleitos des Dunklen von Ephesos* [*A Filosofia de Heráclito de Éfeso, o obscuro*]. Berlin: Duncker, 1858, sobre a qual a impressão pessoal de Marx foi muito negativa. Pouco depois da publicação deste livro, estabeleceu-se em 1859 entre Marx, Engels e Lassalle um relevante debate epistolar sobre uma peça teatral deste último (*Franz von Sickingen*, redigida em 1857-1858 e publicada em 1859) – debate que foi objeto de brilhante análise por parte de Lukács (cf. G. Lukács, *Marx e Engels como historiadores da literatura*. São Paulo: Boitempo, 2016, p. 17-61; em apêndice, p. 203-250, reproduz-se a correspondência pertinente).

Quando mais acima dizíamos que Heráclito, neste fragmento, assinalou a verdadeira natureza e a função do dinheiro no plano da Economia Política (Heráclito disse, com efeito: 'porém, o todo vem do fogo e o fogo vem do todo, tanto como o ouro vem dos bens materiais e que do ouro vêm os bens materiais'),[154] é supérfluo advertir que com isto não queríamos fazer dele um teórico da Economia Política e que, por conseguinte, estávamos muito longe de querer afirmar que concebera algumas das demais consequências que resultaram neste fragmento. Contudo, ainda quando esta ciência não existia nem poderia existir naquela época e que, por conseguinte, não poderia ser objeto das reflexões de Heráclito, é verdade que Heráclito – precisamente porque não persegue nunca o estudo das determinações reflexivas, mas somente conceitos especulativos – neste fragmento reconheceu a natureza do dinheiro em sua profundidade real e de uma forma mais exata que muitos de nossos teóricos modernos da economia; e quiçá não careça inteiramente de interesse – e não tão distante de nosso tema, como pode parecer à primeira vista – verificar como *as descobertas modernas neste domínio resultam logicamente*[155] desta ideia e são uma simples consequência dela. (*Nota bene*. L[assalle] não tem a menor ideia dessas descobertas).

Quando Heráclito fazia do dinheiro um meio de troca por *oposição* a todos os produtos reais que intervêm na troca e o dotava de uma *existência real* (faço destaques onde L[assalle] os fez) unicamente no contato com esses produtos, o dinheiro como tal não é então, por si mesmo, um produto dotado de um valor autônomo, material, não é uma *mercadoria* ao lado de outras mercadorias, interpretação da moeda metálica à qual a escola de Say (bela ilusão [*desilusion*] continental, a de crer que existe uma escola de Say) segue apegada até hoje obstinadamente; ele não é senão *representante* ideal dos produtos reais em circulação, seu *signo de valor*, que não *significa mais que estes produtos*. Por uma parte, este raciocínio é uma dedução feita partindo deste fragmento e, por outra parte, não é mais que uma ideia contida neste fragmento, segundo o próprio Heráclito.

Porém, se *todo* dinheiro não é mais que a unidade ideal ou a expressão de valor de todos os produtos reais em circulação e *se não adquire existência real mais que nesses produtos* que constituem ao mesmo tempo seu contrário, então de tudo isto se segue por pura consequência dessa ideia (belo estilo! – se segue por 'pura consequência') que a soma dos valores ou a riqueza de um país só pode crescer pelo aumento dos produtos reais e nunca pelo aumento da quantidade de dinheiro, já que o dinheiro, longe de constituir sequer um elemento qualquer da riqueza e do valor (agora, temos riqueza e valor; antes, apenas soma dos

---

[154] No original, a frase vem em grego.

[155] Estes itálicos são de Marx.

valores ou riqueza), não expressa mais que o valor residente nos produtos (eis aí uma charmosa residência) e não tem valor real *mais que neles*, enquanto unidade abstrata. Daí provém o erro do sistema da balança comercial[156] (eis aí algo digno de Ruge).[157] Ademais, daí se segue que *todo* dinheiro é, quanto seu valor, sempre igual aos produtos em circulação, posto que se limite a abarcar estes produtos na unidade ideal de valor e que, por conseguinte, não expressa mais que o *seu* valor; daí se segue, em consequência, que o valor desta massa total de dinheiro não será nunca modificada por um aumento ou uma diminuição da soma de dinheiro existente, e que será sempre igual aos produtos em circulação; que, no sentido estrito, não poderia falar-se em absoluto de um *valor* do dinheiro comparado ao *valor* de todos os produtos em circulação, porque numa comparação deste tipo se põe o valor dos produtos e o valor do dinheiro como *dois* valores autônomos, quando na realidade não existe mais que *um só* valor, que é realizado concretamente nos produtos palpáveis e se expressa no dinheiro em forma de uma medida de valor abstrata, ou melhor, quando na realidade o *valor* mesmo não é nada mais que a medida que se abstrai das coisas reais, nas quais não está presente como tal, medida a que se dá uma expressão particular no dinheiro; daí não se segue, pois, que o valor de todo o dinheiro seja simplesmente igual ao valor de todos os produtos, senão, em termos mais exatos, que todo o dinheiro não *É* mais que o valor de todos os produtos em circulação. (Esta dupla maneira de destaque na palavra é do autor). Daí se segue, por consequência, que, em caso de aumento do número de peças de moedas, já que o valor da soma segue sendo idêntico, só diminuirá o valor de cada peça tomada isoladamente, e que, em caso de diminuição deste número, o valor de cada uma aumentará necessariamente de novo. Outra consequência: como o dinheiro não representa mais que abstração irreal do valor e *o contrário* das matérias e *produtos reais*, o dinheiro como tal não necessita ter uma *realidade própria*, quer dizer: não necessita estar feito de uma matéria que tenha realmente valor, mas que pode ser perfeitamente papel-moeda, e é então que precisamente corresponderá melhor à sua essência. Todos estes resultados, e outros muitos, a que se chegou só a partir das investigações de *Ricardo* e por um caminho totalmente distinto – e que estão longe de haver sido aceitos universalmente – se deduzem simplesmente deste conceito especulativo que Heráclito já havia compreendido.

---

[156] Referência a concepções dos mercantilistas.

[157] Arnold Ruge (1802-1880), publicista liberal vinculado à esquerda hegeliana, que na primeira metade dos anos 1840 esteve muito ligado a Marx, com quem editou em Paris, em fevereiro de 1844, os *Deutsch-Französischen Jahrbürchen* [*Anais Franco-Alemães*]. No único número publicado deste periódico saíram os textos marxianos "Para a questão judaica" e "Contribuição à crítica da filosofia do direito de Hegel. Introdução" e o ensaio "Esboço de uma crítica da Economia Política", de Engels.

Naturalmente que não dei a menor atenção a essa sabedoria talmúdica: critiquei duramente Ricardo em razão de sua teoria do dinheiro, que – entre parênteses – não é sua, mas de Hume e Montesquieu. Daí que poderia muito bem ser que Lassalle se sinta pessoalmente afetado. Em si não haveria nada de mal nisso, já que eu mesmo adotei a teoria de Ricardo na obra contra Proudhon.[158] Porém, nosso pequeno judeu Braun me escreveu uma carta muito ridícula, na qual me dizia "que estava interessado pela próxima publicação de minha obra, *embora* tivesse em mente uma grande obra sobre a Economia Política" e que "se dava ainda dois anos para escrevê-la". Dizia também que, se eu avançasse em "demasiadas ideias novas, renunciaria talvez completamente a este projeto". Muito bem! [*Well!*] Respondi-lhe que não tinha que temer nenhuma rivalidade, posto que nesta "nova" ciência haveria lugar para ele, para mim e para mais uma dezena de pesquisadores. De minha exposição sobre o dinheiro, terá que concluir agora que eu não entendo nada desta questão, ou que nesta hipótese está o pecado de todas as teorias sobre o dinheiro iguais à minha e ainda que ele é um medíocre que, com algumas frases abstratas, como "unidade abstrata" e outras fórmulas desse teor, tem a pretensão de emitir juízos sobre coisas empíricas que terá que estudar, e durante muito tempo, sobre o mercado [*into the bargain*] para poder falar disto. [...]

42. MARX A FERDINAND LASSALLE

(em Berlim)

Londres, 28 de março de 1859

[...] Tu te darás conta de que a primeira seção não compreende ainda o capítulo principal, isto é, o terceiro, no qual se trata do *capital*. Considerei que era melhor assim, por razões *políticas*, porque a batalha propriamente dita começa com este capítulo três[159] e me pareceu prudente não amedrontar já de entrada [*de prime abord*]. [...]

---

[158] Marx refere-se aqui à *Miséria da filosofia* – cf. esp., na ed. bras. cit., o §3 do cap. 1.

[159] Numa carta a Engels, de 7 de novembro de 1859, Marx diz a propósito desse capítulo 3: "Ele constitui, de fato, o próprio coração de toda essa porcaria burguesa" (cf. *MEW*, 1963, 29, p. 505).

43. MARX A ENGELS

(em Manchester)

Londres, 22 de julho de 1859

[...] Tu te esqueceste de dizer-me se queres escrever uma nota sobre a minha obra. Grande expectativa favorável entre os companheiros daqui.[160] Eles imaginam que a coisa parou *porque* não sabem que Duncker nem sequer a anunciou ainda.[161] Se vais escrever algo, não deves esquecer: 1) que o proudhonismo é aniquilado em sua raiz; 2) que o caráter *especificamente* social, de modo algum *absoluto*, da produção burguesa é analisado aqui a partir de sua forma mais simples: a da *mercadoria*. Liebknecht[162] declarou a Biskamp[163] que "nunca um livro o havia *decepcionado* tanto até agora" e Biskamp mesmo me disse que não via a sua utilidade [*à quoi bon*]. [...]

44. MARX A FERDINAND LASSALLE

(em Berlim)

Londres, 6 de novembro de 1859

[...] Agradeço-te por tuas gestões junto a Duncker. Mas tu te enganas se acreditas que eu esperava elogios por parte da imprensa alemã e que ela pudes-

---

[160] Marx escreve *daqui* (Londres) porque acabara de voltar de uma visita ao amigo em Manchester.

[161] A *Contribuição à crítica Economia Política* foi publicada em junho de 1859.

[162] Wilhelm Liebknecht (1826-1900), partícipe da revolução alemã de 1848-1849, exilou-se em Londres, onde estabeleceu duradoura relação com Marx e Engels. Retornando à Alemanha em 1862, interveio ativamente na organização do movimento operário (cf., *infra*, a nota 164), inclusive na criação do Partido Social-Democrata (1875) – pelo qual elegeu-se seguidamente ao parlamento; também foi membro da *Associação Internacional dos Trabalhadores* (1864-1872). Seu filho Karl Liebknecht (1871-1919), ao lado de Rosa Luxemburgo (1871-1919), foi um dos líderes da revolução alemã de 1918; após o assassinato de Karl, seu irmão Theodor Liebknecht (1870-1933) tornou-se um ativista do movimento socialista.

[163] C. Elard Biskamp (falecido em Londres, em 1882), democrata alemão, participou dos eventos revolucionários de 1848-1849 e em seguida exilou-se na Inglaterra. Editou em Londres o periódico *Das Volks* [*O povo*], que teve efêmera existência em 1859 e com o qual Marx colaborou.

se reconhecer o interesse da obra – não darei nem um centavo para que o faça. Esperava ataques ou críticas, esperava tão somente que não se fizesse um silêncio total, o que, ademais, deve causar um grande prejuízo à divulgação. Não obstante, tantos haviam vilipendiado, em tantas ocasiões, tão vigorosamente o meu comunismo que caberia esperar que mobilizassem a contribuição da sua ciência contra o seu fundamento teórico. E, no entanto, na Alemanha existem também jornais especializados em economia.

Na América, o primeiro fascículo foi comentado detalhadamente por toda a imprensa de língua alemã, de Nova York à Nova Orleans. Só temo uma coisa: seu caráter demasiado teórico para o público proletário daquelas latitudes. [...]

1860

45. ENGELS A MARX

(em Londres)

Manchester, 31 de janeiro de 1860

[...] No plano político, ou no da polêmica, é absolutamente impossível, na Alemanha, manifestar-se diretamente em favor do nosso partido.[164] Então, o que fazer? Fechar a boca ou fazer esforços [*efforts*] que não serão conhecidos

---

[164] A derrota do movimento revolucionário de 1848-1849 marcou, em todos os Estados alemães, a emergência de anos de reação política. Na Prússia, o efetivo centro de poder, um tal estado de coisas só começa a mudar no fim da década de 1850, com a demência de Frederico Guilherme IV (1795-1861), que se declara em 1858; neste ano, seu irmão, Guilherme (1797-1888) assume a regência e, com a morte daquele, em 1861 torna-se imperador (Guilherme I) – então abre-se um período de limitada distensão política, marcado pela concessão de uma anistia ainda de caráter seletivo. É nesta década que o movimento democrático (sobretudo com a participação de novos contingentes operários) se reanima e surgem os dois primeiros partidos alemães de corte socialista: em 1863, a *Associação Geral dos Trabalhadores Alemães*, fundada por Lassalle e, em 1869, o *Partido Operário Social-Democrata*, fundado em Eisenach por August Bebel (1840-1913) e Wilhelm Liebknecht. Em 1875, estas duas organizações se fusionam, constituindo o logo influente *Partido Social-Democrata Alemão*.
O clima político próprio à abertura dos anos 1860 propicia a Marx a possibilidade de regressar pela primeira vez do exílio londrino (março-abril de 1861).
Observe-se que, desde a dissolução da *Liga dos Comunistas* (1852), Marx e Engels, ao utilizar a palavra *partido*, *não* estão se referindo a nenhuma organização política específica – tal como o farão a partir do surgimento dos partidos operários nacionais, de que o Partido Social-Democrata Alemão, aludido linhas acima, foi o primeiro exemplar. Até então, referiam-se a partido (para usar da expressão do próprio Marx) no *sentido histórico* de força política constituída pelo proletariado como *classe*.

mais que pelos imigrantes e os alemães na América do Norte, porém não na Alemanha, ou, ainda, continuar fazendo o que tu fizeste em teu primeiro fascículo e eu em *O pó e o Reno*.[165] Creio que isto é o essencial para começar; e, se o fizermos, Vogt vociferará em vão e nós teremos de novo, muito rapidamente, base suficiente [*footing*] para fazer com que apareçam aqui ou ali na imprensa alemã as declarações pessoais necessárias sempre que seja preciso [*whenever required*]. Neste sentido, a publicação próxima do teu segundo fascículo é naturalmente a coisa mais importante e espero que tu não te deixes perturbar, na continuidade do teu trabalho, pelo assunto de Vogt.[166] Sê, ao menos por uma vez, menos exigente no que se refere aos teus próprios trabalhos; sempre serão excelentes para este público miserável. O essencial é que o livro seja escrito e apareça; os medíocres decerto nunca encontrarão as debilidades que a ti te saltam à vista; e se se aproxima um período agitado, de que te servirá que todo o trabalho se veja interrompido antes que tenhas concluído *o capital em geral*? Conheço muito bem todos os outros inconvenientes que se interpõem no teu caminho; mas também sei que a principal causa do atraso provém sempre dos teus próprios escrúpulos. No final das contas, é melhor que a obra apareça apressadamente do que não apareça nunca por causa de vacilações desse tipo. [...]

---

[165] Às vésperas da guerra entre França/Piemonte e Áustria, Engels elaborou o ensaio *O Pó e o Reno* [*Po und Rhein* – cf. *MEW*, 1961, 13, p. 225-268], no qual denunciava o bonapartismo e defendia a via democrático-revolucionária para a unificação tanto da Alemanha quanto da Itália. O texto foi publicado, anonimamente, em Berlim, em abril de 1859, pelo editor Duncker; um mês depois, ainda anonimamente, saiu no londrino *Das Volks* (cf., *supra*, a nota 163); só em junho a autoria foi revelada.

[166] Foi vã a esperança de Engels: de fevereiro a novembro de 1860, Marx praticamente interrompeu os seus trabalhos científicos para preparar, o mais documentadamente possível, a sua réplica às calúnias que, em especial desde dezembro de 1859, Karl Vogt (1817-1895), exilado alemão vivendo na Suíça, assacava contra ele. As vilanias de Vogt atingiam a honra revolucionária de Marx, que Vogt acusava de ser ligado à polícia prussiana. Por quase um ano, Marx empenhou-se em reunir amplos materiais probatórios do caráter mentiroso das afirmações de Vogt – e, em dezembro de 1860, publicou o livro *Herr Vogt* (cf. *MEW*, 1961, 14, p. 381-686; ed. port.: *Senhor Vogt*. Lisboa: Iniciativas Editoriais, I-II, 1976), em que refutava minuciosa e exaustivamente as infâmias do seu acusador. Uma década depois, a abertura de documentos sigilosos do governo bonapartista revelou que Karl Vogt era um estipendiário de Napoleão III.

46. MARX A FERDINAND LASSALLE

(em Aachen)

Londres, 15 de setembro de 1860

[...] Teu elogio ao meu livro me deixou envaidecido, porque é o juízo de um avaliador competente.[167] Espero que a segunda parte[168] possa ser publicada de agora até a Páscoa. A forma será um tanto diferente, até certo ponto [*jusqu'à un certain point*], mais popular. Não é em razão de uma necessidade qualquer de minha parte – mas porque, de um lado, esta segunda parte tem um objetivo diretamente revolucionário e, de outro, os fatos que exponho são mais concretos.

Na Rússia, meu livro produziu uma grande impressão e um professor de Moscou deu um curso sobre ele.[169] A propósito do livro, recebi, por parte dos russos, muitas manifestações amistosas. Igualmente de franceses que leem alemão. [...]

---

[167] Na edição destas *Cartas sobre "O capital"*, que apresentou e anotou o competente (e irônico) G. Badia, há uma observação em relação a esta frase: "Não se tome a frase ao pé da letra, a se dar crédito à opinião expressa na carta [de número] 41".

[168] Trata-se originalmente do "segundo caderno" – cf., *supra*, a nota 129.

[169] Marx tomou conhecimento do fato através do jornalista russo Nicolai I. Sasonow (1815-1862); supõe-se que "o professor de Moscou" tenha sido Ivan K. Babst (1824-1881), economista que, em janeiro de 1860, ministrou um curso na Academia Prática de Ciências Comerciais de Moscou – então, ele teria discutido as teses mais importantes contidas no prefácio da *Contribuição à crítica da Economia Política*.

1862

47. MARX A ENGELS

(em Manchester)

Londres, 6 de março de 1862

[...] Tu podes enviar-me por escrito, relativamente à tua fábrica, por exemplo, um informe de todas as categorias de trabalhadores (sem exceções, exceto do armazém [*except the warehouse*]) empregados nela e qual a proporção destas categorias umas em relação às outras? De fato, preciso de um exemplo para meu livro, a fim de demonstrar que, nas oficinas mecanizadas, *a divisão do trabalho*, que constitui a base de uma manufatura, não existe tal como a descreve A. Smith. O próprio princípio já foi explicado por Ure.[170] Trata-se de um exemplo qualquer. [...]

---

[170] Trata-se do escocês Andrew Ure (1778-1857), médico e químico. Transferindo-se para Londres em 1830, Ure dedicou-se ao estudo das indústrias de tecelagens e, em 1835, publicou uma de suas obras mais famosas, *The philosophy of manufacturers or An exposition of the scientific, moral and commercial economy of the factory system of Great Britain* [*A filosofia dos fabricantes ou uma exposição da economia científica, moral e comercial do sistema fabril da Grã-Bretanha*], a que Marx recorre – sempre criticamente – especial e reiteradamente no livro I d'*O capital*, em que Ure é referido como "o Píndaro da fábrica automática" (cf. *O capital*, ed. bras. cit., I: 491; pouco adiante – p. 509-510 –, Marx traça um sintético perfil de Ure). A menção ao poeta grego Píndaro (520? a. C.- 440? a. C.) é obviamente irônica.

48. MARX A FERDINAND LASSALLE

(em Berlim)

Londres, 16 de junho de 1862

[...] Tua advertência relativa a Rodbertus e a Roscher[171] me recordou que eu ainda tinha algumas notas a tomar sobre suas obras e redigir algumas observações a este propósito. No que se refere a Rodbertus, não fiz suficiente justiça a ele na primeira carta que te escrevi. Realmente, há muitas coisas boas em sua obra.[172] Mas a sua tentativa de formular uma nova teoria da renda é quase pueril, cômica. Com efeito, segundo ele, não há nenhuma matéria-prima a ser considerada nos balanços na agricultura, já que o camponês alemão – Rodbertus o assegura – não inclui entre os gastos, em seus balanços, as sementes, as forragens etc., que ele não contabiliza estes custos de produção, e, por conseguinte, faz um *cálculo falso*. Então, segundo este raciocínio, na Inglaterra, onde o fazendeiro faz cálculos com exatidão já há mais de 150 anos, não deveria existir absolutamente renda fundiária. Assim, não se pode concluir, como o faz Rodbertus, que o locatário pague uma renda porque sua taxa de lucro é mais elevada que na indústria – mas porque, em consequência

---

[171] Johann K. Rodbertus (também conhecido como Rodbertus-Jagetzow, 1805-1875), economista alemão, teórico e defensor de um "socialismo de Estado"; Marx ocupou-se de suas ideias econômicas nas *Teorias da mais-valia* (cf., na ed. bras. cit., II, os capítulos VIII e IX). Rodbertus notabilizou-se pelas seguidas acusações de plágio que fez a Marx, cuja cabal impertinência foi demonstrada por Engels no seu prefácio (1884) à 1ª. ed. alemã da *Miséria da filosofia* (cf., na ed. bras. cit. desta obra marxiana, o primeiro anexo) e, ainda, no seu prefácio (1885) ao livro II d'*O capital* (cf., na ed. bras. cit., p. 84-100).
Wilhelm Roscher (1817-1894), economista e professor universitário alemão, apontado como um dos fundadores da "escola histórica da Economia Política". Por suas deformações da história das teorias da renda fundiária, bem como pela sua pretensão de ser o "Tucídides da Economia Política", Marx, zombeteiramente, chamava-o "Wilhelm *Tucídides* Roscher" – Marx era leitor do verdadeiro Tucídides (460? a. C. – 400? a. C.), como confessa em carta a Lassalle, de 29 de maio de 1861 (cf. *MEW*, 1964, 30, p. 606). Roscher formou-se na universidade de Gotinga e ali iniciou (1844) a sua carreira docente – adiante, nesta carta, Marx aludirá a esta circunstância. Nas *Teorias da mais-valia* (ed. bras. cit., II, c. IX, item 3), Marx criticará duramente a Roscher.

[172] O juízo de Marx sobre Rodbertus nunca foi unilateral; as críticas que fez a ele não deixaram de assinalar a importância de seu trabalho – cf., p. ex., a significativa nota do livro III d'*O capital*, quando Marx trata da renda da terra (cf., na ed. bras. cit., a p. 838).

de um cálculo falso, se contenta com uma taxa de lucro menor. Ademais, este exemplo basta para mostrar como o caráter relativamente pouco avançado do desenvolvimento das relações econômicas na Alemanha semeia necessariamente a confusão nos espíritos. A teoria de Ricardo sobre a renda fundiária, em sua formulação atual, é absolutamente falsa; porém, tudo o que se disse contra ela é um mal-entendido ou indica, no máximo, que certos fenômenos, à primeira vista [*prima facie*], não a corroboram. As teorias positivas opostas à de Ricardo são, ao contrário, mil vezes mais falsas. Por pueril que seja a solução positiva do Sr. Rodbertus, há nela, entretanto, uma tendência correta, mas sua caracterização nos levaria aqui demasiado longe.

Quanto a Roscher, não poderei ter o seu livro na minha mesa,[173] para fazer dele algumas glosas marginais, senão daqui a várias semanas. Reservo este tipo de obra para uma *nota* – para tais bons alunos não há lugar no texto. Roscher possui sem dúvida conhecimentos amplos e frequentemente muito úteis sobre o tema, embora eu entreveja, em sua prosa, o aluno [*alumnus*] de Gotinga, que remexe sem qualquer liberdade nos tesouros da literatura e não conhece, por assim dizer, mais que a "literatura oficial", respeitável [*respectable*]. Mas deixemos isto de lado. De que utilidade me seria um tipo que conhece tudo o que está publicado sobre as matemáticas – sem, contudo, nada compreender delas? É um canalha eclético, satisfeito de si mesmo, que se julga importante e medianamente perspicaz! Se um bom aluno assim, que, por sua própria natureza, não poderá jamais fazer outra coisa que aprender e ensinar o que aprendeu, que não chegará nunca a corrigir-se a si mesmo, se um Wagner[174] deste tipo fosse no mínimo honrado, exigente, poderia ser útil a seus alunos. Se ao menos não buscasse falsas saídas e dissesse francamente: "Aqui há uma contradição. Uns dizem isto, outros dizem aquilo. Quanto a mim, estando as coisas como estão, não formulo juízo algum. Tratem vocês

---

173 O livro aqui referido de Roscher era *Die Grundlagen der Nationalökonomie* [*Fundamentos da Economia Política*], em sua 3ª. ed., de 1858, ampliada e melhorada.

174 Alusão a um personagem da obra máxima de Goethe (1749-1832), *Fausto*: Wagner é um fâmulo de Fausto, seu discípulo afetuoso, mas despido de talento. Deste grande clássico alemão, entre outros títulos, pode-se ler em português: *Os sofrimentos do jovem Werther* (São Paulo: Estação Liberdade, 1999); *Os anos de aprendizagem de Wilhelm Meister* (São Paulo: Ed. 34, 2009); *As afinidades eletivas* (São Paulo: Penguin/Companhia, 2014); *Fausto: uma tragédia* (São Paulo: Ed. 34, I-II, 2015-2016); *Da minha vida. Poesia e verdade* (São Paulo: Ed. Unesp, 2017).

mesmos de avaliar!" – se assim fosse, os alunos teriam, por uma parte, algum conhecimento do objeto e, por outra, estariam preparados para trabalhar eles próprios. Porém, é certo que eu peço aqui algo que contraria a natureza mesma do "bom aluno"; sua característica é essencialmente [*essentiellement*] não compreender as *questões* em si mesmas; seu ecletismo não pode fazer outra coisa senão farejar nas *respostas* já dadas para encontrar seu alimento. Contudo, nem sequer o faz honestamente – fá-lo desviando sempre o olhar para os preconceitos e os interesses de quem o paga [*always with an eye to the prejudices and the interest of his paymasters*]. Comparado a semelhante canalha, um peão andarilho é respeitável [*respectable*]. [...]

49. MARX A ENGELS

(em Manchester)

Londres, 18 de junho de 1862

[...] Ademais, estou fazendo agora um grande esforço,[175] e é paradoxal, apesar de toda a miséria [*la misère*] que reina ao meu redor,[176] meu cérebro funciona melhor que em todos os anos anteriores. Amplio um pouco mais este tomo – sabendo que esses cães alemães não estimam o valor dos livros senão pelo seu volume cúbico. Entre parênteses: enfim, tenho clareza sobre a nojenta questão da renda fundiária (mas *nem sequer faço alusão a ela* nesta parte da minha obra).[177] Faz tempo que experimentava uns maus pressentimentos [*misgivings*] sobre a perfeita exatidão da teoria de R[icardo] e, afinal, descobri o embuste. Em outras questões que formam parte deste tomo, fiz igualmente, depois do nosso último encontro, algumas descobertas interessantes e surpreendentes.

---

[175] Pouco menos de um mês depois (carta a Engels, de 11 de julho), Marx repetia: "[...] Estou trabalhando como um cavalo no meu livro" (*MEW*, 1964, 30, p. 252).

[176] Com efeito, na entrada da década de 1860, a situação financeira de Marx beirava o desespero – também em função da crise econômica que eclodira em 1857. A penúria da família chegou a tal ponto que Marx viu-se obrigado, no segundo semestre de 1862, a procurar, sem sucesso, um emprego burocrático numa ferrovia.

[177] Lembre-se que as ideias de Marx sobre a questão da renda fundiária serão explicitadas no livro III d'*O capital*.

Quanto a Darwin, que examinei novamente,[178] divirto-me quando pretende aplicar *igualmente* à flora e à fauna a teoria "de Malthus", como se, em Malthus, a astúcia não residisse justamente no fato de que ela *não é* aplicada às plantas e aos animais, mas só aos homens – com a progressão geométrica – em oposição ao que sucede com as plantas e aos animais. É curioso ver como Darwin descobre nas bestas e nos vegetais a sua sociedade inglesa, com a divisão do trabalho, a concorrência, a abertura de novos mercados, as "invenções" e a "luta pela vida" de Malthus. É a guerra de todos contra todos [*bellum omnium contra omnes*] de Hobbes,[179] e isto faz pensar na *Fenomenologia* de Hegel, na qual a sociedade burguesa figura sob o nome de "reino animal intelectual",[180] sendo que em Darwin é o reino animal o que representa a sociedade burguesa [...].

A propósito [*A propos*]: se for possível num prazo bem curto, sem que te exija muito trabalho, gostaria de ter um exemplo da contabilidade italiana, com a explicação anexa. Ser-me-ia muito útil para esclarecer o *Quadro econômico* [*Tableau économique*] do doutor Quesnay.[181] [...]

---

[178] A obra de Charles Darwin (1809-1882) aqui referida – *The origin of the species by means of natural selection or The preservation of favoured races in the struggle for life* [*A origem das espécies através da seleção natural ou A preservação das raças favorecidas na luta pela vida*], conhecida geralmente apenas como *A origem das espécies* e publicada no mesmo ano em que veio à luz a *Contribuição à crítica da Economia Política* (1859) – foi lida por Marx em 1860, como ele noticia a Engels em carta de 19/12/1860 (*MEW*, 1964, 30, p. 131). O livro de Darwin tem edição brasileira: *A origem das espécies*. São Paulo: Edipro, 2018.

[179] Thomas Hobbes (1588-1679), filósofo materialista inglês, pensador cuja concepção teórico-política de base contratualista e jusnaturalista constituiu uma sustentação da defesa da monarquia absoluta. A mais conhecida das suas obras, *Leviatã* (1651), está traduzida no Brasil (São Paulo: Nova Cultural, 1997).

[180] Na ed. bras. cit. da grande obra de Hegel, a *Fenomenologia do Espírito* (1807), a expressão comparece à p. 277.

[181] François Quesnay (1694-1774), médico e economista francês, tornou-se célebre pelo seu *Tableau économique* (1758) – há excelente versão em português: *Quadro econômico*. Lisboa: Fund. Calouste Gulbenkian, 1966. Marx ocupou-se de suas ideias, fundantes do pensamento fisiocrata, no v. I das *Teorias da mais-valia* (na ed. bras. cit., cf. esp. p. 299-328), sem prejuízo de várias referências a ele n'*O capital*; vale também a recorrência ao cap. X da seção II ("Economia política") da obra *Anti-Dühring. A revolução da ciência segundo o senhor Eugen Dühring* (São Paulo: Boitempo, 2015), de Engels – capítulo que recolhe contribuições marxianas. Cf. também, *infra*, a carta de número 59.

50. MARX A ENGELS

(em Manchester)

Londres, 2 de agosto de 1862

[...] É realmente um milagre que, da forma como vão as coisas,[182] eu possa levar adiante meus trabalhos teóricos. De qualquer maneira, agora tenho a intenção de logo introduzir neste tomo – e em forma de capítulo anexo, vale dizer [*id est*] a título de "ilustração" – um problema anteriormente anunciado, a teoria da renda.[183] Quero expor em poucas palavras esta *questão complicada e muito ampla* para que *me comuniques a tua opinião*.[184]

Como já sabes, distingo duas partes no capital: o capital constante (matérias-primas, materiais instrumentais [*matières instrumentales*],[185] maquinaria etc.), cujo valor se *limita a reaparecer* no valor do produto e, em segundo lugar, o *capital variável*, isto é, o capital desembolsado em salário, que contém menos trabalho materializado do que o operário oferece em contrapartida. Por exemplo, se o salário diário = dez horas e se o operário trabalha 12 horas, repõe o capital variável + ⅕ desse último (duas horas). A este excedente chamo de mais-valia (*surplus value*).[186]

Suponhas que a *taxa de mais-valia* (por conseguinte, a duração da jornada de trabalho e o excedente do sobretrabalho com relação ao trabalho necessário ao operário para reproduzir o seu salário) seja, por exemplo, de 50%. Neste caso, para uma jornada de trabalho de 12 horas, o operário trabalharia, por exemplo, oito horas para ele e quatro (⁸⁄₂) para o empresário [*employer*]. E suponhas isto em todos os ramos da indústria [*trade*], de sorte que as even-

---

[182] Cf. *supra*, a nota 176.

[183] Cf., *supra*, a nota 177.

[184] No texto original, Marx sublinha duplamente este *me comuniques a tua opinião*.

[185] Segundo Badia, provavelmente se trata de matérias auxiliares, que não fazem parte diretamente do produto, porém permitem sua fabricação.

[186] No original alemão: Diesen letztern Überschß nenne ich *Mehrwert* (surplus value) – cf. *MEW*, 1964, 30, p. 263. No Brasil, e em Portugal também, verteu-se tradicionalmente *Mehrwert* por *mais-valia*, como se faz ao longo deste volume. Mas é de observar que, em traduções de textos marxianos, vem se utilizando, nos últimos anos, a solução *mais-valor*.

tuais diferenças na duração média do trabalho [*average working time*] não sejam mais que uma simples compensação pela maior ou menor dificuldade do trabalho etc.

Nestas condições, para uma exploração uniforme do operário, nos *diversos* ramos da indústria [*trades*], capitais diferentes, empregados em distintas esferas de produção, proporcionarão, para uma *mesma quantidade* de capital, quantidades de mais-valia [*amounts of surplus value*] muito *diferentes* e, consequentemente, *taxas de lucro muito diferentes*, dado que o lucro não é outra coisa que a relação da mais-valia com o capital total desembolsado [*since profit is nothing but the proportion of the surplus value to the total capital advanced*]. Isto dependerá da *composição orgânica* do capital, isto é, da forma como este se divide em capital constante e capital variável.

Suponhas, como acima, que o sobretrabalho = 50%. Se, por exemplo, 1£ = 1 jornada de trabalho (pouco importa que te representes com este termo uma jornada que dure uma semana etc.), a jornada = 12 horas, o trabalho necessário (que reproduz o salário) = 8 horas, o salário de 30 operários (ou de 30 jornadas de trabalho) = então a 20£ e o valor de seu trabalho = 30£, o capital variável para um operário (quer se trate de um dia ou uma semana) = ⅔£ e o valor que criou = 1£. O montante [*amount*] de mais-valia [*surplus value*] que um capital de 100£ produz em diferentes ramos da indústria [*trades*] será muito distinto segundo a proporção em que este capital de 100 se distribui em capital constante e capital variável. Designa por C o capital constante [*constant capital*] e por V o capital variável. Se, por exemplo, na indústria algodoeira [*cotton industry*] a composição é de C 80, V 20, o valor do lucro = 110 (para uma mais-valia ou um sobretrabalho [*surplus labour*] de 50%). A massa de mais-valia = 10 e a taxa de lucro = 10%, já que o lucro é igual à relação de 10 (de mais-valia [*surplus value*]) a 100 (valor total do capital desembolsado [*of the capital expended*]). Suponhamos que na indústria do vestuário a composição do capital seja a seguinte: C 50, V 50, de tal sorte que o produto = 125, a mais-valia (para uma taxa de 50%, como antes) = 25, e a taxa de lucro = 25%. Toma outra indústria em que a relação seja C 70, V 30, de sorte que o produto = 115, a taxa de lucro = 15%. Finalmente, uma indústria em que a composição = C 90, V 10, de sorte que o produto = 105 e a taxa de lucro = 5%.

Temos aqui, para uma *exploração* do trabalho *idêntica*, no caso de capitais da mesma magnitude investidos em diferentes ramos da indústria [*trades*], quantidades de mais-valia muito diferentes e, por consequência, taxas de lucro muito diferentes [*amount of surplus value, and hence very different rates of profit*].

Porém, juntemos os 4 capitais a que se fez referência e teremos:

		Valor do produto		
1. C 80	V 20	110	Taxa lucro = 10%	
2. C 50	V 50	125	Taxa lucro = 25%	Taxa de mais-valia em todos os casos = 50%
3. C 70	V 30	115	Taxa lucro = 15%	
4. C 90	V 10	105	Taxa lucro = 5%	
	Capital	400	Lucro = 55%	

O que, por cem, dá uma taxa de lucro de 13 ¾%. Se se considera o *capital total* (400) da *classe*, a taxa de lucro = 13 ¾%. E os capitalistas são irmãos. A concorrência (transferência de capital ou retirada de capital de um ramo para outro [*transfer of capital or withdrawal of capital from one trade to the other*]) é a que realiza isto: capitais de *mesma magnitude* em diferentes ramos da indústria obtêm a *mesma taxa média de lucro*, apesar de sua composição orgânica diferente [*trades, despite their different organic compositions, yield the same average rate of profit*]. Em outros termos, o lucro *médio* [*avarage profit*] que um capital de 100£ produz, por exemplo, em um determinado ramo [*for instance in a certain trade*], não o produz a título de capital particular que é, nem tampouco em proporção à mais-valia [*surplus value*] que ele mesmo produz, mas como *parte alíquota* do conjunto de capital da classe capitalista. É uma cota [*share*] cujo dividendo, proporcional à sua magnitude, é deduzido da soma total do conjunto do capital variável (investido em salários) da classe.

Para que, no exemplo acima, 1, 2, 3 e 4 obtenham o mesmo *lucro médio* [*average profit*], é necessário que cada categoria venda suas mercadorias a 113 ⅓£. 1 e 4 as vendem *acima* de seu valor, 2 e 3 *abaixo* dele.

O preço, fixado desta forma = os desembolsos do capital + o lucro médio, por exemplo de 10% [*the expenses of capital + the average profit, for instance*

10%], é o que Smith chama *natural price, cost price* etc. etc.[187] Este é o *preço médio* [*average price*] a que a concorrência entre os diferentes ramos [*trades*] da indústria reduz neles os seus preços (por transferência de capital ou retirada de capital [*transfer of capital or withdrawal of capital*]). A concorrência não reduz, pois, as mercadorias a seu *valor*, mas a *preços de custo* que são superiores, inferiores ou = a seus valores, segundo a composição orgânica dos capitais.

Ricardo confunde *valores* e *preços de custo*. Crê, pois, que se existisse uma renda absoluta (quer dizer, uma renda *independente* da diferente fertilidade das categorias de solos), os produtos agrícolas [*agricultural produce*] etc. seriam constantemente vendidos acima de seu *valor*, porque vendidos *acima* de seu preço de custo (capital desembolsado + lucro médio [*the advanced capital + the average profit*]). O que subverteria a lei fundamental. Ele nega, pois, a existência da renda absoluta e não aceita mais que a renda diferencial.

Mas a sua assimilação do valor das mercadorias [*values of commodities*] ao seu preço de custo [*cost price of commodities*] é inteiramente falsa e retomada da tradição de A. Smith.

Eis o fato: supõe que a *composição média* [*average composition*] de todo o capital *não* agrícola [*not agricultural capital*] seja C 80, V 20, o que dá um produto (para uma taxa de mais valia de 50%) = 110 e uma taxa de lucro = 10%. Supõe, ademais, que a composição média do capital agrícola [*average composition of agricultural capital*] seja C 60, V 40 (estatisticamente, estas cifras são bastante exatas para a Inglaterra); a renda proporcionada pela criação de gado etc. importa pouco nesta questão, porque não está determinada por si mesma, mas pela renda do trigo [*corn rent*]. Neste caso, para a mesma exploração do trabalho acima, o produto = 120 e a taxa de lucro = 20%. Se o produtor rural [*farmer*] vende o produto agrícola [*agricultural produce*] nestas condições por seu *valor*, vende a 120 e não a *110*, seu *preço de custo*. Porém, a *propriedade fundiária* impede que o fazendeiro (= a seus irmãos capitalis-

---

[187] Nesta passagem, Badia anota literalmente: "Em Smith, e em seguida em Ricardo, o lucro médio está incluído no preço de custo. Nesta carta, Marx emprega a sua terminologia. Depois, ele elaborará o termo preço de produção e o distinguirá nitidamente do preço de custo (*Kostpreis*). Por preço de custo, ele compreende unicamente o que o capitalista desembolsa para a produção das mercadorias". Para uma aproximação ao essencial da rica categorização marxiana do *preço* (de custo, de produção, de mercado, de monopólio), veja-se a seção II do livro III d'*O capital* (cf., na ed. bras. cit., as p. 177-246); no tocante à relação salarial especificamente na agricultura, há notações importantes no mesmo livro III, seção VI.

tas [*brothers capitalists*]) adeque o *valor* de seu produto ao preço de custo. A concorrência entre capitais não pode levar a este resultado. O proprietário fundiário intervém e extrai *a diferença entre valor e preço de custo*. Uma relação pouco elevada do capital constante com o variável expressa, de modo geral, um débil (ou relativamente débil) desenvolvimento da produtividade do trabalho numa esfera de produção particular. Assim, pois, se a composição média do capital agrícola [*average composition of agricultural capital*] é, por exemplo, C 60, V 40, enquanto que a do capital não agrícola [*not agricultural capital*] é de C 80, V 20, isto prova que a agricultura não alcançou ainda o mesmo nível de desenvolvimento que a indústria. (O que é facilmente explicável, já que, deixando de lado todas as demais razões, a condição prévia da indústria é uma ciência relativamente antiga, a mecânica, enquanto que a agricultura supõe estas ciências absolutamente novas que são a química, a geologia e a fisiologia.) Se (na hipótese anterior) a relação se estabelece, na agricultura, com C=80 e V=20, a *renda absoluta* desaparece. Subsiste apenas a *renda diferencial* – porém, eu a desenvolvo de tal forma que a hipótese de R[icardo] de uma constante deterioração da agricultura [*deterioration of agriculture*] resulta muito mais ridícula e arbitrária [*most ridiculous and arbitrary*].

Na determinação acima do *preço de custo* [*cost price*] como distinto do valor [*value*], há que acrescentar também que à diferença entre capital constante e capital variável, que resulta do *processo de produção imediato* do capital, vem a se somar à diferença entre capital fixo e capital circulante, que deriva do *processo de circulação* do capital. Entretanto, se eu quisesse introduzir isto mais acima, a fórmula seria demasiado complicada.

Aí tens, em linhas gerais [*roughly*] – já que a questão é bastante complexa –, a crítica da teoria de R[icardo]. Reconhecerás ao menos que o fato de ter em conta a *composição orgânica do capital* [*organic composition of capital*] elimina uma grande quantidade de aparentes contradições e de problemas que se apresentavam até agora. [...]

Verás que, em minha concepção da "renda absoluta", a *propriedade fundiária* de fato [*indeed*] (em determinadas circunstâncias históricas [*under certain historial circumstances*]) encarece [*increases*] o preço de produtos básicos. Algo muito utilizável do ponto de vista comunista.

Supondo-se que este ponto de vista é exato, *não é absolutamente necessário* que uma *renda absoluta* seja paga em todas as circunstâncias, ou por toda *categoria de terra* (nem sequer partindo da composição do capital agrícola [*agricultural capital*] que supusemos). Não é paga onde a *propriedade fundiária* – de fato ou legalmente – *não* existe. Neste caso, a agricultura não oferece nenhuma particular resistência ao emprego do capital [*no peculiar resistence to the application of capital*]. Então, neste elemento, o capital se move com a mesma liberdade que em qualquer outro; aí, o produto agrícola é vendido, como sempre acontece com uma série de produtos industriais, ao *preço de custo, abaixo* do seu valor. De fato, a *propriedade fundiária* pode desaparecer, inclusive ali onde o capitalista e o proprietário fundiário constituem uma só e mesma pessoa etc.

Mas é supérfluo entrar nestes detalhes aqui.

A *simples renda diferencial* – que não resulta do fato de que o capital se empregue no campo em lugar de sê-lo em qualquer outro setor [*capital on land instead of any other field of employment*] – não representa nenhuma dificuldade teórica. Ela não é mais que um lucro extra [*surplus profit*], que existe também em cada uma das esferas da produção industrial para todo capital que opera em condições melhores que as condições médias [*average conditions*]. Simplesmente se fixa na agricultura, posto que se apoia numa base tão sólida e (relativamente) tão firme como os diferentes graus de fertilidade natural [*different degrees of natural fertility*] das diversas espécies de solos.

K. M.

51. MARX A ENGELS

(em Manchester)

Londres, 9 de agosto de 1862

[...] Quanto à *teoria da renda*, devo naturalmente esperar a tua carta. Porém, para simplificar os "debates", como diria Heinrich Bürgers,[188] algumas observações:

---

[188] Heinrich Bürgers (1820-1878), jornalista alemão, um dos redatores da *Nova Gazeta Renana*. Membro da *Liga dos Comunistas*, foi preso e condenado no processo dos comunistas de Colônia (outubro-novembro de 1852).

I. A única coisa que tenho que demonstrar *teoricamente* é a *possibilidade* da renda absoluta, sem que seja violada a lei do valor. Este é o ponto central em torno do qual se trava a batalha teórica desde os fisiocratas. Ric[ardo] nega esta possibilidade; eu a afirmo. Afirmo, ao mesmo tempo, que a sua negação se apoia sobre um dogma teoricamente falso, extraído de A. Smith – trata-se da suposta identidade entre os preços de custo [*cost prices*] e os valores das mercadorias [*value of commodities*]. Além disso, nos *exemplos* escolhidos por Ric[ardo] para ilustrar a sua tese, ele pressupõe sempre condições em que *não existem* nem a produção capitalista nem (de fato ou legalmente) a *propriedade fundiária*. Ora, trata-se precisamente de examinar esta lei nos casos em que existem estes fatos.

II. Quanto à *existência* da renda fundiária absoluta, esta seria uma questão a ser resolvida por meio de estatísticas e em cada país. Porém, a importância da solução puramente teórica, no terreno exclusivo da teoria, aparece quando vemos os estatísticos e práticos em geral afirmarem, há 35 anos, a existência da renda fundiária absoluta, mesmo que os teóricos (influenciados por Ricardo) tratem de demonstrar sua impossibilidade mediante abstrações muito forçadas e teoricamente débeis. Até agora, verifiquei que, em tais querelas [*quarrels*], sempre os teóricos são os equivocados.

III. Eu provo que, ainda que se admita a existência da renda fundiária absoluta, não se segue daí simplesmente que, em todas as circunstâncias [*under all circumstances*], a terra pior cultivada ou a mina mais pobre devam produzir uma renda, mas que é muito possível que se vejam obrigadas a vender seus produtos ao valor de mercado, porém *abaixo* do seu valor *individual*. Ric[ardo] supõe sempre, para provar o contrário – o que teoricamente é falso – que, sob todas as condições de mercado [*under all conditions of the market*], é a mercadoria produzida nas condições *menos favoráveis* a que determina o valor de mercado. Nos *Anais franco-alemães*, tu já tinhas feito as objeções pertinentes a esta tese.[189]

Tudo isto como complementos a propósito da renda.

---

[189] Marx alude aqui ao texto de Engels "Esboço de uma crítica da Economia Política" – cf., *supra*, a nota 36.

Lassalle promete fazer, junto a Brockhaus,[190] todo o possível e creio que o fará, já que declarou solenemente que não quer publicar ou preparar – na realidade, estas duas palavras são idênticas para ele – sua grande obra [*magnum opus*] sobre Economia Política até que tenha aparecido o meu trabalho. [...]

52. MARX A ENGELS

(em Manchester)

Londres, 20 de agosto de 1862

[...] Não podes vir aqui por alguns dias? Reformulei por completo tantas coisas velhas em minha crítica que antes queria discutir contigo alguns pontos. Escrever sobre todas estas coisas te aborrece e aborrece também a mim.

Porém, há um ponto sobre o qual tu deves, pela prática, estar necessariamente informado. Suponhamos que o conjunto das máquinas com que se inicia um negócio valha £12 mil. Suponhamos que se usem pelo tempo médio [*on average*] de 12 anos. Se aos produtos fabricados se acresce um aumento de valor de 1.000£ ao ano, as máquinas se amortizam em 12 anos. A. Smith e seus sucessores chegaram a esta conclusão. Contudo, de fato [*in fact*], isto não é mais que um cálculo sobre a média [*average calculation*]. A situação é a mesma tanto para as máquinas que têm 12 anos de vida quanto para um cavalo que tivesse dez anos de vida ou que fosse capaz de trabalhar durante este tempo. Ainda que, ao cabo de dez anos, o cavalo tenha que ser substituído por outro, seria realmente falso dizer que cada ano morre $\frac{1}{10}$ de cavalo. O senhor Nasmyth observa, ao contrário, em uma carta aos inspetores de fábrica [*factory inspectors*],[191] que as máquinas – ao menos certos tipos de máquinas –, no segundo ano, funcionam melhor que no primeiro [*fetter run than in the first*]. Em todo caso [*at all events*], durante esses 12 anos é necessário substituir a cada ano *in natura* $\frac{1}{12}$ das máquinas? O que se faz, então, com este fundo que anualmente substitui $\frac{1}{12}$ do equipamento? Não é de fato um fundo de

---

[190] Heinrich Brockhaus (1804-1874) herdara de seu pai uma editora estabelecida em Leipzig – sob sua direção, a empresa cresceu e criou filiais em Viena e Paris. Lassalle encarregara-se de sondar Brockhaus acerca da publicação da obra de Marx – cf., *infra*, a carta de número 54.

[191] Trata-se de James Nasmyth (1808-1890), escocês que, estabelecendo-se na Inglaterra, afirmou-se como engenheiro mecânico e empresário. A carta referida por Marx foi por ele transcrita, no essencial, no livro III d'*O capital* (cf., na ed. bras. cit., p. 125-128).

acumulação destinado a ampliar a produção, abstração feita de toda conversão de renda em capital [*of revenue into capital*]? A existência deste fundo não explica, *em parte*, a taxa *muito diferente* da acumulação de capital nas nações onde a produção capitalista está desenvolvida e onde, por consequência, existe muito capital fixo [*capital fixe*] em comparação com as nações em que este não é o caso? [...]

53. ENGELS A MARX
(em Londres)

Manchester, 9 de setembro de 1862

[...] A teoria sobre a renda era realmente demasiado abstrata para mim, mergulhado nesta caça ao algodão [*Baumwollhatz*];[192] tenho que refletir sobre a questão quando dispuser de mais calma. O mesmo vale para a tua história do tempo de utilização das máquinas; a este propósito, porém, creio firmemente que tu te lançaste por uma pista falsa. É que o tempo de utilização das máquinas não é o mesmo para todas. Não obstante, te direi mais coisas sobre isto quando voltar. [...]

54. MARX A LUDWIG KUGELMANN[193]
(em Hannover)

Londres, 28 de dezembro de 1862

[...] Fiquei muito feliz comprovando, ao ler a sua carta, que tanto você como seus amigos têm um caloroso interesse pela minha *Crítica da Economia*

---

[192] A crise econômica que eclodiu em 1857 atingiu fortemente a empresa têxtil em que Engels trabalhava, em Manchester; e, com a guerra civil norte-americana (1861-1865), o fornecimento do algodão do sul dos Estados Unidos viu-se visceralmente afetado – daí a referência à "caça do algodão".

[193] Com o médico Ludwig Kugelmann (1830-1902), radicado em Hannover, Marx iniciou, em 1862, uma correspondência e uma amizade que só se interromperam em 1874. Kugelmann, membro da *Associação Internacional dos Trabalhadores*, foi delegado aos seus congressos de Lausanne (1867) e de Haia (1872). Vertidas ao português, as cartas de Marx a Kugelmann estão coligidas no volume *O 18 brumário e Cartas a Kugelmann*. Rio de Janeiro: Paz e Terra, 1969.

Política. A segunda parte está finalmente terminada; falta apenas passá-la a limpo e dar os últimos toques com vistas à impressão. Ficará mais ou menos com 30 *placards*.[194] É a continuação do primeiro fascículo, porém aparecerá em separado com o título *O capital* – e "Contribuição à crítica da Economia Política" será apenas o subtítulo. De fato, a obra não compreende mais do que o que deveria constituir o terceiro capítulo da primeira parte: "O capital em geral". Não inclui, pois, nem a concorrência dos capitais nem o crédito. Este volume abrange o que os ingleses chamam *Princípios de Economia Política* [*The principles of political economy*]. Contém (junto à primeira parte) a quintessência e o desenvolvimento do que deve seguir na continuação, que outros podem facilmente realizar com base no que já escrevi (exceto talvez a relação entre as diversas formas de Estado e as diferentes estruturas econômicas).

[...] No que se refere à casa editorial, não entregarei, sob nenhuma condição, este tomo II[195] ao senhor Duncker. Ele recebeu o manuscrito do fascículo I em dezembro de 1858 e não o publicou até julho ou agosto de 1859. Há a possibilidade, ainda incerta, de que Brockhaus o imprima.

A conspiração do silêncio [*la conspiration du silence*] com que me honra a chusma literária alemã, assim que percebeu que os insultos não resolvem a questão, me é desfavorável no plano editorial, mesmo deixando de lado a tendência política dos meus trabalhos. Quando o manuscrito estiver pronto (começarei a passá-lo a limpo em janeiro de 1863), levá-lo-ei eu mesmo à Alemanha, já que é mais fácil chegar a um acordo com os editores por meio de contatos pessoais.

Há *muita probabilidade* de que, uma vez publicada em alemão, da obra se faça em Paris uma tradução.[196] A mim me falta absolutamente tempo para vertê-la ao francês, tanto mais que quero escrever a continuação em alemão

---

[194] Cf. novamente a nota 19, *supra*.

[195] Vê-se que Marx considera então o livro I d'*O capital* como o II volume (ou tomo) de sua *Contribuição à crítica da Economia Política*. Cf., *supra*, a carta de número 33.

[196] A mulher de Marx, Jenny Marx (1814-1881), viajou a Paris em dezembro de 1862. Ali, entrevistou-se com Élie Reclus, que se dispôs a traduzir a obra – mas este plano se frustrará e a tradução francesa do livro I d'*O capital*, editada por Maurice La Châtre (1814-1900) em fascículos (1872-1875), coube a Joseph Roy (1830-1916).
O anarquista Élie Reclus (1827-1904) foi um importante etnógrafo que, durante a Comuna de Paris (1871), dirigiu a Biblioteca Nacional francesa. Era irmão do geógrafo, também conhecido anarquista, Elisée Reclus (1830-1905).

(isto é, o final da exposição d'*O capital*: a concorrência e o crédito) ou bem reunir os dois primeiros trabalhos[197] em um só volume para o público *inglês*. Não creio que deva esperar alguma repercussão na Alemanha enquanto não tiver recebido uma validação no estrangeiro. No primeiro fascículo, a forma de expressão era certamente pouco popular. Isto se devia em parte à natureza abstrata do tema, ao pouco espaço que se me concedia e à finalidade do trabalho. Já esta parte é mais facilmente inteligível, posto que trate de coisas mais concretas. Ensaios *científicos* escritos visando a revolucionar uma ciência não podem ser nunca realmente populares; porém, uma vez assentada a base científica, é fácil torná-los acessíveis a um público popular. Se os tempos se tornarem mais tempestuosos, será possível selecionar novamente as cores e tintas que uma apresentação popular *desses* objetos exigiria. No entanto, nunca esperei que os especialistas acadêmicos alemães ignorassem meu trabalho tão completamente, ainda que não fosse mais que por decência. Em contrapartida, tive a experiência, decerto nada reconfortante, de que amigos, pessoas do nosso partido, que durante muito tempo ocuparam-se desta ciência e que, em privado, me haviam escrito desmanchando-se em exagerados elogios a propósito de meu primeiro fascículo, não tenham se movido minimamente para publicar uma resenha ou, simplesmente, para pelo menos anunciar o conteúdo da obra em periódicos a que tinham acesso. Se isto é uma tática política, confesso que não chego a compreender seu mistério. [...]

---

[197] Isto é, a *Contribuição à crítica da Economia Política* e *O capital*.

1863

55. MARX A ENGELS

(em Manchester)

Londres, 24 de janeiro de 1863

[...] Em relação à seção do meu livro sobre os equipamentos de uma empresa, estou experimentando um grande escrúpulo. Nunca compreendi claramente como as máquinas automáticas de fiar [*self actors*][198] modificaram a indústria da fiação, ou melhor, posto que já antes se utilizava o vapor, como, apesar do seu emprego, o operário da fiação deveria intervir com a sua própria força motriz?

Agradeceria que tu me ilustrasses a respeito. [...]

56. MARX A ENGELS

(em Manchester)

Londres, 28 de janeiro de 1863

[...] Em minha última carta, te fiz algumas perguntas sobre as máquinas automáticas de fiar [*self actors*]. Na verdade, a questão é a seguinte: de que maneira intervinha *antes* deste invento o operário a quem chamamos fiandeiro [*spinner*]? Compreendo o que é o *self actor*, mas não a situação que o precedeu.

---

[198] Cf., *infra*, a nota 233.

Introduzo algumas coisas na seção sobre o maquinismo. Existem certas questões curiosas que eu ignorava quando fiz a primeira elaboração. Para ver claramente esse ponto, reli inteiramente meus cadernos (de extratos) sobre a tecnologia; sigo também (somente trabalhos práticos e experimentos) um curso que o professor Willis está ministrando para operários (no Instituto de Geologia [*Institute for Geology*], na Rua Jermyn, onde Huxley também deu suas conferências).[199] Lido com a mecânica assim como com idiomas e compreendo as leis matemáticas – porém, a mais simples realidade técnica, que demanda uma visão concreta, me oferece mais dificuldades que desatar os maiores nós.

Tu sabes – ou talvez não saibas, até porque a coisa não tem lá muita importância – que existe uma grande discussão para saber o que distingue a *máquina* da *ferramenta*. Os especialistas ingleses em mecânica (matemáticos), com a forma simplista que os caracteriza, chamam ferramenta a uma máquina simples [*tool a simple machine*] e máquina a uma ferramenta complexa [*machine a complicated tool*]. Entretanto, os tecnólogos ingleses que levam um pouco mais em conta a economia fazem a seguinte distinção (e, seguindo a eles, outros muitos e quase todos ingleses): num caso, a força motriz [*motive power*] provém do homem, no outro, de uma força natural [*a natural force*]. Os medíocres alemães, que se destacam nessas trivialidades, decidiram que um *arado*, por exemplo, seria uma máquina, enquanto a *Jenny*,[200] mais complicada etc., desde que movida pela mão, não o seria. Ora, é indiscutível que, examinando a máquina *em sua forma elementar*, verificamos que a revolução industrial não se funda na *força motriz*, mas naquela parte da máquina que os ingleses chamam de máquina de trabalho [*working machine*], isto é, que

---

[199] O instituto referido por Marx, situado à época na Jermyn Street, no centro histórico de Londres, era parte da *Royal School of Mines/ Government School of Mines and Science Applied to the Arts* [*Real Escola de Minas/Escola Governamental de Minas e Ciência Aplicada às Artes*] e oferecia cursos de divulgação científica e/ou práticos, abertos ao público.
O professor mencionado por Marx, Robert Willis (1800-1875), foi dos mais notáveis sábios ingleses do século XIX, com contribuições em campos do saber muito diversos. Thomas H. Huxley (1825-1895), naturalista inglês de nomeada reputação, foi um dos mais ativos divulgadores das concepções científicas de Charles Darwin.

[200] Máquina de fiar inventada em 1764 pelo inglês James Hargreaves (1720?-1778).

não deriva, por exemplo, do emprego da água ou do vapor que substituem o pé para acionar o torno, porém da transformação do processo imediato da própria fiação e da eliminação desta parte do trabalho humano que não é um simples emprego de força [*exertion of power*] (como a ação de pressionar o pedal do torno), mas do processo de trabalho que afeta imediatamente a matéria que se vai transformar. Em contrapartida, é na mesma medida evidente que, desde o momento em que não se trata da evolução histórica da máquina, mas da máquina como base do modo de produção atual, a máquina de trabalho [*Arbeitsmachine*] (por exemplo, na máquina de costurar) é a única parte decisiva, dado que, a partir de quando este processo foi mecanizado, todo mundo sabe em nossos dias que pode ser acionada, segundo sua dimensão, a mão, por meio de água ou de vapor.

Para os matemáticos puros, estas questões são indiferentes, porém adquirem muita importância quando se trata de demonstrar a interconexão entre as relações sociais humanas e a evolução destes modos de produção materiais.

A releitura de minhas notas sobre a história da tecnologia me levou a pensar que, tirando a invenção da pólvora, da bússola e da imprensa – (condições indispensáveis para o desenvolvimento da burguesia) –, do sec. XVI até meados do séc. XVIII, do período em que a manufatura se desenvolve a partir do artesanato até a grande indústria propriamente dita, as duas bases materiais sobre as quais, no marco da manufatura, se funda o trabalho preparatório da indústria mecânica são o *relógio* e o *moinho* (primeiro o moinho de cereais, em forma de moinho a água), legados ambos pela Antiguidade. (O moinho a água, originário da Ásia Menor, introduzido em Roma na época de Júlio César). O relógio é o primeiro autômato empregado com fins práticos; toda a teoria da *produção de movimentos uniformes* desenvolveu-se partindo desta base. Tomemos o relógio: ele mesmo se funda sobre a síntese de um artesanato semi-artístico e diretamente sobre a teoria. Cardanus,[201] por exemplo, escreveu (e formulou normas práticas) sobre a construção de relógios. Entre os escritores alemães do século XVI, a relojoaria é designada "artesanato científico" (não submetido às regras das corporações) e, estudando a evolução

---

[201] Geronimo Cardano (Hieronimus Cardanus, 1501-1586), médico, físico e matemático italiano.

do relógio, poder-se-ia demonstrar como a relação entre a erudição e a prática é diferente, com o artesanato como base, daquela que reina, por exemplo, na grande indústria. Não cabe dúvida, ademais, de que, no século XVIII, o relógio fomentou a ideia de utilizar, na produção, autômatos (autômatos movidos por molas). As experiências de Vaucanson[202] neste domínio tiveram – pode-se determinar historicamente – um extraordinário efeito sobre a imaginação dos inventores ingleses.

Por outra parte, com o moinho, desde o aparecimento do moinho a água, comprovaram-se as diferenças essenciais no organismo de uma máquina. A força motriz mecânica. Em primeiro lugar [*Primo*], o motor que a requer. O mecanismo de transmissão. Finalmente, a máquina de trabalho que se aplica à matéria. Cada uma destas partes tem, com relação às outras, uma existência autônoma. A teoria do *atrito* e, consequentemente, as investigações sobre as formas matemáticas das engrenagens etc. se constituíram a partir do exemplo do moinho; foi também aí que nasceu a teoria da medida do grau da força motriz, da melhor forma de aplicá-la etc.; quase todos os grandes matemáticos, a partir do século XVII, na medida em que se ocuparam de mecânica prática para fazer a sua teoria, partiram do simples moinho de cereais. E esta é efetivamente a razão de que o nome de *mule* [*Mühle*] e de *mill*, nascido no período da manufatura, seja aplicado a todo mecanismo destinado a fins práticos.

Porém, no moinho, assim como na prensa mecânica, os martelos de pilões, o arado etc., em princípio, o trabalho propriamente dito – o martelar, o esmagamento, a trituração ou a pulverização etc. – efetua-se *sem* trabalho humano, mesmo se a força motriz [*moving force*] é humana ou animal. Esta espécie de máquina, ao menos em sua forma primitiva, é muito antiga e é nela que se utilizou em tempos passados, propriamente falando, uma força motriz mecânica. Eis por que esta é também a razão pela qual é quase o único tipo de máquina que aparece no período manufatureiro. A *revolução industrial* começa quando as máquinas se empregam onde, e sempre, o resultado final exigia um trabalho humano – e, pois, não onde, como naquelas ferramentas,

---

[202] Jacques de Vaucanson (1709-1782), francês, inventor de muitos autômatos mecânicos.

na matéria mesma que se vai transformar, a mão do homem não teve nunca nada o que fazer, mas onde o homem, dada a natureza das coisas, desde o começo não desempenha a simples função de *força motriz* [*power*]. Se se quer declarar, como os idiotas alemães, que o emprego da força animal (e, portanto, de um *movimento tão voluntário* como o do homem) é maquinismo, então o emprego desta espécie de locomotoras é muito mais antigo que a ferramenta mais simples. [...]

57. MARX A ENGELS

(em Manchester)

Londres, 29 de maio de 1863

[...] Não permaneci inativo neste intervalo, porém não podia trabalhar.[203] O que fiz foi, por uma parte, preencher minhas lacunas (diplomáticas e históricas) acerca da história das relações entre a Rússia, a Polônia e a Prússia;[204] por outra parte, ler e tomar nota de toda classe de obra de história relativa ao tema da Economia Política em que estou trabalhando. Fiz tudo no *British Museum*.[205] Agora, que me encontro de novo relativamente em condições de trabalhar, quero me livrar de outros encargos e passar a limpo, para a impressão, a *Economia Política* (e poli-la uma última vez).[206] Se agora fosse possível retirar-me solitariamente, a coisa iria mais depressa. Em todo caso [*At all events*], eu mesmo a levarei à Alemanha.[207] [...]

---

[203] Ao fim do primeiro trimestre de 1863, a saúde de Marx foi duramente afetada – sua moléstia hepática agravou-se especialmente durante o mês de abril.

[204] Marx pretendia escrever um pequeno texto sobre a Polônia.

[205] Na biblioteca e hemeroteca do *Museu Britânico*, espaço privilegiado das pesquisas bibliográficas e documentais de Marx.

[206] Trata-se do manuscrito d'*O capital* (Livro I).

[207] A coisa não andou tão depressa... De fato, Marx levou pessoalmente o manuscrito do livro I d'*O capital* à Alemanha, mas... em abril de 1867.

58. MARX A ENGELS

(em Manchester)

Londres, 12 de junho de 1863

[...] Isaac[208] me enviou (quem sabe também a ti) o seu arrazoado sobre os *impostos indiretos*.[209] Há nele algumas coisas boas, porém o conjunto está, em primeiro lugar, escrito em um estilo insuportavelmente pretensioso, fanfarrão, cheio de autossuficiência e ridiculamente pedante. Ademais, é *essencialmente [essentiellement]* o feito de um "aluno" que, muito apressadamente, sente a necessidade de gritar aos ventos, já que se tornou um homem "muito sábio" e um pesquisador independente. Seu texto abunda em equívocos [*blunders*] históricos e teóricos. Bastará um exemplo (no caso de que não tenhas lido este monstrengo). Para conhecimento do tribunal e do público, quer fazer uma espécie de retrospectiva da polêmica contra os impostos indiretos e, remontando aos trancos e barrancos ao passado, cita Bodin, passando por Boisguillebert e Vauban etc.[210] Aqui é onde se revela o grande aluno. Deixa de lado os *fisiocratas*, ignorando evidentemente que tudo o que A. Smith disse sobre o assunto ele o tomou dos fisiocratas e que estes eram os heróis por excelência da "questão" [*question*]. Da forma a mais perfeitamente escolar, os impostos indiretos são concebidos como "impostos burgueses", o que eram na "Idade Média" e o que não mais são hoje (ao menos no que a burguesia já evoluiu), como pode convencer-se largamente junto do senhor R. Gladstone e Cia. de Liverpool.[211] O que este idiota parece não saber é que a polêmica contra os impostos "indiretos" é uma palavra de ordem dos amigos norte-americanos e ingleses de Schulze Delitzsch[212] e consortes; quer dizer: em todo caso, não é

---

[208] Marx designa assim a Lassalle.

[209] Marx refere-se ao opúsculo de Lassalle *Die indirecte Steuer und die Lage der arbeitenden Klassen* [*O imposto indireto e a situação das classes trabalhadoras*], publicado em Zurique, em 1863.

[210] Jean Bodin, pensador francês (1530-1596); sobre Boisguillebert, cf., *supra*, a nota 148; Sébastien Vauban (1633-1707), engenheiro militar francês que propôs uma equalização tributária.

[211] Robert Gladstone (1811-1872), livre-cambista inglês.

[212] Franz Schulze Delitzsch (1808-1883), economista alemão que defendia a criação de cooperativas populares como solução para a "questão operária".

uma palavra de ordem *contra* eles, os livre-cambistas.[213] Absolutamente *escolar* é a *aplicação* que faz de uma tese de Ricardo ao imposto fundiário prussiano. (Aplicação falsa, com certeza). E é surpreendente quando leva ao tribunal "*suas*" descobertas, sacadas do mais profundo da "ciência da verdade", durante terríveis "horas de vigília"; ele descobriu: que na Idade Média dominava a "propriedade territorial"; nos tempos modernos, o "capital"; e agora o "*trabalho*", "princípio do quarto *Estado*,[214] o dos operários" ou, ainda, o "*princípio ético do trabalho*". E no mesmo dia em que comunicava suas descobertas aos ignorantes, o conselheiro do governo [*Oberregierunsrat*] Engel (sem saber nada de Lassalle), levava a mesma descoberta a um público mais refinado, na Academia de Canto [*Sigakademie*]. Engel e Lassalle se congratularam "por carta" sobre seus resultados científicos simultâneos.

O "*estado* operário" e o "*princípio ético*" são, não há dúvidas, conquistas de Isaac e do conselheiro do governo.

Desde o começo do ano ainda não pude me decidir a escrever ao nosso colega. Criticar a sua mistificação seria pura perda de tempo. Além disso, ele se apropria de cada palavra como se fosse outra "descoberta". Seria ridículo esfregar em seu nariz os seus plágios, e também não quero retomar nossas ideias sob o disfarce com que ele as vestiu. E nem é possível reconhecer algum valor nessas jactâncias e *indelicadezas*. Nosso indivíduo se serviria disso imediatamente.

Não fica, pois, outra coisa a esperar senão que sua cólera estale ao fim. Então, já terei um bom pretexto: assinalar sempre, como o conselheiro do governo Engel, que isto não é "*comunismo*". Responderei, então, que suas afirmações solenes e repetidas me obrigariam, se quisesse levá-lo em consideração:

1) a demonstrar ao público como nos plagiou e onde o fez;

2) como e onde nos diferenciamos do seu panfleto.

O que acontece é que, para não comprometer em nada o "comunismo" e a ele, eu haveria que ignorá-lo por completo. [...]

---

[213] Esta posição polêmica contra os conceitos errôneos de Lassalle não implica, em absoluto, que Marx elogie nem aprove os impostos indiretos. Em determinadas situações aconteceu, como na Inglaterra, que uma fração da burguesia reivindicasse a abolição ou a redução de um determinado imposto indireto que não lhe resultava favorável. É neste sentido que Marx se coloca contra Lassalle.

[214] É evidente que aqui se emprega a palavra "estado" no sentido que tem em "terceiro estado".

59. MARX A ENGELS

(em Manchester)

Londres, 6 de julho de 1863

[...] O *Quadro econômico* que anexo e que substituo àquele de Quesnay,[215] examina-o com alguma atenção, se o calor te permitir, e transmite-me tuas possíveis objeções. Ele abarca todo o processo da reprodução.

Para *A. Smith*, como sabes, o preço "*natural*" ou "*necessário*" ["*naturel*" ou "*necessary price*"] se decompõe em salário, lucro (juro), renda, isto é, que todo ele é ingresso [*revenue*]. Este contrassenso se encontra também em Ricardo, mesmo quando este exclui a renda, como puramente acidental, da sua enumeração. Quase *todos* os economistas aceitaram a tese de Smith e aqueles que a impugnaram caíram em outros erros não menos sem sentido.

O mesmo Smith se dá conta do contrassenso que comete ao decompor o *produto social global* em *puros ingressos* (que podem ser consumidos anualmente), enquanto que, para cada *ramo particular da produção*, decompõe o preço em *capital* (matérias-primas, maquinarias etc.) e *produto* (salário, lucro, renda). Segundo ele, a sociedade deveria começar de novo [*de nouveau*], a cada ano, *sem capital*.

Quanto ao meu quadro, que figura, sob a forma de *resumo do conjunto* em um dos últimos capítulos do meu livro,[216] são necessárias as seguintes explicações para sua compreensão:

1. as cifras são indiferentes, representam milhões;

2. por *subsistências* há que se entender aqui *tudo* o que entra a cada ano nos *fundos de consumo* (ou que poderia entrar a cada ano, sem que houvesse *acumulação*, que está excluída do quadro).

Na categoria I (subsistências), *todo o produto* (700) se compõe de subsistências que, portanto, e por sua própria natureza, *não* entram na

---

[215] Cf., *supra*, a nota 181.

[216] A discussão marxiana acerca da *reprodução e a circulação do capital* que aparece nesta carta está desenvolvida, na edição brasileira citada d'*O capital*, no livro II, seção III, c. 18 a 21.

categoria de *capital constante* (matérias brutas, instrumentos, edifícios etc.). Igualmente, na categoria II, *todo o produto* se compõe de mercadorias que constituem *capital constante*, isto é [*id est*], que entram de novo, sob a forma de matérias brutas e instrumentos, no processo de reprodução;

3. quando a curva é *ascendente*, põe-se uma *linha de pontos*; quando é *descendente*, um *traço contínuo*;[217]

4. o *capital constante* é a fração do capital que se compõe de matérias-primas e de máquinas e o *capital variável* aquela fração que se troca por trabalho;

5. na agricultura, por exemplo etc., uma parte do produto mesmo (por exemplo, o trigo) constitui subsistências, enquanto outra parte (o trigo) entra de novo na reprodução de forma natural (na forma de *sementes*, por exemplo) como matéria-prima. Porém, isto não muda em nada a coisa, posto que estes ramos da produção figurem em virtude de uma das suas qualidades na categoria II e de outra na categoria I;

6. o ponto principal da questão, pois, é o seguinte:

Categoria I, subsistências. As matérias de trabalho e as ferramentas (isto é, a fração *destas* que faz parte do produto anual enquanto *desgaste*; a fração não consumida das ferramentas etc. não figura *em absoluto* no quadro) = 400£, por exemplo. O capital variável, trocado por trabalho = 100, se reproduz em 300, dos quais 100 se reproduzem, no produto, em salário e 200 representam a mais-valia (*trabalho excedente não pago*). O produto = 700, dos quais 400 representam o valor do capital constante, que, por sua vez, é passado inteiro ao produto e, portanto, deve ser reposto.

Nesta relação do capital variável/mais-valia, admitiu-se que o operário, durante a jornada, trabalha ⅓ para ele e ⅔ para seus superiores naturais [*his natural superiors*].

---

[217] Marx enviou, nesta carta, os esquemas gráficos dos dois quadros econômicos – o seu e o de Quesnay – reproduzidos na próxima página; originalmente em *MEW*, 1964, 30, p. 365-366.

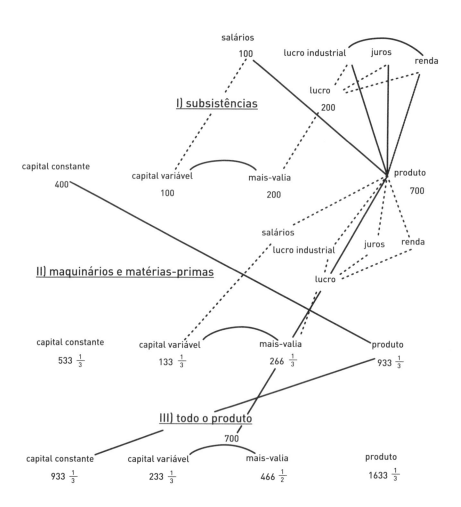

salários
100

lucro industrial   juros

renda

I) subsistências

lucro
200

capital constante
400

capital variável   mais-valia
100   200

produto
700

salários

lucro industrial

juros   renda

II) maquinários e matérias-primas

lucro

capital constante   capital variável   mais-valia   produto
533 $\frac{1}{3}$ 133 $\frac{1}{3}$ 266 $\frac{1}{3}$ 933 $\frac{1}{3}$

III) todo o produto
700

capital constante   capital variável   mais-valia   produto
933 $\frac{1}{3}$ 233 $\frac{1}{3}$ 466 $\frac{1}{2}$ 1633 $\frac{1}{3}$

Tableau économique do Dr. Quesnay

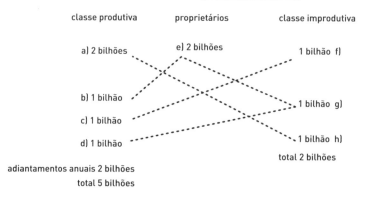

classe produtiva   proprietários   classe improdutiva

a) 2 bilhões   e) 2 bilhões   1 bilhão f)

b) 1 bilhão

c) 1 bilhão   1 bilhão g)

d) 1 bilhão   1 bilhão h)

total 2 bilhões

adiantamentos anuais 2 bilhões
total 5 bilhões

100 (capital variável) são, pois, como o indica a linha pontilhada, desembolsados em dinheiro em forma de salário; com estes 100 (indicados na curva descendente), o operário compra o *produto* desta categoria, isto é [*is est*], subsistências, por um preço de 100. O dinheiro reflui, pois, à classe dos capitalistas I.

A mais-valia de 200, em sua forma geral = lucro, divide-se em *lucro industrial* (lucro *comercial* incluído) e depois em *juro*, que o capitalista industrial paga efetivamente, e em renda, que paga igualmente em dinheiro. Este dinheiro desembolsado no lucro, no juro e na renda reflui (como o indicam as linhas descendentes), posto que o produto da categoria I é comprado com ele. O total do dinheiro desembolsado pelo capitalista industrial dentro da categoria I volta a ele – porém 300 sobre um produto de 700 são consumidos pelos operários, empreiteiros [*entrepreneurs*], financistas e proprietários de terras [*monied men and landlors*]. Resta, na categoria I, um *excedente* do produto (sob a forma de subsistências) de 400 e um *deficit* de capital constante de 400.

Categoria II. Máquinas e matérias-primas. Todo o produto desta categoria, e não só a fração do produto que é reaplicada no capital constante, mas também a que representa o equivalente do salário e da mais-valia, se compõe de *matérias-primas* e de *máquinas* e, por consequência, o produto desta categoria não poderia ser consumido na forma do seu próprio produto: ele não pode realizar-se mais que no produto da categoria I. Se se deixa de lado a acumulação – como no presente caso –, a categoria I não pode comprar a categoria II mais que enquanto tem necessidade de fazê-lo para repor seu capital constante, sendo que a categoria II não pode desembolsar em produto da categoria I mais que a fração de seu produto que representa o salário e a mais-valia. Os operários da categoria II gastam, pois, seu dinheiro = 133 ⅓ em produtos da categoria I. O mesmo fenômeno se produz com a mais-valia da categoria II, que se divide como para I [*suf I*] em lucro industrial, juros e renda. Portanto, 400 em dinheiro refluem da categoria II ao capitalista industrial da categoria I, o qual cede contra dinheiro o que lhe resta do seu produto = 400.

Graças a esses 400 em dinheiro, a categoria I compra o que necessita para repor seu capital constante (= 400) à categoria II, à qual reflui então, desta forma, o dinheiro gasto em salários e bens de consumo (dos mesmos capitalistas industriais, banqueiros e proprietários de terra) [*monied men and landlords*]. À categoria II ficam, pois, 533 ⅓ sobre a totalidade de seu produto, o qual serve para repor o próprio capital constante gasto no curso do trabalho.

O movimento, em parte no quadro da categoria I, em parte entre I e II, mostra ao mesmo tempo como o dinheiro retorna aos distintos capitalistas industriais de ambas as categorias, o que serve para pagar de novo o salário, os juros e a renda da terra.

A *categoria III* representa o conjunto da reprodução. O produto global da categoria II aparece aqui como capital constante de toda a sociedade e o produto da categoria I enquanto parte do produto que repõe o capital variável (fundo de salários) e os ingressos das classes que repartem a mais-valia.

Desenhei abaixo o quadro de Quesnay,[218] que explicarei, em poucas palavras [*in some words*], em minha próxima carta.

K. M.

60. MARX A ENGELS

(em Manchester)

Londres, 15 de agosto de 1863

[...] Em certo sentido, meu trabalho (o manuscrito para impressão) avança bem. No momento da redação definitiva, ao menos assim me parece, as coisas adquirem uma forma *popular* suportável, abstração feita de algumas D-M e M-D.[219] Mas ainda quando escrevo durante todo o dia, a coisa não marcha com a rapidez que desejaria a minha impaciência posta à prova há tanto tempo. De toda forma, será 100% mais facilmente compreensível que o número 1.[220] Ademais, quando considero agora esta construção e vejo como tive que transformá-la por inteiro e ainda elaborar também a parte *histórica* partindo

---

[218] Cf. a nota precedente.

[219] Marx se refere aqui a fórmulas D (dinheiro) – M (mercadoria).

[220] Referência de Marx à *Contribuição à crítica da Economia Política*, que publicou em 1859.

de uma documentação parcialmente desconhecida, então Isaac[221] me parece cômico, ele que tem já "*sua*" Economia Política no bolso, quando tudo o que tem cuspido até agora revela o aluno de primeiro ano que apregoa pelo mundo, com a eloquência mais repugnante e mais soberba, fórmulas apresentadas como suas mais recentes descobertas e que não são mais que miudezas que já há 20 anos dividíamos muito melhor que ele entre nossos partidários [*partisans*]. Além disso, esse mesmo Isaac recolhe também em sua fábrica de fertilizantes [*manure Fabrik*] os excrementos rejeitados por nosso partido há 20 anos, e que devem servir para adubar o solo da história universal. [...]

---

[221] Nova referência a Lassalle.

1864

61. MARX A KARL KLINGS[222]

(em Solingen)

Londres, 4 de outubro de 1864

[...] Estive enfermo durante todo o último ano (sofrendo com antraz e furúnculos). Não fora isto, meu livro, *O capital, Economia Política*, já teria saído. Agora, enfim, espero terminá-lo em alguns meses e assestar, no plano teórico, um golpe na burguesia do qual ela nunca se recuperará.

Cuide-se bem e esteja seguro de que a classe operária encontrará sempre em mim um fiel combatente.

K. M.

---

[222] Karl Klings (1825?-depois de 1874), operário de Solingen, dirigente da *Associação Geral dos Trabalhadores Alemães*, fundada em 1863 por Lassalle.

1865

62. MARX A ENGELS

(em Manchester)

Londres, 20 de maio de 1865

[...] Estou trabalhando agora como uma besta de carga: tenho que aproveitar todo o tempo em que sou capaz de trabalhar, já que sempre os carbúnculos andam me atormentando; agora, porém, não me molestam mais que localizadamente, sem me afetar o cérebro.

Nos intervalos, já que não se pode escrever sem interrupção, faço cálculos diferenciais [*differential calcules*] $\frac{dx}{dy}$. Fora isto, não tenho paciência para ler mais nada. Qualquer outro tipo de leitura me leva sempre de volta à minha mesa de trabalho.

Esta noite, sessão extraordinária da "Internacional". Um estupendo tipo, velho [*old*] partidário de Owen, Weston (carpinteiro [*carpenter*] de profissão), formulou as duas proposições que defende constantemente em *The Beehive* [*A colmeia*]:[223]

1. que uma alta geral dos salários [*a general rise in the rate of wages*] não serviria em nada aos trabalhadores;

---

[223] Sobre Owen, cf., *supra*, a nota 25; sobre Weston, não há dados biográficos significativos – sabe-se que foi militante do movimento dos trabalhadores, fez parte do Conselho Geral da Internacional e escreveu artigos para o citado *A colmeia*, um jornal britânico da imprensa popular que circulou entre 1861 e 1878 e que, nos anos 1860, defendeu as causas dos trabalhadores.

2. que, por esta razão entre outras, os sindicatos [*trade unions*] desempenham um papel *nefasto*.

Se se adotassem estas duas teses, nas quais só ele crê em nossa sociedade [*society*], estaríamos metidos numa enorme confusão, tanto por causa das *trade unions* daqui como da epidemia de greves [*infection of strikes*] que está recrudescendo agora no continente.

Nesta ocasião será apoiado – a sessão está igualmente aberta a não membros – por um inglês de nascimento que escreveu um folheto neste mesmo sentido.[224] Espera-se, naturalmente, uma refutação de minha parte. Eu deveria ter preparado seriamente minha réplica para esta noite, porém considerei que era mais importante seguir trabalhando em meu livro e devo confiar na improvisação.[225] Certamente que conheço de antemão os dois pontos essenciais:

1. que o *salário* determina o valor das mercadorias;

2. que se os capitalistas pagam hoje 5 xelins em lugar de 4, amanhã venderão (obrigados a fazê-lo [*enabled*] em razão do aumento da demanda) suas mercadorias a 5 xelins em lugar de 4.

Isto é perfeitamente banal e afeta tão somente o aspecto mais superficial do fenômeno, o que não significa que não seja nada fácil explicar a ignorantes todas as questões econômicas que operam conjuntamente neste caso. Não se pode condensar todo um curso de Economia Política numa hora. Porém, procuraremos fazer o melhor possível [*You can't compress a course of political economy into 1 hour. But we shall do our best*]. [...]

---

[224] É muito provável que Marx se refira aqui a Thomas J. Dunning (1799-1873), que em 1860 publicou o panfleto *Trade Unions and Strikes. Their Philosophy and Intention* [*Sindicatos e greves. Sua filosofia e intenção*].

[225] De abril a agosto de 1865, o Conselho Geral da *Associação Internacional dos Trabalhadores* debateu a questão dos sindicatos em várias reuniões; na reunião de 4 de abril de 1865, Weston, expôs as suas ideias; Marx refutou-as nas reuniões de 20 e 27 de junho. Os registros das intervenções de Marx foram publicados postumamente em 1898 sob o título "Salário, preço e lucro" – e estão acessíveis em K. Marx, *Trabalho assalariado e capital & Salário, preço e lucro*. São Paulo: Expressão Popular, 2006, p. 69-142.

63. MARX A ENGELS

(em Manchester)

Londres, 24 de junho de 1865

[...] No Conselho Geral [*Central Council*] fiz uma exposição [*paper*] (o que seriam talvez dois *placards*[226] quando impresso) sobre a questão proposta pelo senhor Weston: a saber, quais seriam os efeitos de uma alta geral dos salários [*a general rise of wages*]. A primeira parte desta intervenção é uma resposta à insensatez de Weston; a segunda, uma discussão teórica [*theorical*] na medida em que a ocasião o permitiu.

E eis que agora querem, aqui, imprimir esta intervenção. Por um lado, esta publicação talvez me seja útil, já que estas pessoas estão em relação com J. St. Mill, o professor Beesly, Harrison etc.[227] Porém, por outra parte, tenho meus escrúpulos. 1. Porque ter como adversário o "senhor Weston" não é muito lisonjeiro. 2. E porque esta intervenção, em sua segunda parte, contém, de forma concisa ao extremo, ainda que relativamente acessível ao grande público [*but relatively popular*], muitas novidades que são uma antecipação do meu livro[228] – entretanto, nela passei necessariamente de forma rápida por toda a sorte de coisas. Pergunto-me se é oportuno adiantar algo sobre o tema.[229] Creio que neste assunto tu estás em melhores condições que eu para decidir, dado que vês a situação de longe, com mais serenidade. [...]

---

[226] Cf., *supra*, a nota 19.

[227] Sobre John Stuart Mill, cf., *supra*, a nota 67. Edward Spencer Beesly (1831-1915), professor de História da Antiguidade da Universidade de Londres, positivista de posições políticas progressistas, presidiu a reunião fundacional (1864) da *Associação Internacional dos Trabalhadores*. Frederick Harrison (1831-1923), jurista e publicista inglês, positivista politicamente progressista.

[228] Trata-se do Livro I d'*O capital* que, então, Marx ainda preparava.

[229] Marx, afinal, não quis publicar sua intervenção, o que se fez postumamente (cf., *supra*, a nota 225).

64. MARX A ENGELS

(em Manchester)

Londres, 31 de julho de 1865

[...] Quanto ao meu trabalho, quero te dizer claramente como se encontra. Restam três capítulos por escrever para terminar a parte teórica (os três primeiros livros). Depois, virá um quarto livro,[230] dedicado à história e às fontes; para mim será relativamente a parte mais fácil, já que todas as questões ficam resolvidas nos três primeiros livros; este último será sobretudo uma repetição sob forma histórica. Porém, decidi não expedir nada antes de ter o conjunto diante de meus olhos. Quaisquer defeitos que possam ter [*Whatever shortcomings they my have*], essa é a vantagem de meus escritos, que constituem um todo artístico e não posso chegar a este resultado senão graças a meu sistema de não os dar nunca à impressão enquanto não os tiver *completos* diante de mim. Com o método de Jakob Grimm,[231] isto é impossível e ele se aplica, de maneira geral, melhor a obras que não constituem um conjunto ordenado dialeticamente. [...]

65. MARX A ENGELS

(em Manchester)

Londres, 20 de novembro de 1865

[...] Não te esqueças de me enviar (*e o mais breve possível*), por meio de Knowles,[232] todas as indicações que me são necessárias. *Salário semanal médio*

---

[230] Tem-se aqui a distribuição do conteúdo d'*O capital* tal como Marx finalmente a concebeu – em quatro *livros*. Sabe-se, todavia, que publicando, na primeira década do século XX, as *Teorias da mais valia*, Kautsky não as apresentou como sendo a continuação dos três livros d'*O capital*.

[231] Marx se refere aqui ao método histórico-comparativo de que se serviu o germanista Jakob Grimm (1785-1863) em seus estudos linguísticos. Ademais dessas pesquisas, Grimm tornou-se também conhecido pelo trabalho comum que desenvolveu com seu irmão Wilhelm (1786-1859), coligindo contos e narrativas populares – cf. *Contos de Grimm. Obra completa*. Belo Horizonte: Itatiaia, 2013.

[232] Alfred Knowles (1828-1880), negociante de Manchester, conhecido de Engels.

[*Average weely wages*], tratando-se de um fiandeiro que trabalhe numa *mule* ou de uma fiandeira que trabalhe numa *throstle*;[233] *quanto* de fio e de *algodão* fia *semanalmente* um operário (compreendidas as perdas que se produzem durante a fiação) como quantidade média para um número médio de fio [*on average of the average number*] (ou mesmo, a rigor, de um número qualquer). Soma a isto, naturalmente, um *preço* qualquer do algodão (mas correspondente ao salário) e o *preço do fio*. Não posso voltar a copiar o segundo capítulo[234] enquanto não contar com esses detalhes. [...]

---

[233] Avanços notáveis na fiação e na tecelagem deveram-se a ingleses. A primeira máquina de fiar de James Hargreaves – chamada *Jenny* – é de 1764 ou 1765 e foi aperfeiçoada em 1769-1771 por Richard Arkwright (1732-1792), resultando na *throstle*. E em 1779 Samuel Crompton (1753-1827) inventou a *mule*, que contava com numerosos fusos e se tornou automática depois de 1825, sob a designação de *self-acting-mule* ou *self-actor*.

[234] Registra-se aqui um lapso de Marx: na primeira edição d'*O capital*, essas questões não comparecem no 2°, mas no 3° capítulo. Na edição brasileira citada d'*O capital*, cf. livro I, seção III, esp. p. 264-288 e 296-299.

1866

66. MARX A ENGELS

(em Manchester)

Londres, 10 de fevereiro de 1866

[...] O que mais me horrorizava era a interrupção de meu trabalho, que, desde 1º de janeiro [*1st January*], data do final de minha crise de fígado, ia muito bem. Não é, naturalmente, questão de "*ficar sentado*". Este é o momento em que me faz mal estar sentado. Porém, em posição ereta, ainda que durante breves momentos do dia, pude continuar trabalhando. Mas era incapaz de avançar na parte propriamente teórica. Meu cérebro estava demasiado débil para isto. Esta é a razão do porque dei mais amplitude no plano histórico à seção dedicada à "jornada de trabalho", coisa que não estava prevista no plano original. Todas estas inserções constituem um complemento (*sob a forma de esboço*) a teu livro até 1865 (o que digo, decerto, numa nota) e a justificativa completa da diferença entre a tua apreciação do futuro e a realidade.[235] Quando aparecer meu livro, será necessária a segunda edição do teu, e não será difícil para ti. Oferecer-te-ei o que te é indispensável teoricamente. Quanto ao complemento histórico que deves colocar como apêndice do teu livro, *todos os documentos* não são mais que vento e cientificamente inutilizáveis, salvo os

---

[235] Marx refere-se aqui ao livro de Engels, de 1845, *A situação da classe trabalhadora na Inglaterra*, no qual o amigo predizia uma revolução que não ocorreu – cf., na edição brasileira citada, *supra*, na nota 7, esp. p. 292 e 326-328.

Informes Fabris [*Factory Reports*], os Informes da Comissão sobre o Emprego Infantil [*Children's Employment Commission Reports*] e os Informes da Comissão de Saúde Pública [*Board of Health Reports*]. Como a tua capacidade de trabalho não se vê diminuída pelos furúnculos, em três meses poderás realizar o estudo dessa documentação. [...]

67. MARX A ENGELS

(em Manchester)

Londres, 13 de fevereiro de 1866

Querido Fred:

Dize ou escreve a Gumpert[236] que me envie a relação dos remédios e a sua forma de utilização. Como deposito nele toda a minha confiança, que prescinda, em prol da *Economia Política*, de toda a etiqueta profissional para cuidar de mim desde Manchester.

Ontem, novamente, não fiz nada, por causa de um maldito de um furúnculo situado à esquerda, na altura dos rins. Se tivesse dinheiro suficiente para minha família, isto é, mais que > - 0, e se meu livro estivesse já terminado, me seria por completo indiferente ser jogado ao lixo ou, dito de outra forma, estourar hoje ou amanhã. Nas circunstâncias que te relatei, isto me é agora impossível.[237]

Quanto a este bendito livro, aqui está a real situação. Em finais de dezembro, estava já *terminado*. O estudo sobre a renda da terra, o penúltimo capítulo, constitui quase um livro por si só em sua redação atual. Eu ia ao Museu durante o dia e durante a noite escrevia. Tive que me aprofundar na nova química agrícola alemã, nomeadamente Liebig e Schönbein,[238] que são mais

---

[236] Eduard Gumpert (1834-1893), médico alemão residente em Manchester, amigo de Marx e Engels.

[237] Ao longo deste mês de fevereiro, Engels enviou ao amigo cerca de 60£ para desafogá-lo financeiramente.

[238] Sobre Liebig, cf., *supra*, a nota 58. C. F. Schönbein (1799-1868), químico alemão, professor da Universidade de Basileia.

importantes nesta área que todos os economistas juntos e, por outra parte, tive que escavar a enorme massa de documentos que os franceses produziram sobre o tema desde a última vez que dele me ocupei. Terminei meus estudos teóricos sobre a renda da terra há dois anos. E precisamente neste período de tempo publicou-se muito, o que, aliás, confirma plenamente minhas teorias. A abertura do Japão à indústria moderna foi importante neste assunto (de modo geral, nunca leio relatos de viagem, salvo se me vejo obrigado a fazê-lo profissionalmente). Estava aí o *"shifting system"*,[239] utilizado pelos cretinos industriais ingleses entre 1848 e 1850 – eu o apliquei às mesmas pessoas.

Embora o manuscrito esteja terminado, gigantesco em sua forma atual, não pode ser editado por ninguém mais que por mim, nem sequer por ti.

Comecei a cópia e a *correção estilística* exatamente em 1º de janeiro e a coisa caminhava bem, já que experimentava naturalmente o prazer de amamentar o filho depois de todas as dores do parto. Foi quando, porém, veio a aparecer o furúnculo, de tal forma que até agora não pude seguir adiante; de fato não pude fazer mais que completar o que, segundo o plano, estava já terminado.

No mais, estou de acordo com teu ponto de vista: logo que esteja terminado, levarei o volume I a Meissner.[240] Entretanto, para terminá-lo, necessito pelo menos poder me sentar.

Não se esqueça de escrever a esse Watts,[241] pois já cheguei ao capítulo sobre as ferramentas de uma empresa. [...]

---

[239] *"Sistema de deslocamento"* ou "sistema *relay*" que os industriais britânicos usaram para contornar as leis que limitavam a jornada de trabalho de crianças e adolescentes. Sob este sistema, as crianças e os adolescentes, depois de várias horas de trabalho, eram transferidos, no mesmo dia, para outra oficina ou instalação semelhante, para escapar à fiscalização dos inspetores de fábrica. Como resultado, a sua jornada de trabalho era ainda mais longa do que antes da adoção da lei das dez horas.

[240] Otto Meissner (1819-1902), cuja editora, em Hamburgo, publicou *O capital*.

[241] John Watts (1818-1887), socialista inglês, owenista.

68. MARX A LUDWIG KUGELMANN

(em Hannover)

Londres, 23 de agosto de 1866

[...] Embora dedique muito tempo à preparação do Congresso de Genebra,[242] não posso nem quero estar lá, porque me é impossível interromper meu trabalho durante tanto tempo. Com este trabalho, creio fazer algo muito mais importante para a classe operária que tudo o que poderia fazer pessoalmente em qualquer [*quelconque*] congresso. [...]

69. MARX A LUDWIG KUGELMANN

(em Hannover)

Londres, 13 de outubro de 1866

[...] As circunstâncias com que me defronto (interrupções físicas e políticas incessantes) fazem com que o volume I tenha que aparecer primeiro e não os dois juntos, como eu havia projetado inicialmente. Além disso, a obra se estenderá agora provavelmente a três volumes.

A obra inteira se compõe, com efeito, das seguintes partes:

Livro I. Processo de produção do capital.

Livro II. Processo de circulação do capital.

Livro III. Formas do processo de conjunto.

Livro IV. Contribuição à história da teoria.

O terceiro livro ocupará, creio, o volume II, e o quarto, o volume III.[243]

---

[242] Marx se refere ao Congresso da Internacional em Genebra (3-8 de setembro de 1866).

[243] Salvo a distribuição em tomos, que acabou por ser um pouco modificada, e algo da titulação, tem-se aqui o plano definitivo d'*O capital*.

Pensei ser necessário começar desde o início [*ab ovo*] no primeiro livro, isto é, resumir em *um só capítulo* – sobre a mercadoria e o dinheiro – a minha primeira obra editada por Duncker.[244] Considerei que isto era preciso não só para que seja mais completo, mas porque até boas cabeças não entendem exatamente a coisa; então deve ter havido alguma falha na primeira exposição, especialmente na *análise da mercadoria*. Lassalle, por exemplo, em seu *Capital e trabalho*,[245] em que parece oferecer a "quintessência" da minha elaboração, comete graves equívocos – coisa que, aliás, acontece constantemente, dada a forma sem cerimônia com que se apropria de meus trabalhos. É cômico ver como ele reproduz, inclusive, "erros" no terreno da documentação histórica, porque às vezes cito de memória, sem comprovar. Por agora, continuo me perguntando se, na introdução, direi algumas palavras sobre a mania de Lassalle de plagiar. De fato, isto seria justificado em razão da atitude impudente dos seguidores de Lassalle a meu respeito. [...]

---

[244] Trata-se do livro de 1859, *Contribuição à crítica da Economia Política*.

[245] A referência de Marx é a F. Lassale, *Herr Bastiat-Schulze von Delitzsch, der ökonomische Julian, oder: Kapital und Arbeit* [*O Sr. Bastiat-Schulze von Delitzsch, o Juliano da economia, ou capital e trabalho*] (Berlim, 1864).

1867

70. MARX A ENGELS

(em Manchester)

Londres, 2 de abril de 1867

Querido Engels:

Decidi não te escrever até poder anunciar a conclusão do livro – este é agora o caso. [...] Na próxima semana, levarei eu mesmo o manuscrito para Hamburgo. [...]

71. ENGELS A MARX

(em Londres)

Manchester, 4 de abril de 1867

Querido Mouro:

Hurra! Não pude conter esta exclamação ao ver escrito no papel que o primeiro volume já está terminado e que tu te propões a levá-lo pessoalmente a Hamburgo. [...]

72. MARX A ENGELS

(em Manchester)

Hamburgo, 13 de abril de 1867

[...] Logo que cheguei a Hamburgo, fui ver Meissner.[246] O empregado disse que ele não voltaria antes das três da tarde. Deixei meu cartão e convidei o senhor M[eissner] a comer comigo. Quando chegou, vinha com outra pessoa e queria que eu fosse fazer a refeição com ele, pois sua mulher o esperava. Declinei do convite e acertamos que ele me veria às sete da noite [...]. Veio na hora marcada. Um companheiro agradável, com um jeito de saxão, como indica seu nome. Depois de uma breve troca de impressões [*pourparleurs*], tudo ficou acertado [*all right*]. O original foi levado à editora e posto em segurança. Dentro de alguns dias começará a impressão, que será rápida. Fomos tomar umas taças e me disse que estava realmente "entusiasmado" por me conhecer. Quer que a obra apareça em *três volumes* – ele se opõe, em especial, que eu, como pretendia, condense o livro final (a parte histórico-literária). Falou-me que, do ponto de vista editorial e visando a massa de leitores "comuns", esta era a parte que para ele mais importava. Eu lhe disse que estava disposto a concordar com ele. [...]

73. MARX A JOHANN PHILIPP BECKER[247]

(em Genf [*Genebra*])

Hannover, 17 de abril de 1867

Prezado amigo:

Na quarta-feira passada, deixei Londres, por barco a vapor [*steamer*] e cheguei a Hamburgo na sexta-feira, às primeiras horas da tarde, em meio a

---

[246] Cf., *supra*, a nota 240.

[247] Johann Philipp Becker (1809-1886), amigo de Marx e de Engels, participou da revolução de 1848-1849 e emigrou para a Suíça em 1849. Em Genebra, organizou a seção da Internacional e editou o periódico *Der Vorbote* (*O mensageiro*).

uma tempestade e tormenta, para entregar o manuscrito do volume I ao senhor Meissner. A impressão começou no princípio desta semana, de tal forma que o primeiro volume sairá em finais de maio. A obra completa aparecerá em três livros. Seu título é: *O capital. Crítica da Economia Política*.

O primeiro livro compreende "O processo de produção do capital". É certamente o mais temível petardo [*missile*] que jamais se lançou à cabeça dos burgueses (inclusive os proprietários de terras). É, pois, importante que a imprensa e os jornais de que você dispõe chamem a atenção sobre sua próxima publicação. [...]

74. MARX A ENGELS

(em Manchester)

Hannover, 24 de abril de 1867

Caríssimo Fred:

Aqui me tens, já há oito dias, como hóspede do doutor Kugelmann.[248] É absolutamente indispensável instalar-me em Hamburgo – ou próximo daqui – para acompanhar a impressão do livro. A coisa está encaminhada assim: Meissner, que espera liquidar o assunto em quatro ou cinco semanas, não pode imprimir o livro em Hamburgo porque aí não há impressores capacitados nem corretores de provas suficientemente cultos para fazer este trabalho. Em consequência, vai entregar a impressão a Otto Wigand.[249] [...] Hoje faz já oito dias que enviou o original a Leipzig e me quer ter *à mão* para revisar os dois primeiros *placards* – e também para comprovar se vai ser *"possível"* fazer rapidamente a impressão com *somente uma revisão minha*. Neste caso, tudo poderá estar terminado em umas quatro ou cinco semanas. O diabo é que vai cair pelo meio da Páscoa. O filho de Wigand escreveu a Meissner que não pode começar a impressão antes do final *desta* semana. [...]

---

248 Cf., *supra*, a nota 193.

249 Otto Wigand (1795-1870); à época, com ele aposentado, a sua empresa, sediada em Leipzig, era de fato dirigida por seus filhos.

75. ENGELS A MARX

(em Hannover)

Manchester, 27 de abril de 1867

[...] Pelo que me escreves, vejo que finalmente se te abre uma grata perspectiva de futuro. Sempre estive convencido de que este maldito livro, no qual tanto trabalhaste, era o principal responsável por todas as tuas desgraças e que não te livrarias delas até que o tirasses de cima de teus ombros. Esta obra eternamente inacabada te agoniava física, espiritual e economicamente. E compreendo perfeitamente que agora, depois de espantares este pesadelo, tu te sentes como novo, sobretudo levando em conta que o mundo – e o comprovarás quando voltares a ele – não te parece tão triste como antes, especialmente quando se conta com um editor magnífico como o parece ser o M[eissner]. Além disso, suspeito que não terás mais remédio que permaneceres aí no continente para que a impressão vá mais rápido; claro que poderias muito bem ir à Holanda, que não fica muito longe para a finalidade desejada. Não creio que os corretores de provas de Leipzig possuam a suficiente cultura para o teu estilo de escrita [...]. Estou convencido de que, quando for publicado, o livro causará sensação, porém haverá muito o que fazer para estimular o interesse de cientistas e intelectuais burgueses, sem desprezar pequenos estratagemas. Uma vez publicada a obra, tudo isto poderá ser feito de Hannover e também será muito útil mobilizar para esta campanha o amigo Siebel,[250] que um dia desses regressa à Inglaterra, bem e contente, segundo dizem, vindo da Madeira. Temos que utilizar todos estes meios para lutar contra a canalhice literária, cujo ódio consciente contra nós conhecemos sobejamente. Se não se recorre a esses meios, os livros científicos mais densos dificilmente têm seu caminho aberto; ao contrário, se recorrermos a eles – vê o caso do *Heráclito, o obscuro*[251] etc. – o êxito é "repentino". Tudo isto temos que fazer com a maior rapidez e eficácia, principalmente quando se trata de obter resultados *econômicos*. [...]

---

[250] Karl Siebel (1836-1868), poeta e amigo de Marx e Engels, divulgador de suas obras.

[251] Livro de Lassalle comentado por Marx na carta de número 41.

76. MARX A SIEGFRIED MEYER[252]

(em Nova York)

Hannover, 30 de abril de 1867

[...] Então, por que não lhe respondi? Porque durante todo este período eu estava com um pé na cova. Por isso, tive que aproveitar *cada* instante em que podia trabalhar para terminar minha obra, pela qual sacrifiquei saúde, felicidade e família. Espero que não seja necessário acrescentar mais nada a esta explicação. Rio-me das pessoas pretensamente "práticas" e da sua sabedoria. Se se deseja comportar-se como um animal, pode-se evidentemente voltar as costas aos tormentos da humanidade e preocupar-se apenas com a própria pele. Mas eu me consideraria realmente como *não prático* se morresse sem haver terminado meu livro, pelo menos o manuscrito.

O *1º volume* da obra aparecerá dentro de algumas semanas, pela editora de *Otto Meissner*, de Hamburgo. Seu título: *O capital. Crítica da Economia Política*. Para trazer pessoalmente o manuscrito, vim à Alemanha, onde estou passando alguns dias em casa de um amigo, em Hannover, a caminho para Londres.

O volume I trata do *processo de produção do capital*. Além de estabelecer a teoria científica geral, descrevo com todos os detalhes, segundo fontes *oficiais* ainda não utilizadas, a situação do proletariado inglês – agrícola e industrial – durante os *últimos 20 anos*, inclusive sua situação na Irlanda. Você compreenderá que tudo isto me serve tão somente de *argumentum ad hominem*.[253] Espero que, dentro de um ano, a obra toda esteja publicada. O *volume II* compreende a continuação e a conclusão das teorias[254] e o *volume III*, a *história da Economia Política desde meados do século XVII*. [...]

---

[252] Siegfried Meyer (1840-1872), socialista alemão, emigrado para os Estados Unidos; em Nova York, foi membro da *Associação Internacional dos Trabalhadores*.

[253] Expressão latina usada aqui como *evidência contra o adversário*.

[254] Inicialmente, Marx planejava agrupar no livro II o conteúdo dos atuais livros II e III.

77. MARX A LUDWIG BÜCHNER[255]

(em Darmstadt)

Hannover, 1º de maio de 1867

Prezado Senhor:

Se tomo a liberdade de me dirigir ao senhor – quando, na realidade, lhe sou inteiramente desconhecido – para um assunto pessoal, mas que tem também caráter científico, minha única desculpa é a confiança que lhe deposito como homem de ciência e homem de partido.

Vim à Alemanha para entregar ao senhor Otto Meissner, de Hamburgo, meu editor, o primeiro volume de minha obra *O capital. Crítica da Economia Política*. Devo permanecer aqui ainda por alguns dias para verificar se é possível levar a cabo a impressão rápida do meu livro, que o senhor Meissner tem programada – isto é [*videlicet*], para verificar se os revisores aqui disponíveis possuem a suficiente qualificação para operar com a rapidez necessária.

Eis o motivo que me leva a dirigir-me ao senhor: gostaria igualmente que a obra fosse publicada em francês, em Paris, depois da publicação na Alemanha. De minha parte, não posso ir pessoalmente à França sem correr riscos, posto que fui expulso do país, uma vez sob Luís Felipe[256] e outra sob Luís Bonaparte[257] (presidente) e finalmente porque, durante meu exílio em Londres, não deixei de atacar a este último. Sei que sua obra *Força e matéria* apareceu em francês: suponho, pois, que o senhor poderia, direta ou indiretamente, colocar-me em contato com a pessoa apropriada. Como neste verão tenho que preparar para impressão o volume II e, no próximo inverno, o último

---

[255] Ludwig Büchner (1824-1899), fisiologista alemão, materialista vulgar, publicou em Leipzig, em 1862, o livro *Kraft und Stoff* [*Força e matéria*], que foi traduzido ao francês e editado no ano seguinte em Paris sob o título *Force et matière*. Ludwig era irmão de Georg Büchner (1813-1837), o grande dramaturgo de *Woyzeck*. São Paulo: Hedra, 2003.

[256] Luís Filipe (1773-1850), rei da França entre 1830 – quando Carlos X foi derrubado pela "revolução de julho" – e 1848 – quando da revolução de fevereiro de 1848. O reinado de Luís Filipe, designado como "a monarquia de julho", foi caracterizado por Marx em antológicos parágrafos de *As lutas de classes na França de 1848 a 1850* – cf. K. Marx, *A revolução antes da revolução*. São Paulo: Expressão Popular, 2008, II, p. 65 e ss.

[257] Luís Bonaparte (1808-1873), após o golpe do *18 de Brumário*, governou a França como imperador (Napoleão III) de 1852 a 1870.

volume,[258] não disponho do tempo necessário para encarregar-me eu mesmo da adaptação francesa da obra.[259]

Considero que é da maior importância desembaraçar os franceses das concepções falsas com as quais Proudhon, mediante a sua idealização da pequena burguesia, os manietou. No recente Congresso de Genebra, assim como nas relações que, como membro do Conselho Geral da *Associação Internacional dos Trabalhadores*, mantenho com a seção de Paris, tropeçamos continuamente com as mais lamentáveis consequências do proudhonianismo.

Como não sei o tempo que durará minha estada por aqui, eu lhe ficaria muito agradecido se o senhor me respondesse rapidamente. Se, de minha parte, puder ser-lhe de alguma valia em Londres, será para mim um grande prazer.

Respeitosamente,

Karl Marx.

78. MARX A ENGELS

(em Manchester)

Hannover, 7 de maio de 1867

[...] Vamos ao negócio [*business*]. Em primeiro lugar, o maldito Wigand não começou a impressão até 29 de abril, daí que não recebi o primeiro *placard* para revisar até ontem, dia de meu aniversário.[260] Ao cabo de tantos perigos! [*Post tot pericula!*]. As erratas eram insignificantes. Não posso ficar aqui até que se termine a impressão: primeiro, porque o livro vai ficar muito mais grosso do que o calculado; depois, como não me devolvem o original, necessito ter à mão o manuscrito que deixei em casa para confrontar algumas citações, sobretudo quando se trata de cifras e de grego; ademais, não posso ser uma carga durante muito tempo para meu anfitrião, o doutor K[ugelmann]; finalmente, Meissner

---

[258] Vê-se como Marx alimenta ilusões sobre o andamento da elaboração/edição dos livros subsequentes d'*O capital*.

[259] É sabido que, na realidade, Marx se verá obrigado a encarregar-se, ele mesmo, senão da tradução, ao menos da revisão. Sobre a tradução francesa d'*O capital*, cf. as cartas de número 54, 103, 154, 155; cf. também, *supra*, a nota 196.

[260] De fato, o natalício de Marx é 5 de maio.

me reclama o segundo volume, o mais tardar, para o outono. Assim, consequentemente, terei que voltar ao trabalho o mais cedo possível, sobretudo
tendo em conta que, desde que preparei o original, acumulei muito material
novo para os capítulos sobre o crédito e a propriedade territorial, e durante
o inverno tenho que deixar pronto o volume, de forma a que, na primavera,
possa tirar de cima de mim esta obra. Como é natural, escreve-se de maneira
muito distinta quando vão chegando às mãos da pessoa, de modo gradual
[*au fur et à mesure*], os *placards* já impressos da parte do trabalho terminada e
quando o editor pressiona. [...]

Estou convencido de que, no ano que vem, por esta data serei outro homem e poderei resolver satisfatoriamente minha situação econômica e viver
com meus próprios meios, que já é hora. Sem tua ajuda, nunca poderia terminar minha obra e podes crer que sempre pesou sobre minha consciência
– como uma montanha – a preocupação de que, precisamente por ajudar-me,
tenhas sido obrigado a desperdiçar econômica e espiritualmente teus magníficos dotes e que, por acréscimo, tenhas compartilhado minhas pequenas
misérias [*petites misères*]. [...]

79. ENGELS A MARX
(em Londres)

Manchester, 16 de junho de 1867

Querido Mouro:
Há oito dias me encontro tão incomodado com todo tipo de querelas com
o senhor Gottfried,[261] e outras histórias e transtornos análogos, que raras vezes
tenho tido a tranquilidade suficiente para estudar a forma do valor. Se não
fosse por isso, já teria devolvido as provas[262] há muito tempo. O *placard* 2, em
especial, mostra muitos sinais de antraz, mas já não se pode acrescentar nada
e suponho que não acrescentarás nada no apêndice,[263] uma vez que os filisteus
não estão habituados a este gênero de pensamento abstrato e não torturarão
suas meninges por afeto à forma do valor. No máximo, seria conveniente de-

---

[261] Gottfried Ermen (1811-1899), coproprietário da empresa *Ermen & Engels*, de Manchester, em que
Engels trabalhava. Cf., *infra*, a nota 357.

[262] Trata-se de provas do livro I d'*O capital*.

[263] Kugelmann havia convencido Marx a acrescentar um apêndice didático para explicar o valor.

monstrar historicamente com um pouco mais de detalhe o que estabeleceste aqui dialeticamente, exibir em seu apoio, por assim dizer, uma prova retirada da história, mesmo quando já tenhas dito o essencial a este respeito; porém, possuis uma documentação tal sobre este ponto que podes muito bem fazer com ela um magnífico curso que provará aos filisteus, por meio da história, a necessidade da formação do dinheiro e explicará qual foi o processo desta formação.

Cometeste um grande erro em não tornar mais visível o encadeamento do pensamento, nessas exposições abstratas, por meio de um maior número de pequenas subdivisões e de títulos. Deverias ter tratado esta parte ao estilo da *Enciclopédia* hegeliana, com breves parágrafos, sublinhando cada transição dialética mediante um título especial e, se possível, com todas as digressões e simples ilustrações impressas em caracteres especiais. Talvez a obra oferecesse um aspecto um tanto pedante, porém poderias ter facilitado sua compreensão em grande medida para um amplo segmento de leitores. É que o povo [*populus*], inclusive o instruído, não está absolutamente habituado a este método de pensar e então há que dar-lhes[264] todas as facilidades possíveis.

Comparando com a expressão anterior (Duncker),[265] o progresso no rigor do desenvolvimento dialético é muito expressivo; na exposição mesma, algumas coisas me agradavam mais em sua forma anterior. É uma pena que justamente o segundo *placard*, tão importante, tenha sofrido as consequências do antraz. Porém, já não se pode fazer nada – e pelo menos quem for capaz de pensar dialeticamente o compreenderá. Os outros *placards* são muito bons e me proporcionaram uma grande alegria.

Envio-te hoje cinco *placards*. [...]

80. MARX A ENGELS

(em Manchester)

Londres, 22 de junho de 1867

Querido Fred:

Junto encontrarás quatro novos *placards* que me chegaram ontem. [...] Gostaria que ficasses contente com estes quatro *placards*. A satisfação que ma-

---

[264] Respeita-se o original: deveria estar no singular, porém aqui Engels não pensa no *populus*, mas nos leitores.

[265] Isto é, com a *Contribuição à crítica da Economia Política*, livro editado por Duncker.

nifestas até agora tem para mim mais peso que tudo [*anything*] o que o resto do mundo possa dizer [*may say of it*]. Em todo caso, espero que a burguesia pense, durante toda a sua vida, em meus furúnculos. Para te explicar como eles [os burgueses] são desprezíveis, aqui vai outro exemplo. Como sabes, a *Comissão de investigação sobre o emprego de crianças* [*Children's Employment Commission*] funciona há cinco anos. Como consequência do primeiro relatório, publicado em 1863, tomaram-se imediatamente "medidas" contra os ramos industriais denunciados. O ministério conservador [*tory*] submeteu, no começo desta sessão, por meio de [*per*] Walpole,[266] o salgueiro chorão [*the weeping willow*], um projeto de lei [*bill*] em virtude do qual eram aceitas todas as proposições da Comissão, ainda que de forma muito atenuada. Os indivíduos que se viam afetados por estas medidas – entre eles, os grandes industriais metalúrgicos e, de maneira especial, também os vampiros do "trabalho a domicílio" –, emporcalhados como estavam, calaram-se. E agora acabam de dirigir uma petição ao parlamento solicitando *uma nova investigação*! A primeira teria sido parcial!

Especulando sobre o fato de que a *Reform bill*[267] atraiu toda a atenção pública, trataram de introduzir fraudulentamente, com toda a suavidade e a portas fechadas [*privately*], suas propostas, aproveitando a circunstância de que correm maus ventos para os sindicatos [*trade unions*]. O pior que há nos relatórios [*Reports*] são precisamente *as declarações desses mesmos indivíduos*. Sabem, pois, que pedir uma nova investigação não significa mais que uma coisa, justamente "o que nós, os burgueses, queremos": um novo prazo de cinco anos para a exploração. Afortunadamente, minha situação na *Internacional* me permite dificultar o jogo destes porcos. O assunto tem a máxima importância. Trata-se da *abolição da tortura* para 1,5 milhão de seres humanos, sem contar com os trabalhadores adultos masculinos [*adult male working men*].

Quanto ao desenvolvimento da *forma do valor*, segui teu conselho e não o segui, para adotar também nisto uma atitude dialética – ou seja: 1. escrevi um *apêndice* em que exponho *o mesmo assunto*, da forma a mais simples e didática

---

[266] Referência a Spencer H. Walpole (1806-1898), político inglês, conservador.

[267] Referência à segunda lei (1867) sobre a reforma eleitoral.

possível e 2. seguindo teu conselho, dividi cada ponto da argumentação que supunha um passo adiante em parágrafos etc., com subtítulos especiais.[268] No prefácio, digo ao leitor "*não dialético*" que fará muito bem em saltar as páginas de *x* a *y* e que, em seu lugar, leia o apêndice. Não se trata aqui tão somente dos filisteus, mas da juventude ávida de saber etc. Além disso, o assunto é demasiado importante para todo o livro. Os senhores economistas descuidaram até agora deste assunto tão simples, a saber a equação: 20 *metros de tecido* = 1 *traje*, não mais que a base não desenvolvida de 20 *metros de tecido* = 2£ e que, por consequência, *a forma mais simples da mercadoria*, na qual seu valor ainda não está expresso como relação com todas as demais mercadorias, mas somente *como o que a diferencia* de sua própria forma natural, contém todo o *segredo da forma dinheiro* e, portanto, em germe [*in nuce*], o de *todas as formas burguesas do produto do trabalho*. Na primeira exposição (Duncker),[269] contornei a dificuldade do desenvolvimento não realizando a verdadeira análise da *expressão do valor* até que, uma vez já desenvolvido, ele aparece como expressão monetária.

A respeito de Hofmann,[270] tens toda razão. Ademais, o final de meu capítulo III,[271] no qual se desenha a metamorfose do mestre artesão em capitalista, em consequência de mudanças simplesmente *quantitativas*, te fará ver que, neste texto, refiro a descoberta, por Hegel, da lei da *transformação brusca da mudança puramente quantitativa em mudança qualitativa* como sendo lei verificada imediatamente na história e nas ciências da natureza.[272] Em uma *nota* (era justamente o momento em que seguia os cursos de Hoffmann), menciono a *teoria molecular*, porém não a Hofm[ann], que neste assunto não inventou

---

[268] Durante sua estada em Hannover (abril-maio de 1867), por sugestão de Kugelmann, Marx escreveu um apêndice para a primeira edição *d'O capital* sobre a forma do valor (cf., *infra*, a nota 282). Para a segunda edição (1872), ele revisou o apêndice e o incorporou no texto principal; em edições subsequentes – inclusive a tradução inglesa (1887), editada por Engels – o mesmo procedimento foi adotado.

[269] Ou seja, na *Contribuição à crítica da Economia Política* (1859).

[270] Referência ao alemão August W. Hofmann (1818-1892), que lecionou em Londres e em Berlim, um dos fundadores da *Sociedade Química Alemã* (1867). É de 1865 a primeira edição da sua influente obra *Einleitung in die Moderne Chemie* (*Introdução à química moderna*).

[271] Capítulo 3º da 1ª edição, transformado em 3ª seção na edição seguinte.

[272] Cf., na edição brasileira *d'O capital* que estamos citando, no livro I, as p. 380-381.

nada, só sublinhou a coisa; entretanto, cito Laurent, Gerhardt e Wurtz[273] – este último é o *verdadeiro inventor*. Ao ler a tua carta, recordei-me vagamente de tudo isto, o que me fez voltar ao meu manuscrito para comprová-lo. [...]

81. ENGELS A MARX

(em Londres)

Manchester, 24 de junho de 1867

Querido Mouro:

Recebi os *placards*, incluído o 12, e te agradeço. Mas só li até o oito. Os capítulos sobre a transformação do dinheiro em capital e a emergência da mais-valia constituem, quanto à exposição e ao fundamento, até agora, a parte mais brilhante. Ontem, verbalmente, traduzi-os para Moore,[274] que bem os entendeu e se surpreendeu com este método simples de chegar aos resultados. Ao mesmo tempo, creio haver resolvido o problema de quem traduzirá o teu livro para o inglês – Moore. Sabe suficiente alemão para ler Heine[275] com fluência e não será difícil a ele manter o teu estilo (se se excetua a forma do valor e a terminologia, porém já me encarreguei de ajudá-lo com o necessário). Nem é preciso dizer que todo o trabalho se realizará sob a minha direta orientação. Se encontrares um editor que (note bem!) *pague* por seu trabalho, está pronto a começar. É trabalhador sério, possui a máxima preparação teó-

---

[273] Sobre a nota citada por Marx (e com um adendo de Engels), cf., na fonte citada na nota anterior, a p. 381. As referências – todas a químicos franceses – são a Auguste Laurent (1807-1853) e Charles F. Gerhardt (1816-1856); não encontramos a remissão expressa a Charles A. Wurtz (1817-1884).

[274] Referência a Samuel Moore (1838?-1911), advogado, amigo de Marx e de Engels, membro da Internacional e um dos tradutores ao inglês do livro I d'*O capital*.

[275] Heinrich Heine (1797-1856), pensador influenciado por Hegel, prosador e poeta, glória da literatura alemã, censurado e perseguido pelas autoridades prussianas. Marx e Engels ligaram-se pessoalmente a ele em Paris, em meados dos anos 1840. Da sua literatura revolucionária, lembre-se a "Canção dos tecelões silesianos" (1844), traduzida por Engels (cf. K. Marx-F. Engels, *Cultura, literatura e arte. Textos escolhidos*. São Paulo: Expressão Popular, 2010, p. 280) e o notável relato (1844) *Alemanha. Um conto de inverno* (H. Heine, *Alemanha. Um conto de inverno*. Belo Horizonte: Crisálida, 2011). Cf. também H. Heine, *Prosa política e filosófica*. Rio de Janeiro: Civilização Brasileira, 1967.

rica que cabe esperar de um inglês. Disse a ele que tu estás disposto a fundir, em inglês, a análise da mercadoria e a seção relativa ao dinheiro. Também será necessário buscar uma *terminologia* (inglesa) para traduzir as expressões hegelianas do resto da obra e já podes ir pensando nisso, posto que o problema não é nada fácil e não há mais remédio senão resolvê-lo.

Quantos *placards* estão já compostos? Eu me perco – é exatamente a metade do livro o que agora se vai compor? Regozijo-me em pensar nos apuros dos senhores economistas quando chegarem às duas passagens que acabo de mencionar. A exposição da forma do valor é, sem dúvida, o ponto crucial de todo o dispositivo burguês; porém, como a consequência revolucionária ainda não aparece claramente aí, as pessoas podem esquivar mais facilmente estas coisas abstratas fazendo frases. Todavia, aqui tudo terminou: tudo está claro como o dia, tão claro que não vejo o que vão poder dizer contra. [...]

82. ENGELS A MARX

(em Londres)

Manchester, 26 de junho de 1867

[...] Umas palavras mais sobre a produção da mais-valia: o fabricante – e, com ele, o economista vulgar – vai se opor imediatamente a ti: ainda que o capitalista pague ao operário por suas 12 horas de trabalho o preço de somente seis horas, daí não pode resultar uma mais-valia, visto que cada hora de trabalho do operário da fábrica não conta mais que por = meia hora de trabalho (= aquilo pelo que se paga), e não entra, portanto, a fazer parte do valor do produto do trabalho mais que como tal valor. Sobre o que se seguirá como exemplo a fórmula habitual de contabilidade: tanto para a matéria-prima, tanto para o desgaste, tanto para o salário (*realmente pago* por produto real de uma hora) etc. Por espantosamente banal que seja este argumento, e mesmo que seja absolutamente evidente que identifica valor de troca e preço, valor do trabalho e salário, por absurda que seja a hipótese básica de que uma hora de trabalho não faz parte do valor mais que como meia hora, quando se paga tão somente como meia hora – surpreende-me, todavia, que tu não tenhas levado isso em conta, já que é *absolutamente certo* que serás contestado imediatamente e vale mais liquidar a coisa antecipadamente. Talvez voltes a ela no *placard* seguinte. [...]

83. MARX A ENGELS

(em Manchester)

Londres, 27 de junho de 1867

[...] O último *placard* que recebi é o 20. No total serão uns 40-42 *placards*. Não recebi mais *segundas provas* depois daquelas que te enviei. Quando tu te fores,[276] devolve-me as que tens em teu poder.

Quanto ao que me dizes sobre a objeção do filisteu e do economista vulgar (que, por certo, esquecem que se contabilizam o *trabalho pago* sob a rubrica *salário* e o *não pago* sob a de *lucro* etc.), ela se reduz, em termos científicos, à seguinte questão: como o *valor* da mercadoria se transforma em seu *preço de produção*, no qual:

1. *o trabalho inteiro aparece como pago* sob a forma de *salário*;

2. o sobretrabalho, ao contrário, ou a mais-valia, adquire a forma de um *aumento de preço* sob o nome de juro, de lucro etc., que vem a *somar-se* ao preço de custo (= preço da fração de capital constante + salário).

A resposta a esta questão pressupõe:

I. que *a transformação*, por exemplo, *do valor diário da força de trabalho*, ou *preço da jornada de trabalho*, tenha sido exposta anteriormente. Isto se fez no capítulo V deste volume;[277]

II. que a *transformação da mais-valia em lucro*, do *lucro* em *lucro médio* etc., tenha sido exposta. Isto exige previamente a exposição do *processo de circulação do capital*, já que a rotação do capital etc. joga um papel

---

[276] Engels estava se preparando para viajar nos primeiros dias de julho – e no dia 5 deste mês iniciou uma visita à Suécia, Dinamarca e Alemanha (em Hannover, visitou Kugelmann).

[277] Cf., na edição brasileira que estamos citando d'*O capital*, o livro I, seção III.

aqui. Isto não pode, pois, ser exposto a não ser no terceiro livro (o volume II incluirá os livros 2 e 3).[278] Aí se verá de onde provém a forma de pensar dos burgueses e dos economistas vulgares – isto é, provém de que, em seu cérebro, não há nunca outra coisa que a *forma fenomênica* imediata das relações que nele se refletem e não as *relações internas*. Ademais, se fosse este o caso, para que serviria então uma ciência?

Assim, se eu quisesse *resumir* para, ao mesmo tempo, *enfrentar* melhor as críticas desse gênero, liquidaria todo o método de desenvolvimento dialético. Ao contrário. Este método tem a qualidade de *preparar* constantemente *armadilhas* para esses indivíduos e provoca intempestivas manifestações de sua asnice.

Além disso, imediatamente depois do capítulo 3, o último que chegou às tuas mãos – "*A taxa de mais-valia*" – , vem o parágrafo "*A jornada de trabalho*" (a luta pela duração do tempo de trabalho), onde se demonstra com uma clareza que salta aos olhos [*ad óculos*] até que ponto o senhor burguês vê nitidamente, na prática, esta questão no que toca à substância e à fonte de seu lucro. Isto se percebe também no caso [*cas*] de Senior, em que o burguês afirma que todo o seu lucro e seus juros provêm da *última hora de trabalho não pago*.[279] [...]

84. MARX A ENGELS

(em Manchester)

Londres, 27 de junho de 1867

[...] Escrevi a Meissner que os métodos "de Leipzig"[280] não podem continuar assim. Não recebi *nada* desde terça-feira. Geralmente, as provas me chegam com grande irregularidade, o que faz com que tenha que interromper

---

[278] No seu prefácio à 1ª. edição alemã do livro II, Engels dá conta de como articulou os textos que aqui Marx queria incluir no "volume II" – cf. a edição citada d'*O capital*, II, esp. p. 80-83.

[279] Sobre Nassau Senior, cf., *supra*, a nota 66; para a crítica referida a ele, cf., na edição brasileira d'*O capital* que estamos citando, no livro I, as p. 299-303.

[280] Vale dizer: o ritmo com que Wigand, com sua tipografia em Leipzig, estava conduzindo a impressão do livro.

continuamente outros trabalhos e que me encontre sempre sob uma pressão desnecessária. [...] Disse a Meissner que Wigand deve enviar-me *um mínimo de três placards* em dias *fixos a serem combinados* e que não me oponho a que alguma vez me mande mais.

Se me chegarem a tempo as segundas provas dos *placards* 13 e 14, tu os receberás no domingo. Gostaria que pudesses ver, antes da tua partida, a minha crítica a Senior[281] e o modo como introduzo o estudo da *jornada de trabalho*. Além disso, o capítulo sobre a jornada de trabalho compreende cinco *placards*: o essencial é, naturalmente, de ordem documental. Para que vejas com que exatidão segui teu conselho na maneira de tratar o apêndice,[282] volto a te mostrar a divisão, parágrafos, títulos etc...

APÊNDICE AO CAPÍTULO I
A FORMA DO VALOR
I. FORMA SIMPLES DO VALOR

§1. Os dois polos da expressão do valor: forma relativa e forma equivalente.

a) Indivisibilidade das duas formas.

b) Polaridade das duas formas.

c) Valor relativo e valor equivalente, ambas as formas do valor.

§2. A forma relativa do valor.

a) Relação de igualdade.

b) Relação de valor.

c) Conteúdo qualitativo da forma relativa do valor contido na relação do valor.

d) Determinação quantitativa da forma relativa do valor contida na relação de valor.

e) Conjunto da forma relativa do valor.

---

[281] Cf., *supra*, a nota 279.

[282] Para o texto completo do apêndice, cf. K. Marx-F. Engels, *Kleine ökonomische Schriften*. Berlin: Dietz Verlag, 1955. Este texto foi reproduzido por W. Roces (1897-1992), diretor das *Obras fundamentales de Marx y Engels*, no volume 11 (*Escritos económicos menores*) desta coleção (México: Fondo de Cultura Económica, 1987), sob o título "A forma do valor", às p. 383-402.

§3. *A forma equivalente.*

   a) A forma da permutabilidade imediata.

   b) Determinação quantitativa não contida na forma equivalente.

   c) As particularidades da forma equivalente.

     – *Primeira particularidade: o valor de uso devém a forma de manifestação de seu contrário, o valor.*

     – *Segunda particularidade: o trabalho concreto devém a forma de manifestação de seu contrário, o trabalho humano abstrato.*

     – *Terceira particularidade: o trabalho privado devém a forma de seu contrário, o trabalho em forma imediatamente social.*

     – *Quarta particularidade: o fetichismo da forma da mercadoria, mais surpreendente na forma equivalente que na forma relativa do valor.*

§4. *Forma de valor, ou manifestação independente do valor = valor de troca.*

§5. *A forma simples de valor da mercadoria = manifestação simples das contradições que estão entre valor de uso e valor.*

§6. *A forma simples de valor da mercadoria = forma mercantil simples de um produto.*

§7. *Relações entre a forma mercadoria e a forma dinheiro.*

§8. *Forma simples, relativa de valor e forma equivalente particular.*

§9. *Passagem da forma simples do valor à forma desenvolvida.*

II. FORMA DE VALOR TOTAL OU DESENVOLVIDA

§1. *Caráter ilimitado da serie das expressões relativas do valor.*

§2. *Definição contínua, contida na forma desenvolvida da forma relativa de valor.*

§3. *Lacunas da forma desenvolvida da forma relativa do valor.*

§4. *Forma relativa do valor desenvolvida e forma equivalente particular.*

§5. *Passagem à forma geral de valor.*

III. FORMA GERAL DO VALOR

§1. Estrutura modificada da forma relativa do valor.

§2. Estrutura modificada da forma equivalente.

§3. Relação de desenvolvimento uniforme da forma de valor relativa e da forma equivalente.

§4. Desenvolvimento da polaridade da forma relativa do valor e da forma equivalente.

§5. Passagem da forma geral do valor à forma monetária.

IV. A FORMA MONETÁRIA

(Estas observações sobre a forma monetária somente por razões de encadeamento do conjunto; talvez apenas meia página).

§1. Diferença entre a passagem da forma geral do valor à forma dinheiro e as passagens anteriores.

§2. Transformação da forma relativa do valor em preço.

§3. A forma mercantil simples é o segredo da forma dinheiro.

[...] Quanto à *tradução inglesa*, estou buscando em Londres um editor que *pague bem*, para que Moore, como tradutor, e eu, como autor, possamos repartir os honorários [...]. Tenho algumas esperanças – os senhores Harrison & Co. manifestaram desejos de examinar o livro em *inglês*. Eccarius disse a eles, decerto, que era um humilde discípulo meu (sua crítica de Mill impressionou muito a eles, que são antigos devotos deste autor)[283] e que o senhor profeta agora tem a quintessência da sabedoria sendo impressa na Alemanha. [...]

---

[283] Johann G. Eccarius (1818-1889), alfaiate alemão, ligado a Marx, figura proeminente do movimento operário. Membro da Internacional, publicou, em novembro de 1866/março de 1867, no semanário *The Commonwealth* [*A comunidade*] – editado pela Internacional entre fevereiro/1866--julho/1867 –, o ensaio "A Working Man's Refutation on some Points of Political Economy endorsed and advocate by John Stuart Mill" ["A refutação de um trabalhador a alguns aspectos da Economia Política sustentada por John Stuart Mill"].

85. ENGELS A MARX

(em Londres)

Manchester, 11 de agosto de 1867

[...] Dei uma olhada até o *placard* 32, porém não poderei mandar minhas impressões antes de alguns dias; os muitos exemplos que pões nesta parte desviam um tanto a ilação, pelo menos numa primeira leitura rápida. Porém, há, no todo, coisas magníficas e podes ter a segurança de que o capital e seus impostores ficarão eternamente gratos a você. [...]

86. MARX A ENGELS

(em Manchester)

Londres, 14 de agosto de 1867

[...] Não posso mover nem um dedo até ver terminada a impressão do livro. Acabo de receber o *placard* 48. O que quer dizer que, nesta semana, colocarei o ponto final a este maldito trabalho.

87. ENGELS A MARX

(em Londres)

Manchester, 15 de agosto de 1867

[...] Quando queres que te devolva uma parte dos *placards*? Schorlemmer[284] me pediu que os fosse deixando a ele à medida que os examino – o que depende, naturalmente, da tua vontade. Eu já terminei de lê-los (por alto) e vejo que faz *muita falta* o segundo volume e, quanto antes o termines, melhor.

---

[284] Carl Schorlemmer (1834-1892), químico alemão, emigrou para a Inglaterra em 1859 e fez brilhante carreira universitária em Manchester. Amigo de Marx e Engels, vinculou-se à Internacional e à social-democracia.

Agora me dedico a repassar tudo (em especial, a parte teórica). Os leitores vão ficar maravilhados diante da facilidade com que liquidas [...] os pontos mais difíceis, como, por exemplo, a teoria do lucro em Ricardo.

[...] *Lupus* nasceu em Tarnau, em 21 de 1809 e faleceu em 9 de maio de 1864.[285] [...]

88. MARX A ENGELS

(em Manchester)

[Londres,] duas da madrugada,16 de agosto de 1867

Querido Fred:

Acabo de corrigir, neste momento, o *último placard* (o 49) do livro. O apêndice – *"A forma do valor"* –, impresso em caracteres pequenos, ocupa um *placard* e um quarto. O *prefácio, idem.* Enviarei amanhã. Eis que está *terminado* este volume.

Se isto foi possível, devo-o somente a ti! Sem a tua dedicação a mim, eu jamais poderia levar a cabo os enormes trabalhos exigidos pelos três volumes.[286] Eu te abraço com toda a minha gratidão! [*I embrace you full of thanks!*].

Anexo dois *placards* já terminados. Recebi as 15£. Obrigado.

Saúde, meu querido e precioso amigo.

K. Marx.

[P. S.] Não tens de me devolver estas páginas *até que o volume esteja publicado.*

---

[285] Marx pedira a Engels dados precisos sobre *Lupus* (cf., *supra*, a nota 105), a quem dedicaria o livro I d'*O capital*.

[286] Sabe-se que o único livro d'*O capital* concluído e publicado por Marx foi exatamente o livro I, cujo fecho comunica a Engels nesta carta. Ele prosseguiu às suas pesquisas para os livros subsequentes (que iriam do II a IV) até a passagem dos anos 1870-1880 – mas as suas investigações fundamentais (que datavam de 1857-1858, registradas nos *Grundrisse* e inicialmente expostas na *Contribuição à crítica da Economia Política*, publicada em 1859), ele as avançara já nos manuscritos de 1861-1863 e de 1863-1865. Daí ele se referir, neste passo, aos "enormes trabalhos exigidos" pelo que visualizava como o conjunto da sua obra.

89. ENGELS A MARX

(em Londres)

Manchester, 23 de agosto de 1867

Querido Mouro:

Estudei até agora uns *36 placards* e te felicito por haveres encontrado um método que te permite, sem omitir nada, explicar de forma simples e quase concreta os problemas econômicos mais complicados, pelo simples fato de pô-los em seu lugar e situá-los em seus verdadeiros contextos. Felicito-te ainda pela exposição, em verdade excelente, do seu conteúdo da relação entre o trabalho e o capital – apresentado aqui pela primeira vez, com todas as questões conexas e de forma completa. Também gostei muito de ver até que ponto tu te familiarizaste com a linguagem tecnológica, o que certamente te custou muitos esforços e sobre o que eu mesmo tinha certa apreensão [*diverse misgivings*]. Corrigi à margem, com lápis, alguns erros de escrita [*slips of the pen*] e me arrisquei também a fazer algumas conjecturas. E como tu conseguiste manter a divisão *exterior* do livro tal como está! O capítulo quarto tem cerca de 200 páginas e não abrange mais que quatro partes, assinaladas por títulos em caracteres muito pequenos, que mal se fazem notar. Dessa forma, o raciocínio se vê continuamente interrompido por explicações, e o ponto que é necessário ilustrar nunca é resumido ao término da explicação, de modo que sempre se avança saltando e sem transição da ilustração de um ponto de raciocínio ao enunciado de outro ponto. Isto se torna terrivelmente fatigante e, se não se segue adiante com muita atenção, algumas coisas se perdem. Subdivisões mais frequentes, com o destaque das partes mais importantes, decerto seriam bem recebidas e é absolutamente indispensável que se faça assim na versão inglesa.[287] Em contrapartida, nesta exposição (especialmente: "Cooperação e manufatura"),[288] há alguns pontos que não me parecem muito claros e nos

---

[287] Marx incorporou esta observação ao preparar a segunda edição do livro. Nas edições atuais, o capítulo IV da primeira edição corresponde à seção IV do livro I.

[288] Para a redação conclusiva dessa passagem, cf., no livro I da edição brasileira que estamos citando d'*O capital*, as p. 397-443.

quais não pude precisar a que fatos se refere o desenvolvimento, que continua sendo muito geral. Ademais, em sua forma *exterior*, este capítulo quatro parece ter sido redigido apressadamente e menos elaborado que os outros. Porém, tudo isto tem pouca importância: o principal é que os senhores economistas não encontrarão em nenhum lugar um ponto fraco pelo qual possam abrir uma brecha em teu trabalho. Sinto curiosidade em saber o que dirão estes senhores, pois tu não lhes deixas a mínima margem para a crítica. Roscher[289] e seus iguais não serão perturbados, mas, para os ingleses, que não escrevem para crianças de três anos, a coisa será diferente.

Quando puderes me enviar novamente alguns *placards*, me proporcionarás uma grande alegria. Gostarei muito de ler a seção sobre acumulação em seu contexto. [...]

90. MARX A ENGELS

(em Manchester)

Londres, 24 de agosto de 1867

[...] Eis o que há de melhor em meu livro: 1. o destaque (e sobre isto se funda *toda* a inteligência dos fatos [*facts*]), desde o *primeiro* capítulo, do *duplo caráter do trabalho*, que se exprime como *valor de uso* ou como *valor de troca*;[290] 2. a análise da *mais-valia, independentemente das suas formas particulares*: lucro, juro, renda da terra etc. É no segundo volume, sobretudo, que isto aparecerá. A análise destas formas particulares na economia clássica, que as confunde constantemente com a forma geral, é uma miscelânia cozida [*olla podrida*].

Agradeceria a ti se *registrasses* nos *placards* tuas críticas, desideratos, perguntas [*queries*] etc. Isto é muito importante para mim, porque cedo ou tarde

---

[289] Wilhelm Roscher (1817-1894), economista vulgar de Hannover. Sobre Roscher, cf., *supra*, a nota 171.

[290] Na edição brasileira d'*O capital* que estamos citando, lê-se, no livro I, p. 119: "Essa natureza dupla do trabalho contido na mercadoria foi criticamente demonstrada pela primeira vez por mim" – e, em nota, Marx remete à sua *Contribuição à crítica da Economia Política*.

conto com uma segunda edição. No que se refere ao capítulo IV,[291] suei sangue e água para encontrar as *coisas mesmas*, isto é, seu *encadeamento*. Ademais, depois de terminado, um livro azul [*blue book*][292] atrás de outro veio a aparecer durante o meu último trabalho de revisão e eu me surpreendia ao ver meus resultados teóricos inteiramente confirmados pelos fatos [*facts*]. Enfim, o texto foi escrito durante uma crise de furunculose, quando eu me via diariamente acossado por credores!

No momento de terminar o livro II (*processo de circulação*), em cuja conclusão estou trabalhando,[293] preciso, uma vez mais, como faço há tantos anos, me dirigir a ti a respeito de um ponto.

O capital fixo tem que ser reposto em seu estado natural [*in natura*], suponhamos, por exemplo, ao final de dez anos. Neste lapso temporal, o seu valor é restituído, em parte, gradualmente [*gradatim*], à medida que se vão vendendo as mercadorias produzidas graças a ele. Este progressivo refluxo [*return*] é necessário no que se refere ao *capital fixo* (abstração feita das reparações [*repaires*] e outros detalhes etc.), para repô-lo tão somente a partir do momento em que deperece em sua forma material, por exemplo sob a forma de máquinas. Mas, durante o referido lapso temporal, o capitalista se apropria desses sucessivos refluxos [*returns*]. Já há anos te escrevi que, parece-me,[294] se constituía um *fundo de acumulação*, supondo que o capitalista *emprega no entretempo* o dinheiro que volta a ele, antes de servir-se dele para *substituir* o capital fixo [*capital fixe*]. Tu te manifestaste contra esta concepção em uma carta de uma forma um tanto superficial [*somewhat superficially*]. Posteriormente, descobri que Mac Culloch[295] apresenta este *fundo de amortização* [*sinking fund*] sob

---

[291] Cf., *supra*, a nota 286.

[292] "Livros Azuis [*Blue Books*; em alemão, *Blaubücher*] é a designação geral das publicações de materiais do Parlamento inglês e documentos diplomáticos do Ministério das Relações Exteriores. Os Livros Azuis, assim designados em razão da cor de suas capas, são publicados na Inglaterra desde o século XVII, constituindo a fonte oficial mais importante para a história da economia e da diplomacia desse país" (nota dos editores alemães do livro I, d'*O capital* – cf. *MEW*, 1972, 23, p. 846).

[293] Somente após a morte de Marx, Engels editará o livro II (1885).

[294] Cf., *supra*, a carta de número 52.

[295] Cf. *supra*, a nota 66.

o aspecto de um *fundo de acumulação*. Convencido da incapacidade de Mac C[ulloch] de conceber qualquer coisa de modo correto, desisti do assunto – aliás, a sua intenção apologética a respeito já foi refutada pelos malthusianos, mas eles também *admitem o fato* [*fact*].

Tu, na condição de fabricante, deves saber muito bem o que se faz com as somas recuperadas [*returns*] destinadas ao capital fixo [*capital fixe*] *antes* do momento em que há que substituí-lo *in natura*. Deves responder-me sobre esta questão (não em teoria, mas no *plano puramente prático*).

K. M.

91. ENGELS A MARX

(em Londres)

Manchester, 26 de agosto de 1867

Querido Mouro:

Sobre a questão do fundo de substituição [do material], te escreverei amanhã com detalhe e aduzirei cálculos. Preciso, porém, consultar alguns fabricantes para saber se nossa forma de proceder é a regra ou se é apenas uma exceção. Trata-se de saber se, para um gasto inicial de 1.000£ para o conjunto de máquinas, do qual se amortizam 100£ no primeiro ano, a regra é amortizar no segundo ano 10% sobre 1.000£ ou sobre 900£. Esta última forma de cálculo é a que nós aplicamos e a coisa segue assim, como compreenderás, até o infinito – ao menos em teoria. Esta forma de proceder implica uma contabilidade considerável. Sem o que não há dúvida de que o fabricante, ao fim de quatro anos e meio em média, já *utiliza*, ou ao menos tem à sua disposição, o fundo de substituição do material antes que ele seja gasto. No entanto, isso está incluído nos cálculos, por meio do que se poderia chamar de certa garantia contra o desgaste moral ou, alternativamente, o fabricante diz: a suposição de que em dez anos o maquinário estará completamente desgastado é correta, *i. e.*, pressupõe que eu receba o dinheiro do fundo de reposição em dez parcelas anuais desde o início. De qualquer modo, terás dados exatos em cifras. Quanto à importância econômica do assunto, não me parece ainda de todo clara. Não vejo como o fabricante poderia estar em condições confortáveis para enganar, em prazo largo, aos demais participantes da mais-valia ou aos últimos consumidores dando-lhes uma ideia falsa da realidade. Nota bem: a regra é amortizar 7 ½% ao ano do conjunto das máquinas, o que supõe um período de desgaste de uns 13 anos. [...]

O capítulo sobre a acumulação é simplesmente fabuloso.

F. E.

92. ENGELS A MARX

(em Londres)

Manchester, 27 de agosto de 1867

Querido Mouro:

Envio-te dois quadros relativos às máquinas que te esclarecerão toda a coisa. Em regra geral, a cada ano se amortizam, normalmente, 7 ½% do desembolso inicial; entretanto, para simplificar o cálculo, conservei os 10%, o que, para muitas máquinas, não me parece exagerado. Assim, por exemplo:

1860. 1º de janeiro	aquisição	1.000£
1861. 1º de janeiro	amortização de 10%	100£
		900£
	novas aquisições	200£
		1.100£
1862. 1º de janeiro	amortização de 10% sobre 1.200 £ (1.000£+200£)	120£
		980£
	novas aquisições	200£
		1.180£
1863. 1º de janeiro	amortização de 10% sobre 1.000£+200£+200£	140£
		1.040£

etc...

No quadro I, suponho que o fabricante *coloca* seu [dinheiro] destinado à amortização. No dia em que tiver que renovar sua maquinaria, em lugar de 1.000£, terá £1.252,11. No quadro II, parte-se da hipótese de que investe todos os anos, imediatamente, seu dinheiro em máquinas. Como demonstra a última coluna, na qual se reflete o valor de todas as aquisições, tal como se estabelece no último dia deste período de dez anos, o fabricante não conta certamente com um *valor* superior a 1.000£ em máquinas (e não pode contar com mais, porque não investiu mais que o *valor* que representa o desgaste e porque o *valor total* das máquinas não pode aumentar em virtude deste processo), porém, ano após ano, foi aumentando sua fábrica e trabalhou, para uma média de 11 anos, com máquinas que custaram um investimento de 1.449£ e, por consequência, produziu e ganhou muito mais que com as 1.000£ de que dispunha na origem. Suponhamos que este fabricante possui uma fábrica de fios e que cada £ representa um fuso acompanhado de uma máquina de fiar em bruto – teremos que fiou com uma média de 1.449 fusos no lugar de mil e, ao desfazer-se dos mil fusos iniciais, em 1 de janeiro de 1866 inicia um novo período com 1.357 fusos adquiridos no intervalo, aos quais vêm somar-se, depois da amortização de 1865, outros 256 fusos mais, isto é, um total de 1.593 fusos. Graças ao pagamento para amortização, pode *aumentar* em uns 60% o conjunto de suas máquinas, partindo de sua velha ferramenta, e sem investir nenhum cêntimo [*farthing*] de seu *lucro propriamente dito* em novos equipamentos.

Em nenhum desses quadros levaram-se em conta os reparos. No caso de uma amortização de 10%, a máquina haveria de cobrir seus próprios gastos de reparações, isto é, eles estão incluídos nesta quantidade. Não mudam em nada a situação, já que estão compreendidos nestes 10% ou prolongam mais a duração da máquina, o que vem a ser o mesmo.

Espero que o quadro II te pareça suficientemente claro; se não for assim, escreva-me, pois conservei uma cópia.

Com toda a rapidez.

F. E.

I. O fabricante coloca seus fundos de renovação do material a 5%

Em 1º de janeiro de:

1856	Aquisição de maquinaria por	1.000£	
1857	Amortização 10% por desgaste		100£
1858	Amortização 10% por desgaste	100£	
	Juros de 100£	5£	105£
			205£
1859	Juros de 205£	10,5£	
	Amortização 10%	100£	110,5£
			315,5£
1860	Juros de 315,5£	15,15£	
	Amortização 10%	100£	115,15£
			431£
1861	Juros de 431£	21,11£	
	Amortização 10%	100£	121,11£
			552,11£
1862	Juros de 552,11£	27,13£	
	Amortização 10%	100£	127,13£
			680,4£
1863	Juros de 680,4£	34£	
	Amortização 10%	100£	134£
			814,4£
1864	Juros de 814,4£	40,14£	
	Amortização 10%	100£	140,14£
			954,18£
1865	Juros de 954,18£	42,15£	
	Amortização 10%	100£	142,15£
			1.097, 13£
1866	Juros de 1.079,13£	54,18£	
	Amortização 10%	100£	154,18£
			1.252,11£

Resultado ao fim de 10 anos, ou seja, a 1º de janeiro de 1866: em lugar das 1.000£ sob a forma de máquinas usadas: 1.252,11£ em dinheiro líquido.

II. O fundo de renovação das máquinas é investido anualmente em máquinas novas

		Novos equipamentos (£)			Desgaste (%)	Valor (£) em 1º/01/1866
Em 1º de janeiro de:				—	—	—
1856	Aquisição de máquinas		1.000		100	—
1857	Amortização 10% investido em máquinas novas		100		90	10
1858	Amortização 10% investido em máquinas novas	1.000 100	100 10	110 210	80	22
1859	Amortização 10% investido em máquinas novas	1.000 210	100 21	121 331	70	36
1860	Amortização 10% investido em máquinas novas	1.000 331	100 33	133 464	60	53
1861	Amortização 10% investido em máquinas novas	1.000 464	100 46	146 610	50	73
1862	Amortização 10% investido em máquinas novas	1.000 610	100 61	161 771	40	97
1863	Amortização 10% investido em máquinas novas	1.000 771	100 77	177 948	30	124
1864	Amortização 10% investido em máquinas novas	1.000 948	100 95	195 1.143	20	156
1865	Amortização 10% investido em máquinas novas	1.000 1.143	100 114	214 1.357	10	193
1866	Amortização 10% investido em máquinas novas	1.000 1.357	100 136	236	0	236
	Valor nominal do novo equipamento			1.593		
	Valor real das novas máquinas					1.000

A 1£ por fuso, trabalhou-se em:

1856 com 1.000 fusos	Acumulados 9.486 fusos
1857 " 1.100 "	1863 com 1.948 "
1858 " 1.210 "	1864 " 2.143 "
1859 " 1.331 "	1865 " 2.357 "
1860 " 1.464 "	Em 11 anos, 15.934 fusos
1861 " 1.610 "	
1862 " 1.771 "	Média 1.449 fusos
Acumula 9.486 fusos	

E começa em 1866 com 1.357+236=1.593 fusos.

93. ENGELS A MARX

(em Londres)

Manchester, 1 de setembro de 1867

[...] Recebi os oito *placards*. Obrigado. A parte teórica é realmente excelente, e também o desenvolvimento sobre a história da expropriação. Porém, o anexo sobre a Irlanda está redigido com uma tremenda pressa e a documentação foi muito pouco elaborada. À primeira leitura, mostra-se muitas vezes incompreensível. Escrever-te-ei com maiores detalhes quando tiver visto as coisas com mais vagar. O resumo sobre a expropriação dos expropriadores é brilhante e produzirá seu efeito.

Seria uma sorte se o livro não tivesse maior repercussão mais que na Inglaterra; caso contrário, pode entrar em cena o §100 do Código Penal prussiano: "tudo aquilo que [...] incitar os súditos do Estado a odiar ou desprezar os demais" etc. e resultará em confisco. Além disso, Bismarck[296] parece necessitar da encenação de uma campanha contra os trabalhadores. Em Erfurt e arredo-

---

[296] Otto von Bismarck (1815-1898), representante da nobreza fundiária prussiana (os *junkers*), foi o grande dirigente político reacionário da Prússia – e da Alemanha unificada após a guerra franco--prussiana de 1870-1871 – entre 1861 e 1878.

res, um poeta lassalleano, o impressor e o editor são perseguidos por alta traição; e, em Elberfeld, foram confiscados uns rabiscos do nobre Schweitzer.[297] Apesar de tudo, seria possível uma proibição do livro na Prússia, que, porém, de toda forma careceria de efeito, dadas as atuais circunstâncias.

94. MARX A ENGELS

(em Manchester)

Londres, 4 de setembro de 1867

[...] Quanto ao risco de um confisco ou uma proibição da obra, compreendes que não é a mesma coisa proibir um panfleto político que um livro de 50 *placards*, com um aparato tão erudito e até citações em grego. É certo que tudo isto seria pouco útil se eu tivesse escolhido 12 distritos rurais da Prússia, em lugar de 12 condados da Inglaterra, para estudar as condições de vida dos trabalhadores agrícolas. Creio, por outra parte, que Bismarck cuidará para não provocar dificuldades em Londres ou Paris em razão dos meus ataques a seu regime. [...]

95. ENGELS A MARX

(em Londres)

Manchester, 11 de setembro de 1867

[...] O pessoal de Meissner, de Leipzig, parece tardar muito quanto ao lançamento do livro.[298] Ainda não há nenhum anúncio em parte alguma. O que pensas disto? Para que a coisa ande, deverei abordar o livro de um ponto

---

[297] Johann Baptist von Schweitzer (1833-1875), jornalista alemão, sucessor de Lassalle na direção da *Associação Geral dos Trabalhadores Alemães* e fundador (1864) do jornal lassalleano *Der Sozial-Demokrat* [*O social-democrata*]. O texto confiscado aqui referido fora publicado em Berlim, em 1867: *Der Kapitalgewinn und der Arbeitslohn* [*Ganhos de capital e salários*].

[298] O lançamento do livro I d'*O capital* deu-se a 14 de setembro de 1867.

de vista burguês? Meissner ou Siebel[299] se organizariam para publicar o artigo em algum periódico. Quanto à proibição, não creio que surja, porém nunca se pode responder pelo zelo de um procurador; e, uma vez iniciado o processo, poderias contar com teu amigo Lippe.[300] [...]

96. MARX A ENGELS

(em Manchester)

Londres, 12 de setembro de 1867

[...] Teu projeto de abordar o livro *do ponto de vista burguês* é a *melhor tática a usar*. Creio – tão logo a coisa esteja pronta – que é melhor que o faça Siebel ou Rittershaus,[301] em lugar de Meissner. Não convém nem sequer que os melhores livreiros vejam claramente o nosso jogo. Por outra parte, convém que escrevas algumas instruções a *Kugelmann*, que está de volta, sobre os aspectos positivos que há que enfatizar. Do contrário, ele dirá *absurdos*, porque neste caso não basta o entusiasmo. É evidente que eu não posso fazê-lo com a mesma liberdade que tu. [...]

97. MARX A KUGELMANN

(em Hannover)

Londres, 11 de outubro de 1867

[...] O término do meu segundo tomo depende, em grande parte, do êxito do primeiro. Este êxito é preciso para que eu possa encontrar um editor na Inglaterra, *sem o que* a minha situação material é tão difícil e opressiva que não terei aqui o tempo nem a calma necessários para concluí-lo com rapidez. Natu-

---

[299] Cf., *supra*, as notas 240 e 250. Vê-se – nestas linhas de Engels e na imediata resposta de Marx, reproduzida na próxima carta – que, às vésperas do lançamento do livro I d'*O capital*, ambos estavam preocupados com a divulgação da obra. Cf. também, mais adiante, as cartas de número 96 a 102.

[300] Leopold Lippe-Bielefeld (1815-1889), procurador-geral de Berlim e depois, entre 1862 e 1867, ministro da Justiça da Prússia.

[301] Emil Rittershaus (1834-1897), democrata, escritor e poeta do vale do Wupper.

ralmente que estas são coisas que não gostaria que chegassem ao conhecimento de Meissner. Depende, pois, agora, da habilidade e da atividade de meus amigos políticos da Alemanha que a publicação do volume II permaneça estagnada ou avance rápido. Haverá que esperar algum tempo para que surja uma crítica sólida, venha de amigos ou de adversários: uma obra desta amplitude, e parcialmente desta dificuldade, requer seu tempo para ser lida e digerida. Porém, o êxito imediato de uma obra não está condicionado por uma crítica sólida, mas – para falar diretamente – pela força com que bate, pelos golpes que dá, que obrigam os inimigos a se pronunciar. No momento, o importante não é tanto *o que* se diz, mas que se diga *algo*. E, *sobretudo, não perder tempo.* [...]

98. ENGELS A HERMANN MEYER[302]

(em Liverpool)

Manchester, 18 de outubro de 1867

[...] Espero que tenhas condições de chamar a atenção da imprensa americana de expressão alemã e de todos os trabalhadores sobre o livro de Marx. Dada a agitação em torno da jornada de oito horas que atualmente está se desenvolvendo aí, o livro chega justamente em momento oportuno, especialmente com seu capítulo sobre *a jornada de trabalho* e, em contrapartida, é também deveras apropriado para esclarecer aos espíritos muitas outras questões. Conquistarás grandes méritos para o futuro do partido na América do Norte com cada gestão que fizeres neste sentido. [...]

99. MARX A ENGELS

(em Manchester)

Londres, 2 de novembro de 1867

[...] O silêncio em torno do meu livro começa a ser inquietante. Não ouço nem vejo nada. Os alemães são bons jovens. Seus serviços como lacaios dos

---

[302] Hermann Meyer (1821-1875), revolucionário alemão que participou dos eventos de 1848-1849, emigrou para os Estados Unidos em 1852 – neste país, organizou seções da Internacional.

ingleses, dos franceses e até dos italianos nesta ciência, naturalmente os auto-rizam a ignorar meu livro. Nossos amigos de lá não sabem mover-se. E já que não podemos fazer outra coisa, faremos como os russos: esperar. A paciência é a chave da diplomacia e dos êxitos na Rússia. O mal é que nós, simples mortais, que não vivemos mais que uma vez, podemos cansar enquanto es-peramos. [...]

100. MARX A ENGELS

(em Manchester)

Londres, 7 de novembro de 1867

[...] Em minha carta de sábado [2 de novembro], esqueci-me de te dizer: um *placard* como o máximo para a *Fortnightly*;[303] se for mais de meio *placard* deverá ir assim: *Primeira nota, Segunda nota* [*First Notice, Second Notice*].

Não considero diplomático pressionar Meissner com cartas. O que ele puder fazer, já o faz com seus próprios meios, já o faz sem que ninguém lhe peça. Seria importante – por agora mais importante que a coisa na Inglater-ra – remeter uma informação extensa (talvez distribuída em vários artigos) à *Internationale Revue* [*Revista Internacional*] austríaca (*Arnold Hilbergs Verlag*, 4 Kolowrat-Ring, Viena).[304] Arnold Hilberg nos conta como seus colabora-dores (e, através de mim, nos convidou aos dois a colaborar); por isso, não há nenhuma dificuldade. Na realidade, é a única "revista" [*"Review"*] alemã de que dispomos.

Aqui em Londres, o único semanário que dá sinais de certa imparcialida-de e que se ocupa muito de coisas alemãs, tais como filologia alemã, ciências naturais, Hegel etc. é um... *periódico católico – Cronicle* [*Crônica*].[305] Seu obje-tivo principal parece ser demonstrar que eles são mais cultos que os protestan-tes. No final da semana passada, enviei a eles um exemplar de meu livro, com uma nota em que lhes dizia que, mesmo que a obra sustente ideias distintas

---

[303] *The Fortnightly Review* [*Revista quinzenal*] foi criada em Londres em 1865 e circulou, em várias fases, até 1954.

[304] A revista vienense de Arnold Hilberg (jornalista e editor, sobre o qual não dispomos de dados biográficos mínimos) circulou entre 1866 e 1868.

[305] Este periódico católico circulou entre 1867 e 1868.

das suas, dado o caráter "científico" de seu órgão, cabe esperar "alguma notícia desta primeira tentativa de aplicar o método dialético à Economia Política" [*some notice will be taken of this first attempt at applying the dialetic method to Political Economy*]. Veremos! [*Nous verrons!*]. No mundo culto (refiro-me, naturalmente, ao setor intelectual) registra-se neste momento um grande desejo de conhecer o método dialético e bem poderia ser este o caminho para ganhar-se a simpatia dos ingleses. [...]

101. ENGELS A KUGELMANN

(em Hannover)

Manchester, 8 e 20 de novembro de 1867

[...] A imprensa alemã continua mantendo silêncio em torno d'*O capital* e, por isto, é da máxima importância que se faça algo. Um dos artigos que te enviei, vi-o na *Zukunft*;[306] lamento não saber que poderia ser destinado a esta revista: com uma publicidade como esta, teria sido possível mostrar-se mais arrojado. Apesar de tudo, não é isto o importante. O essencial é que se dê conta do livro e se siga assim. E como neste assunto M[arx] não tem desenvoltura e é tão tímido como uma donzela, são os outros, somos nós que temos que fazê-lo. Sintas-te à vontade para comunicar-me os resultados que obtiveste até agora neste terreno e quais são os folhetins que pensas ainda utilizar. Nestas circunstâncias, para falar como nosso velho amigo Jesus Cristo, devemos ter a inocência da pomba e a prudência da serpente. Esses bons economistas vulgares são suficientemente inteligentes para dar mostras de circunspecção ante

---

[306] Engels escreveu uma série de resenhas, algumas assinadas, sobre o Livro I d'*O capital*, com o objetivo de romper o silêncio que rodeava o aparecimento do livro, já que a imprensa burguesa praticamente não falava da obra. A maioria delas está reunida em *MECW*, 2010, 20, p. 207 e seguintes (cf. também, em *MEW*, 1962, 16, esp. p. 207 e seguintes); uma apareceu em *Die Zukunft* [*O futuro*], periódico democrático publicado inicialmente (1867) em Könisberg e depois em Berlim (1868-1871); outra, dividida em duas partes, foi publicada, sem assinatura, em março de 1868, pelo *Demokratisches Wochenblatt* [*Semanário democrático*], editado em Leipzig, de janeiro de 1868 a setembro de 1869, sob a direção de W. Liebknecht; depois de 1869, tornou-se, sob o título *Volkstaat* [*O Estado popular*], o jornal oficial do Partido Operário Social-Democrata – esta resenha está vertida ao português em K. Marx-F. Engels, *Obras escolhidas em três tomos*. Rio de Janeiro: Vitória, 1961, 2, p. 25-33.
Sobre Wilhelm Liebknecht cf., *supra*, a nota 162.

este livro e, sobretudo, para não falar nele, a menos que se vejam obrigados a fazê-lo. E é a isto que temos que obrigá-los. Se se falar do livro simultaneamente em 15 ou 20 periódicos – pouco importa que seja bem ou mal, em forma de artigos, de cartas de leitores – simplesmente como uma publicação importante, que merece atenção, então todo o bando começará a uivar e os Faucher, Michaelis, Roscher e Max Wirth se verão obrigados a fazê-lo.[307] E é da nossa responsabilidade, uma responsabilidade sagrada, que apareçam estes artigos e, *na medida do possível*, *ao mesmo tempo*, nos periódicos da Europa, inclusive nos reacionários. Nestes últimos, dever-se-ia observar que estes senhores economistas vulgares gritam muito nos parlamentos e nas reuniões onde se discute Economia Política – porém aqui, onde se põe em relevo as consequências da sua própria ciência, calam-se obsequiosamente etc. etc. Se julgas que a minha ajuda vale a pena, dize-me para que periódico deseja a colaboração; como sempre, estou a serviço do partido. Trato do mesmo assunto em minha carta a L[iebknecht]. [...]

20 de novembro. Depois de haver escrito as linhas anteriores, Marx me comunicou sobre a carta que lhe dirigiste e por ela vejo que, desgraçadamente, em sua região é difícil contar com outras notícias da imprensa. Não seria possível, talvez por meio de terceiros, inserir nos jornais críticas ao livro, seja do ponto de vista burguês ou do ponto de vista reacionário? Parece-me que este pode ser um meio de informação – artigos assim sempre se podem encontrar. E ainda: o que se pode fazer no setor das revistas científicas, literárias ou semiliterárias? [...]

102. ENGELS A MARX

(em Londres)

Manchester, 10 de novembro de 1867

[...] Em primeiro lugar [*D'abord*]: *apesar de* Sicbel *haver escrito* a Meissner para que lhe enviasse um exemplar do livro – logo que apareceu – pelo correio, até hoje não o recebeu e nem o viu... Creio que deves chamar a atenção

---

[307] Julius Faucher (1820-1878) e Otto Michaelis (1826-1890), economistas alemães, livre-cambistas. Sobre Roscher, cf., *supra*, a nota 171. Max Wirth (1822-1900), economista alemão, discípulo de Carey.

de Meissner por esta negligência. Isto fez com que se perdessem umas 20 breves resenhas que S[iebel] haveria publicado imediatamente em vários periódicos e que não pôde redigir por não dispor do livro. *Para o dia 22 de novembro, no máximo*, necessito de um exemplar para enviá-lo a S[iebel] à Madeira, de onde tratará de fazer todo possível. Que qualificação merece este descuido? E esses são os alemães que querem governar a si mesmos e não sabem cuidar de seus próprios interesses? [...]

103. MARX A LUDWIG KUGELMANN

(em Hannover)

[*Londres,*] *30 de novembro de 1867*

Amigo Kugelmann:

O atraso em te responder deve-se simplesmente à doença. Estive novamente bastante mal por algumas semanas.

Em primeiro lugar, agradeço teus esforços. Engels escreveu ou escreverá para Liebknecht. Ele, de qualquer modo, pretendia (junto com Götz e outros) pedir no Parlamento [*Reichstag*] uma *investigação sobre a situação dos trabalhadores,*[308] escreveu-me neste sentido e, para sua petição, enviei-lhe algumas atas parlamentares relacionadas com este assunto. A iniciativa fracassou porque a ordem legislativa do dia não deixou espaço para o debate.

Há um ponto sobre o qual te é mais fácil que a mim ou a Engels escrever a Liebknecht – trata-se de dizer-lhe que é seu dever realmente chamar a atenção sobre meu livro nas *reuniões operárias*. Se ele não o fizer, os lassallianos se tornarão donos do assunto e as coisas não irão por bom caminho.

Contzen, leitor [*privat-dozent*] da universidade em Leipzig,[309] discípulo e partidário de Roscher, pediu-me, através de Liebknecht, um exemplar do livro e prometeu, em troca, fazer dele uma resenha detalhada a partir do seu ponto de vista. Para tanto, foi-lhe enviado um exemplar por Meissner. Isto será um bom começo. [...]

---

[308] Liebknecht tomou a iniciativa desta petição em outubro de 1867 e ela foi subscrita, entre outros deputados, por Ferdinand Götz (1826-1915) e Peter A. Reincke (1818-1887).

[309] Referência a Karl Wilhelm Contzen (1835-1888).

Diz à tua esposa que as partes mais imediatamente legíveis [do livro I d'*O capital*] são aquelas sobre *A jornada de trabalho, Cooperação, Divisão do trabalho e manufatura* e, finalmente, *A assim chamada acumulação primitiva*. Para os termos incompreensíveis, será preciso que tu lhe forneças a explicação. Se outras dificuldades surgirem, estou à tua disposição.

Há grande chance de que apareça na França (Paris) uma resenha detalhada do meu livro (no *Courrier français* [*Correio francês*], infelizmente proudhoniano)[310] e inclusive uma tradução.

Quando me sentir melhor, escreverei com mais detalhes. Até lá, espero que escrevas com frequência. Tuas cartas são sempre estimulantes.

K. M.

104. MARX A VICTOR SCHILY[311]

(em Paris)

Londres, 30 de novembro de 1867

Caro Schily:

Assim que recebi a tua carta, escrevi a Meissner para que faça chegar a Reclus[312] um exemplar [*copy*] do livro. R[eclus] me parece o homem indicado para traduzir a obra ao francês, com a colaboração de um alemão; em se fazendo a tradução, assinalarei algumas modificações em uma ou outra parte e também me reservarei a última revisão.

O primeiro passo, se possível, é publicar extratos do livro no *Courrier français*. Não vejo por que Hess[313] tenha a necessidade da intervenção de outra pessoa. É melhor que o faça sozinho. O tema por ele proposto, a legislação fabril inglesa, parece-me também o mais indicado para apresentar a obra. Contudo, nem isto pode ser feito sem algumas palavras de introdução à *teoria*

---

[310] Este periódico circulou entre 1861 e 1868.

[311] Victor Schily (1810-1875), advogado alemão, participou da revolução de 1848-1849. Exilou-se primeiro na Suíça e depois em Paris. Foi membro ativo da Internacional.

[312] Cf., *supra*, a nota 196.

[313] Cf., *supra*, a nota 13.

do valor, já que Proudhon confundiu os espíritos também neste ponto. Ele crê que uma mercadoria se vende por seu valor se é vendida a preço de custo [*prix de revient*] = preço dos meios de produção que são consumidos em sua fabricação + salário do trabalho (ou *preço* do trabalho somado aos meios de produção). Não vê que o *trabalho não pago*, que está incluído na mercadoria, é um elemento tão essencial para a formação do valor como o trabalho pago e que este elemento do valor assume atualmente *a forma do lucro* etc. Não sabe em absoluto *o que é* o salário. As exposições sobre a jornada de trabalho etc., em uma palavra, sobre as leis fabris, não têm base alguma sem um conhecimento da natureza do valor. Haveria que dizer *algumas palavras* sobre este ponto a modo de introdução. [...]

105. MARX A ENGELS

(em Manchester)

Londres, 7 de dezembro de 1867

[...] No que se refere ao jornaleco da Suábia,[314] não deixaria de ser um golpe divertido enganar o amigo de Vogt, esse Mayer suábio.[315] Bastaria tão somente montar a coisa da seguinte forma – em primeiro lugar [*d'abord*], começar assim: inclusive quando se pode pensar bem da tendência do livro, que honra o "*espírito alemão*", não é casual que tenha sido escrito no estilo prussiano, mas não na Prússia. É que há muito tempo a Prússia deixou de ser o país onde se manifesta – ou mesmo em que é possível – uma iniciativa científica qualquer, em especial em matéria política, histórica ou social. A Prússia representa atualmente o espírito russo e não o espírito alemão. E quanto ao livro em si, convém distinguir duas coisas: os desenvolvimentos positivos ("sólidos" é o segundo adjetivo a empregar) que o autor propõe e as conclusões tendenciosas que deles extrai. Os desenvolvimentos constituem um enriquecimento

---

[314] Trata-se de *Der Beobachter* [*O observador*], fundado em Stuttgart em 1833; nos anos 1860, era o porta-voz da pequena burguesia liberal.

[315] Referência a Karl Mayer (1819-1889), poeta e publicista democrata-burguês. Quanto a Vogt, cf. a carta de número 45 e, *supra*, a nota 166.

direto para a ciência, posto que as relações econômicas reais são tratadas de um modo inteiramente novo, seguindo o método materialista (Mayer gosta muito deste termo, por causa de Vogt). Exemplo: 1) a evolução do dinheiro; 2) a forma em que se articulam, "por sua natureza mesma", a cooperação, a divisão do trabalho, a maquinaria e os nexos e relações sociais correspondentes.

Quanto à tendência do autor, também aqui há que fazer uma distinção. Quando mostra que a sociedade atual, considerada do ponto de vista econômico, leva em si os germes de uma forma social nova e superior, ele não faz mais que demonstrar no plano social o mesmo processo de transformação que Darwin estabeleceu nas ciências da natureza. A doutrina liberal do "progresso" (isto é puro Mayer [*c'est Mayer tout pur*]) implica esta ideia, porém o mérito do autor está em apresentar um progresso que fica oculto ali mesmo aonde as relações econômicas modernas se acompanham de terríveis consequências imediatas. Em virtude desta sua concepção crítica peculiar, o autor, talvez apesar dele mesmo [*malgré lui*], pôs fim a todo socialismo profissional, isto é, a todo utopismo.

A tendência subjetiva do autor, ao contrário – por acaso obrigado a fazê-lo em virtude de sua posição partidária e de seu passado –, isto é, a forma de se representar ou de apresentar aos demais o resultado final do movimento atual, do atual processo social, não tem relação alguma com a evolução real deste movimento. Se o espaço o permitir, talvez se possa demonstrar, indo até o fundo das coisas, que "sua evolução objetiva" desmente seus próprios caprichos "subjetivos".[316]

Enquanto o senhor Lassalle injuriava os capitalistas e bajulava os latifundiários prussianos, o senhor M[arx] demonstra a *necessidade histórica* da produção capitalista e critica o grande proprietário latifundiário aristocrata que só sabe consumir. Quão distante está de compartilhar as ideias de seu discípulo renegado Lassalle sobre a vocação de Bismarck para instaurar um milenarismo econômico, demonstrou-o não só em seus protestos anteriores contra o "*socialismo real prussiano*", mas o expressa de

---

[316] Nesta carta, Marx sugere a Engels a linha geral de um artigo que, resenhando o livro I d'*O capital*, se contraponha aos juízos formulados por Mayer num texto publicado em *Der Beobachter*. A sugestão de Marx foi aceita por Engels que, dias depois, no mesmo jornal (ed. de 27 de dezembro de 1867), publicou uma recensão da sua obra – cf. *MECW*, 2010, 20, p. 224-226.

novo abertamente, p. 762-763,[317] quando diz que o sistema que reina hoje na Prússia e na França irá impor a todo o continente europeu o regime do cnute russo, se não se colocar sobre ele um freio a tempo.

Esta é, em meu entender, a forma de enganar este Mayer suábio, que, ademais, reproduziu o meu prefácio. E, por pequeno que seja seu jornaleco, não deixa de ser o oráculo popular de todos os federalistas da Alemanha e é também lido no exterior.

Quanto a Liebknecht, é realmente uma vergonha que não tenha enviado espontaneamente [*spontanément*] a todos os jornalecos locais de que dispõe umas breves notas, o que não exigiria dele nenhum estudo, estudo que, por natureza, repugna a ele. Os senhores Schweitzer e Cia. fizeram melhor, como podes comprovar lendo o *Soc*[*ial*]-*Dem*[*okrat*] que acompanha esta carta (foi Kug[elmann] quem me enviou). Ontem remeti (que fique entre nós [*entre nous*]) a Guido Weiss[318] (*Zukunft*), uma folha contendo, de um lado, os plágios de von Hofstetten,[319] que se empenha em corrigir-me e, doutro, as passagens originais de meu livro. Ao mesmo tempo, disse-lhe para publicar não *com meu nome*, mas como um artigo do *Zukunft* (ou, em caso de não ser possível, como procedente de um leitor berlinense do *Zukunft*). Se Weiss aceitar (creio que aceitará), não só se atrairá a atenção dos trabalhadores berlinenses para o meu livro, por meio da citação de passagens que interessam a eles diretamente, mas também se estabelecerá uma polêmica muito útil e a vontade de Schweitzer – de ignorar o livro e, ao mesmo tempo, explorar o seu conteúdo – irá à merda. É inacreditável a forma com que esses tipos creem poder continuar avançando com os planos de Lassalle. Pode haver algo mais ingênuo do que a forma sob a qual von Hofstetten e Geib, esse burguês, compartilharam, na assembleia da Associação Geral dos Trabalhadores Alemães, os esforços para liquidar o meu capítulo sobre a *jornada de trabalho?*[320]

K. M.

---

[317] Marx remete aqui às páginas da 1ª edição alemã do v. I d'*O capital* (complemento às notas do livro I).

[318] Guido Weiss (1822-1899), jornalista democrata que participou da revolução de 1848-1849.

[319] Johann Hofstetten (falecido em 1887), redator do lassalleano *Sozial-Demokrat*.

[320] Marx refere-se a uma reunião de 24 de novembro de 1867, noticiada pela imprensa partidária. August Geib (1842-1879), inicialmente lassalleano, depois vinculado ao Partido Social-Democrata e membro do parlamento (*Reichstag*).

1868

106. MARX A ENGELS

(em Manchester)

Londres, 3 de janeiro de 1868

[...] Agradeceria a Schorlemmer que me indique qual é o melhor e mais recente livro (em alemão) sobre a química agrícola. E também que me esclareça a diferença entre os partidários dos fertilizantes minerais e os dos fertilizantes nitrogenados. (Desde a última vez que me debrucei sobre esta questão, apareceram muitas obras sobre ela na Alemanha). Ele sabe algo dos autores alemães modernos que escreveram *contra* a teoria de Liebig sobre o esgotamento do solo? Ouviu falar na teoria das aluviões, do agrônomo Fraas, de Munique?[321] Preciso me familiarizar, pelo menos até certo ponto [*to some extent*], com os novos aspectos da questão para o meu capítulo sobre a renda fundiária. Sem dúvida, Schorlemmer, que é especialista na matéria, poderá me proporcionar as informações que me são necessárias. [...]

---

[321] Karl N. Fraas (1810-1875), botânico alemão, professor da Universidade de Munique.

107. ENGELS A MARX

(em Londres)

Manchester, 7 de janeiro de 1868

Querido Mouro:

Envio-te o [artigo de] Dühring[322] e o *Beobachter*. O primeiro é divertido até mais não poder. Todo o artigo respira indecisão e pânico [*funk*]. Vê-se perfeitamente que o bom economista vulgar foi atingido em cheio [*frappé au vif*] e só sabe dizer que não se pode julgar o livro I até que apareça o III, que a determinação do valor pelo tempo de trabalho não é indiscutível e que há pessoas que conservam algumas poucas dúvidas a respeito da determinação do valor do trabalho por seus custos de produção. Já vês que para esta corja [*genus*] não és – nem de longe – suficientemente erudito e que não chegaste a refutar o grande Macleod[323] no ponto essencial! E com tudo isto, o medo, refletido em cada linha, de expor-se a ser tratado à moda de Roscher. Este sujeito deve ter sentido alguma satisfação ao terminar seu malabarismo, mas seguramente o depositou nos correios com certa apreensão. [...]

108. MARX A ENGELS

em Manchester

Londres, 8 de janeiro de 1868

[...] Quanto a [*Ad vocem*] Dühring. É demasiado para ele admitir quase inteiramente a seção sobre a *"acumulação primitiva"*. Ainda é jovem. Partidário de Carey, está em direta oposição aos livre-cambistas [*freetraders*]. Além

---

[322] Eugen K. Dühring (1833-1921), filósofo e economista alemão que, nos anos 1870, exerceu alguma influência sobre o movimento socialista na Alemanha. Suas ideias foram criticadas por Engels na obra *Anti-Dühring* (cf., *supra*, a nota 181). O texto de Dühring, que Engels envia a Marx, é uma resenha do livro I d'*O capital*, publicado em *Ergänzungsblätter zur Kenntniss der Gegenwart* [*Complementos para o conhecimento da atualidade*], periódico editado em Hildburghausen (v. 3, 1867, p. 182-186).

[323] Henry D. Macleod (1821-1902), economista escocês, especialista em questões de crédito.

disso, é leitor da universidade [*Privatdozent*] e, por conseguinte, não o desgosta em absoluto as patadas recebidas pelo professor Roscher, que fecha o caminho a todos. Há uma coisa em sua resenha que me chamou a atenção. É que enquanto a determinação do valor pelo tempo de trabalho fica tão pouco "determinada" como em Ricardo, ela não faz tremer [*shaky*] as pessoas. Ao contrário, quando situada exatamente na correlação com a jornada de trabalho e suas variações, acende-se uma nova luz que é muito desagradável. Acredito que foi mais por malícia [*malice*] em relação a Roscher que Dühring repercutiu o livro. O que surpreende é que este sujeito não tenha descoberto os três elementos fundamentalmente novos da obra:

1. que, opondo-me a *toda* a economia anterior que, *à partida*, toma como dados adquiridos os fragmentos particulares da mais-valia com suas formas fixas de renda, lucro e juro, eu trato em primeiro lugar da forma geral da mais-valia, em que tudo isso se encontra ainda misturado, por assim dizer, como em solução;

2. que há uma coisa muito simples que escapou a todos os economistas, sem exceção – é que, se a mercadoria apresenta o duplo caráter de uso e de valor de troca, é indispensável que o trabalho representado nesta mercadoria possua também esta dupla característica; por isso, a mera análise do trabalho como tal [*sans phrase*], como o encontramos em Smith e Ricardo etc., tropeça sempre, fatalmente, em problemas inexplicáveis. Aí está, de fato, todo o segredo da concepção crítica;

3. que, pela primeira vez, o salário é apresentado como a forma fenomênica irracional de uma relação que esta forma oculta e o faz sob as duas formas de salário: salário por hora e salário por peças. (O fato de que tais fórmulas se encontrem com frequência nas matemáticas superiores me ajudou.)

No que toca às modestas objeções do senhor Dühring quanto à determinação do valor, ele será surpreendido ao descobrir, no livro segundo, como a determinação do valor tem pouca importância "de maneira imediata" na sociedade burguesa. Na realidade, *nenhuma forma de sociedade* pode impedir que, de uma maneira ou de outra [*one way or another*], o tempo de trabalho disponível da sociedade regule a produção. Porém, quando esta regulação não se realiza por meio de um controle direto e consciente da sociedade sobre seu tempo de trabalho – o que só é possível com a propriedade social –, mas pelo movimento dos preços das mercadorias, continuamos na situação que tu descreveste, muito corretamente, nos *Anais franco-alemães*.[324] [...]

109. MARX A LUDWIG KUGELMANN

(em Hannover)

Londres, 6 de março de 1868

[...] O tom singularmente desconcertado do senhor Dühring em sua crítica tornou-se, agora, evidente para mim.[325] Decerto é um jovem severo, de expressão forte e que se proclama revolucionário em Economia Política. Publicara duas coisas: *Fundamentos críticos da Economia Política* (partindo de Carey), com cerca [*about*] de 500 páginas, e uma nova *Dialética natural* (dirigida contra a dialética hegeliana).[326] Meu livro atingiu-o pelos dois lados e ele só o anunciou pelo seu ódio a Roscher. De uma parte, ora intencionalmente, ora por falta de discernimento, descai em desonestidades. Sabe muito bem que meu método *não* é o de Hegel, posto que sou materialista e Hegel é um idealista. A dialética de Hegel é a forma fundamental de toda a dialética, mas *somente* quando despojada de sua forma mística – e é precisamente isto o que distingue o meu método. Quanto [*quant*] a Ricardo, o que o irritou é que, em minha exposição, *não se encontram* os pontos débeis que Carey e cem mais antes dele atribuíram a Ricardo. Daí que ele, com má fé [*mauvaise foi*], trate de imputar-me as estreitezas de Ricardo. Porém, isto pouco importa [*But never mind*], devo ser grato a ele, porque é o primeiro especialista que disse algo.

---

[324] Marx se refere ao texto engelsiano citado na nota 36, *supra*.

[325] Cf., *supra*, as cartas de número 107 e 108.

[326] Os *Fundamentos...* saíram em Berlim, em 1866; um ano antes, também em Berlim, saíra o outro livro, *Natürliche Dialektik*.

No livro II (que não aparecerá nunca se minha saúde não melhorar), analiso, entre outras coisas, a propriedade fundiária e a concorrência[327] – e esta última, só na medida em que o exige o estudo dos demais temas.

Durante minha indisposição (que logo se superará, assim o espero), não pude escrever, mas ingeri uma enorme quantidade de "materiais" estatísticos e de outro tipo que teriam bastado para que caísse enferma [*sick*] qualquer pessoa cujo estômago não estivesse habituado, como o meu, para absorver e digerir esta espécie de pasto.

Minha situação é muito penosa porque não pude me entregar a nenhum trabalho extra lucrativo e porque, apesar de tudo, me vejo obrigado a salvar um pouco as aparências por causa de minhas filhas. Se não tivesse que entregar estes malditos livros (e ainda buscar editores ingleses), o que me obriga a ficar em Londres, iria para Genebra, onde poderia viver muito bem com os meios que disponho. Minha segunda filha casa-se no final do mês.[328] [...]

110. MARX A ENGELS

(em Manchester)

Londres, 14 de março de 1868

[...] No Museu[329] – a propósito [*by the by*] – examinei as últimas obras do velho [*old*] Maurer[330] (o antigo conselheiro de Estado bávaro, que interveio como um dos regentes na Grécia e que foi um dos primeiros a denunciar os

---

[327] Marx, efetivamente, trata da propriedade fundiária na seção VI do livro III e da concorrência na seção II do mesmo livro.

[328] Laura Marx (1845-1911) casou-se com Paul Lafargue (1842-1911) em 2 de abril de 1868. Lafargue, socialista francês natural das Antilhas, foi político e ativo publicista, do qual está acessível em português o célebre opúsculo *O direito à preguiça*. São Paulo: Hucitec, 1999.

[329] A biblioteca e a hemeroteca do Museu Britânico, como se sabe, foram, para Marx, desde inícios dos anos 1850, um permanente local de pesquisa.

[330] Georg L. von Maurer (1790-1872), jurisconsulto e homem público alemão, com grande protagonismo na Baviera – inclusive participando (1832-1834) do conselho designado pelo reino para a regência da Grécia. Paralelamente à sua atividade política, desenvolveu importantes estudos sobre a estrutura agrária da Alemanha antiga.

russos, muito antes de Urquhart) sobre a constituição das comunas rurais das cidades alemãs etc. Demonstra, com muitos detalhes, que a propriedade privada do solo apareceu tardiamente etc. A estúpida opinião de um fidalgote westfaliano (Möser[331] etc.), segundo a qual os alemães haveriam se estabelecido cada um por si, não constituindo senão depois verdadeiras cidades, províncias [*Gaue*] etc., encontra-se plenamente refutada. Hoje, é interessante notar que o sistema russo de repartição das terras ao cabo de certo tempo (na Alemanha, de início, anualmente) tenha se mantido na Alemanha até o século XVIII e mesmo no século XIX. Está aí uma nova prova em apoio à ideia que eu expressei (mesmo que M[aurer] não o saiba), conforme a qual as formas de propriedade asiática ou indianas marcaram, em todas as partes, as origens da Europa. Quanto aos russos, vê-se como desaparecem os últimos traços de uma pretensa originalidade [*of originality*], mesmo neste terreno [*in the line*] – o que lhes resta é permanecer, ainda em nossos dias, prisioneiros das formas de que seus vizinhos se libertaram há muito. Os livros do velho [*old*] Maurer (de 1854 a 1856 etc.) estão escritos com uma erudição tipicamente alemã, porém, ao mesmo tempo, num estilo familiar e agradável, que distingue felizmente os alemães do Sul (Maurer é originário de Heidelberg, mas a minha observação vale ainda mais para os bávaros e os tiroleses como Fallmerayer, Fraas[332] etc.) dos alemães do Norte.

[...] A propósito [*by the by*], é preciso que me devolvas o Dühring e também os *placards* corrigidos do meu livro. Em D[ühring], viste em que reside a grande descoberta de Carey: na agricultura, a humanidade passa de um solo menos fértil a outro sempre melhor. Em parte, porque o cultivo desce das colinas secas etc., para as depressões úmidas. Porém, sobretudo porque o senhor C[arey] entende por solo muito fértil as zonas pantanosas etc., as que a mão do homem tem que transformar primeiro em solo. Finalmente, porque a colonização inglesa na América do Norte começou pela miserável Nova Inglaterra [*New England*], que é o modelo de Carey, especialmente o Massachusetts.

---

[331] Justus Möser (1720-1794), alemão, historiador reacionário.

[332] Jakob Philipp Fallmerayer (1790-1861), originário do Tirol, historiador e viajante. Sobre Karl Nikolaus Fraas cf., *supra*, a nota 321.

Obrigado [*thanks*] pelos trabalhos que te dá este livro do demônio.[333]

[...] Aprendi, com Maurer, que o redirecionamento do conceito da história e da evolução da propriedade "germânica" etc. partiu dos dinamarqueses, que, de uma maneira geral, ao que parece, ocupam-se de arqueologia em todos os cantos do mundo. Contudo, mesmo quando dão o primeiro passo, sempre acabam por esbarrar-se em algo aqui ou ali [*come where or else*]. Falta-lhes o justo instinto crítico e, sobretudo, a medida. O que mais me surpreendeu é que Maurer, que menciona frequentemente, por exemplo, a África, o México etc., não sabe absolutamente nada dos celtas e chega até a atribuir a evolução da propriedade comum na França aos conquistadores germânicos. "Como se", diria o senhor Bruno[334] – "como se" não possuíssemos ainda hoje um código celta (País de Gales), que data do século XI, e "como se" os franceses não tivessem acabado de desenterrar, nestes últimos anos, aqui e ali comunas primitivas do tipo célticas! Como se! A coisa é muito simples. O velho [*old*] Maurer não estudou, fora as situações da Alemanha e da antiga Roma, mais que as do Oriente (Grécia e Turquia). [...]

111. MARX A LUDWIG KUGELMANN

(em Hannover)

Londres, 17 de março de 1868

[...] A carta de M[eyer][335] deu-me um grande prazer, embora ele, em parte, tenha compreendido mal a minha argumentação – caso contrário, teria visto que apresento a *grande indústria* não apenas como a mãe do antagonismo, mas também como a criadora das condições materiais e espirituais necessárias para a solução deste antagonismo, solução que, evidentemente, não poderá fazer-se com *doçura*.

---

[333] Referência às resenhas escritas por Engels para divulgar *O capital*.

[334] Alusão a Bruno Bauer (1809-1882), filósofo jovem hegeliano, muito próximo a Marx na entrada dos anos 1840, criticado por este n'*A questão judaica* (cf. K. Marx, *Para a questão judaica*. São Paulo: Expressão Popular, 2009) e por ele e Engels n'*A ideologia alemã* (cf. K. Marx-F. Engels, *A ideologia alemã*. São Paulo: Boitempo, 2007).

[335] Gustav Meyer, industrial de Bielefeld, amigo de Kugelmann.

Quanto à lei sobre as fábricas – como primeira condição que permite à classe trabalhadora contar com certa liberdade [*elbow-room*] para se desenvolver e se mover –, eu a exijo como *ordem do Estado* e a quero *coercitiva*, dirigida não só contra fabricantes, mas também contra os próprios trabalhadores. (Vê a p. 542, nota 52, onde faço alusão à resistência das trabalhadoras contra a limitação da jornada de trabalho).[336] Ademais, se o senhor M[eyer] der mostras da mesma energia que Owen, poderá romper esta resistência. Que o *fabricante tomado isoladamente* não possa fazer grande coisa neste caso (a não ser que atue sobre a legislação), também o digo na p. 243 – ali se lê, com efeito: "É certo que, considerando-se as coisas em conjunto, este não depende da boa ou má vontade do capitalista individual etc." (Vê também a nota 114). Que, apesar disto, o indivíduo possa exercer uma ação, fabricantes como Fielden,[337] Owen etc., provaram-no amplamente. Sua atividade essencial deve ser, certamente, de natureza pública. Pelo que se refere aos Dollfus,[338] na Alsácia, são uns vigaristas [*humbugs*], que sabem criar, mediante as condições de seus contratos, entre seus operários e eles, uma *relação de servidão* paternalista, que ao mesmo tempo lhes resulta muito proveitosa. Eles foram claramente desmascarados por alguns jornais parisienses e esta é a razão pela qual um deles propôs e fez adotar [*carried*] ultimamente no legislativo [*Corps législatif*] um dos parágrafos mais infames da lei sobre a imprensa, a saber, que "a vida privada deve ser protegida por um muro" [*"vie priveé doit être murée"*].

Com minhas sudações mais cordiais à tua querida mulher.

K. M.

---

[336] As remissões de Marx, neste parágrafo, dizem respeito à 1ª edição alemã d'*O capital*. Na edição brasileira que estamos citando desta obra, as questões aqui tratadas encontram-se no livro I, seção III, cap. 8 e seção IV, cap. 13.

[337] John Fielden (1784-1849), industrial e homem público inglês, defensor da limitação (em dez horas) da jornada de trabalho.

[338] Família de industriais estabelecida em Mulhouse, cuja figura mais conhecida era Jean Dolffus (1800-1887).

112. MARX A ENGELS

(em Manchester)

Londres, 25 de março de 1868

[...] A propósito [*Ad vocem*] de *Maurer*: seus livros são extremamente importantes. Não só a pré-história, mas também toda a evolução posterior das cidades livres do Império, dos proprietários de terras beneficiários dos privilégios da imunidade, da força pública, da luta entre o campesinato livre e a servidão, tudo isto adquire, por meio de Maurer, uma forma absolutamente distinta.

Ocorre com a história humana como com a paleontologia. Há coisas que se têm debaixo do nariz e que os espíritos mais eminentes não as veem, em princípio, por efeito de certa cegueira de juízo [*judicial blindness*]; depois, quando começa a raiar a aurora, surpreendem-se quando se constata que o que não fora visto mostra vestígios em toda parte. A primeira reação contra a Revolução Francesa – e o pensamento das Luzes que a ela se vincula – foi naturalmente a de ver tudo sob o aspecto medieval e romântico, inclusive pessoas do porte de Grimm, que em parte a apoiaram. A segunda reação, correspondente à tendência socialista (mesmo quando seus sábios não se deram conta, em absoluto, de que era a sua), consistiu em remontar-se para além da Idade Média, indo às origens de cada povo. Daí que lhes surpreenda tanto descobrir no que existe de mais antigo as coisas mais novas, inclusive, até certo ponto, nos Igualitários [*egalitarians to a degree*], coisa que faria tremer mesmo a Proudhon.

Vê-se quão prisioneiros somos todos desta cegueira de juízo [*judicial blindness*]: precisamente em *minha* região de origem, no *Hunsrück*,[339] persistiu, até nesses últimos anos, o velho sistema alemão. Ainda agora, recordo que meu pai me falava disto *em sua condição de advogado*! Outra prova: assim como geólogos, inclusive os melhores, como Cuvier,[340] interpretaram alguns fatos [*facts*] completamente ao revés, igualmente filósofos do calibre [*force*] de

---

[339] Montanhas das províncias do Reno.

[340] Georges Cuvier (1769-1832), naturalista francês, referido por muitos autores como o criador da paleontologia.

um Grimm *traduziram* mal simples frases latinas por influência de Möser[341] etc. (o qual, lembro-me, estava dominado pela ideia de que nunca existira a "liberdade" entre os alemães e que, ao contrário, "o ar que aqui se respira nos torna servos"). Por exemplo, a conhecida passagem de Tácito,[342] *"Arva per annos mutant et superest ager"*, que significa: intercambiam (tirando a sorte, razão porque mais tarde se fala em tirar a sorte – *sortes* – em todas as leis de bárbaros [*Leges Barbarorum*]) os campos (*arva*) e permanece a terra comunal (*ager* por oposição a *arva*, isto é, *ager publicus*), Grimm traduz: cultivam cada ano novos campos e, apesar disto, permanece terra (não cultivada)!

Igualmente a passagem: "vivem isolados e separados" [*"Colunt discreti ac diversi"*] deveria provar que os alemães exploraram sempre suas terras como os fidalgos camponeses westfalianos, em granjas isoladas. Mas, nesta *mesma* passagem, lemos mais adiante: "estabelecem suas aldeias não segundo nós fazemos, com casas juntas e apoiadas umas nas outras, mas cada qual rodeia sua casa com um espaço livre" [*"Vicos locant non in nostrum morem connexis et cohaerentibus aedificiis: suum quisque locum spatio circumdat"*] – e ainda existem, aqui e acolá, na Dinamarca, essas aldeias primitivas germânicas. A Escandinávia deveria tornar-se, naturalmente, tão importante para a jurisprudência e para a economia alemãs como o é para a mitologia. E somente partindo daí poderíamos desentranhar nosso passado. Em contrapartida, inclusive Grimm encontra em César que os alemães se estabeleciam sempre em comunidades, não individualmente: "famílias e tribos que se estabeleciam em comunidade" [*"gentibus cognationibusque, qui uno coiereant"*].[343]

Que diria o velho [*old*] Hegel se soubesse, no outro mundo, que o universal [*Allgemeine*] em alemão e nórdico não significa nem mais nem menos que a terra comum [*Gemeinland*] e o particular [*Sundre, Besondre*] nem mais nem menos que a parcela particular separada da terra comum? Assim, pois, as categorias lógicas derivam inevitavelmente das "nossas relações humanas".

---

[341] Justus Möser, citado, *supra*, na nota 331.

[342] Publius Cornelius Tácito (55?-117?), historiador e homem público romano.

[343] A passagem de César (?100 a.C.-?44 a.C.) encontra-se no livro VI, c. XXII, do seu clássico *A guerra das Gálias*. Lisboa: Silabo, 2004.

A obra de Fraas (1847), *O clima e a flora no tempo, sua história comum* [*Klima und Pflanzenwelt in der Zeit*], é muito interessante: demonstra, com efeito, que a cada época *histórica* o clima e a flora mudam. É darwinista antes de Darwin e faz nascer as espécies mesmas no decurso da história. Porém, ao mesmo tempo, é agrônomo. Pretende mostrar que, com o cultivo do solo e segundo seu nível, a "umidade" tão apreciada pelos camponeses se perde (esta seria a razão dos vegetais emigrarem do Sul para o Norte) e que, finalmente, se formam as estepes. O primeiro efeito do cultivo seria útil, porém terminaria por ser devastador, pelo efeito da derrubada das florestas etc. – este homem é tanto um filósofo fundamentalmente erudito (escreveu livros em grego) como um químico, um agrônomo etc. O resultado é que o cultivo, se progredir naturalmente, sem ser controlado conscientemente (como cidadão, não chega naturalmente até este extremo), deixa atrás de si desertos: Pérsia, Mesopotâmia, Grécia etc. E temos, inconscientemente, outra vez, a tendência socialista! [...]

113. MARX A ENGELS

(em Manchester)

Londres, 22 de abril de 1868

Querido Fred:

Retomei meu trabalho e a coisa vai bem. Só que tenho que limitar meu tempo de trabalho porque, ao cabo de umas [*about*] três horas, minha cabeça começa a zumbir e latejar. Agora, quero te comunicar uma "bagatela" que me veio à mente quando dei uma olhada na parte do meu manuscrito relativo à taxa de lucro. Uma das questões mais complicadas encontra-se resolvida do modo mais simples. Ei-la: trata-se de saber como pode, com a baixa do valor do dinheiro, ou melhor, do ouro, subir a *taxa de lucro*, ao passo que ela cai quando há uma alta do valor do dinheiro.

Suponhamos que o valor do dinheiro baixe em ⅒. O preço das mercadorias, mesmo quando as demais condições permanecem idênticas, sobe em ⅒.

Se, ao contrário, o valor do dinheiro aumenta em ⅒, o preço das mercadorias, permanecendo idênticas as demais condições, baixa em ⅒. Se, ao baixar o valor do dinheiro, o preço do trabalho não sobe na mesma proporção, mas de fato *cai*, a taxa da mais-valia subirá e esta é a causa de que também subirá a taxa de lucro, permanecendo iguais as demais coisas [*all other things remaining the same*].

A alta desta última, enquanto persistir o movimento descendente [*descendant oscillation*] no valor do dinheiro, deve-se unicamente a uma queda do salário e esta deriva do fato de que a variação em matéria de salários se adapta muito lentamente à mudança que se efetua no valor do dinheiro. (É o que se passou no final do século XVI e no século XVII.) Se, inversamente, com a alta do valor do dinheiro, o salário não se deteriora na mesma proporção, a taxa de mais-valia cai e também, permanecendo iguais as outras coisas [*caeteris paribus*], consequentemente cai a taxa de lucro.

Estes dois movimentos – a alta da taxa de lucro que acompanha a baixa do valor do dinheiro e a baixa da taxa de lucro paralela à alta do valor do dinheiro – devem-se ambos, *nestas condições*, ao fato [*fact*] de que o preço do trabalho não se adaptou ainda ao novo valor do dinheiro. Estes fenômenos (sua explicação é conhecida há muito tempo) cessam no momento em que se estabelece o equilíbrio entre o preço do trabalho e o valor do dinheiro.

Aqui se apresenta a dificuldade. Os chamados teóricos afirmam: assim como o preço do trabalho corresponde ao novo valor do dinheiro, por exemplo, se subiu ao mesmo tempo em que baixou o valor do dinheiro, ambos, lucro e salário, se expressam em tanto e tanto mais dinheiro. *Sua relação segue sendo, portanto, a mesma*. Não se poderiam produzir, pois, mudanças nas taxas de lucro. Por seu turno, os especialistas que se ocupam da história dos preços respondem com fatos. Suas explicações são apenas simples maneiras de falar. Toda a dificuldade repousa na confusão entre a *taxa de mais-valia* e a *taxa de lucro*. Se supusermos que a taxa de mais-valia continua sendo a mesma, por exemplo, 100%, no caso de uma baixa no valor do dinheiro de $\frac{1}{10}$, o salário de 100£ (digamos, para 100 homens) subirá a 110 e a mais-valia igualmente a 110. A mesma quantidade total de trabalho, que se expressava antes em 200£, se expressa agora em 220£. Se, então, o preço do trabalho se equilibra com o valor do dinheiro, a *taxa de mais-valia* não pode nem se elevar nem baixar como consequência de uma variação qualquer do valor do dinheiro.

Porém, suponhamos que os elementos, ou alguns dos elementos, da parte *constante* do capital experimentam uma baixa do seu valor em consequência de um aumento da produtividade do trabalho, do qual são produto – se a baixa do seu valor é superior à baixa do valor do dinheiro, seu preço baixará apesar da depreciação do dinheiro; se a baixa do seu valor corresponder simplesmente à baixa do valor do dinheiro, seu preço não experimentará modificação alguma. Admitamos este último caso.

Aqui, por exemplo, um capital de 500, em um ramo da indústria cuja composição orgânica é $400c + 100v$ (no livro II, penso em escrever $400c$ etc., em lugar de $\frac{c}{400}$, porque é menos complicado. O que você pensa disto? [*Qu'en penses-tú?*]) teremos, pois, uma *taxa de mais-valia* de 100%:[344]

$$400c + 100v \parallel + 100m' = \frac{100}{500} = 20\% \text{ de } taxa \text{ } de \text{ } lucro$$

Se o valor do dinheiro baixa em ¹⁄₁₀, o salário se elevará, então, a 110 e igualmente a mais-valia. O preço em dinheiro do capital *constante* permanecendo o mesmo, devido a que o valor de seus elementos tenha baixado em ¹⁄₁₀ como consequência de uma produtividade acrescida de trabalho, então teremos: $400c + 110v \parallel + 100m'$ ou $\frac{110}{510} = 21 \frac{29}{50}\%$ como taxa de lucro, que aumentaria por conseguinte em 1 ½ %, enquanto que a taxa de mais-valia, $\frac{110m'}{110v}$ continua sendo, como antes, de 100%.

A *alta da taxa de lucro* seria bem maior se o valor do capital constante baixasse mais rapidamente que o valor do dinheiro e menor se, ao contrário, esta baixa se produzisse com maior lentidão. Porém, esta situação durará enquanto continuar se produzindo uma baixa qualquer do valor do capital constante, até que a massa mesma dos meios de produção não custe 440£, à diferença das 400£ que custava anteriormente. O fato de que, especialmente na indústria propriamente dita, a produtividade do trabalho receba um impulso em razão da baixa do valor do dinheiro, em virtude da simples inflação dos preços e da corrida geral no nível internacional a esta massa monetária acrescida, constitui um fato [*fact*] histórico fácil de provar, particularmente entre 1850 e 1860.

Poder-se-ia desenvolver de maneira análoga o caso contrário.

Em que medida a alta da taxa de lucro, num caso coincidente com a depreciação do dinheiro e, noutro caso, a baixa da taxa de lucro seguindo pa-

---

[344] As notações desta carta, e das três que se lhe seguem, reproduzem as estabelecidas por Marx (cf., na edição brasileira d'*O capital* que estamos citando, o livro III, cap. 3): *c*, capital constante; *v*, capital variável; *m'*, taxa de mais-valia; *l'*, taxa de lucro; *p*, preço de custo (sobre preço de custo, cf. idem, cap. 1).

ralela à alta do valor do dinheiro atuam sobre a *taxa de lucro geral* dependerá, de uma parte, do *volume relativo* dos ramos particulares nos quais intervém esta mudança e, de outra parte, da *duração* da mudança, posto que se requer certo tempo para que ocorra a alta ou a queda da taxa de lucro que se produzem nos ramos particulares da indústria para contaminar os outros ramos. Se a oscilação dura tão só um espaço de tempo relativamente curto, permanece localizada. [...]

114. ENGELS A MARX

(em Londres)

Manchester, 26 de abril de 1868

Querido Mouro:

A história da taxa de lucro e do valor do dinheiro é muito bonita e muito clara. Há somente uma coisa que não é inteligível: como podes admitir como taxa de lucro: $\frac{m'}{c + v}$, já que *m'* não vai parar exclusivamente no bolso do industrial que a produz, mas que deve ser compartilhada com o comerciante etc.; a menos que tu leves aqui em consideração o conjunto dos ramos industriais, sem preocupar-se com a forma em que *m'* é dividida entre o fabricante, o atacadista, o varejista etc. Espero com impaciência, de maneira geral, a tua exposição sobre este ponto. [...]

115. MARX A ENGELS

(em Manchester)

Londres, 30 de abril de 1868

Querido Fred:

Para o caso [*case*] em discussão, importa pouco que *m'* (mais-valia) seja *quantitativamente* maior ou menor que a mais-valia criada no valor da própria produção. Por exemplo, se $\frac{100m'}{400c + 100v}$ = 20% e se, em consequência da depreciação monetária de ¹/₁₀, isto nos dá $\frac{100m'}{400c + 100v}$ (admitido que baixe o valor do capital constante), é indiferente que o produtor capitalista não embolse mais que a metade da mais-valia que ele mesmo produz – já que a taxa de lucro é, então, para ele de $\frac{55m'}{400c + 100v}$, por consequência mais elevada que antes, que era de: $\frac{50m'}{400c + 100v}$. Conserva-se aqui m' para expressar *qualitativamente*, na mesma fórmula, a origem do lucro.

Convém, porém, que conheças o método de desenvolvimento da taxa de lucro. Para tanto, vou indicá-lo em seus *traços mais gerais*. Como já sabes, no *livro II*, expõe-se o *processo de circulação* do capital, partindo das premissas assentadas no livro I – ou seja: as novas determinações de formas que nascem do processo de circulação, tais como capital fixo e capital circulante, rotação de capital etc. Enfim, no livro I limitei-me a admitir que se, no processo de valorização, 100£ se convertem em 110£, estas *encontram, pré-existentes* no mercado, os elementos em que se vão transformar novamente. Mas agora examinamos em que condições elas se encontram – em outras palavras, a imbricação social recíproca de diferentes capitais, de elementos de capitais e de rendas [*revenue*] (=m'), uns e outros.

No livro III chegarei, em seguida, à transformação da mais-valia em suas diferentes formas e em seus componentes distintos, uns dos outros.

I. *Lucro* não é, para mim, em primeiro lugar, mais que um *outro nome* ou outra categoria para a *mais-valia*. Como, sob a forma de salário do trabalho, todo o trabalho aparece como pago, a parte não paga deste trabalho parece não emergir necessariamente do trabalho, mas do capital, e não da parte variável do capital, senão do capital em sua totalidade. Daí que a *mais-valia* adquira a forma de lucro, *sem que aí exista diferença quantitativa entre uma forma e outra*. Esta não é mais que uma forma fenomênica ilusória daquela.

Depois, a parte do capital consumida na produção da mercadoria (o capital adiantado para sua produção, capital constante e capital variável, *menos* a parte do capital *fixo* utilizada, porém não consumida) aparece agora como *preço de custo* da mercadoria, posto que, para o capitalista, a parte do valor da mercadoria que lhe custa é o preço de custo *desta*, enquanto que, ao contrário, o trabalho não pago contido na mercadoria não entra, sob este ponto de vista, no *seu* preço de custo. Mais-valia = lucro aparece então como um *excedente* do seu *preço de venda sobre o seu preço de custo*. Se denominarmos M o valor da mercadoria e *p* o seu preço de custo, temos M = *p* + *m'*, isto é, M − *m'* = *p*, quer dizer: M é maior que *p*. Esta nova categoria, preço de custo, é muito necessária para o desenvolvimento ulterior. Já desde o princípio resulta que o capitalista pode vender com lucro a mercadoria *abaixo do seu valor* (contanto que a venda acima do preço de custo) e esta é a *lei fundamental* para a compreensão da ação equalizadora exercida pela concorrência.

Por consequência, se o lucro não é de início diferente da mais-valia senão *formalmente*, a *taxa de lucro*, ao contrário, difere automática e realmente da *taxa de mais-valia*, já que, num caso, a fórmula é $\frac{m'}{v}$, noutro é $\frac{m'}{c+v}$, de onde se segue que $\frac{m'}{v}$ é maior que $\frac{m'}{c+v}$ e que a taxa de lucro é menor que a taxa de mais-valia, a menos que *c* = 0.

Contudo, à base do que desenvolvo no livro II, segue-se que não teremos que calcular as taxas de lucro de qualquer tipo de mercadoria segundo, por exemplo, a sua produção semanal, mas que $\frac{m'}{c+v}$ quer dizer aqui a mais-valia produzida *durante o ano* em relação ao capital *desembolsado* durante o ano (à diferença do capital *em rotação*) − $\frac{m'}{c+v}$ é aqui, portanto, a taxa de lucro anual.

Investigaremos logo, em primeiro lugar, como uma *rotação* diferente do capital (que depende em parte da relação entre frações de capital circulante e frações de capital fixo e, em parte, do número de rotações do capital circulante durante o ano etc. etc.) modifica a *taxa de lucro enquanto a taxa de mais-valia continua sendo a mesma*.

Porém, uma vez suposta a rotação e suposta $\frac{m'}{c+v}$ como taxa de lucro anual, examinaremos como esta pode se transformar independentemente das mudanças da taxa de mais-valia e até mesmo de sua massa.

Como *m'*, a massa de mais-valia = *a taxa de mais-valia multiplicada pelo capital variável*, se chamamos *m'* à taxa de mais-valia e *l'* à taxa de lucro, $l' = \frac{m' \times v}{c+v}$. Temos aqui, pois, quatro magnitudes: *m', l', v* e *c*, com as quais podemos trabalhar indistintamente por grupos de três, já que a quarta magnitude segue sendo sempre a incógnita que buscamos. Isto nos proporciona todos os casos possíveis de variações da taxa de lucro; estas variações diferem das outras magnitudes até certo ponto [*to a certain extent*], inclusive da massa da mais-valia. Naturalmente, tudo isto era *inexplicável* para todos aqueles que me precederam.

As leis descobertas desta forma – muito importantes, por exemplo, para compreender a influência dos preços da matéria-prima sobre a taxa de lucro – são exatas, *qualquer que seja a forma com que a mais-valia se distribui depois entre o produtor*[345] etc. Isto só pode modificar a *forma fenomênica*. Além disso, tais leis são aplicáveis *diretamente*, sempre que se considere $\frac{m'}{c + v}$ como relação da mais-valia produzida socialmente ao capital social.

II. O que no capítulo I estudei como *movimentos*, tanto do capital em um ramo determinado da produção como do capital social – movimentos mediante os quais se transforma sua composição etc. –, compreende-se agora como *diferenças de massas do capital inseridas em distintos ramos de produção*.

Temos, então, que a *taxa de mais-valia*, isto é [*id est*], supondo que a exploração do trabalho seja *a mesma*, a produção de valor e, por conseguinte, a produção da mais-valia e, por conseguinte, a *taxa de lucro*, em diferentes ramos da produção, são *diferentes*. Porém, partindo dessas diferentes taxas de lucro, a concorrência estabelece uma taxa média ou taxa geral de lucro. Esta, reduzida à sua expressão absoluta, não pode ser outra coisa que a *mais-valia* (anual) produzida pela *classe capitalista* em relação ao montante do capital desembolsado em escala *social*. Por exemplo: se o capital social = $400c$ e a mais-valia que produz anualmente = $100m'$, a composição do capital social = $80c + 20v$ e a do produto (em %) = $80c + 20v \parallel + 20m' = 20\%$ da taxa de lucro. Esta é a *taxa geral de lucro*.

O que a concorrência entre as massas de capital investidas nos distintos ramos de produção e de diferente composição tende a realizar é o *comunismo capitalista*, isto é, *a massa de capital pertencente a cada esfera de produção* subtrai uma parte da mais-valia total, na proporção em que constitui uma parte do capital social total.

Ora, isto só se efetiva se, em cada esfera da produção (partindo do suposto já considerado anteriormente, a saber, que o capital total = $80c + 20v$ e a taxa geral de lucro = $\frac{20m'}{80c + 20v}$), o produto anual de mercadorias se venda ao *preço de custo* + 20% de *lucro sobre o valor do capital desembolsado* (importa pouco a soma do capital fixo desembolsado que entra ou não entra no preço de custo anual). Mas, para isto, é necessário que a *determinação do preço* das

---

[345] Badia anota que aqui Marx chama "produtor" ao capitalista industrial.

mercadorias *se afaste de seus valores*. Somente nos ramos de produção em que a composição do capital é de 80*c* + 20*v*, *p* (*preço de custo*) + 20% sobre o *capital desembolsado* coincide com o *valor*. Ali onde a composição orgânica é mais elevada (por exemplo, 90*c* + 10*v*), este preço fica *acima* de seu *valor*; inversamente, fica *abaixo* dele se a composição orgânica for mais baixa (por exemplo, 70*c* + 30*v*).

Esta perequação de preço – que reparte igualmente a mais-valia social entre as massas de capital em proporção de sua magnitude – é o *preço de produção* das mercadorias, o centro em torno do qual gravita a oscilação dos preços do mercado.

Os ramos de produção nos quais existe um *monopólio* natural estão livres deste processo de perequação, mesmo quando sua taxa de lucro é superior à taxa social de lucro. Isto tem sua importância para, mais adiante, a exposição da *renda fundiária*.[346]

Neste capítulo haverá que desenvolver, então, os diferentes *motivos de perequação* entre os diferentes investimentos de capitais que, ao economista vulgar, se apresentam como outros tantos *motivos de formação* do lucro.

Há que desenvolver, também, a forma fenomênica modificada que assumem agora, depois da transformação dos valores em preço de produção, as leis sobre o valor e a mais-valia, leis desenvolvidas anteriormente e que conservam a sua validade.

III. *Tendência da taxa de lucro a cair no curso do progresso da sociedade*. Isto já se deduz do que foi desenvolvido no livro I sobre *a mudança na composição do capital em função do desenvolvimento da produtividade social*.[347] Este é um dos maiores triunfos sobre a ponte dos asnos [*pons asini*][348] de toda a economia até nossos dias.

IV. Até aqui, tratei somente do *capital produtivo*. Agora, cabe introduzir uma variação com respeito ao *capital comercial*.[349] Conforme as hipóteses an-

---

[346] Na edição brasileira citada d'*O capital*, cf. livro III, seção VI.

[347] Cf., na edição brasileira d'*O capital* que estamos citando, livro I, seção VII.

[348] A expressão latina é utilizada figuradamente para indicar um obstáculo que os tolos julgam impossível de vencer.

[349] Badia, nas suas notas a esta correspondência, observa que, aqui, Marx contrapõe o capital industrial ao capital comercial, ao capital-dinheiro e ao capital-mercadoria. Sobre o capital comercial,

teriores, o *capital produtivo* da sociedade = 500 (milhões ou bilhões, é indiferente [*n'importe*]), a saber: $400c + 100v \parallel = 100m'$, p', a taxa geral de lucro = 20%. Suponhamos aqui que o capital comercial = 100.

Por conseguinte, as $100m'$ terão que ser calculadas sobre 600, não sobre 500. A taxa geral de lucro terá que ser reduzida, pois, de 20% a 16 ⅔%. O *preço de produção* (para simplificar as coisas, admitimos aqui que os $400c$ íntegros, isto é, todo o capital fixo, entram a fazer parte do *preço de custo* da massa das mercadorias produzidas anualmente) é = agora a 583 ⅓. O comerciante vende a 600 e, abstração feita da parte fixa de seu capital, realiza, pois, um 16 ⅔%, o mesmo que os capitalistas produtivos ou, em outras palavras, apropria-se de ⅙ da mais-valia social. As mercadorias são vendidas – em massa [*en masse*] e a escala social – pelo *seu valor*. Suas 100£ (abstração feita do componente fixo) não lhe servem mais que como capital-dinheiro circulante. O que o comerciante leva de mais para si ou é uma simples vigarice ou uma especulação sobre as oscilações dos preços das mercadorias ou, em caso do varejista propriamente dito, é, sob a forma de lucro, a remuneração de um trabalho, por miserável e improdutivo que seja.

V. Eis o lucro reduzido à forma sob a qual ele se apresenta na prática, isto é, conforme o que supusemos, em 16 ⅔%. *Depois veremos a divisão deste lucro em lucro empresarial e juros. O capital portador de juros. O crédito.*[350]

VI. *A transformação do lucro extra em renda fundiária.*[351]

VII. Chegamos, finalmente, às *formas fenomênicas* que servem de *pontos de partida* ao economista vulgar: renda proveniente da terra, lucro (juro) proveniente do capital, salário proveniente do trabalho. Porém, no ponto em que me encontro agora, o tema se apresenta de forma muito distinta. Explica-se o movimento aparente. Em seguida, destrói-se o absurdo de Adam Smith, convertido na *chave-mestra* de toda a economia até a atualidade, a saber: que o preço das mercadorias se compõe dessas três famosas rendas – isto é, tão só de capital variável (salário do trabalho) e de mais-valia (renda fundiária, lucro,

---

na edição brasileira d'*O capital* que estamos citando, cf. esp. livro I, seção II, cap. 4 e sobretudo o livro III, seção IV.

[350] Sobre os temas aqui em itálico, na edição brasileira citada d'*O capital*, cf. esp. o livro III, seção V, cap. 21 a 27.

[351] Cf., na edição brasileira d'*O capital* que estamos citando, o livro III, seção VI, cap. 37.

juro). O movimento do conjunto visto sob esta forma aparente. Finalmente, dado que estes três elementos (salário do trabalho, renda fundiária, lucro (juro)) são as fontes de renda das três classes – a saber, a dos proprietários da terra, a dos capitalistas e a dos trabalhadores assalariados –, chegamos, como conclusão, à *luta de classes*, em que o movimento e a análise de toda esta porcaria são resolvidos. [...]

116. MARX A ENGELS

(em Manchester)

Londres, 4 de maio de 1868

Querido Fred:

Recebi, esta manhã, a carta anexa, de Schweitzer – junto a um recorte. Dirigiu-se desta forma a mim na qualidade de representante dos trabalhadores de um dos distritos mais industrializados e faz-se necessária uma resposta.[352]

Minha opinião é que os alemães podem suportar uma redução dos direitos protecionistas sobre a siderurgia, e mesmo sobre outros produtos, acerca do que os fabricantes multiplicam os seus urros. Esta opinião se baseia numa comparação entre as exportações inglesas e alemãs para mercados neutros. Para ti, a título de exemplo, apenso um quadro sobre as exportações à Bélgica.

Porém, ao mesmo tempo se trata, creio eu, de explorar agora esta questão no interesse do partido, evitando proporcionar aos ingleses todo um novo alívio de qualquer tipo que seja.

Eis o que eu proporia:

1. *Nenhuma redução de direitos alfandegários* antes de uma pesquisa [*enquête*] parlamentar sobre o estado da produção das minas de ferro e das siderurgias alemãs. Porém, não há que limitar, como querem os senhores burgueses, esta pesquisa [*enquête*] tão somente às Câmaras

---

[352] Na carta que lhe dirigiu, datada de 29 de abril de 1868, Schweitzer pediu a Marx a sua opinião sobre um projeto de lei que se discutia no parlamento acerca da redução de impostos incidentes sobre a produção de ferro-gusa.

de Comércio e aos "especialistas", mas estendê-las também à situação dos trabalhadores nos ramos industriais envolvidos, tanto mais que os senhores fabricantes "não exigem" direitos protecionistas senão para assegurar a "proteção" dos operários e que, em contrapartida, descobriram que *o valor do ferro* compõe-se unicamente "do *salário* e do *frete*".

2. *Nenhuma redução das tarifas aduaneiras* antes de uma pesquisa [*enquête*] sobre a forma como as ferrovias abusam do seu monopólio e antes que as tarifas das mercadorias (e passageiros) sejam estabelecidas por disposições legais.

Gostaria de ter a tua opinião na volta do correio; ao mesmo tempo, podes devolver-me as folhas anexadas.

É encantador saber que a tua patriótica Câmara de Comércio derrama lágrimas diante da força crescente da Associação Internacional dos Trabalhadores e do perigo que ela representa.[353]

K. M.

117. ENGELS A MARX

(em Londres)

Manchester, 6 de maio de 1868

[...] A história do lucro é muito boa. Mas eu preciso refletir mais longamente sobre ela para apreender o seu alcance [*portée*] em todas as suas dimensões.

A propósito [*Ad vocem*] de Schweitzer. O malandro serve-se dessa história como ocasião para nos lançar uma isca. Importa pouquíssimo que, desta vez, tu lhe dês informes, mas resistas desde o princípio [*principiis obsta*]. Fica atento para que este tipo não te pegue a mão depois de te ter oferecido o dedo.

---

[353] No recorte anexo à carta de Schweitzer, citada na nota acima, havia uma notícia extraída de um relatório da Câmara de Comércio de Elberfeld-Barmen, de onde Engels era originário.

Voltando aos fatos, não tenho a menor dúvida de que a indústria alemã do ferro pode prescindir das tarifas protecionistas e, com mais razão ainda [*a majore*], suportar a redução dos direitos sobre a fundição de 15 a 10 xelins por tonelada, bem como a outra redução. A exportação do ferro aumenta a cada ano e não só com destino à Bélgica. Só se arruinariam algumas fundições, nascidas no período em que estava em plena vigência a especulação, pelos anos [18]50, situadas em centros longe das terras de carvão ou que dependiam de minas insuficientes e sem valor. A realidade é que, em sua maioria, já estavam *quebradas* e a proximidade de uma ferrovia serviria muito mais a seus interesses que todos os direitos protecionistas, supondo que alguma vez pudessem ser novamente viáveis. (Em Engelskirchen, há uma empresa deste tipo, a 500 passos abaixo da fábrica de meus irmãos – o carvão tem que ser trazido de Siegburg, a 2,5 léguas alemãs distante dali, em carroças, pelo que não há por que estranhar que tenha sido fechada. É *este tipo* de fundição que reclama insistentemente tarifas protecionistas e que é citado como exemplo para provar sua necessidade).

A Câmara de Comércio de Elberfeld-Barmen é a instituição protecionista mais horrível que possa existir e isto é de *notório conhecimento público*. É assim que a principal indústria da região trabalha para a exportação! Porém, sempre se encontra uma grande quantidade de firmas em ruína, que é o que provoca essas jeremiadas.

No mais, teu plano está muito bom no que se refere à pesquisa [*enquête*] e gosto muito dele. Quanto às ferrovias, as tarifas de transporte são, na Alemanha, mais do que em qualquer outro lugar, o melhor mercado e, como o transporte de mercadorias é *essencial* na Alemanha, não pode ser de outro modo. As tarifas poderiam reduzir-se mais e os governos têm poder para fazê-lo, mas é necessária uma maior centralização e uma uniformização da administração e dos preços do frete. Segundo a Constituição, isso depende do parlamento [*Reichstag*]. As reclamações desses tipos da siderurgia a respeito dos elevados gastos de transporte carecem, pois, no geral, de todo fundamento. [...]

118. MARX A ENGELS

(em Manchester)

Londres, 7 de maio de 1868

[...] Quero te pedir agora outra informação. Mas não te apresses, se tiveres que interromper teu trabalho para a *Fortnigtly*,[354] que é urgente.

Quero utilizar exemplos do tomo I no tomo II.[355]

Para valer-me dos dados da página 186,[356] da tua fábrica, no tocante à *taxa de lucro* (para ilustrar a taxa de mais-valia, eram mais que suficientes),

1. preciso das cifras que faltam em relação ao capital investido nos *prédios* da fábrica e a porcentagem do fundo de amortização [*sinking fund*] para este fim. O mesmo para o armazém [*warehouse*]. Indicar, se for o caso, o aluguel [*rent*] de ambos. Igualmente os gastos de oficina e as despesas com o pessoal do armazém [*warehouse*]. Em relação à *máquina a vapor*, indicar como se calcula a porcentagem do desgaste semanal e mostrar claramente quanto de capital foi nela investido;

2. *eis a questão propriamente dita*: como tu calculas a *rotação* da *parte circulante do capital* (isto é [*id est*], as matérias-primas, as matérias auxiliares, o salário)? Qual é, por consequência, a grandeza da *antecipação* do *capital circulante*? Gostaria de receber quanto a isto uma resposta *detalhada*, se for possível com exemplos, sobre o cálculo da rotação do capital circulante desembolsado. [...]

---

[354] Engels então preparava um artigo sobre *O capital* para a revista, já citada, *Fortnightly Review*. Em cartas que se seguem, este assunto será retomado.

[355] Em lugar de *tomo*, leia-se *volume* – esta oscilação terminológica (tomo/volume/livro), já registrada anteriormente, ainda se repetirá noutras cartas. Atente o leitor para as nossas remissões à edição brasileira d'*O capital*.

[356] A referência de Marx é à 1ª edição alemã do livro I d'*O capital*. Na edição brasileira d'*O capital* que estamos citando, cf. livro I, cap. 7, p. 294-295.

119. ENGELS A MARX

(em Londres)

Manchester, 10 de maio de 1868

Querido Mouro:

Estas informações relativas à fábrica te chegam diretamente de Henry Ermen – esta fábrica é a fiação de G. Ermen, que não tem nada a ver comigo, e a propósito da qual os E[ermen] estão proibidos de me dizer o que quer que seja.[357] Se escreveres (particularmente) a H[enry] E[ermen], Bridgewater Mill, Pendlebury, te dirá sem dúvidas o que desejas. Porém, especifiques que ele te envie relatórios válidos para 1860, porque desde então a empresa cresceu muito. Eu posso te dizer que, em termos gerais, um edifício que talvez possa abrigar 10 mil fusos custará, incluindo o terreno, de £4 a 5 mil (podes admitir que, em nosso caso, seja um pouco mais barato, posto que o galpão [*shed*] não tem aqui mais que um andar e o terreno, se não houver carvão abaixo, não custa quase nada). Percentual de desgaste dos edifícios (deduzindo 500 a 600£ como preço do terreno), 7 ½%, *incluindo os juros*. Sobre 3.600£ equivale, pois, a 18£ (a 3%) para o terreno + (7 ½ % sobre £3 mil =) 225 = 243£ de aluguel do edifício.

Esta fábrica não tem armazém [*warehouse*], posto que G. E[rmen] só nos vende através de nosso intermediário ou a nós mesmos ou, ainda, a outras pessoas através de um agente. Para isso, deduz uma comissão de 2% sobre o custo do negócio. Supondo que este se eleve a £13 mil, há que calcular £260 mil de gastos, para cobrir os custos de um armazém [*warehouse*].

Quanto ao cálculo de rotação do capital circulante, não vejo muito bem o que entendes por isto. Nós não calculamos mais que a *rotação global*, isto é, a soma das vendas anuais. Se não te compreendo mal, queres saber quantas vezes se efetua em um ano a rotação do capital circulante ou, em outros termos, quanto capital circulante gira no *negócio*. Isto varia quase de um ano para outro. Um fabricante de fios que faz bons negócios tem quase sempre (isto é, salvo durante o período em que se expande, ou imediatamente depois) algum

---

[357] Os Ermen, além de serem associados à família Engels numa tecelagem (*Ermen & Engels*), eram ainda proprietários de outra empresa, de fiação, a *Ermen Brothers*. O *Henry* aqui referido é Heinrich Ermen (1833-1913).

excedente de capital, que investe de uma forma ou outra, porém que utiliza de quando em quando para cobrir a bom preço suas necessidades de algodão etc. Ou então recorre ao crédito quando pode e quando vale a pena. Pode-se admitir que um fabricante de fios que investe £10 mil em máquinas (sem contar as *instalações* que pode alugar, que é o que fará com mais frequência) sai desta etapa com um capital circulante de ⅓ a ¼ do capital fixo; por consequência, para um capital fixo de £10 mil que investiu em máquinas, bastam para um capital circulante 2.000 a 2.500£. Isto é o que se admite aqui como *média*.

Nestas cifras abstraio as máquinas a vapor. A este propósito, H. E[rmen] te mandou, evidentemente sem refletir, uma informação perfeitamente absurda. Com um desgaste semanal da máquina a vapor de 20£, teríamos, ao cabo de um ano, 1.040£! À taxa de 12,5%, a máquina custaria 8.320 £, o que é absurdo [*ce qui est absurde*]. O preço total da máquina não pode ter passado de 1.500 a £2 mil. Em uma palavra, só um G. E[rmen] pode pensar em amortizar sua máquina em dois anos, porém isto não é normal no comércio. Podes também pedir a ele que te informe sobre isto. Contudo, temo que o senhor Gottfried faz já muito que não tem em lugar seguro seus antigos livros de contabilidade e, neste caso, tampouco H[enry] E[rmen] será de muita utilidade para ti.

[...] Enfim, terei uma semana sem reuniões e outras coisas do gênero; poderei, então, começar a trabalhar a sério no texto para a *Fortnigtly*. Porém, ainda não decidi por onde devo iniciar – creio que pela transformação do dinheiro em capital, mas, por agora, não vejo como. O que pensas?

F. E.

120. MARX A ENGELS

(em Manchester)

Londres, 16 de maio de 1868

[...] Ademais, o essencial para mim era certamente saber a grandeza do capital circulante *desembolsado*, isto é [*id est*], investido em matérias-primas etc. e em salários, à diferença do capital circulante *em rotação*. Conto com suficientes informações [*statements*], proporcionadas em parte por fabricantes e em parte por comissários [*commisioners*][358] ou economistas privados. Porém, em todas as fontes encontro tão somente balanços anuais. É lastimável que o que interessa na prática e o que se necessita para a teoria nunca coincidem na Economia Política, ademais de que não se encontra, como em outras ciências, a documentação requerida. [...]

121. MARX A ENGELS

(em Manchester)

Londres, 23 de maio de 1868

Querido Fred:

Parece-me que te equivocas com teu temor de apresentar ao filisteu da revista [*revue*] inglesa fórmulas tão simples como D-M-D etc.[359] É justamente o contrário. Se tivesses sido obrigado, como eu, a ler os artigos econômicos dos senhores Lalor, Spencer, Macleod etc., na *Westminster Review*,[360] saberias que toda essa gente não tem, entre as orelhas, mais que trivialidades econômicas – e sabem que o mesmo sucede com seus leitores –, a ponto de temperar seu palavrório com ajuda de um jargão pseudofilosófico ou pseudocientífico [*pseudo-philosophical or pseudo-scientific slang*]. Esse pseudocaráter (cujo valor intrínseco = 0) não facilita o entendimento do tema. Ao contrário. Toda a astúcia consiste em mistificar o leitor e dar-lhe dores de cabeça, para que termine por descobrir, para seu grande alívio, que as palavras difíceis [*hard words*] não são mais que formas de camuflar lugares comuns [*loci communes*]. Acresce que os leitores da *Fortnightly*, assim como os da *Westminster Review*, pretendem-se as melhores cabeças da Inglaterra [*longstet heads of England*]

---

[358] Funcionários ou pessoas que tomavam parte em comissões de pesquisas e enquetes.

[359] Em carta do dia anterior, Engels escrevera a Marx: "É extremamente difícil explicar o método dialético ao leitor das revistas inglesas e não posso me dirigir a eles com equações D-M-D'" [D, dinheiro, M, mercadoria] (cf. *MEW*, 1965, 32, p. 89).

[360] John Lalor (1814-1856), escritor e jornalista; Herbert Spencer (1820-1903), filósofo e sociólogo – ambos ingleses. A *Westminster Review* editou-se trimestralmente em Londres de 1824 a 1914, de início animada por Jeremy Bentham (1748-1832) e James Mill. Sobre Macleod, cf., *supra*, a nota 323.

(e do resto do mundo, é óbvio). Ademais, se soubesses o que o senhor James Hutchinson Stirling,[361] que passa por ser um grande pensador, se atreve a dizer ao público não só em seus livros, como *The Secret of Hegel* – que o próprio Hegel não compreenderia –, mas também em revistas [*reviews*], tu reconhecerias que em verdade te preocupas inutilmente. Exige-se *algo novo*, algo novo na forma e no fundo.

A meu entender, posto que queres começar pelo capítulo II[362] (porém, não te esqueças de indicar, em algum lugar da tua exposição, que o leitor encontrará toda a porcaria relativa ao valor e ao dinheiro explicada de uma *forma nova* no capítulo I), terás que discorrer, no início, do modo que mais te apeteça, sobre os pontos seguintes.

Em suas investigações sobre a circulação [*currency*], Th. Tooke sublinha que o dinheiro, em sua função de capital, "reflui para seu ponto de partida" [*reflux of money to its point of issue*], porém que não reflui em sua função de simples meio de circulação [*currency*]. Esta distinção, estabelecida muito antes de Tooke por *sir* James Steuart, entre outros, não lhe serve mais que em sua polêmica contra a pretensa influência que teria, segundo os profetas do princípio da circulação [*currency principle*], a emissão de moeda escritural (*banknotes* etc.) sobre os preços das mercadorias. Nosso autor, ao contrário, arranca desta forma particular da circulação do dinheiro, que exerce as funções de capital [*serve in the function of capital*, A. Smith], como ponto de partida do seu estudo sobre a natureza do próprio capital e se serve dela, em primeiro lugar, para responder à pergunta: como o dinheiro, esta forma autônoma de valor, se converte em capital? ("*Conversion into capital*" é a expressão oficial).

Todos os tipos de homens de negócios, diz Turgot,[363] "*têm em comum o fato de comprar para vender [...] Suas compras são um adiantamento que volta a eles*". *Comprar para vender* é, na realidade, a transação na qual o dinheiro funciona como capital e que condiciona o seu refluxo para seu ponto de partida [*its point of issue*], em oposição *à venda realizada com vistas à compra*, em

---

[361] James H. Stirling (1820-1909), filósofo escocês; a sua principal obra – que Marx em seguida refere –, *O segredo de Hegel*, foi publicada em 1865, em 2 volumes.

[362] O capítulo II da primeira edição alemã corresponde ao capítulo 4 das edições posteriores. Cf., na edição brasileira d'*O capital*, o livro I, seção II, cap. 4, intitulado "A transformação do dinheiro em capital".

[363] Robert Jacques Turgot (1727-1781), francês, economista fisiocrata.

que a ele lhe basta funcionar como *currency*. A diversa sucessão dos atos de venda e compra [*selling and buying*] imprime ao dinheiro dois movimentos de circulação distintos. O que se oculta atrás de tudo isto é um comportamento distinto do próprio *valor* que se apresenta sob forma monetária. Para tornar tudo isto mais concreto, o autor utiliza para cada um dos dois movimentos diferentes da circulação, as figuras seguintes etc. etc.

Creio que utilizando essas figuras tu tornarás o problema mais fácil, tanto para ti como para o leitor. [...]

122. MARX A ENGELS

(em Manchester)

Londres, 23 de junho de 1868

[...] Ontem, por acaso [*by accident*], caiu diante de meus olhos uma bela passagem de A. Smith.[364] Depois de declarar que o trabalho [*labour*] é o preço de custo [*primer cost*] e haver dito *aproximadamente* o que é preciso dizer, ainda que com frequentes contradições, depois de escrever:

> Os lucros do capital, pode-se pensar, talvez, não são mais que um nome diferente aplicado ao salário de uma espécie particular de trabalho, o trabalho de inspeção e de direção. Entretanto, são completamente distintos, regidos por princípios inteiramente distintos e não são em absoluto proporcionais à quantidade, à dificuldade ou à engenhosidade deste pretenso trabalho de inspeção e direção.[365]

Depois de afirmar isto tudo, muda completamente e quer fazer dos salários, do lucro, da renda [*wages, profit, rent*] os "componentes do preço natural" [*component parts of natural price*] (para ele = valor [*value*]).

---

[364] Marx remete aqui à obra de Adam Smith, *Inquérito sobre a natureza e as causas da riqueza das nações*; os passos por ele referidos encontram-se, na edição portuguesa que citamos, *supra*, na nota 26, no livro I, cap. VI e VII.

[365] The profits of stock, it may perhaps be thought, are only a different name for the wages of a particular sort of labour, the labour of inspection and direction. They are, however, altogether different, are regulated by quite different principles, and bear no proportion to the quantity, the hardship, or the ingenuity of this supposed labour of inspection and direction.

Em meio a tantas frases, está a bela passagem:

> Quando o preço de uma mercadoria não é mais nem menos o que basta para pagar o aluguel da terra, os salários da mão-de-obra e os lucros do capital empregado em produzi-la, prepará-la e apresentá-la no mercado, de conformidade com sua taxa natural, a mercadoria é então vendida ao que se chama de preço natural. A mercadoria é vendida, pois, *exatamente pelo que vale ou pelo que custa realmente à pessoa* que a apresenta ao mercado; porque, ainda quando na linguagem comum o *preço de custo de qualquer mercadoria não compreenda o lucro* da pessoa que deve vendê-la, entretanto, se a vende a um preço que não lhe permite *a taxa ordinária de lucro de sua região*, é evidente que *perde* no negócio, já que, empregando seu capital de outra forma, teria podido realizar este lucro.[366]

(A existência do lucro na "região" como motivo para explicar este lucro!)

> Seu lucro, *por outra parte, é sua renda*, o fundo de sua própria subsistência. De igual forma que quando prepara e apresenta as mercadorias no mercado, antecipa a seus operários seu salário ou sua subsistência; de igual forma, *antecipa a si mesmo* sua própria subsistência, que corresponde geralmente ao *lucro* que pode esperar razoavelmente da venda de suas mercadorias. Se não proporcionam estes lucros, *não restituem o que com toda razão se pode dizer que custaram.*[367]

Esta segunda forma de incorporar pela força o lucro ao preço de custo [*prime cost*] – que já foi extraído de antemão – é realmente graciosa.

Este mesmo homem, em quem, também no plano intelectual, o órgão que serve para urinar coincide com o que serve para procriar, disse anteriormente:

---

[366] When the price of any commodity is neither more nor less than what is sufficient to pay the rent of the land, the wages of the labour, and the profits of the stock employed in raising, preparing and bringing it to the market, according to their natural rates, the commodity is then sold for what be called its natural price. The commodity is then sold *precisely for what it is worth, or for what it really costs the person* who brings it to market; for thought in common language the *prime cost* of *any commodity* does *not comprehend the profit* of the person who is to sell it again, yet, if he sells it at a price which does not allow him the *ordinary rate of profit in his neighbourhood*, he is evidently a *loser* by *the trade*; since, by employing his stock in some other way, he might have made that profit.

[367] His profit, *besides, is his revenue*, the proper fund of his subsistence. As, while he is preparing and bringing the goods to market, he advances to his workmen their wages, or their subsistence; so *he advances to himself*, in the same manner, his own subsistence; which is generally suitable to the profit which he may reasonably expect from the sale of his goods. Unless they yield him this profit, therefore, *they do not repay him what they may very properly be said to have cost him.*

Quando um capital se acumula nas mãos de determinadas pessoas [...] *o valor que os operários agregam* aos materiais [...] *se resolve em duas partes*, uma que paga seu salário e outra os lucros do seu patrão sobre todo o capital de materiais e salários que antecipou.[368]

123. ENGELS A MARX
(em Londres)

Manchester, 2 de julho de 1868

[...] Pedi por carta a Borkheim[369] que me consiga um novo livro russo: *Zemlya y volya* [*Terra e liberdade*],[370] no qual um russo-alemão, proprietário de terras, prova que, desde a emancipação dos servos, a propriedade comunal é causa da ruína do camponês russo – e que o mesmo sucede com a agricultura russa, pequena ou grande. O livro parece conter bastante informação estatística. O valor de troca penetrou já profundamente nessas comunas primitivas para que possam parecer sustentáveis uma vez abolida a servidão. [...]

124. MARX A SIEGFRIED MEYER
(em Nova York)

Londres, 4 de julho de 1868

[...] Deixa-me muito contente o me mandares, de quando em quando, alguns jornais. Porém, o que realmente seria de um valor inestimável é que

---

[368] As soon as stock has accumulated in the hands of particular persons [...] *the value which* the *workmen add* to the materials [...] *resolves itself into two parts*, of which the one pays their wages, the other *the profits of their employer* upon the whole stock of materials and wages which he advanced.

[369] Sigismund Ludwig Borkheim (1826-1885), partícipe da revolução alemã de 1848-1849, exilado primeiro na Suíça, depois em Londres.

[370] Esta obra de P. F. Lilienfeld-Toal (1829-1903) apareceu em 1868 e foi traduzida ao alemão em 1870, numa antologia publicada em Leipzig, por J. Eckard, sob o título de *Russlands ländliche Zustände seit Aufhebung der Leibeigenschaft* [*A situação da agricultura russa após a abolição da servidão*].

procurasses para mim algumas publicações antiburguesas sobre a situação da propriedade da terra ou da agricultura nos Estados Unidos. Como trato do problema da *renda fundiária* em meu livro segundo,[371] sempre será bem-vinda toda documentação que combata especialmente a teoria da harmonia de H. Carey.

K. M.

125. MARX A ENGELS
(em Manchester)

Londres, 11 de julho de 1868

[...] Tu não podes degustar, em toda a profusão de sabores, a farsa de *Mannekin Pis* Faucher,[372] que faz de mim um discípulo de Bastiat. É que Bastiat disse, em suas *Harmonias* [*econômicas*], que "se alguém me explicasse, partindo da determinação do valor pelo tempo de trabalho, por que o ar *não tem* valor enquanto que o *diamante* o tem muito alto, eu jogaria meu livro no fogo". Como eu realizei este terrível esforço, Faucher se vê obrigado a demonstrar que de fato admito as ideias de B[astiat], que explica que "não há medida" do valor.

Eis como o senhor Bastiat faz derivar o valor do diamante – trata-se realmente de uma conversa típica de um viajante comercial [*commis-voyageur*]:

"Senhor, ceda-me o seu diamante. – Pois não, senhor; em troca, ceda-me seu trabalho por um ano". Então, o interlocutor, em vez de responder: "Meu

---

[371] De fato, Marx – como já se anotou – tratou da renda fundiária no livro III d'*O capital*.

[372] Alusão à resenha de Faucher (cf., *supra*, a nota 307) sobre *O capital*, aparecida na revista *Vierteljahrsschrift für Volkswirtschaft und Kulturgesgichte* [*Revista trimestral de história econômica e cultural*], Berlim, 1867, t. IV, p. 206-219. A referência irônica/icônica ao menino Manequinho urinando numa fonte remete a uma estátua em bronze situada em praça central de Bruxelas (capital em que Marx viveu entre 1845 e 1848 e, por esses mesmos anos, também Engels por algum tempo) e que é tomada como um dos símbolos do povo da cidade. O *manequinho* tem réplicas em várias cidades do mundo – inclusive uma no Rio de Janeiro, hoje localizada no bairro de Botafogo, em frente à sede do clube de futebol de que é mascote.

amigo, se eu me visse condenado a trabalhar, você compreenderia que teria outras coisas que comprar que não diamantes", disse:

– Mas o senhor não precisou sacrificar nem um minuto para a sua aquisição.

– Está bem, senhor, pois trate de buscar um minuto como este.

– Entretanto, em nome da justiça, deveríamos fazer a troca mediante a *igualdade do trabalho*.

– Não, em nome da justiça, que o senhor valorize os seus serviços e eu os meus. Não o obrigo a nada: por que o senhor haveria de me forçar? Dê-me um ano inteiro ou busque o senhor mesmo um diamante.

– Mas isto levaria dez anos de difícil trabalho, sem contar com um provável fracasso no final. Entendo ser mais prudente, mais benéfico, empregar estes dez anos em outra coisa muito diferente.

– Pois precisamente por isso creio que lhe presto um *serviço* ao não pedir mais que um ano. Eu lhe perdoo nove, e esta é a razão pela qual atribuo muito *valor* a tal *serviço*.[373]

Não te parece que se assemelha muito a um viajante vendedor de vinhos?

Por outra parte – o que os Bastiat alemães ignoram –, este giro infeliz, segundo o qual o valor das mercadorias está determinado não pelo trabalho que custam, mas pelo que *poupam* ao comprador (forma pueril de contar a si mesmo histórias sobre a correlação entre a troca e a divisão do trabalho), é tão pouco uma invenção de Bastiat como qualquer outra de suas categorias de vendedor de vinhos.

Este velho asno do Schmalz, um prussiano que andava à caça de demagogos, escreveu (edição alemã de 1818, francesa de 1826):[374]

---

[373] As citações de Marx estão em francês no original – e as palavras *valor* e *serviço* estão sublinhadas duplamente por ele.

[374] Theodor A. H. Schmalz (1760-1831), economista, vulgarizador da doutrina dos fisiocratas na Alemanha. A obra referida por Marx foi traduzida e publicada em Paris, em 2 volumes, sob o título *Économie politique* [*Economia Política*].

O trabalho do outro, em geral, não produz nunca para nós mais que uma *economia de tempo*, e esta economia de tempo é tudo o que constitui seu *valor* e seu preço. O marceneiro, por exemplo, que me faz uma mesa e o criado que leva minhas cartas ao correio, que escova minhas roupas ou que busca para mim as coisas que me são necessárias, me prestam um e outro um *serviço* absolutamente da mesma natureza, um e outro me *poupam* o tempo que eu teria sido obrigado a empregar nessas tarefas e que teria tido que destinar para adquirir a capacitação e os talentos que exigem.

O velho Schmalz era um epígono dos fisiocratas. Escreveu isto para combater A. Smith e seu trabalho produtivo [*travail productif*] e improdutivo [*improductif*], ao mesmo tempo que partia do princípio segundo o qual só a agricultura realmente produz valor. Descobriu este truque em *Garnier*.[375] Ademais, encontramos coisas similares em *Ganilh*, epígono dos mercantilistas,[376] como também na polêmica contra aquela distinção de A. Smith. E Bastiat copia precisamente desta polêmica de epígonos que não têm a mínima ideia do valor! Esta é a última descoberta na Alemanha! Lástima que não exista um jornal no qual se possam desmascarar esses plágios de B[astiat].

K. M.

126. MARX A LUDWIG KUGELMANN

(em Hannover)

Londres, 11 de julho de 1868

[...] Agradeço muito tudo o que me enviaste. *Sobretudo*, não escrevas a Faucher.[377] Do contrário, esse *Mannekin Pis* se daria demasiada importância. A única coisa que terá conseguido é que, se aparecer uma segunda edição,[378] darei a Bastiat, na passagem da questão sobre a *grandeza do valor*, alguns golpes bem merecidos. Se isto ainda não se fez é porque o volume III deve in-

---

[375] Germain Garnier (1754-1821), economista, tradutor de A. Smith ao francês.

[376] Charles Ganilh (1758-1836), economista e político francês.

[377] Cf. a carta anterior.

[378] Marx refere-se ao livro I d'*O capital*.

cluir um capítulo especial e detalhado sobre esses senhores da "economia vulgar".[379] Em contrapartida, é natural que Faucher e seguidores façam derivar o "valor de troca" de suas próprias invenções, não da *massa da força de trabalho utilizada*, mas da *ausência desta utilização*, isto é, do "*trabalho poupado*". E esta "descoberta", tão bem recebida por esses senhores, o digno Bastiat nem sequer a fez, mas se limitou a "copiar", como lhe é habitual, dos autores mais antigos. Naturalmente, Faucher e seguidores ignoram tudo sobre estas fontes.

Em relação ao *Centralblatt*,[380] nosso homem faz a máxima concessão possível, reconhecendo que, se a palavra valor quer dizer algo, há que adotar as minhas conclusões. O infeliz não vê que, mesmo se meu livro não tivesse o menor capítulo sobre o "valor", a análise das relações reais que ofereço contém a prova e a demonstração da relação de valor real. A tagarelice acerca da necessidade de demonstrar a noção de valor não se baseia mais que sobre uma ignorância total, não só da questão de que se trata, mas também do método científico. Toda criança sabe que qualquer nação entraria em colapso se parasse de trabalhar, não digo durante um ano, mas ainda que não fosse por mais que algumas semanas. Esta criança sabe, igualmente, que as massas de produtos que satisfazem às distintas necessidades exigem massas diferentes e quantitativamente determinadas da totalidade do trabalho social. É evidente por si [*self-evident*] que esta *necessidade* da *divisão* do trabalho social em proporções determinadas não é em absoluto suprimida pela *forma determinada* da produção social: é a *forma da sua manifestação* que pode ser modificada. Leis naturais, por definição, não podem ser suprimidas. O que pode ser transformado, em condições históricas diferentes, é tão somente a forma sob a qual estas leis se impõem. E a forma sob a qual se realiza esta divisão proporcional do trabalho, numa condição social em que a estrutura do trabalho social se manifesta na forma de uma *troca privada* de produtos individuais do trabalho, esta forma é justamente o *valor de troca* destes produtos.

À ciência cabe precisamente desenvolver *como* opera esta lei do valor. Portanto, se se tratasse de começar "explicando" todos os fenômenos que na apa-

---

[379] Já se anotou que Marx projetava apresentar no volume III da sua obra o que postumamente constituiu o livro 4, sobre as teorias da mais-valia.

[380] Marx refere-se a uma resenha d'*O capital* aparecida em *Literarisches Centralblatt für Deutschland* [*Folha literária central para a Alemanha*], n. 28, Leipzig, 1868. Este semanário circulou por quase um século (1850-1944).

rência contradizem as leis, ter-se-ia que apresentar a ciência *antes* da ciência. Este é justamente o erro de Ricardo, que, em seu primeiro capítulo sobre o valor, supõe *como dadas* todas as categorias possíveis, que de início serão explicadas, para mostrar em seguida a sua conformidade com a lei do valor.

Decerto que a *história da teoria* prova, em contrapartida, como supusestes com razão, que a concepção da relação de valor *foi sempre a mesma*, mais ou menos clara, outras vezes ocultada por ilusões e outras melhor definida cientificamente. Como o processo do pensamento procede ele mesmo das condições de vida e é, também, um *processo natural*, o pensamento, enquanto apreende realmente as coisas, só pode diferenciar-se gradualmente, segundo a maturidade alcançada pelo desenvolvimento e igualmente segundo a maturidade do órgão que serve para pensar. Todo o resto é apenas tagarelice.

O economista vulgar não suspeita sequer que as relações reais de trocas cotidianas e as magnitudes dos valores não podem *ser imediatamente idênticas*. O ardil da sociedade burguesa consiste justamente em que, *a priori*, não há regulação social consciente para a produção. O que a razão exige e o que é necessário por natureza não se realiza mais que sob a forma de uma média que atua cegamente. E então o economista vulgar crê realizar uma grande descoberta quando, encontrando-se diante da revelação da conexão interna das coisas, obstina-se em sustentar que estas coisas, tais como se apresentam, oferecem um aspecto completamente distinto. De fato, ele se envaidece do seu apego à aparência, que considera como a verdade última. Então, qual a necessidade de uma ciência?

Porém, em tudo isto, há algo mais implícito. Uma vez que se exponham claramente estas relações internas, toda a crença teórica na necessidade permanente do estado de coisas atual se exaure, antes que se produza o seu exaurimento na prática. As classes dominantes têm, pois, neste caso, um interesse absoluto em perenizar esta confusão e este vazio de pensamento. Se não fosse isto, qual a finalidade em pagar a sicofantas charlatães, que, no terreno científico, não contam com outra carta a jogar que a de afirmar que, em Economia Política, não é absolutamente necessário refletir?

Na realidade, isto é suficiente e mais que suficiente [*satis superque*]. Em todo caso, prova até que ponto estão degradados esses acólitos da burguesia, posto que trabalhadores e até fabricantes e comerciantes compreenderam meu livro e viram nele as coisas claras, mesmo que os *"doutores* da lei" (!) se quei-xem de que espero demasiado da sua inteligência. [...]

127. ENGELS A MARX

(em Londres)

Manchester, 12 de agosto de 1868

Querido Mouro:

Valeria a pena examinar com mais detalhes os motivos do senhor Mor-ley,[381] ainda que mais não fosse que para comprovar que, também aqui, pros-pera o tipo de camarilha mesquinha e miserável cuja existência não admitía-mos em geral mais que na Alemanha. Se M[orley] recusa a coisa apesar da influência de Beesly, há algum *motivo*. No fundo [*au fond*], são burgueses [*bourgeois*] e o senhor Morley tem todas as razões do mundo para impedir que cheguem ao público coisas como as que tu desenvolves. Não são *-ismos*; isto parece um golpe na cabeça [*that knocks him on the head*] e é o que explica a falta de espaço. Na realidade, isto não me preocupa: levaremos o livro até o conhecimento do público inglês, mas nos cortaram o caminho mais simples e mais fácil e temos que continuar buscando outro. Entretanto, os artigos franceses produzirão seu efeito e conviria passá-los aos olhos dos senhores da *Fortnightly*; seria um bom golpe de força, apesar de tudo, para obrigar o senhor Morley a aceitar o artigo. [...]

128. ENGELS A MARX

(em Londres)

Manchester, 16 de setembro de 1868

[...] Não crês que uma exposição popular e concisa do conteúdo do teu livro, *dirigida aos operários*, atenderia a uma necessidade urgente? Se não for

---

[381] John Morley (1838-1923), redator da liberal *Fortnightly Review*, recusou-se a publicar uma resenha de Engels sobre *O capital*.

feita, um Moses[382] qualquer se encarregará de fazê-lo, desfigurando-o. Que pensas sobre isto?[383] [...]

129. MARX A ENGELS

(em Manchester)

Londres, 16 de setembro de 1868

[...] Meissner escreveu-me há algumas semanas. Na sua carta, disse que possivelmente não poderá pagar-me por agora. Parece que, de momento, não devo ter *nenhum ganho*. Hoje, envio-te o *Times*, a carta de Liebknecht e o *Zukunft*. O anúncio, quem deve redigi-lo és tu.[384] Não serei eu a publicitar meu próprio livro. Seria também muito conveniente que tu te decidisses a escrever um folheto de divulgação. E vamos ver se agora alguma coisa tem resultado. [...]

130. ENGELS A MARX

(em Londres)

Manchester, 18 de setembro de 1868

[...] No que se refere à nota (anúncio) sobre teu livro, parece-me absurdo que não possas redigi-la tu mesmo. Já estavas decidido a escrevê-la quando eu te enviei uma, de que não gostaste. Por favor, voltes a pensar nisto e envia-me o texto da nota que então me prometeste. Eu me encarregarei de remetê-la a M[eisser]. Temos que lhe dar uma mão para que sua boa vontade não diminua. [...]

---

[382] Alusão a Moses Hess.

[383] Marx respondeu no mesmo dia, sugerindo que o próprio Engels escrevesse a tal "exposição popular e concisa" (cf. a próxima carta). A sugestão de Marx foi aceita por Engels, que então redigiu um texto naqueles moldes (*Konspekt über "Das Kapital" von Karl Marx* [*Conspecto sobre "O capital" de Karl Marx*]), que permaneceu inédito até 1933 – disponível em *MEW*, 1962, 16, p. 245-287.

[384] Marx refere como *anúncio* uma nova resenha sobre *O capital*.

131. MARX A N. F. DANIELSON[385]
(em Petersburgo)

Londres, 7 de outubro de 1868

[...] Não espere o volume II, cujo aparecimento atrasará ainda talvez seis meses.[386] Não posso terminá-lo antes de ver concluídas ou publicadas algumas pesquisas [*enquêtes*] oficiais abertas durante o ano passado (e em 1866) na França, nos Estados Unidos e na Inglaterra. Ademais, o volume I constitui um todo completo. [...]

132. MARX A ENGELS
(em Manchester)

Londres, 10 de outubro de 1868

[...] Quando da última vez em que estiveste aqui, viste o Livro Azul sobre a situação agrária da Irlanda em 1844-1845.[387] Casualmente [*By accident*], encontrei num alfarrabista o relatório e os documentos [*report and evidences*] sobre a legislação dos arrendatários irlandeses de 1867 (Câmara dos Lordes [*House of Lords*]). Um verdadeiro achado! Enquanto os senhores economistas

---

[385] Nikolai Frantsevich Danielson (1844-1918), conhecido sob o pseudônimo de *Nikolai-on*. Economista e publicista russo, ideólogo do populismo nos anos 1880-1890. Traduziu ao russo os livros I – com a colaboração de G. A. Lopatin (1845-1918) –, II e III d'*O capital*. Com esta carta, teve início uma longa correspondência.

[386] Danielson transmitira a Marx a intenção da editora Poliakov de traduzir e imprimir, ao mesmo tempo, os dois primeiros livros d'*O capital* e pedira que ele que lhe enviasse separadamente os *placards* do livro II conforme se fossem publicando. Vê-se como Marx ainda se iludia quanto ao ritmo de avanço na elaboração da sua obra...

[387] É conhecido o interesse especial de Marx pela situação econômico-social da Irlanda. Para além das referências frequentes a esta situação, comparando-a às vezes com a Inglaterra, ele a estuda com mais detalhe n'*O capital* – cf., na edição brasileira que estamos citando, o livro I, capítulo 23, item *f*. Os principais textos de Marx e de Engels sobre a Irlanda estão coligidos em K. Marx-F. Engels, *Ireland and the Irish Question* [*A Irlanda e a questão irlandesa*]. New York: International Publishers, 1972.

fazem, do problema de saber se a renda fundiária é um pagamento por diferenças naturais da terra ou um simples juro pago pelo capital nela investido, uma pura discussão dogmática, temos aqui, na prática, uma luta de morte entre o agricultor e o proprietário da terra [*farmer and landlord*] por saber *em que medida* a renda, *além* do pagamento pela diferença qualitativa das terras, *deve também* compreender os juros do capital investido no solo, pagos não pelo proprietário [*landlord*], mas pelo arrendatário. Somente colocando, no lugar do conflito dogmático [*conflicting dogmas*], o conflito dos fatos [*conflicting facts*] e os antagonismos reais que constituem seu substrato é que se pode transformar a Economia Política em uma ciência positiva.

133. MARX A LUDWIG KUGELMANN

(em Hannover)

Londres, 10 de outubro de 1868

[...] Quando digo que "as coisas andam bem", penso primeiro na propaganda que faz meu livro e na favorável acolhida que os operários alemães lhe dispensam desde a última vez que me escreveste [*since you wrote me last*]. Penso em seguida nos magníficos progressos realizados pela Internacional, particularmente na Inglaterra.

Há dias, um editor de Petersburgo anunciou-me a surpreendente notícia de que *O capital* estará traduzido ao russo já na primavera.[388] Pedia-me uma foto para a capa do livro, e eu não podia realmente negar esta ninharia a "meus bons amigos", os russos. É uma ironia do destino que os russos, aos quais venho combatendo sem interrupção há 25 anos, e não só em alemão, mas também em francês e inglês, sejam os meus "protetores" de sempre. Em

---

[388] Esta informação chegara a Marx por meio da carta que Danielson lhe dirigiu em setembro de 1868. A tradução da obra tardou um pouco mais, dada a dificuldade de encontrar um tradutor qualificado. Em finais de 1869, Bakunin, convidado a encarregar-se da tradução, declinou da tarefa; em princípios de 1870, Lopatin verteu uns poucos capítulos, mas interrompeu o trabalho para voltar à Rússia e atuar na defesa de Tchernichevski (cf., *infra*, a nota 443). Então, Danielson assumiu a tarefa e, em 27 de março de 1872, o livro I d'*O capital* teve publicada a sua primeira versão em outro idioma.

1843-1844, os aristocratas russos em Paris vieram em meu auxílio. Minha obra contra Proudhon (1847), tanto como a que apareceu pela editora de Dunker (1859),[389] em nenhuma parte venderam tão bem como na Rússia. E a primeira nação estrangeira que traduz *O capital* é a Rússia. [...]

134. ENGELS A MARX

(em Londres)

Manchester, 14 de outubro de 1868

[...] A *Kölnische Zeitung* [*Gazeta de Colônia*][390] (número de 12 de outubro) diz, entre outras coisas, que em Gladbach os *fabricantes de tecido de algodão* compreenderam que a jornada de trabalho era demasiado longa e criaram entre eles uma associação para reduzi-la de 13 a 12 horas – isto para começar. Como podes ver, teu livro já está influenciando até a burguesia. [...]

135. MARX A ENGELS

(em Manchester)

Londres, 15 de outubro de 1868

[...] Tive uma entrevista com Beesly. O sub-editor [*subeditor*] de Morley (redator da seção científica [*cientific department*]) me disse que a argumentação era irrefutável, mas que o artigo era demasiado "seco" ["*dry*"] para uma revista. B[eesly] me sugere vulgarizar o tema sem sacrificar os pontos científicos [*scientific points*]. Isto é bastante difícil [*rather difficult*]. Porém, vou tentar. Quer, antes de tudo, uma longa introdução com dados pessoais [*personalia*] sobre meu passado [*my past*] e a influência do meu livro na Alemanha. Certamente [*of course*], disto és tu que tens de se ocupar. Mas te sobra tempo até que te envie o esquema [*bulk*] do artigo. Toda essa porcaria deve aparecer depois na *Westminster Review*. [...]

---

[389] Marx refere-se à *Miséria da filosofia* e à *Contribuição à crítica da Economia Política*.

[390] Jornal editado em Colônia de 1802 a 1945 – à época, veiculava as posições da burguesia liberal.

136. MARX A ENGELS

(em Manchester)

Londres, 7 de novembro de 1868

[...] Ele[391] me traduziu as passagens principais de um livro russo sobre a desagregação da economia agrária; ofereceu-me igualmente uma obra em francês do russo Shedo-Ferroti sobre o mesmo tema.[392] Este último – muito superficial – se perde ao pretender que a comunidade rural russa só passou a existir quando se proibiu aos camponeses afastarem-se da sua terra. Toda esta questão, *até em seus mínimos detalhes*, é absolutamente idêntica à da comunidade *germânica primitiva*. O que há de peculiar aos russos (coisa que encontramos também em *uma parte da comunidade indiana*, não no Punjab,[393] mas no Sul), é 1) o caráter *não democrático*, mas *patriarcal*, da direção da comunidade, e 2) a *responsabilidade coletiva* diante dos impostos devidos ao Estado etc. Do segundo ponto resulta que quanto mais trabalhador é um camponês russo, mais explorado é pelo Estado – não só no que se refere aos impostos, mas também às prestações em espécie, à provisão de cavalos etc. Toda esta porcaria está a ponto de explodir.

Considero que a evolução de Dietzgen,[394] na medida em que Feuerbach[395] etc., isto é, suas fontes, não são transparentes, tem sido sua própria obra. De resto,

---

[391] Marx refere-se a S. Borkheim e o livro russo a seguir mencionado é o citado na nota 370, *supra*.

[392] Fiodor I. Firks (1812-1872), conhecido sob o pseudônimo de Shedo-Ferroti. Marx refere-se provavelmente ao texto "Patrimoine du peuple" ["Patrimônio do povo"], parte de uma série de dez artigos originalmente publicados em Berlim entre 1857 e 1868 com o título *Studien zur Zukunft Russlands* [*Estudos sobre o futuro da Rússia*].

[393] Este estado vassalo do leste da Índia era governado então por príncipes autóctones.

[394] Joseph Dietzgen (1828-1888), alemão, operário curtidor, partícipe da revolução de 1848-1849, no início dos anos 1870 foi obrigado ao exílio nos Estados Unidos, onde se destacou como propagandista das ideias de Marx e Engels. Escreveu páginas de divulgação filosófica.

[395] Ludwig Feuerbach (1804-1872), filósofo alemão, protagonista do processo de dissolução do idealismo hegeliano dos finais dos anos 1830 aos inícios dos anos 1840; Marx e Engels, nesses anos, sofreram a sua influência; entre 1845 e 1846, fizeram a crítica dos limites do materialismo feuerbachiano – como se registra nas marxianas *Teses sobre Feuerbach* e n'*A ideologia alemã*; cf. também o ensaio de Engels, de 1887, "Ludwig Feuerbach e o fim da filosofia clássica alemã", *in*: K. Marx-F. Engels, *Obras escolhidas em três tomos*, edição brasileira citada, 1963, 3, p. 169-207.

estou de acordo com tudo o que dizes. Quanto às suas repetições, dar-lhe-ei um pequeno toque. O não haver estudado Hegel é o que traz embaraços a ele. [...]

137. MARX A ENGELS

(em Manchester)

Londres, 14 de novembro de 1868

Querido Fred:

Como a prática vale mais que toda teoria, te peço que me descrevas *o mais exatamente* (com exemplos) o método empregado no teu negócio [*business*] quanto ao banqueiro [*quant à banquier*].³⁹⁶ Ou seja:

> *1. o método no momento da compra* (algodão etc.). Considerando *apenas* o modo como são abordadas as coisas no plano exclusivamente financeiro: as letras, seu tempo de circulação etc. [*With regard only to the monetary way of doing things; the bills; time for drawing them etc.*];

> 2. no *momento da venda*. No que se refere às letras, relações com os teus compradores e o teu correspondente [*correspondant*] londrinense;

> 3. *relação* e operações (conta corrente) [*current account*] etc., com teu banqueiro [*banker*] em Manchester.

K. M.

P. S. Como o volume II é em grande parte teórico, utilizarei o capítulo [*chapter*] sobre o crédito com vista à denúncia [*denuntiation*] das fraudes atuais e da moral comercial [*commercial morals*].³⁹⁷

---

³⁹⁶ Na interpretação de Badia, Marx, com estas palavras, quer dizer "em tudo o que se refere às operações bancárias".

³⁹⁷ N'*O capital*, o crédito é objeto do livro III – cf., na edição brasileira citada d'*O capital*, livro III, seção V.

1869

138. MARX A LUDWIG KUGELMANN

(em Hannover)

Londres, 11 de fevereiro de 1869

[...] O tesoureiro [*treasurer*] local de nosso Conselho Geral [*General Council*], Cowell Stepney,[398] homem muito rico e distinto, mas absolutamente devotado, ainda que de forma um tanto bizarra, à causa dos operários, pediu a um amigo de Bonn que lhe enviasse uma bibliografia (alemã) sobre a questão operária e o socialismo. Em resposta [*en réponse*], este remeteu a ele um informe (manuscrito) redigido pelo doutor Held, professor de Economia Política em Bonn.[399] As notas deste último revelam a imensa mediocridade intelectual desses sábios mandarins. Ele (Held) escreve sobre Engels e eu:

> Engels: *A situação da classe trabalhadora* etc.: o melhor produto da literatura socialista comunista alemã. Em estreita relação com Engels: Karl Marx, autor da obra mais científica e mais erudita que o socialismo, em conjunto, pôde produzir, a saber, *O capital* etc. Ainda que publicado recentemente, este livro é um eco [!] do movimento anterior a 1848. Esta é a razão de mencioná-lo aqui juntamente com Engels. A obra é, ao mesmo tempo [!], do maior interesse para a época presente, porque [!!!] se pode ver bem de onde Lassalle retira seus conceitos fundamentais.

---

[398] Cowell Stepney (1820-1872) foi um ativo membro da *Associação Internacional dos Trabalhadores*.

[399] Adolf Held (1844-1880), economista vulgar alemão, "socialista de cátedra", docente em Bonn e depois em Berlim. Deu-se o nome de "socialistas de cátedra" (*Kathedersozialisten*) a um grupo de teóricos alemães da Economia Política dos anos 1870-1880, antimarxistas e, em sua maioria, professores universitários.

Bela referência, em verdade.

Um mestre de conferência de Economia Política de uma universidade alemã me escreve que eu o convenci por completo, mas que a sua situação o obriga, "assim como a outros colegas", a *ocultar* suas convicções.

Esta covardia dos mandarins da especialidade, por uma parte, e a conspiração do silêncio da imprensa burguesa e reacionária, por outra, me causam um grande dano. Meissner me escreve que a Feira de outono encerrou com maus negócios. Faltam-lhe mais de 2 mil táleres para *cobrir* seus gastos. E ele acrescenta que, em algumas grandes cidades como Berlim etc., se alguém fizesse a metade do que fizeste em Hannover, estaríamos já na segunda edição. [...]

139. MARX A ENGELS

(em Manchester)

Londres, 1º de março de 1869

[...] No sábado à noite, recebi o Foster.[400] Este livro é certamente importante para a sua época. Em primeiro lugar, porque a teoria de Ricardo sobre o dinheiro, o processo das trocas etc. está completamente desenvolvido nele e melhor do que em Ricardo. Em segundo lugar, porque nele se vê como esses asnos do Banco da Inglaterra [*Bank of England*], do Comitê de Investigação [*Committee of Inquiry*] e todos esses teóricos espremiam seus cérebros para resolver um problema: a Inglaterra devedora da Irlanda [*England debtor to Ireland*]. Apesar de tudo, o processo de troca foi constantemente desfavorável à Irlanda e se exportou dinheiro da Irlanda à Inglaterra. Foster dá a chave do enigma: é a depreciação do papel-moeda irlandês. É certo que Blake[401] esclarecera perfeitamente, dois anos antes dele (1802), esta distinção entre o processo de troca *nominal* e *real* – e, ademais, Petty dissera a este respeito todo o necessário, porém, depois de sua morte, viu-se esquecido. [...]

---

[400] Marx informa a recepção do livro *An Essay on the Principles of Commercial Exchanges* etc. [*Um ensaio sobre o princípio das trocas comerciais* etc.], publicado em Londres, em 1804, de John L. Foster (1780?-1842), advogado e economista irlandês.

[401] Francis Blake (1738-1818), economista inglês.

140. MARX A ENGELS

(em Manchester)

Londres, 20 de março de 1869

[...] Tenho ímpetos de me *naturalizar* inglês para poder deslocar-me tranquilamente a Paris. Se eu não for lá, nunca terminará a tradução francesa do meu livro. É absolutamente necessária a minha presença. [...]

141. MARX A JOHN M. LUDLOW[402]

(em Londres)

Londres, 10 de abril de 1869

Caro Senhor:

Conhecendo os serviços que o senhor tem prestado à classe operária, gostaria muito de lhe ter enviado antes – se soubesse que o senhor lê alemão – minha última obra, *O capital* (os volumes II e III ainda não foram publicados).

Em seu artigo sobre Lassalle, publicado na *Fortnightly*,[403] o senhor começa dizendo que Lassalle propagou meus princípios na Alemanha e, em seguida, diz que eu propago os "princípios lassalleanos" na Inglaterra. Seria realmente o que os franceses chamam "um intercâmbio de bons procedimentos" ["*un échange de bons procedes*"].

No volume que lhe envio, o senhor encontrará, exposta na página VIII, nota um do prefácio, a verdade pura e simples, a saber, que "Lassalle copiou quase literalmente de meus escritos todas as suas *exposições teóricas gerais*", mas que "não tenho absolutamente nada a ver com as suas aplicações práticas".[404]

---

[402] John Malcolm Ludlow (1821-1911), um dos fundadores do socialismo cristão na Inglaterra, defensor do movimento cooperativista.

[403] Marx se refere ao artigo de Ludlow, "F. Lassalle, the german social-democrat" ["F. Lassalle, o social-democrata alemão"], publicado em *The Fortnightly Review*, v. V, n. XXVIII, 1º de abril de 1869.

[404] Cf. o texto da nota indicada por Marx, na edição brasileira d'*O capital* que estamos citando, no livro I, nota de rodapé da p. 78.

Tais aplicações práticas, como a ajuda governamental às sociedades cooperativistas, atribuo-as a ele por cortesia. Provêm, de fato, das ardentes prédicas feitas ao tempo de Luís Filipe[405] pelo senhor *Buchez*,[406] ex-saint-simoniano, autor da *Histoire parlementaire de la révolution française* [*História parlamentar da revolução francesa*], que glorifica Robespierre *e* a Santa Inquisição. O senhor Buchez formulou os seus conceitos – por exemplo, no jornal *L'Atelier* [*A oficina*] – em *oposição* aos conceitos radicais do comunismo francês da época.

Posto que o senhor cite a minha resposta a Proudhon, a *Miséria da filosofia*, seguramente leu, no último capítulo, que, em 1847, quando todos os economistas e todos os socialistas estavam de acordo sobre um só ponto – a condenação dos *sindicatos* –, eu demonstrei a necessidade histórica deles.[407]

Sinceramente,

Karl Marx.

142. ENGELS A MARX

(em Londres)

Manchester, 19 de novembro de 1869

[...] E como vai a tradução francesa do teu livro? Desde que regressei não tenho ouvido falar dela.

E agora, voltemos a *Carey*.[408]

Parece-me que toda a controvérsia não afeta diretamente a economia propriamente dita. Ric[ardo] disse que a renda [*rent*] é o excedente do produto

---

[405] Sobre Luís Filipe cf., *supra*, a nota 256.

[406] Philippe Joseph Buchez (1796-1865), historiador e publicista francês, ideólogo do "socialismo cristão". A sua obra citada aqui por Marx, em 40 volumes, publicou-se entre 1833 e 1838. Buchez foi um dos animadores de *L'Atelier*, jornal direcionado para trabalhadores, que circulou entre 1840 e 1850.

[407] Cf., na edição brasileira citada da *Miséria da filosofia*, especialmente p. 185-192.

[408] Nos parágrafos seguintes, Engels se refere a um segmento da obra de H. C. Carey, *Manual of Social Science* [*Manual de ciência social*], publicada na Filadélfia, em 1865.

das terras mais férteis em relação ao produto das terras que são menos férteis. Carey diz exatamente a mesma coisa. [...]

Estão de acordo sobre a natureza da renda [*rent*]. Sua discussão não afeta mais que a questão de saber como se produz e o que a origina. Ora, a descrição de Ricardo sobre a gênese da renda (Carey, p. 104) tem tão pouco a ver com a história como todas as indicações históricas dos economistas e como a grande robinsonada de Carey sobre Adão e Eva (p. 96 e seguintes). Isto é desculpável nos economistas antigos, inclusive Ricardo, mas até certo ponto; não querem saber nada de história; têm tão pouco sentido da história em toda a sua concepção como os demais autores do século das Luzes, nos quais estas digressões, pretensamente históricas, não são nunca mais que maneiras de falar [*façons de parler*], que permitem representar de maneira racional o nascimento de tal e qual coisa e para os quais os homens primitivos pensam e atuam sempre exatamente como se fossem racionalistas do século XVIII. Porém, quando Carey, ao querer desenvolver sua própria teoria histórica, nos apresenta a Adão e Eva como colonos ianques, não pode pretender que o levemos a sério, não tem essa desculpa.

Toda essa controvérsia careceria de objeto se Ricardo, em sua ingenuidade, não tivesse caracterizado a terra mais produtiva com a simples expressão de "fértil". A terra mais fértil e melhor situada [*the most fertile and most favourably situated land*] é sempre a primeira que se cultiva. Isto é exatamente o que o burguês de um país cultivado há séculos pode se representar. E é aqui que Carey se aferra à palavra "fértil" e, atribuindo a R[icardo] a opinião de que em primeiro lugar se cultivaram as terras mais produtivas, diz – Não, ao contrário, as mais férteis (o Vale do Amazonas, o delta do Ganges, a África tropical, Bornéu e Nova Guiné etc.) ainda não estão cultivadas; os primeiros colonos em geral não cultivam mais que as *zonas que se drenam a si mesmas*, ou seja, as que estão situadas nas alturas ou em suas encostas, porque não podem fazer outra coisa; pois bem, estas terras são naturalmente as mais pobres. Ao dizer: férteis e mais favoravelmente situadas [*fertile and the most favourably situated*], R[icardo] disse o mesmo sem advertir que se expressa de uma forma imprecisa [*loosely*] e que não se pode ver uma contradição nos epítetos ligados por *e* [*and*]. Porém, quando Carey (p. 138) faz um desenho e pretende que R[icardo] estabelece seus primeiros colonos no vale, enquanto que ele, C[arey], os situa nas alturas (no desenho, sobre bordas rochosas e encostas impraticáveis de 45 graus), mente simplesmente atribuindo tudo isto a R[icardo].

Os exemplos históricos de Carey, na medida em que se referem à *América*, são o único elemento utilizável do livro. Como ianque que é, pôde experimentar o processo dos estabelecimentos [*settlements*] dos colonos e segui-los desde o princípio. Neste capítulo mostra-se, pois, muito informado. Entretanto, inclusive aí, são seguramente muitas as coisas que deveria começar por submeter ao crivo da crítica. Porém, quando passa à Europa, começam as suas elucubrações e seus golpes cegos. E uma mostra de como a C[arey] falta imparcialidade, inclusive em relação à América, nós a temos em seu zelo por apresentar a falta de valor, mesmo de valor *negativo*, da terra não cultivada (se bem que a terra vale, de certo modo, menos de US$10,00 o acre) e por celebrar a abnegação de sociedades que, seguras em afirmar sua própria ruína, lavram desertos para a humanidade. Quando se conta isto no país das colossais especulações sobre a terra, provoca-se um efeito cômico. Em contrapartida, nesta obra não se menciona nunca a *pradaria* e também alhures sobre ela se passa quase em silêncio. Toda essa história do valor negativo do solo desértico e todas estas demonstrações matemáticas encontram a sua melhor refutação na própria América. Se as coisas fossem como as apresenta Carey, não só a América seria o país mais pobre, senão que a cada ano se iria empobrecendo *relativamente* mais, devido a que cada vez mais se desperdiçaria mais trabalho neste solo sem valor.

Quanto à sua definição de renda – o montante recebido a título de renda é o juro do valor do trabalho empregado *menos* a diferença entre a força produtiva (da terra que paga a renda) e a das terras mais novas que podem ser postas em cultivo empregando o mesmo trabalho empregado nas primeiras [*the amount received as rent is interest upon value labor expended, MINUS the difference between the produtive Power (the rent-paying land) and that of the newer soils which can be brought into activity by the application of the same labor that has been there given to the work* – p. 165-166] –, esta definição pode, às vezes e dentro de certos limites, ser exata, especialmente na América. Porém, no melhor dos casos, a renda é uma coisa tão complexa, na qual intervêm outros muitos fatores, que, mesmo neste caso, só pode ser verdadeira se todos eles permanecerem constantes [*ceteris paribus*] para dois terrenos *adjacentes*.

Ricardo sabia tão bem como ele que a renda compreende também um juro pelo valor do trabalho empregado [*interest for the value of labor expended*]. Se Carey declara que a terra mesma vale menos que nada, é *necessário* naturalmente que a renda seja o juro do valor do trabalho empregado [*interest upon the value of labor expended*] ou, como diz na página 139, que seja um roubo. Decerto que C[arey] não nos diz como se passa do roubo ao juro.

A *gênese* da renda em diferentes países e mesmo num só país não me parece que seja, em absoluto, este processo simples que nos apresentam tanto Ricardo como C[arey]. Em R[icardo], eu já disse, é desculpável, é a história do pescador e do caçador no plano da agricultura. Não é um *dogma* econômico, ao passo que C[arey] quer construir, partindo de sua teoria, um dogma e apresentá-lo ao mundo como tal, o que indubitavelmente exigiria muito mais estudos históricos que os realizados pelo senhor Carey. É mesmo possível que existam lugares em que a renda tenha nascido da forma descrita por Ricardo, outros, da forma descrita por Carey e ainda outros com uma gênese diferente. Cabe observar em Carey que, ali onde intervém a febre – e, por acréscimo, a febre tropical –, cessa a economia, ou é como se cessasse. A menos que se entenda a sua teoria da população assim: com o aumento da população, os habitantes excedentários se veem forçados a cultivar as zonas mais férteis, quer dizer, as mais insalubres – e, ao atuar deste modo, podem triunfar ou sucumbir. Enfim, estaria estabelecida felizmente a harmonia entre ele e Malthus.

Na Europa setentrional, a renda não nasceu nem à maneira ricardiana, nem à maneira careyana; simplesmente surgiu das cargas medievais, que depois a concorrência estabeleceu em seu justo nível econômico. E, na Itália, a origem foi outra, ver [*voir*] Roma. Quanto a calcular a participação que, na renda dos países da civilização antiga, tomou a renda primitiva propriamente dita e a do juro do trabalho empregado, a coisa é impossível, posto que tudo isto difira em cada país. Além disso, é indiferente a partir do momento em que se provou que a renda pode crescer, ainda no caso de que não se invista trabalho na terra. O avô de *sir* Humphrey de Trafford, em Old Trafford, junto à Manchester, estava cheio de dívidas, até o ponto de não saber aonde ir para dar com seus ossos. Depois que saldou todas as suas dívidas, seu neto tem uma renda de £40 mil ao ano. Se delas deduzirmos umas £10 mil provindas de terrenos para construções, sobra um valor anual de £30 mil para a zona [*estate*] cultivada que, há 80 anos, produzia talvez £2 mil. Também, se contarmos £3 mil como juros do trabalho e do capital investido, o que é muito, restará um aumento de £25 mil, isto é, o quíntuplo do valor primitivo, incluídas as melhorias [*improvements*]. E tudo isto não porque se tenha investido trabalho ali, mas porque se investiu trabalho em outra coisa, ao lado, porque esta propriedade [*estate*] está próxima a uma cidade como Manchester, onde se pagam bem o leite, a manteiga e os produtos agrícolas. Pode-se generalizar. A partir do momento em que a Inglaterra se converte num país importador de trigo e gado, e mesmo antes, a densidade da população era um fator que determinava ou aumentava a renda independentemente do trabalho empregado em bloco na terra, na Inglaterra. Ricardo, com suas terras melhor situadas [*most favourably situated lands*], leva em consideração o nexo com o *mercado*; Carey o ignora. E se ao menos dissesse: a terra mesma não tem mais que um valor negativo, porém sua *situação* dispõe de um valor positivo, teria reconhecido o que nega – que a terra, justamente em virtude do fato de que pode ser monopolizada, tem ou *pode* ter um valor independente do trabalho que se investiu nela. Mas C[arey], sobre este ponto, permanece mudo como uma carpa.

Importa igualmente muito pouco, nos países civilizados, que se pague ou não regularmente o trabalho empregado na terra. Há mais de 20 anos eu formulei a teoria de que, na sociedade atual, não existe um só instrumento de produção capaz de durar de 60 a 100 anos – nem uma fábrica, nem um prédio etc. – e que ao cabo de sua existência haja coberto seus custos de produção. Sigo acreditando que, um e outro, são perfeitamente exatos. E se C[arey] e eu ambos temos razão, isto não prova nada nem sobre a taxa de lucro, nem sobre a gênese da renda, mas tão somente que há algo corrompido na produção burguesa, inclusive se medida de acordo com seu próprio metro.

Creio que estas glosas aleatórias [*random notes*] sobre C[arey] te bastam. São bastante confusas, à falta de referências textuais precisas. Quanto à roupagem histórico-materialista-científica, seu valor = o das árvores, a árvore da vida e do conhecimento que ele plantou em sua obra paradisíaca, certamente não para seu Adão e sua Eva, que devem trabalhar penosamente nos bosques que habitam, mas para seus descendentes. Sua ignorância e sua falta de seriedade não podem comparar-se mais do que à falta de vergonha que permite a ele, logo de início, apresentar-nos a sua mercadoria.

Não exijas de mim que eu leia os outros capítulos. Trata-se de puro gelo em derretimento, ainda que aqui as grandes patranhas venham mais espaçadas. Enviar-te-ei o livro quando for à cidade. Aqui não há nenhuma caixa de correio suficientemente grande para depositá-lo nela. [...]

143. MARX A ENGELS

(em Manchester)

Londres, 26 de novembro de 1869

Querido Fred:

Esta semana eu não estive em forma e a coisa que tenho debaixo do braço continua a me atormentar.[409] Esta é a razão de não ter te agradecido antes pelas notas sobre Carey; ontem recebi o livro.

Em minha obra contra Proudhon, na qual eu ainda admitia completamente a teoria *ricardiana* da renda, já expliquei o que havia de falso, mesmo de seu ponto de vista (de R[icardo]).

> Ricardo, depois de supor a produção burguesa como necessária para determinar a renda, aplica-a, todavia, à propriedade fundiária de todas as épocas e de todos os países. Trata-se, aqui, do erro de todos os economistas, que apresentam as relações da produção burguesa como categorias eternas.[410]

Naturalmente, o senhor Proudhon transformou imediatamente a teoria de R[icardo] na expressão moral da igualdade, encontrando por consequência na renda determinada à maneira de R[icardo] *"um imenso cadastro, executado contraditoriamente pelos proprietários e arrendatários [...] com um interesse superior e, portanto, o resultado definitivo deve ser a equalização da posse da terra etc."*.[411]

A este propósito, faço a seguinte observação, entre outras:

> Para que um cadastro qualquer, constituído pela renda, tenha um valor prático, é preciso que sempre se permaneça nas condições da sociedade atual. Ora, já

---

[409] Desde os primeiros dias do mês, Marx voltara a sofrer os efeitos de uma nova furunculose.

[410] Cf., na edição brasileira da *Miséria da filosofia* que estamos citando, a p. 177.

[411] Cf. *idem*, as p. 178-179.

demonstramos que o arrendamento pago pelo parceiro ao proprietário exprime com maior ou menor exatidão a renda apenas nos países mais avançados
industrial e comercialmente. E mesmo este arrendamento, com frequência, exprime o juro pago ao proprietário pelo capital incorporado à terra. A situação
dos terrenos, a proximidade às cidades e muitas outras circunstâncias influem
sobre o arrendamento e modificam a renda. [...] Por outro lado, a renda não
poderia ser o índice constante do grau de fertilidade de um terreno, porque a
aplicação moderna da química, a cada instante, altera a natureza do solo e os
conhecimentos geológicos começam, justamente nos dias atuais, a modificar
por inteiro a antiga avaliação da fertilidade relativa [...]. A fertilidade não é uma
qualidade tão natural como se poderia acreditar: ela se vincula intimamente às
relações sociais atuais.[412]

Quanto aos progressos dos cultivos mesmo nos Estados Unidos [*États-Unis*],
o senhor Carey ignora os fatos mais conhecidos. Por exemplo, o agroquí-
mico inglês Johnston explica em suas notas sobre os Estados Unidos:[413] os
emigrantes agrícolas da Nova Inglaterra, ao se instalarem no estado de Nova
York, abandonavam um terreno pior por um terreno melhor (melhor, não
no sentido de Carey, um terreno que é necessário começar a preparar, mas
no sentido químico e ao mesmo tempo econômico); os emigrantes agrícolas
do estado de Nova York que se estabeleceram primeiro mais além dos grandes lagos interiores, digamos [*say*], em Michigan, por exemplo [*for instance*],
abandonaram um terreno melhor por um terreno pior etc. Os colonos da
Virgínia exploraram tão deploravelmente o terreno mais favorável (tanto pela
sua situação como por sua fertilidade) a seu cultivo principal – o tabaco – que
tiveram que ir a Ohio, onde o terreno era pior para o mesmo produto (quando
não para o trigo etc.). A nacionalidade dos emigrantes interveio igualmente
em seu estabelecimento. As pessoas originárias da Noruega e de nossas montanhas arborizadas escolheram os bosques do norte de Wisconsin e os ianques
ficaram na mesma região com as pradarias etc.

Nos Estados Unidos, tanto como na Austrália, as pradarias são um fato
[*in fact*] espinhoso na carne de C[arey]. De acordo com ele, uma terra que não
está absolutamente recoberta de bosques – por consequência, todas as regiões
de pradarias naturais – é por natureza infértil.

---

[412] Cf. *idem*, a p. 179.

[413] Cf., *supra*, a carta de número 12.

O mais curioso é que os dois principais resultados a que chega Carey (relativos aos Estados Unidos) estão em direta contradição com o seu dogma. *Em primeiro lugar* [*Primo*], por efeito da influência diabólica da Inglaterra, as pessoas se espalharam [*disseminated*] pelas piores terras ocidentais (!), em vez de cultivar de forma social o terreno melhor da Nova Inglaterra. Por consequência, passaram de um terreno melhor a um pior. (Em contrapartida, diga-se de passagem [*by the by*], o espraiamento referido por C[arey], oposto à associação, é um plágio de Wakefield). Em *segundo lugar*, no sul dos Estados Unidos, a desgraça fez com que os escravocratas (aqueles que o senhor C[a-rey] geralmente defende em todos os seus escritos anteriores, como partidário que é da harmonia) cultivassem logo o melhor solo, descartando o pior. Por consequência, ocorreu o que não deveria ter ocorrido: começou-se pelo ter-reno melhor! – C[arey] se convence a si próprio, com este exemplo, de que os verdadeiros agricultores, aqui, os escravos, não estão movidos por razões econômicas nem por outras que dependem deles [*of their own*], mas por uma *pressão exterior* e lhe teria sido fácil comprovar que esta circunstância se apre-senta também em outros países.

Conforme sua a teoria, o cultivo na Europa deveria ter partido das mon-tanhas da Noruega para estender-se aos países mediterrâneos, em vez de se desenvolver no sentido contrário.

Carey trata de escamotear, com a ajuda de uma teoria do dinheiro extre-mamente rasa e fantasiosa, esta nojenta circunstância econômica segundo a qual as máquinas da terra (que, para ele, são *sempre melhores*), ao contrário das demais máquinas aperfeiçoadas, *aumentam* o custo dos seus produtos – ao menos em determinados períodos – em lugar de *reduzi-los* (esta é uma das cir-cunstâncias imaginadas por Ricardo: ele não viu mais além do seu nariz, isto é, mais além da história dos preços dos cereais de 1780 até 1815 na Inglaterra).

Partidário da harmonia, Carey demonstrou, inicialmente, que não existe nenhum antagonismo [*antagonisme*] entre capitalista e trabalhador assalaria-do. Em seguida, tratou de provar a harmonia entre proprietário da terra e capitalista, o que fez considerando a propriedade da terra como normal onde ela ainda não se tinha desenvolvido. A grande diferença, a diferença decisiva entre colônia[414] e país de velha civilização, radica em que, neste último, a massa do povo está excluída da *propriedade da terra*, fértil ou não, cultivada ou baldia, enquanto que, na colônia, o cultivador pode, relativamente falando [*relatively speaking*], apropriar-se dela. Mas esta situação não deve ser mencionada – não deve desempenhar absolutamente nenhum papel no rápido desenvolvimento das colônias! A nojenta *"questão da propriedade"*, e sob a sua forma mais nojenta, quebraria com um pontapé as pernas da harmonia.

Quanto ao sofisma deliberado em virtude do qual – do fato de que, num país de produção desenvolvida, a fertilidade natural da terra é uma circunstância importante para a produção de mais-valia (ou, como diz Ricardo, um fato que afeta a taxa de lucro) – resulta, inversamente, que nas zonas mais naturalmente férteis deveria ocorrer também a produção mais rica e mais desenvolvida (isto é, por exemplo, a produção do México deveria ser superior à da Nova Inglaterra), a ele já respondi n'*O capital*, p. 502 e seguintes.[415]

O único mérito de Carey é o de sustentar que se passa da terra pior para a terra melhor com a mesma naturalidade com que Ricardo sustenta o contrário, enquanto que, na realidade, se cultivam simultaneamente terras de qualidade diferente e essa é a razão pela qual, entre os germanos, os eslavos, os celtas, levando em conta este fato, procedia-se a uma distribuição muito minuciosa entre os membros da comunidade de parcelas de terras de qualidade bem diferente, o que consequentemente tornava muito difícil, na continuidade, o parcelamento dos bens comuns. E quanto aos progressos do cultivo ao longo da história, eles se realizam – e nisto intervém um grande número de circunstâncias – em ambas as direções; umas vezes é em uma, outras vezes, durante algum tempo, é em outra que predomina.

O que faz do *juro* do capital incorporado à terra uma parte integrante da *renda diferencial* é justamente o fato de que o proprietário da terra recebe este juro do capital que o *arrendatário*, e não *ele*, investiu na terra. Este fato [*fact*], conhecido em toda a Europa, não deve ter existência – economicamente falando – nos *Estados Unidos* [*États-Unis*] porque aí o sistema de arrendamento

---

[414] Marx emprega aqui a palavra no mesmo sentido que a emprega Carey: país novo, terra virgem. Cf., ademais, na edição brasileira citada d'*O capital*, o livro I, cap. 25.

[415] Na edição brasileira d'*O capital* que estamos citando, cf. esp. livro I, p. 581-584.

não está *ainda* desenvolvido. Aí as coisas acontecem de outra forma. É o especulador das terras e não o arrendatário que, no final das contas, paga, no *preço* da terra, o capital investido por este último. A história dos pioneiros [*pioneers*] e especuladores de terras nos Estados Unidos recorda, efetivamente, muitas vezes, as piores vilanias que acontecem, por exemplo, na Irlanda. [...]

144. ENGELS A MARX

(em Londres)

Manchester, 29 de novembro de 1869

Querido Mouro:

Está muito claro que esse Carey se revela medíocre inclusive no único campo, a história da colonização dos Estados Unidos, em que *era necessário* supor nele alguns conhecimentos. Depois disso, no fundo [*au fond*], não sobra nada desse sujeito.

[...] Aqui, achei na *Free Library* [*Biblioteca Livre*] e na *Chatham Library* [*Biblioteca de Chatam*] (que tu conheces) grande quantidade de fontes muito preciosas (afora livros com informações em segunda mão [*second hand information*]); mas, infelizmente, não encontrei nem Young, nem Prendergast, nem a edição inglesa de *Breton Law*,[416] fixada pelo governo britânico. Em troca, reapareceram Wakefield[417] e também diversos escritos do velho Petty [*Old Petty*]. Na semana passada, estudei a fundo os tratados [*tracts*] do velho *sir* John Davies (procurador geral para a Irlanda [*Attorney general for Ireland*] no tempo de James I).[418] Não sei se tu os leste, são uma fonte de primeira ordem; seguramente os viste citados centenas de vezes. É uma verdadeira vergonha que não

---

[416] Arthur Young (1741-1820), economista e historiador inglês, autor de *A Tour in Ireland* [*Uma viagem à Irlanda*]; também conhecido por sua descrição da França às vésperas da revolução de 1789. John P. Prendergast (1808-1893), irlandês, autor de *The Cromwellian Settlement in Ireland* [*A conquista cromweliana da Irlanda*]. *Breton Law* [*A lei britânica*], recolha de antigas leis irlandesas.

[417] Engels se refere à obra de Wakefield *An Account of Ireland, Statistical and Political* [*Dados estatísticos e políticos da Irlanda*].

[418] John Davies (1569-1626), autor de obras sobre a Irlanda ao tempo James I (1566-1625) – reinou a partir de 1603.

se possa encontrar em toda parte as fontes originais; nelas descobrem-se infinitamente mais coisas que nos comentaristas que as utilizam para tornar confuso e complicado o que é simples e claro no original. Daí [daqueles tratados] se deduz claramente que, na Irlanda, *existia* ainda em *1600*, com todo vigor [*in full force*], a propriedade comum da terra e, em seus argumentos para o confisco das terras do Ulster, o senhor Davies cita o fato como prova de que a terra não pertencia aos posseiros individuais (camponeses) e que, por consequência, pertencia seja ao senhor que acabava de perder seus direitos de posse, seja, desde sua origem, à Coroa. Nunca li nada tão belo como este arrazoado. A divisão das terras se fazia a cada dois ou três anos. Em outro panfleto, ele descreve de forma muito precisa as rendas etc. do chefe do clã. *Nunca* vi citados estes fatos e, se te forem necessários, mandar-te-ei com todos os detalhes. Lendo tudo isto, apanhei o senhor Goldwin Smith em flagrante delito.[419] Este senhor, que nunca leu Davies, formula as mais absurdas asserções para edulcorar o papel dos ingleses. Algum dia me entenderei com este tipo. [...]

145. MARX A KUGELMANN

(em Hannover)

Londres, 29 de novembro de 1869

[...] Compreenderás meu longo e, em certo sentido, criminoso silêncio quando te inteirares que tive que terminar numerosos trabalhos – eu os tinha atrasados e não interessavam somente a meus estudos científicos, mas se relacionavam [*quoad*] à Internacional; além disso, preciso trabalhar em russo: com efeito, enviaram-me de Petersburgo um livro[420] sobre a situação da classe trabalhadora na Rússia, aí incluídos, naturalmente, os camponeses [*of course, peasants included*]. E, enfim, meu estado de saúde não é nada satisfatório. [...]

---

[419] Goldwin Smith (1823-1910), publicista e político inglês.

[420] Trata-se do livro de N. Flerovski (pseudônimo de V. V. Bervi, 1829-1918), *A situação da classe trabalhadora na Rússia* (S. Petersburgo, 1869). Preso depois pela repressão tsarista, fugiu em 1893, exilando-se na Inglaterra.

1870

146. MARX A CÉSAR DE PAEPE[421]

(em Bruxelas)

Londres, 24 de janeiro de 1870

[...] Escrevo esta carta para, em primeiro lugar, pedir-lhe um favor pessoal. Você provavelmente sabe que uma parte da burguesia inglesa constituiu uma espécie de *"Land League"* [*"Liga da terra"*], que se opõe à *"Land and Labour League"* [*"Liga da terra e do trabalho"*] dos operários.[422] Sua finalidade divulgada é a de transformar a propriedade territorial inglesa em propriedade parcelária e criar um campesinato para o maior bem do povo. Sua finalidade real é atacar a aristocracia fundiária. Eles querem expor a terra à livre circulação para transferi-la, assim, das mãos dos proprietários fundiários [*landlords*] às mãos dos capitalistas. Para tanto, publicam uma série de textos populares em uma coleção intitulada *Cobden Treaties* [*Tratados Cobden*],[423] nos quais a pequena propriedade é apresentada em cores róseas. Seu grande cavalo de batalha é a Bélgica (principalmente os *flamengos*). Parece que, neste país, os

---

[421] César De Paepe (1842-1890), médico belga, vinculou-se ao movimento operário e sindical, foi importante líder socialista em seu país e membro da Internacional.

[422] A *Land League* (designação oficial: *Land Tenure Reform Association* [*Associação para a Reforma da Posse da Terra*]) foi criada em julho de 1869, em Londres, por iniciativa de John Stuart Mill. Já a *Land and Labour League* surgiu, também em Londres, em outubro de 1869, inicialmente animada por membros da Internacional.

[423] Óbvia referência a R. Cobden, um dos líderes manchesterianos da luta contra "as leis dos cereais" – cf., *supra*, a nota 31.

camponeses encontram-se em condições paradisíacas. Puseram-se em contato com o senhor Laveleye,[424] que lhes proporcionou dados para suas proclamações. Agora, como no segundo volume d'*O capital* trato da propriedade da terra, considero útil entrar um pouco nos detalhes da constituição da propriedade da terra na Bélgica e da agricultura belga. Você teria a amabilidade de indicar-me *os títulos dos principais livros que devo consultar?* [...]

147. MARX A ENGELS

(em Manchester)

Londres, 10 de fevereiro de 1870

[...] Do livro de Flerovski,[425] li as 150 primeiras páginas (relativas à Sibéria, Rússia do Norte e Astrakan). É a primeira obra que diz a verdade sobre a situação econômica da Rússia. Nosso homem é um inimigo declarado do que ele chama "o otimismo russo". Nunca fiz uma ideia cor de rosa sobre o Eldorado comunista, porém Fl[erovski] supera todas as expectativas. É um fato estranho – e, em todo caso, um sinal de transformação profunda – que uma coisa assim possa se imprimir em Petersburgo: "Há entre nós poucos proletários; mas a massa da nossa classe trabalhadora consiste de homens cuja condição é pior que a de que qualquer proletário".[426]

O método da exposição é absolutamente original – e, às vezes, o que mais recorda é Monteil.[427] Vê-se que este homem viajou por toda parte e que observou tudo. Ódio selvagem ao proprietário fundiário [*landlord*], ao capitalista e ao burocrata. Nada de doutrina socialista, nada de misticismo da terra (salvo para alguma forma de propriedade comunitária), nem o mínimo *pathos* niilista; de tanto em tanto, um mingau morno de bons sentimentos que, apesar de tudo, está de acordo com o nível de evolução das pessoas às quais a obra está

---

[424] Émile de Laveleye (1822-1892), economista belga, discípulo do filósofo francês François Huet (1814-1869), um socialista cristão.

[425] Cf., *supra*, a nota 420.

[426] Marx faz esta citação em russo.

[427] A. A. Monteil (1769-1850), um dos pioneiros da história social na França.

destinada. Em todo caso, este é o livro mais importante que apareceu depois do teu *A situação da classe trabalhadora* [*na Inglaterra*]. [...]

148. MARX A ENGELS

(em Manchester)

Londres, 14 de abril de 1870

[...] Lafargue conheceu em Paris uma jovem russa muito culta (próxima do teu amigo Jaclard, um excelente moço).[428] Ela lhe comunicou o seguinte: Flerovski – mesmo que sua obra tenha passado pela barreira da censura na época das veleidades liberais [*liberal fit*] – foi banido para a Sibéria por causa dela. E a tradução do meu livro foi proibida e recolhida, ainda antes de ser terminada.[429]

No curso desta semana, ou no começo da próxima, receberás também os *Landlord and Tenant Right in Ireland. Reports by Poor Law Inspectors,* 1870 [*Direitos dos proprietários de terras e dos colonos na Irlanda. Informes dos inspetores da lei dos pobres*] e ainda o *Agricultural Holdings in Ireland. Returns,* 1870 [*O arrendamento na Irlanda. Informe oficial*].

Os informes dos *Poor Law Inspectors* são interessantes. Eles mostram, entre outras coisas, o mesmo que seus *Reports on Agricultural Wages* [*Relatórios sobre os salários dos trabalhadores agrícolas*], que tiveste em teu poder – que, a partir da *fome* [*famine*],[430] começou a luta aberta entre os *trabalhadores agrícolas*, por uma parte, e os *camponeses* e *arrendatários* [*labourers on the hand, farmers and tenants*], por outra. Em relação aos relatórios sobre os "*salários*" [*Reports on wages*] – supondo que as indicações sobre os salários atuais sejam exatas,

---

[428] Charles Jaclard (1843-1903), jornalista francês, blanquista, partícipe da Comuna de Paris.

[429] Esta última informação não é correta. Cf., *supra*, a nota 388.

[430] A referência é à *grande fome* que atingiu a Irlanda entre 1845-1847, causada pela perda quase total das colheitas de batata e pelas exportações em larga escala de outros alimentos do país. De acordo com dados de 1851, entre 1841 e 1851, a fome e a expulsão de pequenos arrendatários da terra (as "limpezas de propriedades" – mencionadas na próxima carta como processos *of clearing labourers*) resultaram na morte de mais de um milhão de pessoas e na emigração de outro milhão.

o que é verossímil segundo outras fontes –, ou as escalas salariais anteriores davam cifras demasiadas baixas ou os relatórios parlamentares [*parliamentary returns*] anteriores sobre estes mesmos salários, que voltarei a buscar em meus relatórios parlamentares [*parliamentary papers*], assinalavam cifras *demasiado elevadas*. Em conjunto, confirma-se o fato que eu registrei na minha passagem sobre a Irlanda,[431] que o aumento dos salários foi mais que compensado com as altas dos preços dos produtos alimentícios e que – salvo no período do outono etc. – realmente se consolidou, apesar da emigração, um excedente relativo de mão de obra agrícola [*relatives sur-plus de labourers*]. Nos *Landlord and Tenant Right Reports* é importante ressaltar o fato [*fact*] de que o progresso da maquinaria [*machinery*] transformou uma grande quantidade de tecelões manuais [*handloom weavers*] em indigentes [*paupers*].

Dos dois, *Reports by Poor Law Inspectors* ressalta claramente: 1. que, desde a *fome* [*famine*], *como na Inglaterra*, se procedeu à liquidação das moradias dos trabalhadores nas propriedades agrícolas [*clearing of labourers' cottages*] (não confundir com supressão [*suppression*] das franquias de 40 xelins de parceiros [*40-sh. freeholders*], depois de 1829); 2. que o procedimento contra os bens hipotecados [*encumbered estates proceedings*] originou grande quantidade de *pequenos usurários* em substituição aos proprietários falidos que foram eliminados [*turned out flotten landlords*]. [...]

149. ENGELS A MARX

(em Londres)

Manchester, 15 de abril de 1870

[...] As conclusões que extrais dos relatórios parlamentares [*parliamentary reports*] coincidem com os resultados a que cheguei. Porém, não há que esquecer que o processo de liquidação das parcerias bonificadas em 40 xelins [*clearing von 40-sh. freeholders*] foi retomado inicialmente pelo efeito do processo de exclusão dos trabalhadores agrícolas [*clearing of labourers*] a partir de 1846 e isto porque, desde 1829, para ser proprietário de parcela franca [*freeholder*] se

---

[431] Cf., na edição brasileira d'*O capital* que estamos citando, o livro I, cap. 23, item *f.*

requeriam arrendamentos de 21 ou 31 anos e até toda uma geração [*leasers for 21 or 31 years and a life*] (isto quando não se necessitava de um período mais longo) e porque um homem somente se convertia em parceiro [*freeholder*] se *nunca* tivesse sido expulso de uma parcela em toda sua vida anterior. Esses arrendamentos [*leases*] não excluíam quase nunca a repartição [*subdividing*]. Em 1846, estavam parcialmente ainda em vigor, ou ao menos suas consequências, com os camponeses situados sempre no domínio territorial [*estate*]. O mesmo acontecia com os bens de raiz, que nesta época estavam nas mãos de intermediários [*middlemen*] – que, na maioria dos casos, tinham arrendamentos de 64 anos e três gerações [*three lives*] e até de 99 anos, muitas vezes a expirar entre 1846 e 1860. E isto até quando esses processos se reduziram mais ou menos e que os proprietários fundiários irlandeses se acharam em condição de ver com clareza que eram especialmente os trabalhadores agrícolas [*labourers*] os que havia que expulsar antes que a outros pequenos arrendatários [*fermiers*] que tinham nos seus domínios. No fundo, buscaram-se os mesmos resultados na Irlanda e na Inglaterra: a terra deve ser cultivada por trabalhadores alojados sob a proteção de outras *Uniões para os pobres* [*Poor Law Unions*],[432] de tal sorte que o proprietário da terra e seus parceiros pudessem se exonerar do imposto para os pobres. Isto é o que exprime Senior, e particularmente o seu irmão Edward, inspetor da assistência pública [*Poor Law Commissioner*] na Irlanda: o mais poderoso meio de despovoar a Irlanda é a Lei dos Pobres [*The great instrument which is clearing, is the Poor Law*].

A terra vendida, desde que existe o *Tribunal para os bens hipotecados* [*Encumbered Estate Court*],[433] representa, segundo as minhas anotações, até ⅕ do total e os compradores são, de fato, na maioria dos casos, usurários, especuladores etc. e, *em sua maioria, católicos irlandeses* – em parte, são também

---

[432] Estas uniões existiam na Inglaterra desde o século XVI: cada paróquia recolhia um imposto para a assistência aos pobres; cada paroquiano e sua família recebiam ajuda por meio dos fundos assim constituídos, aliás sempre insuficientes. Observe-se que tais uniões precedem a legislação inglesa que tomou uma primeira forma legal em 1601, com a chamada *Lei dos pobres*. Em 1834, uma nova *Lei dos Pobres* deixou de reconhecê-las, universalizando a assistência aos pobres por meio das antigas *workhouses* (casas de trabalho), a que o povo chamava de "Bastilhas para os pobres".

[433] O *Tribunal para os bens hipotecados* foi estabelecido por lei do parlamento britânico em 1849, para facilitar a venda de propriedades irlandesas cujos proprietários, por causa da *grande fome*, tornaram-se incapazes de resgatar suas dívidas – era autorizada a venda de propriedades a pedido do proprietário ou de algum credor.

proprietários de pastagens [*graziers*] enriquecidos. Entretanto, já não existem atualmente, na Irlanda, mais que uns 8 ou 9 mil proprietários de terras [*land-owners*].[434] [...]

150. MARX A LUDWIG KUGELMANN

(em Hannover)

Londres, 27 de junho de 1870

[...] Eu contava, no ano passado, com uma segunda edição de meu livro para depois das férias da Páscoa e, consequentemente [*consequently*], em receber os *ganhos* referentes à primeira edição. A carta de Meissner, que chegou hoje e que vai anexa a esta, te mostrará que tudo isto está muito longe de acontecer. (Devolve-me a carta, por favor).

Ultimamente, os senhores professores alemães se viram na obrigação de prestar-me, aqui e ali, alguma atenção, mesmo que de forma bastante tola – por exemplo, A. Wagner, em um folheto sobre a propriedade da terra[435] e Held (Bonn), em outro folheto sobre as caixas de crédito agrícola na província renana.[436]

E o senhor Lange (*Über die Arbeiterfrage* etc., 2ª ed.)[437] me dedica grandes elogios, mas com o propósito de se dar importância. É que o senhor Lange fez

---

[434] O leitor observará que, das páginas subsequentes em diante, as cartas entre Marx e Engels se tornarão menos frequentes e, em especial a partir do último trimestre de 1870, verdadeiramente raras. Compreende-se: em setembro deste ano, Engels – aposentando-se após quase duas décadas de trabalho ininterrupto em Manchester – virá residir em Londres, a pouca distância da morada de Marx. Tal proximidade permitirá, salvo quando um ou outro se afastava da capital inglesa, que eles se encontrem quase que diariamente.

[435] Adolf Wagner (1835-1917), "socialista de cátedra" – o texto a que Marx se refere foi publicado em Leipzig, em 1870: *Die Abschaffung des privaten Grundeigenthums* [*A abolição dos terrenos privados*].

[436] O texto de Held referido por Marx foi publicado em Jena, em 1869, sob o título *Die ländlichen Darlehenskassenvereine in der Rheinprovinz und ihre Berziehungen zur Arbeiterfrage* [*As associações de fundos de empréstimos na província do Reno e suas relações com a questão do trabalho*].

[437] Marx refere-se ao livro *Die Arbeiterfrage. Ihre Bedeutung für die Gegenwart und Zukunft* [*A questão operária. Sua importância para o presente e o futuro*]. Winterthur, 2ª ed. revista e aumentada, 1870. Seu autor, o alemão Friedrich A. Lange (1828-1875), foi um celebrado filósofo neokantiano.

uma grande descoberta. Toda a história deve ficar subordinada a uma única grande lei natural. Esta lei natural é a *frase vazia*, "*a luta pela vida*" ("*struggle for life*") – a expressão de Darwin, assim empregada, converte-se em simples retórica – e o conteúdo desta frase é a lei malthusiana da população – ou melhor [*rather*], da superpopulação. Em lugar, pois, de analisar a "*struggle for life*" tal como se manifesta historicamente, em diversas formas sociais determinadas, não se encontra nada melhor para fazer que converter cada luta concreta em uma fórmula – "*struggle for life*" – e substituir a própria fórmula pela fantasia malthusiana sobre a população. Há que confessar que este é um método muito penetrante... para a ignorância e a preguiça de espírito pretensiosa, autossuficiente e que se apresenta a si mesma como ciência.

O que este mesmo Lange diz do método hegeliano e do emprego que dele faço é realmente pueril. Em primeiro lugar, não compreende nada [*rien*] do método hegeliano e menos ainda da forma crítica como eu o utilizo. Em certo sentido, ele me lembra Moses Mendelssohn;[438] este protótipo de charlatão escreveu um dia a Lessing[439] para perguntar como poderia ocorrer-lhe a ideia de levar a sério [*au sérieux*] esse "Spinoza, cão morto".[440] O senhor Lange estranha também que Engels, eu etc., levemos a sério Hegel, esse cão morto, quando os Büchner,[441] Lange, o doutor Dühring, Fechner[442] etc. – pobres animaizinhos [*poor deer*] – estão de acordo em o terem enterrado já há algum tempo. Lange comete a ingenuidade de afirmar que eu me "movo com a mais rara liberdade" no terreno empírico. Não suspeita que esta "liberdade de movimento na matéria" não é outra coisa que uma paráfrase do *método* com o qual trato a questão, isto é, o *método dialético*. [...]

---

[438] Moses Mendelssohn (1729-1786), pensador que alguns tratadistas caracterizam como uma espécie de "filósofo popular" da Ilustração alemã.

[439] Gotthold E. Lessing (1729-1781), influente pensador racionalista ilustrado, autor de textos clássicos da tradição filosófica alemã. Dele, pode-se ler em português, entre outros títulos, *Laocoonte ou Sobre as fronteiras da pintura e da poesia* (Iluminuras, São Paulo, 2011); *Três peças – Mina von Barnhelm, Emilia Galotti, Natan, o sábio* (Rio de Janeiro: Topbooks, 2015) e *Obras* (São Paulo: Perspectiva, 2016).

[440] Baruch Spinoza (1632-1677), filósofo holandês de origem portuguesa, destacado entre os mais importantes racionalistas dos séculos XVII-XVIII; sua obra tem edição brasileira: B. Spinoza, *Obra completa*. São Paulo: Perspectiva, 2014, 4 v.

[441] Cf., *supra*, a nota 255.

[442] Gustav T. Fechner (1801-1887), filósofo idealista e físico alemão.

No que se refere à insistência de Meissner a propósito do segundo volume, não foi somente a minha enfermidade que causou a interrupção do meu trabalho durante todo o inverno; pareceu-me necessário dominar o russo. Quando se quer tratar a questão agrária, faz-se indispensável estudar, em suas fontes originais, as condições da propriedade da terra na Rússia. A isto veio a somar-se a circunstância de que, a propósito da questão agrária na Irlanda, o governo inglês publicou uma série de livros azuis [*blue books*] (que logo estará terminada) sobre a situação agrária em todas as regiões [*in all countries*]. Finalmente – entre nós [*entre nous*] – eu gostaria de publicar antes uma segunda edição do volume I. Se isto acontecesse em meio à finalização do livro II, perturbaria o meu trabalho. [...]

1871

151. MARX A SIEGFRIED MEYER

(em Nova York)

Londres, 21 de janeiro de 1871

[...] Em Petersburgo, apareceu uma revista semioficial, em russo – *Arquivos de medicina legal*. Um dos médicos que colabora nela publicou, no último fascículo, um artigo sobre "As condições sanitárias do proletariado da Europa ocidental", no qual utiliza a maioria das citações tiradas do meu livro, indicando a fonte. Como consequência disto, surgiu este grave contratempo: o censor recebeu uma grave reprimenda da parte do ministro do Interior [*minister of the Interior*], o redator-chefe [*editor in chief*] foi demitido e o próprio volume [da revista] – todos os exemplares [*copies*] que se puderam recolher – foi queimado!

Não sei se te disse que, desde o começo de 1870, pus-me a estudar russo, que agora leio quase fluentemente. A razão é que, desde que de Petersburgo me enviaram o importantíssimo livro de Flerovski sobre *A situação da classe trabalhadora* (sobretudo camponeses) *na Rússia*, eu quis conhecer também as (famosas) obras de Economia Política de Tchernychevski (que fizeram com que fosse condenado a sete anos de trabalhos nas minas da Sibéria...).[443] O butim que estou recolhendo vale o sacrifício que um homem da minha idade tem de fazer para assimilar um idioma tão distante dos ramos linguísticos clássicos, germânicos e românicos. O movimento intelectual que se desenvolve atualmente na Rússia revela uma profunda fermentação subterrânea. As cabeças pensantes estão sempre conectadas por invisíveis fios ao corpo [*body*] do povo. [...]

---

[443] Nicolai Tchernychevski (1828-1889), democrata revolucionário russo, notável escritor e publicista. Dele está traduzido o célebre romance *O que fazer?* São Paulo: Expressão Popular, 2020.

152. MARX A WILHELM LIEBKNECHT

(em Leipzig)

Londres, 13 de abril de 1871

[...] Engels te comunica que o seu artigo nos *Anais franco-alemães*[444] não tem mais que um valor histórico e que, portanto, não é apropriado para a propaganda prática. Em troca, podes publicar extratos bastante longos d'*O capital* – por exemplo, do capítulo sobre a "acumulação primitiva" etc. [...]

153. MARX A N. F. DANIELSON

(em Petersburgo)

Londres, 13 de junho de 1871

Prezado senhor:

Com muito prazer lhe enviarei o "primeiro capítulo";[445] porém, não posso fazê-lo *antes das duas próximas semanas*. Oito semanas de enfermidade obrigaram-me a acumular trabalhos que, antes de quaisquer outras coisas, tenho que despachar com toda a urgência. Depois, far-lhe-ei chegar uma lista de correções menores.

Quanto à continuação da minha obra, o informe de nosso amigo [*our friend*] baseia-se num mal-entendido.[446] Considerei necessária uma refundição completa do manuscrito. Além disso, me faltavam documentos indispensáveis que, ao fim, chegarão a mim vindos dos Estados Unidos. [...]

---

[444] Cf., *supra*, a nota 36.

[445] Danielson soube, através de Lopatin (cf., *supra*, as notas 385 e 388), que Marx tencionava revisar o primeiro capítulo do livro I d'*O capital* para a tradução russa. Somente cinco meses mais tarde, Marx enviou as correções e modificações que pensava fazer. Cf. a próxima carta.

[446] O amigo comum é Lopatin. Danielson escrevera a Marx, em carta de maio de 1871 (cf. *MEW*, 1966, 33, nota 266 à p. 750): "Nosso amigo comum contou, em um círculo de amigos que se interessavam pela continuação de sua obra, que o editor, por considerações de ordem econômica, não quer imprimir o livro II, cujo manuscrito está já terminado, enquanto não se esgotar o livro I".

154. MARX A N. F. DANIELSON

(em Petersburgo)

Londres, 9 de novembro de 1871

Caro amigo:

Anexo algumas modificações para incorporar ao texto,[447] que, em parte, não são mais que simples erros de impressão. Têm certa importância as alterações nas páginas 192, 201, 188, nota 205a e página 376, já que se trata, em parte, de modificações substantivas.

Indubitavelmente, é inútil *esperar* uma revisão do primeiro capítulo, pois estou tão sobrecarregado de tarefas há meses[448] (e, quanto a isto, não há esperança de uma melhoria num futuro próximo) que não consigo continuar meus trabalhos teóricos.

Certamente que, num belo dia, colocarei um ponto final em tudo isto; porém, há circunstâncias em que se está moralmente obrigado a ocupar-se de coisas muito menos atrativas que o estudo e a pesquisa teórica... [*Certainly, I shall one fine morning put a stop to all this, but there are circumstances, where you are in duty bound to occupy yourselves with things much less attractive than theoretical study and research...*]. [...]

---

[447] Trata-se das modificações, referidas na carta anterior, a fazer no livro I d'*O capital*. No anexo a esta carta, Marx detalha as modificações que queria incorporadas ao texto (cf. *MEW*, 1966, 33, p. 311-313).

[448] Não se esqueça que 1871 foi o ano da eclosão da Comuna de Paris – a instauração dela, a sua defesa, a derrota dos *communards* e a solidariedade a eles prestada pessoalmente por Marx somaram-se às suas atividades na Internacional.

1872

155. MARX A MAURICE LACHÂTRE[449]

(em San Sebastian)

Londres, 18 de março de 1872

Caro cidadão:

Aplaudo vossa ideia de publicar a tradução de *Das Kapital* em fascículos.[450] Sob esta forma, a obra será mais acessível à classe operária e, para mim, esta consideração prevalece sobre todas as demais.

Este é o belo verso da vossa medalha, que, porém, possui seu reverso. O método de análise que empreguei, e que não foi utilizado ainda nos temas econômicos, torna bastante árdua a leitura dos primeiros capítulos, e cabe temer que o público francês, sempre impaciente por concluir, ávido por conhecer os nexos dos princípios gerais com as questões imediatas que o apaixonam, venha a desanimar-se por não poder avançar imediatamente.

Este é um inconveniente contra o qual nada posso fazer, a não ser, talvez, prevenir e alertar os leitores ávidos pela verdade. Não há uma estrada real

---

[449] Maurice Lachâtre (Maurice La Châtre 1814-1900), destemido editor francês, perseguido pela hierarquia católica e por Napoleão III; participou da Comuna e editou a tradução francesa do livro I d'*O capital*, que se publicou em Paris entre 1872 e 1875, em fascículos. Esta carta de Marx saiu no primeiro fascículo, à guisa de prefácio.

[450] À mesma época, Marx também autorizou que se editasse em 12 fascículos (1872-1873) a segunda edição alemã d'*O capital*.

para a ciência e só aqueles que não temem cansar-se galgando as suas trilhas escarpadas têm a oportunidade de chegar até seus cumes luminosos.

Recebei, caro cidadão, a garantia do meu mais devotado respeito.

Karl Marx

156. MARX A N. F. DANIELSON

(em Petersburgo)

Londres, 28 de maio de 1872

Prezado senhor:

Minha resposta lhe chega com muito atraso porque esperava, para enviar-lhe junto a esta carta, os primeiros fascículos da *segunda edição alemã* d'*O capital* e da *tradução francesa* (Paris). Porém, o editor francês e o alemão postergaram tanto as coisas que não poderei enviá-los a não ser mais adiante.

Em primeiro lugar, muito obrigado pelo exemplar preciosamente encadernado;[451] a tradução é *magistral*. Gostaria de ter um outro exemplar, não encadernado, para o Museu Britânico [*British Museum*].

Lamento que um *imperativo absoluto*, no sentido mais estrito do termo [*in the most strictest sense of the word*], tenha me impedido de dedicar-me à revisão do texto para a 2ª edição antes de fins de dezembro de 1871. Isto teria sido muito útil para a edição russa.

Ainda que a tradução francesa (realizada pelo senhor Roy,[452] tradutor de Feuerbach) seja obra de um grande conhecedor das duas línguas, ele trabalhou, porém, muitas vezes demasiado literalmente. Por isto me vi obrigado a reescrever passagens [*passages*] inteiras em francês, para que tenham um estilo familiar para o público francês. Adiante será muito mais fácil traduzir a obra do francês ao inglês ou às línguas românicas.

---

[451] Trata-se de um exemplar da edição russa do livro I d'*O capital*.

[452] Joseph Roy (1830-1916) – sua tradução da feuerbachiana *A essência do cristianismo* foi publicada em 1864.

A sobrecarga de trabalho a que estou submetido interfere tanto em meus estudos teóricos que devo me *afastar*, depois de setembro, da *empresa comercial* que, atualmente, se apoia muito em meus ombros e que, como o senhor sabe, tem ramificações em todo o mundo[453] [*I am so overworked, and in fact so much interfered with in my theoretical studies that, after September, I shall withdraw from the commercial concern which, at this moment, weighs principaly upon my own shoulders, and which, as you know, has its ramifications all over the world*]. Há que ter alguma medida em tudo [*est modus in rebus*], e já não posso permitir-me – ao menos por um tempo – conciliar dois tipos de atividades de caráter tão diferentes [*and I can no longer afford – for some time at last – to combine two sorts of business of so very different a character*]. [...]

157. MARX A F. A. SORGE[454]

(em Hoboken)

Londres, 21 de junho de 1872

[...] Com relação ao meu *O capital*, a publicação do primeiro fascículo alemão[455] será na próxima semana. O mesmo vale para o primeiro fascículo da versão francesa,[456] em Paris. Tu receberás (regularmente), tu e alguns de teus amigos, exemplares de ambos. A edição francesa tem 10 mil exemplares; sob o título consigna-se: "inteiramente revista pelo autor" [*entièrement révisée par l'auteur*] (e esta não é uma fórmula puramente convencional, posto que me exigiu um trabalho dos diabos) e, já antes do lançamento do primeiro fascículo, 8 mil estão encomendados.

---

453 Tudo indicava que, na sequência da Comuna de Paris, a correspondência de Marx vinha sendo objeto dos serviços de espionagem de Estados europeus; por isto, a cautela e a dissimulação a que ele se viu obrigado em algumas das suas cartas. Aqui, a "empresa comercial" alude ao Conselho Geral da Internacional e o mês de setembro é aquele no qual ele participaria do V Congresso da AIT, a ser celebrado em Haia.

454 Amigo e correspondente de Marx e Engels, Friedrich A. Sorge (1828-1906), partícipe da revolução alemã de 1848-1849, emigrou para os Estados Unidos e ali desempenhou papel importante no movimento operário.

455 Da segunda edição alemã do livro I d'*O capital*.

456 Da tradução francesa do livro I d'*O capital*.

Na Rússia, os livros impressos, antes de serem postos à venda, devem ser submetidos à censura; se esta os proíbe, há que recorrer à intervenção da justiça. Escrevem-me de lá Rússia a respeito da tradução – que é magistral – da minha obra:

> Nos serviços de censura, dois censores examinaram e apresentaram suas conclusões à comissão. Antes inclusive de ler a obra, tomaram a decisão de não proibir o livro por causa somente do nome do autor, mas de estudar com atenção em que medida correspondia realmente ao título. O que se segue é o resumo das conclusões adotadas por unanimidade pela comissão de censura e transmitidas à administração central para sua ratificação: 'Ainda que o autor seja, por suas opiniões, um socialista 100% e ainda que todo o livro apresente um caráter socialista claramente demarcado, levando em conta, entretanto, o fato de que a exposição não pode ser qualificada de acessível a todos e que tem, por outra parte, a forma de uma demonstração científica de caráter estritamente matemático, a comissão declara que é impossível perseguir esta obra ante os tribunais'.

Em consequência disto, concedeu-se ao livro o salvo-conduto para entrar no mundo. Fizeram-se 3 mil exemplares. O livro foi lançado na Rússia em 27 de março e a 15 de maio já se tinham vendido mil exemplares. [...]

158. MARX A N. F. DANIELSON

(em Petersburgo)

12 de dezembro de 1872

[...] Espero com impaciência a crítica que me prometeu (em manuscrito), assim como todos os artigos que o senhor tem nesta linha [*line*].[457] Um de meus amigos quer escrever um artigo sobre a forma com que meu livro foi recebido na Rússia.

A publicação da tradução francesa foi interrompida como consequência de lamentáveis acidentes [*accidents*], porém será retomada dentro de uns dias.

E se prepara uma tradução italiana [...].

---

[457] O manuscrito em questão ("Marx e seu livro sobre o capital"), de autoria do economista liberal-burguês J. L. Zhukovsky (1822-1907), foi publicado pela primeira vez no v. V, de setembro de 1877, da revista *O mensageiro europeu*, de Petersburgo, que circulou entre 1866 e 1918.

Gostaria muito de correr os olhos no livro do professor Sieber (Kiev) sobre as teorias de Ricardo em relação ao valor e ao capital e que contém ainda uma crítica de meu livro.[458] [...]

No segundo volume d'*O capital*, me ocuparei em detalhe, na seção dedicada à propriedade da terra, da forma russa desta propriedade.[459] [...]

Uma palavra mais. Desejo publicar algo sobre a vida de Tchern[ychevski], sobre sua personalidade, para despertar a simpatia sobre ele no Ocidente. Porém, para isto, necessito de documentação.

---

[458] Marx se refere ao livro *A teoria ricardiana do valor e d'O capital*, publicado em 1871, em Kiev, pelo economista russo Nikolai I. Sieber (1844-1888) – ver o posfácio, datado de 24 de janeiro de 1873, à segunda edição do livro I d'*O capital* (na edição brasileira que estamos citando, cf. livro I, p. 88). Sieber, um burguês reformista radical, foi dos primeiros a divulgar na Rússia as ideias econômicas de Marx.
Esta carta, entre outras, Marx assinou-a com o pseudônimo de A. Williams, por razões de segurança (cf., *supra*, a nota 445).

[459] Já assinalamos que as questões fundiárias (particularmente da renda fundiária) serão objeto do livro III d'*O capital*, editado – assim como o livro II – postumamente por Engels. A intenção revelada nesta carta a Danielson não tomou forma conclusa nos manuscritos marxianos que Engels utilizou para editar os livros II e III – cf. os seus prefácios a ambos os livros, na edição brasileira d'*O capital* que estamos citando: livro II, p. 79-100 e livro III, p. 31-49, datados, respectivamente, de 5 de maio de 1885 e de 4 de outubro de 1894.

1873

159. MARX A N. F. DANIELSON

(em Petersburgo)

Londres, 18 de janeiro de 1873

[...] No que se refere a Tch[ernychevski], depende por completo do senhor que eu possa abordar o aspecto científico de sua atividade, ou também o outro aspecto.[460] No segundo volume do meu livro, ele aparecerá naturalmente como economista. Conheço uma grande parte de sua obra. [...]

160. MARX A ENGELS

(em Londres)

Manchester, 31 de maio de 1873

[...] Expus a Moore,[461] aqui, uma questão com a qual me defronto pessoalmente [*privatim*] há muito tempo. Ele, porém, acredita que a questão é insolúvel, ao menos por agora [*pro tempore*], em razão de inúmeros fatores que, em sua maioria, há que começar por descobrir e que constituem os elementos do problema. Trata-se do seguinte: conheces os quadros nos quais se consignam os preços, os tipos de descontos [*discount-rate*] etc. etc., com as flutuações

---

[460] O "outro aspecto" – cf. a carta anterior, de 12/12/1872 – diria respeito à "sua personalidade".

[461] Sobre Samuel Moore, cf., *supra*, a nota 274.

que experimentam no curso do ano, representadas por curvas em ziguezague que sobem e descem. Tentei, repetidas vezes, calcular – para analisar as crises – essas altas e baixas [*ups and downs*] como se analisam as curvas irregulares e acreditei possível (e sigo acreditando que é possível, com ajuda de uma documentação escolhida com muito critério) determinar matematicamente, partindo daí, as leis essenciais das crises. Como já disse, Moore pensa que a coisa é irrealizável por agora e decidi renunciar a isto momentaneamente [*for the time being*]. [...]

161. ENGELS A MARX

(em Harrogate)[462]

Londres, 29 de novembro de 1873

[...] Os capítulos 2 a 5 (compreendidos o maquinismo e a grande indústria) foram traduzidos por ele, o que constitui um bom pedaço do livro. Agora, está traduzindo textos ingleses para [Poliakov].[463]

Ontem, li em francês o capítulo sobre a legislação das fábricas. Apesar de todo o respeito que sinto pela arte com que se transformou este capítulo num francês elegante, dá-me muita pena este belo capítulo. Seu vigor, sua seiva e sua vida foram ao diabo. É o preço que se paga pela possibilidade que o escritor comum tem de expressar-se com certa elegância – a castração da língua. Dar vida a ideias em francês moderno, esta camisa de força, é cada vez mais impossível. Ainda que não fosse mais que a inversão da construção das frases, que quase continuamente se impõe por causa desta lógica formal pedante, rouba-se da exposição tudo o que tem de impactante e de vivo. Eu consideraria um grave equívoco tomar como base para a tradução inglesa

---

[462] Entre 24 de novembro e 15 de dezembro de 1873, Marx, acompanhado por sua filha Eleanor, esteve em tratamento de saúde na estância termal de Harrogate (no Yorkshire).

[463] Engels refere-se aqui à tradução russa d'*O capital*; os capítulos mencionados foram remanejados em edições posteriores. Quem os traduziu foi Lopatin (cf., *supra*, as notas 384 e 388).
N. P. Poliakov (1843-1905) era o proprietário da editora que publicou o livro já citado de Flerovski (*A situação da classe trabalhadora na Rússia*) e o livro I d'*O capital*.

esta roupagem francesa. Em inglês, não há necessidade de debilitar a vigorosa expressão do texto original. O que o texto perderá inevitavelmente nas passagens propriamente dialéticas, ver-se-á compensado pela maior força e concisão do inglês em favor de outros pontos. [...]

1875

162. MARX A PIOTR L. LAVROV[464]

(em Londres)

Londres, 11 de fevereiro de 1875

Caro amigo:

Envio-lhe hoje a edição alemã num volume (não tenho mais fascículos [*Hefte*] disponíveis) e os seis primeiros fascículos da edição francesa. Nesta, há muitas mudanças e adições (veja, por exemplo, no *fascículo 6*, p. 222, contra J. S. Mill, uma amostra surpreendente de como os economistas burgueses, inclusive os de boa fé, se perdem instintivamente no mesmo momento em que parecem que estão a ponto de encarar a verdade).[465] As mudanças mais importantes introduzidas na edição francesa encontram-se, no entanto, nas partes ainda não publicadas, isto é, nos capítulos sobre a acumulação.

Meus mais expressivos agradecimentos pelas publicações que me enviou. O que tem me interessado, sobretudo, são os artigos "O que acontece no país?".[466] Se eu dispusesse de tempo, os extrataria para o *Volksstaat* [*O Estado popular*].[467] O "Não os nossos" é um povo excelente. Suspeito que nosso amigo Lopatin tem algo a ver com este artigo.[468]

---

[464] Piotr L. Lavrov (1823-1900), publicista russo, populista, redator da revista *Vperyod!* [*Avante!*], editada entre 1873 e 1875 em Zurique e em Londres.

[465] Cf., na edição brasileira d'*O capital* que estamos citando, o livro I, esp. p. 584-586.

[466] Seção da revista editada por Lavrov, na qual tinha aparecido uma série de artigos dedicados à Rússia.

[467] Jornal social-democrata alemão (cf., *supra*, a nota 306).

[468] Seita siberiana que negava o Estado, a família, a religião, a lei e a moralidade burguesa, descrita por Lopatin em artigo publicado pela revista editada por Lavrov.

Enviaram-me um pacote de livros e publicações oficiais de Petersburgo, porém provavelmente foi sequestrado pelo governo russo. Entre outras coisas, estavam informes da *Comissão para a agricultura e a produtividade agrícola na Rússia* e da *Comissão sobre a questão dos impostos*[469] – materiais todos necessários para o capítulo do volume II em que trato da propriedade da terra etc. etc., na Rússia.

Minha saúde melhorou muito desde a minha estada em Karlsbad;[470] porém, por um lado, me vejo na necessidade de limitar muito as minhas horas de trabalho e, por outro, quando cheguei a Londres, peguei um resfriado [*cold*] que me causou alguns aborrecimentos.

Irei vê-lo quando fizer um tempo melhor.

Atenciosamente,

Karl Marx.

163. MARX A PIOTR L. LAVROV

(em Londres)

Londres, 18 de junho de 1875

[...] A crise comercial avança. Tudo depende agora das notícias que nos cheguem dos mercados asiáticos, em especial dos mercados da Índia ocidental, que estão se abarrotando cada vez mais durante os últimos anos. O craque definitivo poderia ser retardado em determinadas condições, cuja presença, por outra parte, não é provável.

A redução do período de tempo entre as crises gerais é realmente extraordinária. Sempre considerei este período não como uma magnitude invariável, mas como uma magnitude decrescente; porém resulta particularmente agradável verificar que apresente sinais tão evidentes deste movimento decrescente – é um mau presságio para a longevidade do mundo capitalista. [...]

---

[469] Marx cita estas fontes em russo.

[470] Marx estivera em tratamento de saúde em Karlsbad, de 19 de agosto a 21 de setembro de 1874.

164. ENGELS A PIOTR L. LAVROV[471]

(em Londres)

Londres, 12-17 de novembro de 1875

Caro senhor Lavrov:

Enfim, de volta de uma viagem à Alemanha, encontro seu artigo,[472] que acabo de ler com muito interesse. Aqui vão as minhas observações relativas a ele, redigidas em alemão, o que me permitirá ser mais conciso.

1. Da doutrina darwinista, aceito a *teoria da evolução*, porém, tomo o método demonstrativo de D[arwin] (luta pela vida, seleção natural [*struggle for life, natural selection*]) não mais que como uma primeira expressão, uma expressão provisória, imperfeita, de um fato que acaba de se descobrir. Até Darwin, são precisamente aqueles que não veem hoje por toda parte mais que a *luta* pela vida (Vogt, Büchner, Moleschott etc.), que afirmavam apenas a existência da *ação cooperativa* da natureza orgânica – enfatizando como o reino vegetal proporciona ao reino animal o oxigênio e o alimento e como, em contrapartida, o reino animal proporciona às plantas fertilizantes e ácido carbônico, coisa que especialmente Liebig põe em relevo. Ambas as concepções se justificam de certo modo e dentro de certos limites. Porém, uma é tão limitada e unilateral quanto a outra. A interação dos corpos naturais – vivos ou mortos – implica tanto a harmonia quanto o conflito, tanto a luta como a cooperação. Se, por consequência, um pretenso naturalista se permite resumir toda a riqueza, toda a variedade da evolução histórica em uma fórmula restrita e unilateral, a da "luta pela vida", fórmula que não se pode admitir nem sequer no campo da natureza senão com reservas [*cum grano salis*], este procedimento contém já sua própria condenação.

2. Dos três darwinistas convictos que o senhor cita, só Hellwald parece merecer que se o leve em consideração. Seidlitz não é, no melhor dos casos,

---

[471] Esta carta – salvos o primeiro e o último parágrafos, destacados em itálico – foi redigida em alemão.

[472] Lavrov pedira a Engels que emitisse um juízo sobre seu artigo "O socialismo e a luta pela vida", publicado na revista *Avante!*, de 15 de setembro de 1875. A viagem a que Engels se refere realizou-se em fins de outubro, com ele retornando a Londres a 6 de novembro.

mais que uma débil luzinha e Robert Byr,[473] um fazedor de romances, um dos quais, *Dreimal* [*Três vezes*], aparece atualmente em *Über Land und Meer* [*Sobre terras e mares*]: – aí, todas as suas bravatas estão em seu lugar.

3. Sem contestar as vantagens da sua abordagem metodológica, que poderia qualificar de psicológica, eu teria escolhido outra. Cada um de nós está mais ou menos influenciado pelo meio intelectual em que preferencialmente se desenvolve. Para a Rússia, onde, melhor que eu, o senhor conhece o seu público e para um órgão de propaganda dirigido ao sentimento de comunidade, ao sentimento moral, o seu método é provavelmente o melhor. Para a Alemanha, onde um falso sentimentalismo provocou e continua provocando ainda hoje tantos danos, ele não seria apropriado, não seria conveniente, seria interpretado erroneamente de uma maneira sentimental. Entre nós, o ódio é mais necessário que o amor – ao menos por agora – e, antes de tudo, é necessário fazer tábula rasa dos últimos vestígios do idealismo alemão, restabelecer os fatos materiais em seu direito histórico.

Por isso, atacarei – e talvez o momento certo tenha chegado – os darwinistas burgueses mais ou menos da forma seguinte: toda a doutrina darwinista da luta pela vida não é mais que a transposição pura e simples, do terreno social ao da natureza viva, da doutrina de Hobbes: *bellum omnium contra omnes* [a guerra de todos contra todos] e das teses da concorrência tão cara aos economistas burgueses, associada à teoria malthusiana da população. Depois de realizado este truque de prestidigitação (cuja justificativa absoluta discutirei no item 1[acima]), sobretudo no que se refere à doutrina de Malthus, transladam-se estas mesmas teorias, desta vez da natureza orgânica para a história humana, pretendendo então ter feito a prova de sua validade enquanto lei eterna da sociedade humana. O caráter pueril desta forma de proceder salta à vista – não há necessidade de perder mais tempo falando disso. Entretanto, se se quiser insistir a este respeito, eu o faria da seguinte forma: mostraria, em primeiro lugar, que são maus *economistas* e, só em segundo lugar, que são maus naturalistas e maus filósofos.

---

[473] Friedrich Hellwald (1842-1892), etnógrafo e historiador austríaco. Georg von Seidlitz (1840-1917), naturalista alemão. Robert Byr (pseudônimo de Karl Robert von Bayer, 1835-1902), militar austríaco que a partir de 1862 dedicou-se à literatura.

4. A diferença essencial entre as sociedades humanas e as animais está em que as animais, no máximo, *reúnem objetos*, enquanto que os homens os *produzem*. Esta diferença capital basta para tornar impossível a transposição pura e simples às sociedades humanas de leis que são válidas para as sociedades animais. Torna possível o que o senhor assinala com toda razão: "O homem não só trava uma luta pela vida, luta também pelo seu prazer e pelo acréscimo dos seus prazeres [...] Ele está pronto para renunciar aos seus gozos mais baixos em benefício dos mais elevados". Sem discutir os resultados a que o senhor chega em seguida, concluirei, por minha parte e partindo das minhas premissas: a produção humana alcança um determinado estágio, um nível tal, que não só satisfaz as necessidades indispensáveis à vida, mas cria produtos de luxo, mesmo se, a princípio, sejam reservados a uma minoria. A luta pela vida – se por um momento quisermos conceder algum valor a esta categoria – se transforma, então, em luta não somente pelos meios de *existência*, mas pela felicidade, pelos meios de *desenvolvimento*, meios de desenvolvimento *produzidos socialmente*. Neste nível, as categorias tomadas do reino animal não são mais utilizáveis. Porém, se – e é o que acontece atualmente – a produção, sob sua forma capitalista, produz uma quantidade de meios de existência e de desenvolvimento muito maior do que a sociedade capitalista pode consumir, porque afasta artificialmente a grande massa dos produtores reais destes meios de existência; se a sociedade se vê obrigada a aumentar continuamente essa produção já desproporcional para ela, e se, por consequência, periodicamente, a cada dez anos, destrói não só uma massa de produtos, mas também uma massa de forças produtivas – que sentido têm, então, todos os discursos sobre a "luta pela vida"? Agora, a luta pela vida só pode consistir nisto: a classe produtora toma o controle e a distribuição da produção da classe que anteriormente o exercia e que hoje se tornou incompetente para fazê-lo – e eis o que, precisamente, é a revolução socialista.

De passagem, uma observação: o simples fato de abordar a história até os nossos dias como uma série de lutas de classes é suficiente para expor a superficialidade da concepção desta mesma história como expressão ligeiramente diversificada da "luta pela vida". Também não darei este prazer a estes falsos naturalistas.

5. Pela mesma razão, eu formularia de maneira diferente a sua frase, ainda que correta no conteúdo: "a ideia da solidariedade, que torna mais fácil a luta, pode finalmente crescer tanto... apoderando-se da humanidade inteira, opondo-a assim, como sociedade de irmãos solidários, ao mundo dos minerais, das plantas e dos animais".

6. Em troca, não posso subscrever a sua ideia de que "a luta de todos contra todos" foi a primeira fase da evolução humana. A meu juízo, o instinto social foi um dos motores essenciais da evolução que conduziu o homem a partir do macaco. Os primeiros homens devem ter vivido em grupos e, tanto quanto podemos remontar ao passado, verificamos ter sido este o caso.

17 de novembro. Novamente fui interrompido e hoje reúno estas linhas para enviá-las. O senhor pode ver que minhas observações se referem mais à forma, ao método da sua abordagem, que ao conteúdo. Espero que estejam bastante claras; escrevi às pressas e, ao relê-las, quis mudar muitas coisas, porém temo que o manuscrito fique demasiado ilegível [...]

165. MARX A F. A. SORGE

(em Hoboken)

Londres, 4 de abril de 1876

[...] É possível (*com os gastos, naturalmente, por minha conta*) que eu possa receber, de Nova York, os catálogos de obras americanas publicadas de 1873 até este ano? Trata-se para mim (para o segundo volume d'*O capital*) de examinar pessoalmente o que pode haver de utilizável acerca da agricultura norte-americana, da situação da propriedade da terra, da condição do crédito (crise, moeda etc.), e tudo o que a isto se refere.

Lendo os jornais ingleses não é possível ter uma ideia clara dos escândalos atuais nos Estados Unidos.[474] Guardaste por aí alguns jornais [*papers*] norte--americanos? [...]

---

[474] Marx alude aos grandes escândalos (golpes e corrupção) que caracterizaram, em particular, a constituição das sociedades voltadas para a criação/exploração das ferrovias nos Estados Unidos.

1877

166. MARX A ENGELS

(em Brighton)

Londres, 5 de março de 1877

Querido Fred:

Eis aí, em anexo, notas sobre Dühring [*Dühringiana*].[475] Foi-me impossível ler esse sujeito sem dar-lhe imediatamente um golpe na cabeça, descendo a detalhes.

Agora, já me familiarizei com ele (o pedaço que ainda não li, a partir de Ricardo, deve conter inúmeras pérolas finas). É preciso muita paciência e o porrete na mão, mas já sou capaz de fruir sua leitura em plena calma. Uma vez que se mergulhe nas obras desse tipo, a ponto de se conhecer pelo tato o seu método, então aparece o rabiscador [*skribler*] medíocre, casualmente cômico. De toda forma, a coisa se converteu numa "ocupação" adicional e me prestou grandes serviços durante este período em que o catarro ensombreceu o meu humor. [...]

---

[475] Cf. a próxima nota.

167. ENGELS A MARX

(em Londres)

Brighton, 6 de março de 1877

Querido Mouro:

Meu mais expressivo agradecimento pelo longo trabalho relativo à "história crítica".[476] Isto é mais que suficiente para tapar por completo a boca desse sujeito também neste terreno. Lavrov tem razão de fato, em certo sentido, quando diz que se tratou esse jovem com demasiada leniência até hoje. Quando releio seu curso de Economia Política,[477] agora que já conheço o tipo e o seu estilo, e que, sem ter que me preocupar em localizar qualquer truque escondido no seu burburinho verbal, vejo todas estas tolices [*fadaises*] infladas com impudência e creio que se é obrigado a um pouco mais de desprezo. [...]

168. MARX A ENGELS

(em Brighton)

Londres, 7 de março de 1877

Querido Fred:

Como posso me esquecer de fazê-lo mais tarde, adiciono à última carta o seguinte.

1. O ponto mais importante em Hume,[478] em sua forma de conceber a influência que o aumento da quantidade de numerário pode ter sobre o estímulo da indústria, um ponto que mostra também com o máximo de clareza (se é que existiu alguma vez uma dúvida [*doubt*]

---

[476] As notas que, a pedido de Engels, Marx preparou sobre Dühring, constituíram a base do capítulo X da segunda seção do *Anti-Dühring* – cf., na edição brasileira citada desta obra engelsiana, as p. 252-285.

[477] O curso de Economia Política (*Kursus der National und Sozialökonomie*) de Dühring foi publicado em 1873.

[478] Cf., *supra*, a nota 150.

a este respeito) que este aumento não aparece nele mais que com a *depreciação* [*dépréciation*] dos metais preciosos, o ponto sobre o qual Hume insiste repetidas vezes – como se vê, mesmo apenas no extrato que te enviei – é que "*o preço do trabalho*" [*the price of labour*] não se eleva, em última instância, senão depois do preço de todas as demais mercadorias. Disto, *nem uma palavra no senhor Dühring*; ademais, no geral, este Hume, a quem alça às nuvens, ele o trata tão pouco a sério e de forma tão superficial como a todos os outros. Em contrapartida, ainda no caso de que tivesse assinalado a questão, o que é mais que problemático, lhe seria conveniente não destacar semelhante teoria diante dos trabalhadores, seria melhor suprimir tudo isto [*to burke to whole*].

2. Naturalmente, não quis revelar diretamente ao leitor a minha forma pessoal de tratar os fisiocratas: considerá-los como os primeiros economistas que metodicamente se comprometeram (e não só ocasionalmente, como Petty etc.) a *explicar o capital e o modo de produção capitalista*. Se eu o fizesse abertamente [*in plain words*], meu ponto de vista – antes que tivesse ocasião de desenvolvê-lo – poderia ser tomado por pedante e distorcido. Por isto não o abordei na exposição [*exposé*] que te enviei.

Mas, para Dühring, talvez seja oportuno remeter a duas passagens d'*O capital*. Cito tomando-as da edição francesa, porque neste ponto são mais claras que no original alemão; em relação ao *Quadro econômico* [*Tableau économique*]:

> A reprodução anual é um processo muito fácil de captar sempre que não se considere mais que o fundo da produção anual; porém, todos os seus elementos devem passar pelo mercado. É ali onde se cruzam, se entremesclam e se perdem os movimentos dos capitais e dos ganhos num movimento geral de deslocamento – a circulação da riqueza social – que transtorna a visão do observador e oferece à análise problemas muito complicados. O grande mérito dos fisiocratas é o de haver sido os primeiros em ensaiar a forma de refletir em seu Quadro econômico uma imagem da reprodução anual tal como surge da circulação. Sua exposição está em muitos aspectos mais próxima à verdade que a de seus sucessores. (p. 258-259)

Com respeito à definição de "trabalho produtivo" ["*travail productif*"]:

> Assim a Economia Política clássica tem sustentado sempre, umas vezes instintivamente, outras conscientemente, que o que caracterizava o trabalho produtivo era propiciar uma mais-valia. Suas definições do trabalho produtivo modificam-se à medida que ela desenvolve a sua análise da mais-valia. Os fisiocratas, por exemplo, declaram que o trabalho agrícola é o único produtivo. Por quê? Porque é o único que produz uma mais-valia, que, para eles, existe somente em forma de renda fundiária. (p. 219)

Ainda que os fisiocratas não vislumbrem o segredo da mais-valia, era evidente, para eles, que não é *"uma riqueza independente e disponível, que ele* (seu possuidor) *não comprou e que vende"* (Turgot – p. 554 d'*O capital*, texto alemão, 2ª edição) e que ela não podia provir da *circulação*.[479] [...]

169. MARX A ENGELS

(em Ramsgate)

Londres, 25 de julho de 1877

[...] Exemplo da grande "perspicácia" dos socialistas de cátedra.

> Mesmo com uma grande perspicácia, como a de que Marx deu mostras, não se pode resolver o problema que consiste em reduzir 'valores de uso' (este imbecil esquece que se trata de '*mercadorias*'), isto é, elementos de *prazer*, a seu contrário, a quantidade de esforço, a sacrifícios etc... (o imbecil crê que, na minha equação de valor, eu quero 'reduzir' os *valores de uso* a *valor*). Trata-se de uma substituição de elementos de natureza diferente. A equalização de valores de uso de *natureza diferente* não pode explicar-se senão reduzindo-os a um fator comum de valor de uso.

(Por que não reduzi-los de uma vez ao... *peso?*).

---

[479] Marx remete nestas citações (salvo no caso das duas últimas) à edição francesa d'*O capital*. Na edição brasileira que estamos citando, as passagens se encontram, com tradução um pouco diversa, no livro I, respectivamente às p. 665-666 e 578. Quanto às duas últimas, cf. livro I, respectivamente a nota à p. 602 e as p. 232-240.

Disse [*Dixit*] o senhor *Knies*,[480] o gênio crítico da Economia Política professoral. [...]

170. MARX A ENGELS

(em Ramsgate)

Londres, 1º de agosto de 1877

[...] A propósito [*A propos*] de "valor", Kaufmann, no primeiro capítulo (que contém numerosas lacunas e mesmo muitos equívocos, mas que não carece de interesse) da sua *Teoriya Kolyebanya Tsyen* [*Teoria das flutuações de preços*],[481] sobre o "valor", depois de passar em revista todas as elucubrações de segunda mão de todos os escolásticos contemporâneos alemães, franceses e ingleses, faz a seguinte observação, que é absolutamente exata:

> Ao efetuar o exame das teorias sobre o valor [...] vimos que os teóricos da Economia Política compreenderam perfeitamente a importância desta categoria [...]. Mesmo que [...] todos os que se ocupam de Economia Política conheçam bem este fato – nas fórmulas utilizadas para saber do valor, infla-se até o extremo a sua importância, para, na realidade, esquecê-la o mais rapidamente possível a partir do momento em que, nas introduções, dedicam-lhe umas belas fórmulas, mais ou menos longas –, é impossível citar, ainda que não seja mais que *um só e único exemplo*, em que se verifique uma relação orgânica entre o que se disse do valor e o que se disse das demais questões, em que se verifique qualquer influência do que se disse sobre o valor e a sua influência nas análises que vieram na sua continuação. Naturalmente, aqui não considero mais que a categoria *valor*, distinta de *preço*.

---

[480] Karl Gustav Knies (1821-1898), professor da Universidade de Heidelberg, autor de *Die politische Ökonomie vom der geschichlichen Method* (*A Economia Política do ponto de vista do método histórico*), publicado originalmente em 1853.
Marx abrevia aqui a expressão latina *Magister dixit* (*O Mestre o disse*), que os escolásticos empregavam para encerrar discussões invocando argumentos de autoridade.

[481] Aqui, Marx cometeu um erro: na obra de Illarion I. Kaufmann (1848-1916), professor da Universidade de Petersburgo, editada em Karkhov, em 1867, que ele cita em russo, a questão do valor não é tratada no primeiro, mas no segundo capítulo.

Com efeito, esta é a marca que distingue toda a economia vulgar. A. Smith assinalou o caminho; as poucas aplicações profundas e surpreendentes que fez da teoria do valor encontram-se por acaso em declarações que não têm influência alguma sobre suas exposições fundamentais [*ex professo*]. O grande defeito de Ricardo, o que *a priori* faz com que se torne indigesto, foi precisamente a sua tentativa de demonstrar a exatidão de sua teoria do valor tomando como exemplo fatos econômicos que parecem estar em contradição com ela. [...]

171. MARX A SIGMUND SCHOTT[482]

(em Frankfurt)

Londres, 3 de novembro de 1877

Caro senhor:

Meus mais sinceros agradecimentos pelas suas remessas.

Sua oferta de procurar também alguns documentos sobre a França, Itália ou Suíça é bem recebida, embora me preocupe o dar-lhe tanto trabalho. No mais, posso esperar tranquilamente, sem que o meu trabalho se veja interrompido, pois estou redigindo ao mesmo tempo várias seções da obra. Com efeito, comecei *O capital* para mim [*privatim*], depois seguindo em seus capítulos uma ordem inversa (começando pela terceira parte, a parte histórica) àquela apresentada ao público, somente com a restrição de que o primeiro volume – a que eu me dediquei por último – ficou imediatamente preparado para a impressão, enquanto que os outros dois permanecem em sua forma não burilada, que é, em princípio [*originaliter*], a de toda a investigação. [...]

---

[482] Sigmund Schott (1818-1895), advogado alemão, jornalista e político democrata.

1878

172. ENGELS A WILHELM BRACKE[483]

(em Brusnwick)

Londres, 30 de abril de 1878

[...] Creio que, em suas observações sobre as ferrovias do *Reich* e o monopólio de tabacos, talvez você antecipe demasiado o futuro.[484] Prescindindo do enorme aumento de força que supõe, para o sistema prussiano, uma independência total, subtraída de todo controle, por uma parte e, por outra, a intervenção direta dos dois novos exércitos – o dos ferroviários e o dos vendedores de tabaco –, com o poder de conceder empregos e de corromper; prescindindo de tudo isto, não há que esquecer que toda a transferência de responsabilidades comerciais ou industriais ao Estado pode ter hoje um efeito dúplice, segundo as circunstâncias: pode ter um efeito reacionário, significar uma volta à Idade Média, ou um efeito progressista, um passo adiante no sentido do comunismo. E, neste mesmo momento, estamos a ponto de entrar no período da sociedade burguesa moderna, graças à grande indústria e à crise.[485] O que entre nós deve alcançar o máximo grau de desenvolvimento possível é precisamente o regime econômico *burguês*, que concentra os capitais até o limite e que agrava as contradições, especialmente no Nordeste. No meu entender, a

---

[483] Wilhelm Bracke (1842-1880), ativo militante e dirigente social-democrata alemão.

[484] Em carta a Engels, de 26 de abril de 1878, Bracke elogiou os projetos do monopólio das ferrovias e do tabaco introduzidos por Bismarck na Alemanha.

[485] Engels alude ao craque de 1875 e suas repercussões.

desagregação econômica das estruturas feudais a leste do Elba é, para nós, o progresso mais necessário. Ao lado disso, está o desaparecimento da pequena empresa e do artesanato em toda a Alemanha e a sua substituição pela grande indústria. E, no final das contas, o único lado bom do monopólio dos tabacos é que, de um só golpe, transformaria em uma grande indústria um dos mais infames trabalhos a domicílio. Em troca, os trabalhadores estatais do tabaco seriam imediatamente postos sob o regime das leis de exceção e privados dos direitos de associação e de greve, o que ainda seria pior.[486] Não é necessário, entre nós, que as ferrovias do *Reich* e o tabaco sejam indústrias do Estado; as ferrovias, pelo menos, *ainda* não; na Inglaterra estão sendo agora – ao passo que correios e telégrafos já o são. E em troca de todos os inconvenientes que estes dois novos monopólios do Estado nos proporcionem, não teremos, a título de compensação, mais que uma nova fórmula cômoda para nossa agitação. Porque um monopólio de Estado que não se estabelece mais que com uma finalidade econômica e para acrescer um poder, que não deriva de uma necessidade interna, iniludível, não nos proporciona sequer um argumento justo. Além disso, a instauração do monopólio do tabaco, com a eliminação do trabalho a domicílio neste ramo, exigiria ao menos tanto tempo quanto pode durar ainda o bismarckianismo, calculando no máximo possível a sua perdurabilidade. Você pode igualmente estar seguro de que o Estado prussiano piorará de tal forma a *qualidade* do tabaco e aumentará tanto o seu preço que os partidários da livre concorrência logo denunciariam, muito contentes, esse fracasso do comunismo estatal – e que o povo se veria forçado a lhes dar razão. Toda esta história não é mais que uma quimera de Bismarck fundada sobre a sua ignorância, aliás muito digna do seu plano de 1863 de anexar a Polônia e germanizá-la em três anos. [...]

---

[486] As leis de exceção contra os social-democratas ("leis antissocialistas", "legislação antissocialista") foram impostas em 1878 por Bismarck e tiveram vigência até 1890. A legislação, que passou no parlamento a 18 de outubro de 1878, imediatamente proibiu reuniões em que se debatiam ideias socialistas, ilegalizou sindicatos e interditou 45 jornais e revistas.

173. MARX A N. F. DANIELSON

(em Petersburgo)

Londres, 15 de novembro de 1878

[...] Quanto à segunda edição d'*O capital*, permito-me as seguintes observações:

1. desejo que as *divisões em capítulos* (e isto vale também para as *subdivisões*) se façam conforme a edição francesa;

2. o tradutor deve comparar sempre cuidadosamente a segunda edição alemã com a edição francesa, já que esta contém importantes e numerosas modificações e adições (se bem que, para dizer a verdade, eu me vi igualmente algumas vezes obrigado, sobretudo no primeiro capítulo, a "aplainar" [*aplatir*] a matéria nesta versão francesa);

3. há *algumas mudanças* que julgo úteis e que *tratarei de preparar em oito dias*, para enviá-las até o próximo sábado (hoje estamos na sexta-feira).

Quando o *segundo volume* for para a impressão (coisa que não acontecerá antes de 1879), receberás o manuscrito da forma que indicas.

Recebi as publicações de Petersburgo e agradeço vivamente. Não vi nada da polêmica de Tchitcherin e outros contra mim, com exceção do que me enviaste em 1877 (um artigo de Sieber e outro, creio, de Mikhailovski, ambos nos *Anais patrióticos*, em resposta a esse estranho – autointitulado enciclopedista – senhor Zhukovsky). O professor Kovalevski, que está aqui, disse-me que teve polêmicas bastante vivas a propósito d'*O capital*.[487]

A crise inglesa, que eu anunciava na nota da página 354 da edição francesa, enfim explodiu nas últimas semanas. Alguns amigos – teóricos e homens

---

[487] Boris N. Tchitcherin (1828-1904), historiador e jurista russo, adversário das ideias de Marx. Nikolai K. Mikhailovski (1842-1904), publicista e crítico literário russo, teórico populista. Sobre Zhukovsky, cf., *supra*, a nota 457. Maxim M. Kovalevski (1851-1916), historiador e sociólogo liberal russo.

Anais patrióticos – que Marx cita em russo –, revista mensal literária e política, publicou-se em Petersburgo entre 1830 e 1884.

de negócio – tinham me pedido para suprimir esta nota, porque lhes pareceu carente de fundamento. Estavam inteiramente persuadidos de que as crises do norte e do sul da América e as da Alemanha e da Áustria acabariam, por assim dizer, "desidratando" a crise inglesa.

O primeiro país onde os negócios seguirão a linha ascendente serão os *Estados Unidos* da América do Norte. Porém, esta melhora se produzirá ali em condições totalmente novas... e piores. O povo procurará em vão livrar-se do poder dos monopólios e da funesta influência (no que diz respeito à *felicidade imediata* das massas) das grandes companhias que tomaram o controle da indústria, do comércio, da propriedade fundiária, das ferrovias e das finanças, em um ritmo continuamente acelerado desde o começo da Guerra da Secessão. Os melhores escritores ianques proclamam ruidosamente este fato inarredável: se a guerra antiescravista rompeu as cadeias dos negros, ela, em contrapartida, escravizou os produtores brancos.

O terreno mais interessante para o economista encontra-se hoje, certamente, nos Estados Unidos, sobretudo nos anos que vão de 1873 (a partir do craque de setembro) até 1878, período da crise crônica. Lá se produziram em alguns anos transformações cuja realização exigiu séculos na Inglaterra. Porém, o observador deve considerar não os antigos Estados da costa atlântica, mas os novos (*Ohio* é um caso surpreendente) e os mais recentes (a Califórnia, por exemplo). Os imbecis que, na Europa, imaginam que teóricos como eu e outros estamos na raiz do mal poderiam aprender uma lição saudável lendo os informes ianques *oficiais*.

Far-me-ias um grande favor oferecendo-me informações que tu, como banqueiro,[488] seguramente possuis sobre o estado atual das finanças russas [...]

---

[488] Nos anos 1860, Danielson trabalhou na *Associação de Crédito Mútuo* de Petersburgo. Associações deste tipo, animadas por um espírito cooperativista e utópico, então se tornaram comuns.

1879

174. MARX A N. F. DANIELSON

(em Petersburgo)

Londres, 10 de abril de 1879

[...] E de início me vejo obrigado a dizer-te (isto é absolutamente confidencial [*cela est tout à fait confidentiel*]) que me informaram, da Alemanha, que o segundo volume [d'*O capital*] *não poderá ser publicado* enquanto o regime vigente continuar com seu rigor atual.[489] Dadas as condições da conjuntura, esta notícia não me surpreendeu, e devo confessar que não me incomodou minimamente pelas razões que esclareço.

A *primeira* é que em nenhum caso eu publicaria o segundo volume antes que a atual crise industrial inglesa alcançasse o seu ponto culminante. Desta vez os fenômenos são especiais e em muitos aspectos distintos do que foram no passado e isto (independentemente de outras condições determinantes) se explica facilmente pelo fato de que nunca antes a *crise inglesa viu-se precedida* por uma crise tão terrível quanto esta que já dura cinco anos nos *Estados Unidos*, na *América do Sul*, na *Alemanha*, na *Áustria* etc.

É, portanto, necessário observar o curso atual dos acontecimentos até que cheguem a seu amadurecimento antes de poder "consumi-los produtivamente", isto é, "*teoricamente*".

E o seguinte é um dos aspectos peculiares da situação atual. Sabes que estão se produzindo craques bancários na Escócia e em alguns condados ingleses, em especial os do Oeste (Cornuália e País de Gales). Entretanto, o

---

[489] Cf., *supra*, a nota 486.

verdadeiro *centro do mercado do dinheiro* (não só do Reino Unido, mas do mundo inteiro), Londres, viu-se pouco afetado até agora. Ao contrário, com apenas algumas exceções, as enormes sociedades bancárias por ações, como o Banco da Inglaterra, só têm se *aproveitado* do marasmo geral. E o que representa este marasmo, tu mesmo podes julgar pelo infinito desespero do filisteu comercial e industrial inglês, que acredita não voltar a ver tempos melhores! Nunca vi coisa semelhante, nunca assisti a um colapso moral similar, e isto eu, que me encontrava em Londres em 1857 e em 1866.

Há uma circunstância em particular que, sem dúvida alguma, favorece a praça de Londres: é a situação do *Banco da França*, que, desde o recente desenvolvimento das relações entre ambos os países, converteu-se em uma *sucursal* do Banco da Inglaterra. O Banco da França conserva uma imensa reserva metálica, posto que ainda não foi restabelecida a convertibilidade de seus bilhetes e, ao menor sinal de perturbação da Bolsa de Londres, o dinheiro francês flui para comprar valores momentaneamente depreciados. Se, ao longo do outono passado, o dinheiro francês tivesse sido bruscamente retirado, o Banco da Inglaterra recorreria seguramente a seu último e extremo remédio [*in extremis*], a *suspensão da lei bancária* e, neste caso, ter-se-ia produzido o *craque* monetário.

Por outra parte, a calma com que se retomaram os pagamentos em efetivo nos Estados Unidos terminou com toda a pressão que daí pudesse originar-se sobre os recursos do Banco da Inglaterra. Porém, o que até agora contribuiu principalmente para prevenir uma explosão na praça de Londres é a aparente calma dos bancos do Lancashire e das demais regiões industriais (à parte as regiões mineiras do Oeste), ainda que segura e comprovadamente tais bancos não só investiram uma grande parte de seus recursos descontando em efetivo e antecipando sobre as transações pouco lucrativas dos industriais, como também dirigiram grande parte do seu capital à fundação de novas fábricas, como por exemplo, na região de Oldham. Ao mesmo tempo, acumulam-se os estoques, sobretudo de algodão, dia após dia, não só na Ásia (principalmente na Índia), para onde se os enviam como depósitos, mas ainda em Manchester etc. etc. É difícil prever como esta situação pode se resolver sem um craque geral, que afetará os industriais e, de quebra, os bancos locais, operando diretamente sobre a praça de Londres.

Simultaneamente, generalizam-se greves e distúrbios.

Sublinho, de passagem [*en passant*], que, ao longo do último ano – *que foi tão ruim para todos os outros negócios* –, as *ferrovias* se desenvolveram enormemente, mas isto se deveu tão somente a circunstâncias extraordinárias, como a Exposição de Paris etc. Na realidade, as ferrovias mantêm uma aparência de prosperidade acumulando dívidas, comprometendo dia a dia seu *capital*.

Qualquer que seja a evolução desta crise (apesar do imenso interesse que desperta a sua observação tanto no homem que estuda a produção capitalista quanto no teórico [*théoricien*] profissional), ela passará, como as que a precederam, e abrirá um novo "ciclo industrial", com todas as suas fases diversificadas de prosperidade etc.

Porém, sob a cobertura dessa sociedade inglesa "aparentemente" sólida, se oculta outra crise, a crise *agrícola*, que provocará mudanças importantes e sérias na estrutura social. Voltarei a este tema em outra ocasião. Agora, ele me levaria demasiado longe.

A *segunda razão* é que a quantidade de materiais que possui não só a *Rússia*, mas também os *Estados Unidos* etc. etc., me proporciona um agradável "pretexto" para prosseguir em meus estudos, em vez de neles colocar um ponto final e dá-los a público.

E há uma *terceira razão*: o meu médico preveniu-me de que tenho que reduzir consideravelmente a minha "jornada de trabalho", exceto se quiser voltar à situação em que me encontrei em 1874 e nos anos seguintes, quando sofri vertigens e vi-me incapaz de continuar seriamente a minha pesquisa ao cabo de umas poucas horas de trabalho.

A propósito da tua importantíssima carta, limitar-me-ei a algumas observações. A ferrovia surgiu como "coroamento da obra" ["*couronnement de l'oeuvre*"] nos países onde *a indústria moderna estava mais desenvolvida* – Inglaterra, Estados Unidos, Bélgica, França etc. Se a designo "coroamento da obra" é porque finalmente – ao mesmo tempo em que os barcos a vapor para as relações transoceânicas e que o telégrafo – constitui o *meio de comunicação* correspondente aos modernos meios de produção e também porque serviu de base a enormes sociedades por ações, que são igualmente um novo ponto de partida para todas as *outras espécies* de sociedades por ações, a começar pelas sociedades bancárias. Em uma palavra, deu um impulso até agora inesperado à *concentração do capital* e também à *atividade cosmopolita* acelerada e imensamente desenvolvida do capital *de empréstimo*, aprisionando assim o mundo inteiro em uma rede de fraude financeira e endividamento recíproco, forma capitalista da fraternidade "internacional".

Por outra parte, o surgimento do sistema ferroviário nos principais Estados capitalistas permitiu, e inclusive impôs, a Estados em que o capitalismo estava limitado a alguns pontos culminantes da sociedade a criar e ampliar rapidamente a sua *superestrutura* capitalista numa medida absolutamente desproporcional à massa do corpo social, que prossegue o grande trabalho de produção conforme modos tradicionais. Não há, pois, dúvida alguma de que, nesses Estados, a criação de ferrovias acelerou a desintegração social e política, exatamente como, nos Estados avançados, acelerou o desenvolvimento final e, em consequência, a transformação final da produção capitalista. Em todos os Estados, à exceção da Inglaterra, os governos enriqueceram e patrocinaram as companhias ferroviárias a expensas do tesouro público. Nos Estados Unidos, para seu maior benefício, elas receberam como presente uma grande parte dos terrenos públicos, não só o terreno necessário para a construção das linhas, mas muitos quilômetros de uma e outra parte das linhas, cobertos de bosques etc. Desta forma, se converteram nos maiores proprietários fundiários e os pequenos colonos imigrantes preferiram naturalmente terras cuja situação garantia a seus produtos meios de transportes já prontos.

O sistema inaugurado na França por Luís Filipe,[490] consistente em entregar as ferrovias a um pequeno grupo de aristocratas das finanças, concedendo-lhes títulos de posse a largo prazo e garantindo seus interesses sobre os fundos públicos etc., foi levado até seu limite extremo por Luís Bonaparte,[491] cujo regime se baseava essencialmente no tráfico das concessões ferroviárias, às quais se somaram, às vezes, a doação de canais etc.

Na Áustria e, sobretudo na Itália, as ferrovias foram uma nova fonte de insuportável endividamento para o Estado e de opressão para as massas.

Em geral, as ferrovias deram naturalmente um enorme impulso ao desenvolvimento do comércio exterior, porém, este comércio, em países que

---

[490] Cf., *supra*, a nota 256.

[491] Sobre Luís Bonaparte cf., *supra*, a nota 257.

exportam principalmente *matérias-primas*, aumentou a miséria das massas. Com efeito, as novas dívidas contraídas pelos governos por causa das ferrovias não só acresceram a carga dos *impostos* que pesavam sobre as massas como, também a partir do momento em que toda a produção pode converter-se em ouro cosmopolita, numerosos artigos que antes eram *baratos*, porque em sua maioria invendáveis em grande escala, tais como as frutas, o vinho, o pescado, a caça etc., tornaram-se *caros* e foram retirados do consumo popular; por outra parte, a produção mesma – quero dizer, *o gênero particular do produto* – modificou-se segundo suas *maiores ou menores possibilidades de exportação*, quando antes este gênero estava adaptado sobretudo para o consumo local [*in loco*]. Assim, por exemplo, no Schleswig-Holstein, a terra cultivável se converteu em pasto porque a exportação de gado era mais rentável – e, ao mesmo tempo, dela se expulsou a população rural. Tudo isto são mudanças muito úteis realmente para o grande proprietário de terras, para o usurário, para o negociante, para a ferrovia, para os banqueiros etc., porém muito tristes para o verdadeiro produtor!

É impossível, e com isto terminarei minha carta (pois que se aproxima o momento de colocá-la no correio), encontrar analogias reais entre os Estados Unidos e a Rússia. Nos Estados Unidos, os gastos do governo diminuem a cada dia e sua dívida pública se reduz rapidamente ano após ano; na Rússia, a bancarrota é uma perspectiva que parece cada vez mais inevitável. Aqueles se libertaram (sem dúvida de uma forma particularmente infame, em benefício dos credores e a expensas da "gente miúda" ["*menu peuple*"]), de seu papel--moeda; esta não conhece indústria mais florescente que a do papel-moeda. Lá, nos Estados Unidos, a concentração do capital e a expropriação progressiva das massas são não só o meio, mas também o resultado natural (embora artificialmente acelerado pela Guerra de Secessão) de um desenvolvimento industrial, de um progresso agrícola etc. de uma rapidez sem precedentes; aí, na Rússia, se nos apresenta uma situação que lembra a época de Luís XIV e de Luís XV, quando a superestrutura financeira, comercial e industrial – ou melhor, as "fachadas" [*façades*] do edifício social – pareciam (ainda que tivessem uma base muito mais sólida que na Rússia) sublinhar grotescamente a situação estagnada da massa da produção (agrícola) e a fome dos produtores. Os Estados Unidos alcançaram a Inglaterra no que se refere à velocidade do progresso econômico, mesmo seguindo atrasados quanto à extensão da riqueza adquirida; porém, ao mesmo tempo, as massas são mais rápidas e têm em suas mãos meios políticos mais importantes para resistir a uma forma de progresso realizado às suas custas. Não tenho necessidade de prolongar estas antíteses.

A propósito [*à propos*] – qual é, a teu juízo, a melhor obra russa sobre o crédito e a banca?

O senhor Kaufmann teve a amabilidade de enviar-me seu livro sobre "a teoria e a prática da banca",[492] mas eu fiquei estupefato ao verificar que o meu inteligente crítico de tempos atrás no *Mensageiro da Europa*, de Petersburgo,[493] havia se transformado numa espécie de Píndaro da fraude bursátil moderna.[494] Por outra parte, considerado simplesmente (e eu não espero, geralmente, nada mais de livros deste tipo) do ponto de vista do especialista, ele está longe de ser original nos detalhes. A sua melhor parte é a polêmica contra o papel-moeda.

Diz-se que alguns banqueiros estrangeiros, com os quais um certo governo desejava contratar novos empréstimos, pediram como garantia... uma constituição. Resisto em acreditar, já que o método moderno dos banqueiros para acertar tais negócios, ao menos até agora, e isto é bastante natural, nunca se viu preocupado com as formas de governo.

Atenciosamente,

A. Williams.[495]

---

[492] Cf., *supra*, a nota 481. A obra a que Marx se refere aqui, *Teoria e prática da banca*, foi publicada por Kaufmann em dois volumes, em Petersburgo, em 1873-1877.

[493] Cf., *supra*, a nota 457.

[494] É fina a ironia marxiana para sinalizar a transformação de Kaufmann em um apologista da fraude bursátil.
Da obra do lírico da Grécia antiga, Píndaro (522 a.C.- 443a.C.), há tradução em *Píndaro: epinícios e fragmentos*. Curitiba: Kotter, 2018.

[495] Cf., *supra,* as notas 445 e 450.

175. MARX A CARLO CAFIERO[496]

(em Nápoles)

Londres, 29 de julho de 1879

Caro cidadão:

Meus mais sinceros agradecimentos pelos dois exemplares do seu trabalho. Há algum tempo recebi dois textos similares, um escrito em sérvio e o outro em inglês (publicado nos Estados Unidos), porém ambos pecavam em que, ao querer dar um resumo sucinto e popular d'*O capital*, ao mesmo tempo se prendiam pedantemente à *forma* científica do desenvolvimento. Deste modo, parecem-me desviar-se mais ou menos do seu objetivo, o de impressionar o público a que se destinam. Nisto consiste a grande superioridade de seu trabalho.

Quanto ao conceito do *objeto*, não creio equivocar-me atribuindo às considerações expostas em seu prólogo uma lacuna aparente – a saber: a prova de que as *condições materiais* necessárias para a emancipação do proletariado são engendradas de uma maneira espontânea pelo curso da produção...[497]

Enfim, sou de parecer – se interpretei bem seu prólogo – de que não há que sobrecarregar o espírito das pessoas a que se propõe educar. Nada o impede voltar à carga, no momento oportuno, para ressaltar ainda mais esta base materialista d'*O capital*.

Novamente, muito obrigado [...]

---

[496] Carlo Cafiero (1846-1892), jornalista italiano, anarquista que esteve ligado à Internacional, preparou uma edição abreviada (um *resumo*) do livro I d'*O capital*, publicada em 1879 – é a este trabalho que Marx se refere nesta carta. Em 1932, o trabalho de Cafiero teve no Brasil uma primeira edição (a que se seguiram outras), publicada em São Paulo pela ed. Unitas.

[497] Aqui, Marx escreveu e depois riscou "[...] e da luta de classes, que desemboca, finalmente, na revolução social. O que distingue o socialismo crítico e revolucionário de seus predecessores é precisamente, em meu entender, esta base materialista. Ela demonstra que, num determinado grau de desenvolvimento histórico, o animal deveria transformar-se em homem".

1880

176. MARX A F. DOMELA NIEUWENHUIS[498]

(em Haia)

Londres, 27 de junho de 1880

[...] Depois de ler os artigos de sua lavra no *Anuário de ciências sociais* [*Jahrbuch für Sozialwissenschaft* (primeiro ano, segunda metade)],[499] não tenho a menor dúvida de que o senhor é a pessoa indicada para oferecer aos holandeses um resumo d'*O capital*.[500] Advirto, de passagem [*en passant*], que o senhor Schramm (K. S. A., p. 61) incorre num *contrassenso sobre a minha teoria do valor*.[501] Ele poderia se dar conta disto lendo uma nota d'*O capital*[502] em que se diz que A. Smith e Ricardo se [equivocam] *quando fazem coincidir valor e preço de custo* (para não falar em *preço de mercado*), que a relação entre "valor" e "preço de custo" – logo, entre "valor" e os preços de mercado, que

---

[498] Ferdinand Domela Nieuwenhuis (1846-1919) foi figura proeminente do movimento socialista na Holanda e seu primeiro representante eleito ao parlamento.

[499] Eis o título completo do periódico referido: *Jahrbuch für Sozialwissenschaft und Sozialpolitik* (*Anuário de ciências sociais e política social*). Foi publicado em Zurique, entre 1879 e 1881.

[500] E, com efeito, Nieuwenhuis publicou em Haia, em 1881, um resumo do livro I d'*O capital* intitulado *Karl Marx: capital e trabalho*.

[501] Karl A. Schramm (1830-1905), social-democrata alemão; no final dos anos 1880, afasta-se do movimento socialista. Marx cita o seu livro *Grundzüge der National-Okonomie* (*Princípios de Economia Política*), editado em Leipzig, em 1876 – mas há erro na remissão de Marx: a página referida é, de fato, a 81.

[502] Cf., na edição brasileira d'*O capital* que estamos citando, o livro I, nota 37, p. 241.

oscilam em torno dos "preços de custo" – não tem, em nenhum caso, seu lugar na teoria do valor em si e que ainda é menos possível *antecipar* este problema mediante umas quantas frases gerais e escolares.

A segunda parte d'*O capital* não pode aparecer na Alemanha nas atuais condições[503] e este atraso me é benéfico, na medida em que, precisamente neste momento, alguns fenômenos econômicos estão chegando a um estágio novo de evolução e exigem, por consequência, que eu reelabore as questões correspondentes.[504]

Com meus cumprimentos,

Karl Marx.

---

[503] Cf., *supra*, a carta de número 173.

[504] Cf. a mesma carta citada na nota anterior.

1881

177. ENGELS A KARL KAUTSKY[505]

(em Viena)

Londres, 1º de fevereiro de 1881

Caro senhor Kautsky:

Posso, finalmente, depois de uma demora involuntária, responder à sua carta.[506]

Como o senhor pensa em logo viajar até aqui, seria um trabalho relativamente supérfluo fazer uma crítica, detalhada e por escrito, do livro que teve a notável amabilidade de enviar-me; terei muito prazer em conversar com o senhor sobre ele. Limito-me, pois, a um reduzido número de pontos.

---

[505] Karl Kautsky (1854-1938), figura proeminente do movimento socialista alemão, um dos principais teóricos da Internacional Socialista (criada em 1889 e conhecida como Segunda Internacional), pensador e publicista que influenciou profundamente a expansão das ideias de Marx e Engels em toda a Europa. Vivendo em Londres na segunda metade dos anos 1880, trabalhou diretamente com Engels. Destacado dirigente político da social-democracia alemã entre 1891 e 1914, observou criticamente o desenvolvimento do bolchevismo (cf., p. ex., K. Kautsky/V. I. Lenin, *A ditadura do proletariado. A revolução proletária e o renegado Kautsky*. São Paulo: Ciências Humanas, 1979). Fundou a revista teórica *Die Neue Zeit* (*Novos tempos*) que, circulando entre 1883 e 1923, tornou-se o órgão teórico oficial da social-democracia alemã, de que foi editor até 1917. Entre outras, estão traduzidas no Brasil as suas seguintes obras: *O caminho do poder* (São Paulo: Hucitec, 1979); *A questão agrária* (São Paulo: Nova Cultural, 1986) e *A origem do cristianismo* (Rio de Janeiro: Civilização Brasileira, 2010).

[506] Em carta de 4 de dezembro de 1880, Kautsky pedia a Engels que avaliasse o livro que então lhe enviava – *Der Einfluss der Volksvermehrung auf den Fortschritt der Gesellschaft* [*A influência do aumento da população sobre os progressos da sociedade*], publicado em Viena naquele ano.

1. O que o senhor diz na página 66 e seguintes não é válido porque entre a mais-valia e o lucro do capital existem ainda outras diferenças reais, além do cálculo em porcentagem com relação ao capital variável e ao capital total. No *Anti-Dühring*, p. 182, estão reunidas as passagens principais d'*O capital* sobre este ponto.[507]

2. Mesmo que os socialistas de cátedra insistentemente nos convidem, a nós, socialistas proletários, a resolver para eles, por exemplo, o dilema de como evitar a ameaça de uma repentina superpopulação e o risco do colapso da nova ordem social que este implica – isto não é, para mim, razão para dar atenção a esta gente. Considero que é uma perda pura e simples de tempo dissipar entre toda essa gente os escrúpulos e as dúvidas postos pela sua própria supersabedoria carregada de confusão – ou simplesmente, por exemplo, refutar todas as horríveis idiotices que Schäffle[508] sozinho amontoa em vários grossos volumes. Já daria um enorme trabalho escrever um livro reunindo apenas as *falsas citações*, feitas entre aspas, que estes senhores sacaram d'*O capital*. Eles devem começar por aprender a ler e a transcrever antes de exigir que se responda às suas questões.

Considero, ademais, que esta questão não é, em absoluto, de grande atualidade, num momento em que a produção norte-americana de massa, que não está mais que em seus começos, e em que a agricultura *realmente* intensiva ameaça literalmente nos sufocar com a superabundância dos produtos alimentícios que nos fornece; menos ainda às vésperas de uma transformação radical que, entre outras consequências, deve ter a de *começar por povoar o globo* – o que o senhor, diz a este respeito, nas páginas 169-170, é muito superficial – e que *exige necessariamente*, também na Europa, um enorme aumento da população.

O cálculo de Euler[509] tem o mesmo valor que outro, segundo o qual um ducado, colocado a juros compostos no ano I de nossa era, dobraria a cada

---

[507] Cf. F. Engels, *Anti-Dühring. A revolução da ciência segundo o senhor Eugen Dühring*. ed. bras. cit., p. 236-238.

[508] Albert E. Schäffle (1831-1903), sociólogo, professor em Tubingen e Viena – também político, chegou a ser, por pouco tempo, ministro do Comércio da Áustria.

[509] Em seu livro, Kautsky referiu-se a um cálculo do grande matemático e físico suíço L. Euler (1707-1783) segundo o qual, teoricamente, a população da Terra poderia dobrar em pouco mais de 12 anos.

13 anos, o que, atualmente, dá mais ou menos $\frac{1.2^{144}}{60}$ florins – ou seja, um lingote de prata mais volumoso que o globo terrestre. Quando o senhor diz, na página 168, que as condições sociais na América do Norte não diferem em absoluto das que conhecemos na Europa, há que precisar que esta afirmação só é válida se se considerar tão somente as grandes aglomerações da costa ou as formas jurídicas aparentes. A grande massa do povo norte-americano vive certamente em condições que são extremamente favoráveis a um crescimento da população. Prova-o a afluência de emigrantes. E, no entanto, são necessários mais de 30 anos para que a população duplique. Não tem sentido recorrer a este espantalho.

Existe certamente a possibilidade abstrata de que o número de homens aumente tanto que se deva colocar um limite ao seu crescimento. Porém, se algum dia a sociedade comunista se vir obrigada a planificar a produção dos homens da mesma forma que haverá regulado a produção de bens, será ela, e somente ela, a que a realizará sem dificuldades. Não me parece tão difícil conseguir, numa sociedade assim, mediante um plano, o resultado que já se impôs, em virtude das regras da natureza, sem plano algum, na Baixa Áustria e na França de hoje. De toda maneira, corresponderá à sua gente saber quando e como o farão e que meios empregarão para tal fim. Não me considero competente para fazer sugestões ou dar conselhos sobre isto. A gente de lá será tão inteligente como nós.

De resto, já em 1844 (*Anais franco-alemães*, p. 109) eu escrevia que,

> se Malthus tivesse absolutamente razão, deveria empreender-se esta reorganização [socialista] de imediato, porque só ela, e só a formação que ela daria às massas, faria possível a limitação moral do instinto de procriação que o mesmo Malthus apresenta como o meio mais eficaz e mais fácil para lutar contra a superpopulação.[510]

Basta já deste tema, até que possamos tratar pessoalmente de todos estes pontos. O senhor faz muito bem em vir até aqui. O senhor é um dos poucos da geração mais jovem que se esforça realmente para aprender algo e lhe

---

[510] Esta é uma passagem do ensaio citado na nota 36, *supra* – o qualificativo entre colchetes [*socialista*] foi aqui acrescentado por Engels. Na fonte mencionada na nota 36, a passagem encontra-se, em tradução ligeiramente diversa, à p. 76.

será muito útil sair desta atmosfera caracterizada pela ausência completa de crítica, na qual sucumbe toda a literatura histórica ou econômica produzida atualmente na Alemanha.

Com a saudação do

F. Engels.

178. MARX A N. F. DANIELSON
(em Petersburgo)

Londres, 19 de fevereiro de 1881

[...] Li com o maior interesse o seu artigo, que é, no melhor sentido do termo, *original*.[511] Daí o boicote [*boycotting*]. Se a trama do pensamento rotineiro é rompida, sempre se tem a segurança de ser *boicotado* – é a única arma de defesa que, no momento da sua perplexidade, sabem manejar os rotineiros [*routiniers*]. A mim se boicoteia na Alemanha há muitos anos e o mesmo se continua fazendo na Inglaterra, com a pequena variante de que, de quando em quando, me jogam na cara coisas tão absurdas e tão estúpidas que me daria vergonha se lhes desse atenção pública. Há que perseverar! O que convém fazer depois, no meu entender, é realizar o estudo do *endividamento* crescente dos proprietários fundiários, representantes da classe dominante na agricultura e mostrar-lhes como ele se "cristalizou" sob o reinado dos "novos pilares da sociedade".

Estou muito impaciente por ler a sua polêmica em *A palavra*.[512] Quando me encontrar em águas mais tranquilas, me introduzirei mais seriamente em seu *Esboço*. Por agora, só posso fazer uma observação. O solo que está já es-

---

[511] Trata-se do artigo de Danielson intitulado "Esboço da nossa economia nacional depois da reforma", publicado em outubro de 1880 em *Slovo* [*A palavra*], sob o pseudônimo de *Nikolai-on*. Este artigo, reelaborado de acordo com uma perspectiva populista, apareceu em 1883 na forma de volume separado. A revista *Slovo*, de divulgação científica, publicou-se em Petersburgo de 1878 a abril de 1881.

[512] Na sequência do texto de Danielson citado na nota anterior, os editores de *Slovo* anunciaram a abertura de um debate sobre ele.

gotado e que não recebe os adubos (artificiais, vegetais, animais etc.) de que tem necessidade continuará exposto às variáveis das estações e em condições independentes da vontade humana, produzindo colheitas de volume vário, ainda quando, considerando uma série de anos, por exemplo, de 1870 a 1880, o caráter estagnado da produção se apresente da forma mais chocante. Nesta situação, as condições climáticas favoráveis abrem o caminho para um *ano de fome,* consumindo e liberando rapidamente os fertilizantes minerais ainda latentes no solo, enquanto que, *vice-versa,* um *ano de fome* – e, mais ainda, uma série de maus anos sucessivos – permite aos minerais contidos no solo acumularem-se de novo e serem eficazes quando voltarem as condições climáticas favoráveis. Este processo se produz naturalmente em todas as partes; porém, algures se vê modificado pela intervenção do próprio agricultor, que se converte no *único regulador* ali onde o homem deixou de ser uma "força" pela falta de meios.

Assim, pois, *1870* foi um ano de excelente colheita em seu país, mas foi um ano de pico e, como tal, seguido imediatamente por um ano muito mau; o ano de *1871,* com sua péssima colheita, deve ser considerado como o ponto de partida de um novo pequeno ciclo, até que chegamos ao novo ano de pico, 1874, seguido imediatamente do ano de fome de 1875; depois, voltou o movimento ascendente, que terminou em outro ano de fome ainda pior, 1880. A recapitulação dos anos de todo este período prova, se se comparam os anos isolados e os pequenos ciclos de anos, que a produção anual média continua sendo a mesma e que os fatores naturais são os únicos responsáveis pelas mudanças.

Faz algum tempo, escrevi-lhe[513] que se a grande crise industrial e comercial que a Inglaterra sofreu terminou sem um craque financeiro culminante em Londres, este fenômeno *excepcional* devia-se unicamente ao... dinheiro francês. Isto o veem e reconhecem os rotineiros [*routiniers*] ingleses. Assim, *The Statis*[514] (29 de janeiro de 1881), relata: "O mercado do dinheiro foi muito tranquilo durante os últimos anos *graças a um acidente. O Banco da França* reduziu, no começo do outono, suas reservas em ouro de 30 milhões

---

[513] Cf., *supra*, as cartas de número 172 e 173.

[514] Importante periódico conservador, especializado em economia e finanças, criado em Londres, em 1878.

para £22 milhões... Não há nenhuma dúvida de que, no último outono, nos livramos de uma boa" (!).

O *sistema ferroviário inglês* desliza pelo mesmo plano inclinado que o *sistema europeu da dívida pública*. Os grandes magnatas que administram as diferentes redes ferroviárias não só contratam (sucessivamente) novos empréstimos a fim de ampliá-las, isto é, ampliar o "território" em que reinam como monarcas absolutos, como aumentam também suas respectivas redes *para ter novos pretextos para lançar-se em novos empréstimos* que lhes permitam pagar os juros devidos aos possuidores de ações preferenciais etc. e ainda, de quando em quando, para oferecer um osso aos acionistas ordinários cheios de ilusões, sob a forma de dividendos ligeiramente aumentados. Este agradável método terá que terminar qualquer dia numa vergonhosa catástrofe.

Nos *Estados Unidos*, os reis das ferrovias são alvo não só dos ataques dos fazendeiros e dos demais "empresários" ["*entrepreneurs*"] do Oeste, à moda de antigamente, como também dessa grande representante do comércio que é a *Câmara de Comércio de Nova York*. O rei das ferrovias, o vigarista financeiro *Gould*,[515] esse polvo, disse aos magnatas comerciais de Nova York:

> Vocês atacam agora as ferrovias porque as julgam extremamente vulneráveis, devido à sua atual impopularidade; porém, estejam alertas: depois das ferrovias, será a vez de *todas as espécies de corporações* (o que, no dialeto ianque, significa sociedades por ações); e depois, mais tarde, de *todas as formas de capital associado* e, finalmente, de *todas as formas de capital*. Vocês abrem, assim, o caminho ao... *comunismo*, cujas tendências crescem cada vez mais entre o povo.

O senhor Gould tem bom olfato ["*a le flair bon*"].

Na Índia, ao governo britânico espreitam graves complicações, talvez uma explosão geral. Os ingleses retiram dali, a cada ano, sob a forma de renda, de dividendos de ferrovias inúteis para os indianos, de pensões para os funcionários civis e militares, para a guerra no Afeganistão[516] e as demais guerras etc. etc.; o que retiram *sem nenhum equivalente* e de *forma absolutamente in-*

---

[515] Jason (Jay) Gould (1836-1892), um dos mais inescrupulosos "barões" do capitalismo estadunidense do século XIX. Membros da família Vanderbildt foram vários desses "barões", com destaque para William Henry Vanderbildt (1821-1885),

[516] Marx refere-se à segunda guerra anglo-afegã, de 1878-1880; a primeira decorreu entre 1838 e 1842.

dependente do que se apropriam anualmente *no interior* da Índia, para falar tão somente do *valor das mercadorias* que os indianos têm que enviar *gratuitamente* a cada ano para a Inglaterra, supera a importância total da renda dos 60 milhões de trabalhadores agrícolas e industriais da Índia! É uma sangria inominável! Os anos de fome se sucedem em proporções insuspeitadas até agora na Europa! Gesta-se, atualmente, uma autêntica conspiração, de que participam hindus e muçulmanos; o governo britânico sabe que algo "fermenta" – contudo, essa gente superficial (quero dizer, os homens do governo), embrutecida por seus hábitos parlamentares de falar e de pensar, não quer mesmo ver claramente e tomar consciência da magnitude do perigo iminente. Enganar os outros e, enganando-os, enganar-se a si mesmo – esta é a sabedoria parlamentar em sua essência! Tanto melhor! [*Tant mieux*!].

Poderia dizer-me se o "Capítulo sobre a degeneração", do Professor Lankester (que vi citado em seu artigo), está traduzido ao russo? É um dos meus amigos.[517]

No mês passado, tivemos aqui visitantes russos – entre outros, o professor Sieber (agora instalado em Zurique) e o senhor Kablukov (Moscou).[518] Passavam os dias trabalhando no Museu Britânico.

Alguma notícia do nosso amigo comum?[519]

A propósito [*À propos*], a última obra estatística de *Janson*, na qual se compara a Rússia com a Europa, causou sensação.[520] Gostaria muito de lê-la.

Com os melhores cumprimentos,

Karl Karx.

---

[517] Edwin R. Lankester (1847-1929), notável naturalista inglês, professor universitário em Londres e Oxford, diretor do Museu de História Natural de Londres (1898-1907). Esteve presente no funeral de Marx. Marx cita inexatamente o título do texto de Lankester: *Degeneration. A Chapter in Darwinism* (*Degeneração. Um capítulo do darwinismo* – Londres, 1880).

[518] Sobre Sieber, cf., *supra*, a nota 458. N. A. Kablukov (1849-1919), economista e estatístico russo, professor na Universidade de Moscou.

[519] O "amigo comum" é Lopatin – que fugira das prisões russas em 1873, viera para Londres e depois retornara à Rússia, onde foi novamente preso em 1877.

[520] Julius E. Janson (1835-1892), economista e estatístico russo, professor universitário em Petersburgo. Dias depois, Danielson enviou a Marx o livro de Janson.

179. MARX A VERA ZASSULITCH[521]

(em Genebra)

Londres, 8 de março de 1881

Cara Cidadã:

Uma doença nervosa que me acomete periodicamente há dez anos impossibilitou-me de responder mais cedo à vossa carta de 16 de fevereiro.[522] Lamento não poder oferecer-vos uma explanação sucinta, destinada ao público, da indagação a qual me concedeis a honra de ser o destinatário. Há meses prometi um escrito sobre o mesmo assunto ao Comitê de Petersburgo. Espero, no entanto, que algumas linhas sejam suficientes para livrar-vos de qualquer dúvida sobre o mal-entendido acerca de minha assim chamada teoria.

Ao analisar a gênese da produção capitalista, afirmo:

> Na base do sistema capitalista reside, portanto, a separação radical entre o produtor e seus meios de produção [...]. A base de toda essa evolução é *a expropriação dos camponeses*. Ela só se realizou de um modo radical na Inglaterra [...]. Mas *todos os outros países da Europa ocidental* percorrem o mesmo movimento.[523]

Portanto, a "necessidade histórica" desse processo está expressamente restrita aos países da Europa ocidental. A razão dessa restrição é indicada na seguinte passagem do capítulo 32: "A *propriedade privada* fundada no trabalho pessoal [...] é suplantada pela *propriedade privada capitalista*, fundada na exploração do trabalho de outrem, sobre o trabalho assalariado".[524]

---

[521] Vera Zassulitch (1851-1919), destacada militante populista russa; na entrada da década de 1880, na Suíça, vinculou-se ao grupo "Emancipação do trabalho" que, liderado por Georgui Plekhanov (1856-1918), iniciava sua aproximação às ideias de Marx.

[522] Em 16 de fevereiro de 1881, Vera Zassulitch escreveu a Marx: "[...] é grande o serviço que vós nos prestaríeis, expondo vossas ideias sobre o possível destino de nossa comuna rural e sobre a teoria da necessidade histórica de que todos os países do mundo passem por todas as fases da produção capitalista". A importante correspondência Marx-Zassulitch encontra-se disponível em Shanin, T. *Marx tardio e a via russa – Marx e as periferias do capitalismo.* São Paulo: Expressão Popular, 2018, p. 145-180.

[523] Marx remete aqui à primeira edição francesa (1875) do livro I d'*O capital*. Na edição brasileira d'*O capital* que estamos citando, a passagem se encontra, em termos um pouco diversos, no livro I, p. 787-788.

[524] Também esta referência, Marx a faz à edição francesa do livro I (1875); na edição brasileira d'*O capital* que estamos citando, cf., em termos um pouco diversos, o livro I, p. 831. Nesta passagem,

Nesse processo ocidental, o que ocorre é *a transformação de uma forma de propriedade privada em outra forma de propriedade privada*. Já no caso dos camponeses russos, ao contrário, seria preciso *transformar sua propriedade comunal em propriedade privada*.

A análise apresentada n'*O capital* não oferece razões nem a favor nem contra a vitalidade da comunidade rural, mas o estudo especial que fiz dessa questão, para o qual busquei os materiais em suas fontes originais, convenceu-me de que essa comuna é a alavanca da regeneração social da Rússia; mas, para que ela possa funcionar como tal, seria necessário, primeiramente, eliminar as influências deletérias que a assaltam por todos os lados e então assegurar-lhe as condições normais de um desenvolvimento espontâneo.

Recebei, cara cidadã, a minha saudação fiel.

Karl Marx

180. ENGELS A EDUARD BERNSTEIN[525]

(em Zurique)

Londres, 12 de março de 1881

[...] No mais, o jornal[526] se comporta muito bem; alguns números são muito bons e artigos um pouco menos doutrinários que esse – sobre o socialismo de Estado[527] – não iriam mal. Como pode colocar-se num mesmo saco

---

bem como na referida na nota anterior, Marx faz destaques em itálico que não se encontram n'*O capital*.

[525] Eduard Bernstein (1850-1932), teórico e publicista social-democrata alemão, redator de *O social-democrata* [*Der Sozial-Demokrat*] entre 1881 e 1890. Depois da morte de Engels (1895), de quem foi testamenteiro literário, desenvolveu uma interpretação da obra de Marx que desatou a conhecida polêmica do *revisionismo*. De Bernstein pode-se ler em português *Socialismo evolucionário*. Rio de Janeiro: Zahar, 1964.

[526] O jornal a que Engels se refere aqui, *O social-democrata* (mesmo título do jornal lassalleano de Berlim – citado na nota 70, *supra*), foi o órgão central da social-democracia alemã, editado entre 1879 e 1890, período das leis contra os socialistas, primeiro em Zurique e depois em Londres.

[527] Engels refere-se ao artigo *"Der Staatssozialismus und die Sozialdemokratie"* [*"Socialismo de Estado e social-democracia"*], publicado pelo jornal na edição de 6 de março de 1881. O artigo saíra assinado por "Symachos", pseudônimo de K. Kautsky.

Turgot, um dos primeiros economistas do século XVIII, e Necker,[528] o homem cheio de sentido prático da alta finança [*haute finance*], predecessor dos Laffite e Pereire,[529] ou incluir o miserável Calonne,[530] o homem dos expedientes improvisados, que era um perfeito aristocrata? Depois de nós, o dilúvio? [*après nous le déluge?*][531] Como colocá-los no mesmo plano, sobretudo Turgot e inclusive Necker, que Bismarck, que no máximo quer dinheiro a todo custo, à moda de Calonne [*à la Calonne*], e a este Bismarck, por sua vez e sem mais, no mesmo plano que Stoecker e, por outra parte, a Schäffle e cia.,[532] cada um dos quais encarna tendências totalmente distintas? Que os burgueses coloquem todos no mesmo saco não é razão para que nós procedamos de maneira tão pouco crítica. Esta é precisamente a raiz de todo o espírito doutrinário: *dar fé*[533] às afirmações interessadas e limitadas do adversário e depois construir sobre tais afirmações todo um sistema que, naturalmente, se ergue e vem abaixo com elas. Em Bismarck, trata-se de dinheiro, mais dinheiro e sempre dinheiro – e os pretextos para consegui-lo, ele os modifica em função de considerações puramente exteriores. Dê-se-lhe uma maioria composta de distinta forma no *Reichstag* e ele abandonará todos os seus planos atuais e apresentará outros completamente opostos. Eis por que é absolutamente impossível deduzir daí uma certidão de falência da sociedade moderna ou o que quer que seja para que se possa fazer um animal teoricamente tão irracional e praticamente tão mutável como Bismarck. Tampouco é possível das danças de São

---

[528] Sobre Turgot cf., *supra*, a nota 363; Jacques Necker (1732-1804), banqueiro genebrino – ambos foram ministros de Luís XVI (1754-1793).

[529] Jacques Laffite (1767-1844), banqueiro, foi diretor do Banco da França; os irmãos Pereire (Jacob, 1800-1875 e Isaac, 1806-1880) foram banqueiros de grande importância na França.

[530] Charles A. Calonne (1734-1802), ministro de Luís XVI.

[531] A indagação (*Après nous, le déluge?* [*Depois de nós, o dilúvio?*]) da Marquesa de Pompadour (Jeanne Antoinette Poisson, 1721-1764) é atribuída, ligeiramente modificada (*Après moi, le déluge?* [*Depois de mim, o dilúvio?*]), a Luís XV (1710-1774).

[532] Adolf Stoecker (1835-1909), teólogo e político alemão, antissemita, fundou, em 1878, um partido social-cristão para se contrapor ao Partido Social-Democrata. Sobre Schäffle, cf., *supra*, a nota 508.

[533] *Dar fé* expressa aqui *atribuir credibilidade*.

Vito[534] deduzir intelectuais loucos como Stoecker, como tampouco o é do jargão de "homens pensantes" à moda de Schäffle [*à la Schäffle*]. Essas pessoas não "pensam" em declarar a falência da sociedade; ao contrário, sua razão de viver (tudo no que "pensam") é remendá-la uma vez mais. Daí, por exemplo, o gênero de homem pensante que é Schäffle: em suma, este suábio imbecil confessa que meditou sobre um ponto (o mais simples) d'*O capital* durante dez anos até descobrir-lhe a chave – e o que descobriu é pura estupidez.

É pura e simplesmente uma falsificação interessada dos burgueses de Manchester chamar "socialismo" a toda intervenção do Estado no jogo da livre concorrência: tarifas protecionistas, regulamentação de corporações, monopólio dos tabacos, nacionalização de certos ramos da indústria, do comércio marítimo, manufatura real da porcelana. Devemos *criticar* este ponto de vista, porém sem lhe *dar fé*. Se lhe dermos fé, se basearmos nele uma exposição teórica, esta ruirá junto a suas premissas – tão logo se demonstrar que este pretenso socialismo não é outra coisa que uma reação feudal, por uma parte e, por outra, um pretexto para pôr em funcionamento uma impressora de dinheiro com o desejo, como segunda intenção, de transformar a maior quantidade possível de proletários em funcionários dependentes do Estado, ou seja: de organizar, ao lado de um exército disciplinado de funcionários e militares, um exército não menos disciplinado de trabalhadores. Substituir a pressão eleitoral dos supervisores pelos superiores hierárquicos dependentes do Estado – que belo socialismo! É a isto que se chega quando se deposita confiança no burguês, quando se acredita no que ele mesmo não acredita – mas em que finge acreditar: que o Estado é o... socialismo. [...]

---

[534] No verão de 1518, uma "epidemia de dança" tomou conta de Estrasburgo: grupos de pessoas, repentinamente, começaram a bailar compulsiva e loucamente – fenômenos semelhantes já tinham sido registrados anteriormente na Europa ocidental, mas os eventos do verão de 1518 tiveram dimensão mais ampla e tornaram-se popularmente conhecidos como "a praga de São Vito". São Vito (*Vitus*), figura lendária que teria vivido entre 290 e 303, é considerado um mártir da Igreja e visto como padroeiro de dançarinos – daí, muito provavelmente, a designação da "praga" medieval.

181. MARX A F. A. SORGE

(em Hoboken)

Londres, 20 de junho de 1881

[...] Antes de receber de ti o exemplar de Henry George,[535] já havia recebido dois, um de Swinton e outro de Willard Brown.[536] Assim, pois, dei um a Engels e outro a Lafargue. Por agora, tenho que me limitar a formular um juízo deste livro em termos muito breves.

No plano teórico, o homem está inteiramente atrasado [*arriéré*]. Não compreendeu nada da natureza da mais *mais-valia* e, por esta razão, se compraz, seguindo o modelo inglês, em especulações (que, em relação ao assunto, estão atrasadas mesmo em comparação com os ingleses) sobre os elementos do lucro, tornados autônomos, sobre a relação entre lucro, renda, juros etc. Seu dogma fundamental é que *tudo estaria em ordem* se a renda fundiária fosse paga ao Estado. (Encontrarás este mesmo pagamento entre as *medidas transitórias* contidas no *Manifesto do Partido Comunista*.)[537] Esta ideia pertence, na origem, aos economistas burgueses; foi formulada pela primeira vez (se exceutarmos uma reivindicação análoga em finais do século XVIII) pelos primeiros partidários *radicais* de Ricardo, imediatamente depois de sua morte. Em 1847 eu dizia, a este propósito, em meu escrito contra Proudhon: *"Podemos conceber que economistas como Mill* (o velho, e não seu filho John Stuart, que recorre a esta ideia, modificando-a um pouco),[538] *Cherbuliez, Hilditch*[539] *e outros tenham reclamado a atribuição da renda ao Estado para servir à quitação de impostos. Esta é a franca expressão do ódio que o capitalista industrial vota ao*

---

[535] Henry George (1839-1897), publicista estadunidense; o livro aqui referido por Marx foi publicado em Nova York, em 1880, sob o título *Progress and poverty: an inquiry into the cause of industrial depressions and of increase of want with increase of wealth* [*Progresso e pobreza: um inquérito sobre a causa das depressões industriais e do aumento da pobreza junto com o da riqueza*].

[536] John Swinton (1830-1901) e Willard Brown (?), jornalistas estadunidenses.

[537] Cf., na edição brasileira citada do *Manifesto do partido comunista*, a p. 30.

[538] Este parêntese, que não está presente no original, foi inserido por Marx nesta carta a Sorge.

[539] Antoine Cherbuliez (1797-1869), suíço, discípulo de Sismondi; Richard Hilditch, advogado e economista inglês de meados do século XIX.

proprietário fundiário, que lhe parece uma inutilidade, algo supérfluo, no conjunto da produção burguesa".[540]

Como indiquei, nós mesmos já recorremos a esta ideia da apropriação da renda fundiária pelo Estado, entre outras numerosas *medidas transitórias*, que são contraditórias em si mesmas e o são necessariamente, como também o indicamos no *Manifesto*.

Porém, fazer deste voto [*desideratum*] dos economistas burgueses ingleses de *tendência radical* a panacéia *socialista*, declarar que este procedimento resolverá os antagonismos que implica o modo de produção atual – isto já o fez antes *Colins*,[541] um antigo oficial hussardo de Napoleão, de origem belga, que, nos últimos tempos do governo de Guizot e nos começos de Napoleão, o Pequeno [*Le Petit*],[542] surpreendeu o mundo oferecendo, de Paris, grossos volumes sobre essa sua "descoberta", igual à outra, também de sua autoria: mesmo que Deus não exista, existe uma alma humana "*imortal*" e os animais não têm "sensibilidade alguma". De fato, se tivessem sentimentos, isto é, uma alma, nós seríamos canibais e nunca poderia estabelecer-se sobre a terra o reino da justiça. Sua teoria "antipropriedade fundiária" e suas teorias sobre a alma etc. são pregadas há anos, todos os meses, em *La philosophie de l'avenir* [*A filosofia do futuro*], que aparece em Paris,[543] por alguns partidários que ainda lhe restam, em sua maioria belgas. Chamam-se "coletivistas racionais" e cantam louvores a Henry George. Depois deles e ao lado deles, entre outros, o banqueiro prussiano e antigo coletor de loteria da Prússia oriental, Samter, um cabeça oca, verteu este "socialismo" num volumoso livro.[544]

---

[540] Cf., na edição brasileira da *Miséria da filosofia* que estamos citando, a p. 178.

[541] Jean Guillaume Colins (1783-1859) escreveu *L'économie politique. Source des révolutions et des utopies prétendues socialistes* [*A Economia Política. Fonte de revoluções e utopias pretensamente socialistas*], obra em três volumes, publicada em Paris, em 1856-1857.

[542] Os adversários de Napoleão III, para marcar a sua diferença com o antepassado ilustre, chamaram-no "Napoleão, o Pequeno"; a designação tornou-se famosa com o libelo de Victor Hugo (1802-1885), publicado em 1852 – há edição brasileira da obra: V. Hugo, *Napoleão, o Pequeno*. São Paulo: Ensaio, 1996. Marx, em *O 18 brumário de Luís Bonaparte. In: A revolução antes da revolução*, v. I, São Paulo: Expressão Popular, 2008, aponta os limites da crítica de Victor Hugo.

[543] A publicação circulou entre 1875 e 1900.

[544] Adolf Samter (1824-1883); o livro referido, publicado em Leipzig, em 1875, intitulava-se *Social-Lehre. Ueber die Befriedigung der Bedürfnisse in der menschlichen Gesellschaft* [*Ensino social. Sobre a satisfação das necessidades na sociedade humana*].

A partir de Colins, todos estes "socialistas" têm um ponto em comum: desejam preservar o *trabalho assalariado* e, portanto, a *produção capitalista*, ao mesmo tempo que querem enganar a si mesmos e ao mundo com a ilusão de que, transformando a renda fundiária em imposto pago ao Estado, desaparecerão necessariamente todas as *misérias* da produção capitalista. Tudo isto não é mais que uma tentativa, disfarçada de socialismo, *para salvar a dominação capitalista* e na realidade *fundá-la de novo sobre uma base mais larga* que aquela de que dispõe atualmente.

Assim, o gato (na verdade, o asno) mostra o rabo, que aparece – sem possibilidade de equívocos – em todas as declamações de Henry George. E nele, é tanto mais imperdoável, já que se pode perguntar por que isto ocorre nos Estados Unidos – onde, em comparação com a Europa civilizada, a terra foi relativamente acessível à grande massa do povo e onde, até certo ponto [*to a certain degree*], também relativamente, a economia capitalista e a correspondente servidão da classe operária se desenvolveram com *mais rapidez e menos vergonha* que em qualquer outro país.

Em contrapartida, o livro de Henry George, daí a sensação que produziu em ti, significa o seguinte: é a primeira tentativa, mesmo fracassada, de libertar-se da Economia Política ortodoxa.

Ademais, H. George parece não saber nada da história dos primeiros *adversários* da renda fundiária [*antirenters*] americanos, que eram mais práticos que teóricos. Entretanto, ele é um escritor de talento (que tem talento também para a publicidade ianque), como o prova o seu artigo sobre a Califórnia em *Atlantic*.[545] Mas possui também a pretensão e a repugnante autossuficiência que distinguem, de forma invariável, todos os fabricantes de panaceias. [...]

---

[545] Os editores das *MEW*, assim como os das *MECW*, não localizaram o texto de Henry George na publicação citada por Marx. Os primeiros anotaram: "Marx provavelmente se refere ao artigo de Henry George 'The Kearney Agitation in California' ['A agitação de Kearney na Califórnia'], publicado em *The Popular Science Monthly*, de agosto de 1880". Observe-se que *The Atlantic Monthly* [*Mensário do Atlântico*] foi criado em Boston, em 1857 e *The Popular Science Monthly* [*Mensário de ciência popular*], de Nova York, começou a circular em 1872.
Denis Kearney (1847-1907), irlandês de nascimento, organizou agitações de trabalhadores em S. Francisco, na Califórnia, em meados dos anos 1870.

1882

182. ENGELS A EDUARD BERNSTEIN

(em Zurique)

Londres, 25-31 de janeiro de 1882

[...] O certificado de hipoteca de Bürkli,[546] que rende juros e que se supõe representar dinheiro, é, no entanto, muito mais velho que este polonês Cieszkowski, velho-hegeliano e hiperconfuso.[547] Planos deste tipo para realizar a felicidade do mundo se esboçam desde a fundação do Banco da Inglaterra. Como no volume I d'*O capital* não se trata em absoluto de crédito (excetuando-se a relação simples de devedor), não se *pode* levar em consideração a moeda fiduciária senão, no máximo, em sua forma mais simples (sinal de valor etc.) e em relação com as funções de dinheiro que lhe estão subordinadas – a moeda fiduciária *portadora de juros* ainda não pode ser examinada.[548] Por isso,

---

[546] Karl Bürkli (1823-1901), suíço, partícipe do movimento revolucionário de 1848-1849, depois membro da Internacional e líder do movimento cooperativista da Suíça. Em 1881, publicou em Zurique o livro *Demokratische Bank-Reform oder Wie kommt das Volks zu billigeren Zins?* [*Reforma democrática dos bancos ou Como o povo poderá conseguir dinheiro com menos juros?*], a que Engels aludirá na carta seguinte.

[547] August Cieszkowski (1814-1894), filósofo e político polonês. Ao qualificá-lo "velho-hegeliano", Engels evoca a distante juventude de Cieszkowski, estudante na Alemanha, quando foi um dos primeiros a valer-se da categoria de *práxis*.

[548] Quando se troca esta correspondência (1882), só era de conhecimento público o livro I d'*O capital* – no qual não cabia a discussão do crédito, que será objeto do livro III, cujo conteúdo ainda era desconhecido inclusive por Engels.

Bürkli tem razão quando diz a Schramm: todas estas passagens d'*O capital* não se aplicam ao *meu* papel-moeda especial e Schramm tem razão quando prova a Bürkli, partindo d'*O capital*, que ele não tem a menor ideia da natureza e da função do dinheiro. Porém, isto não basta para mostrar diretamente todo o absurdo da proposição de Bürkli de uma moeda especial: para tanto, é preciso, além da prova geral de que esse "dinheiro" é incapaz de realizar as funções monetárias essenciais, aportar a prova particular das funções que um papel assim pode efetivamente desempenhar, sobretudo quando Bürkli diz – O que me importa Marx? Eu me apoio em Cieszkowski – com o que, num golpe, derruba toda a demonstração de Schramm frente a ele. É uma sorte que o *Sozial-demokrat* não se tenha envolvido neste assunto. Toda essa agitação se acalmará por si mesma.

A ideia de que as crises são uma das alavancas mais potentes da revolução política encontra-se já no *Manifesto Comunista* e se expõe na revista da *Nova Gazeta Renana*,[549] inclusive em relação a 1848. Nesta se encontra também a ideia de que o retorno à prosperidade representa um duro golpe nas revoluções e embasa a vitória da reação. Uma demonstração detalhada deve levar também em consideração as crises intermediárias, que são em parte de natureza local e, em parte, de uma espécie particular. Uma crise intermediária deste tipo – que pode remeter-se a uma simples especulação bursátil – é a que estamos vivendo atualmente. Até 1847, constituíram eles intermediários que ocorriam cíclica e regularmente, a ponto de, em minha *A situação da classe trabalhadora* [*na Inglaterra*], eu ter sinalizado o seu ciclo como sendo de cinco anos.[550] [...]

---

[549] Trata-se da *Nova Gazeta Renana. Revista político-econômica*, que Marx e Engels, já no exílio inglês, mantiveram por um breve lapso temporal: editada em Hamburgo, circulou irregularmente entre março e novembro de 1850, tirando 5 números (o último dos quais com numeração dupla: 5-6).

[550] Cf., na edição brasileira citada d'*A situação da classe trabalhadora na Inglaterra*, a p. 326.

183. ENGELS A EDUARD BERNSTEIN

(em Zurique)

Londres, 22-25 de fevereiro de 1882

[...] Suponho que Bürkli[551] permita a cada proprietário fundiário de Zurich aceitar uma hipoteca sobre sua casa e que o respectivo certificado circule como dinheiro. Neste momento, a quantidade de dinheiro em circulação se estabelece em função do valor total da propriedade fundiária em questão e não em função da soma muito menor que basta para a circulação. Portanto, desde já se pode dizer que:

> 1. ou estes certificados não são convertíveis e então se depreciam conforme a lei desenvolvida em Marx;

> 2. ou são convertíveis e a soma deles, excedentes às necessidades da circulação, refluirá para o banco, para ser ali reembolsada e, então, deixam de ser dinheiro; operando assim, o banco tem naturalmente que imobilizar capital.

Ora, um substituto do dinheiro que oferece um juro e, pois, altera consequentemente o seu valor diário, não é apropriado para servir de meio de circulação apenas por causa da sua convertibilidade. Não só há que concertar o preço da mercadoria em dinheiro real, como também o preço deste papel. Será preciso, então, que os zuriquenhos sejam piores homens de negócios do que são, segundo tenho notícias, se não levarem o mais breve possível esses certificados ao banco para resgatá-los e se voltarem ao emprego exclusivo do velho dinheiro cômodo (*commode*), que não produz juros. Neste caso, o banco cantonal imobilizaria seu próprio capital e tudo o que poderia emprestar sob a forma de hipotecas – e gostaria de saber de onde sacaria um novo capital para funcionar.

Se não são convertíveis, estes papeis deixam simplesmente de ser moedas. Virá do estrangeiro numerário (moeda metálica e bom papel-moeda) e o estrangeiro é afortunadamente muito maior que a região de Zurique, e será

---

[551] Engels está aludindo, aqui, ao livro de Bürkly referido *supra*, na nota 546.

este o dinheiro que se utilizará, já que ninguém aceitará como dinheiro esses papeis que, como disseste com muita razão, não seriam coisa melhor que títulos hipotecários antigos de Bradenburgo. E se o governo persistisse em querer impô-los ao público como moeda, então veria o que poderia acontecer. [...]

184. ENGELS A EDUARD BERNSTEIN

(em Zurique)

Londres, 10 de março de 1882

[...] *Bimetalismo*. O essencial é que, sobretudo depois das fanfarronadas de muitos "chefes" sobre a superioridade, em matéria econômica, de nosso partido frente aos burgueses, superioridade da qual estes mesmos senhores não são absolutamente responsáveis – o essencial é que nos guardemos de apoiar os seus desavergonhados berros econômicos, quando se imaginam poder com eles lisonjear uma categoria determinada de trabalhadores para conseguir uma vitória eleitoral ou qualquer outra vantagem. Assim, porque a Saxônia produz minério de prata, acredita-se ser possível embarcar no blefe da dupla moeda. Para ganhar alguns eleitores, nosso partido cobrir-se-ia de ridículo para sempre no mesmo terreno em que a sua força *deve* se manter!

Porém, assim são os senhores nossos publicistas. Igual aos publicistas burgueses, acreditam ter o privilégio de não aprender nada e de discorrer sobre tudo. Fabricaram uma dessas produções literárias para a qual inutilmente se buscaria um equivalente no que se refere à ignorância econômica, ao utopismo recém-saído da escola e à arrogância – e Bismarck nos prestou um grande serviço proibindo esta literatura.

No caso do bimetalismo, não se trata hoje tanto da dupla moeda em geral, como dessa moeda dupla especial na qual a relação do ouro a prata se estabelece de 15 ½ a 1. Impõe-se a separação das duas coisas.

O bimetalismo se faz cada dia mais impossível pela simples razão de que a relação de valor do ouro à prata, antigamente ao menos quase constante e que não se modificava senão lentamente, está submetida agora a violentas e cotidianas oscilações e com a tendência para iniciar uma baixa de valor do dinheiro, consequência do colossal aumento da produção, em especial na América do Norte. O esgotamento das reservas de ouro é uma invenção dos barões da prata. Porém, qualquer que seja a causa da mudança de valor, o fato permanece e é com ele primeiramente que temos que nos entender. A prata perde cada dia mais sua faculdade de servir de padrão de valor, faculdade que o ouro conserva.

A relação de valor de ambos os metais é atualmente mais ou menos de 17 ½ a um. Os homens da prata quiseram impor ao mundo a antiga proporção de 15 ½ a um. E isto é tão impossível quanto manter, de forma duradoura e geral, o fio e os tecidos fabricados à máquina ao mesmo preço que o fio e os tecidos fabricados à mão. A cunha que modela a moeda não determina o valor do numerário; a única coisa que faz é garantir a quem a recebe o seu peso e a sua taxa – mas não pode incorporar a 15 ½ libras de prata o valor de 17 libras e meia.

Todos estes pontos são tratados no capítulo d'*O capital* dedicado ao dinheiro (3º capítulo, p. 72-120)[552] com tanta clareza e de forma tão exaustiva que não fica nada por dizer a este respeito. Para ter documentação a propósito das recentes oscilações de valor, pode-se ver Soetbeer, *Edelmetall-Production und Wertverhältnis* etc., Gotha, Perthes, 1879.[553] Neste campo, Soetbeer é a autoridade número um e é o pai da reforma monetária alemã – desde 1840 fez campanha para que o "marco" valha um terço de táler.[554]

Quando se cunha dinheiro de curso legal de 15 ½ libras de prata = 1 libra de ouro, este numerário reflui às caixas do Estado, já que todo mundo trata de desembaraçar-se dele. Isto é o que se passou nos Estados Unidos com seu dólar de prata, cunhado conforme a antiga lei e que não vale mais de 90 centavos, do mesmo modo ao que ocorreu quando Bismarck quis, à força, colocar de

---

[552] Cf., na edição brasileira citada d'*O capital*, o livro I, p. 169-219.

[553] O título completo da obra referida é *Edelmetall-Production und Wertverhältnis zwischen Gold und Silber seit der Entdeckung America's bis zur Gegenwart* [*Produção de metais preciosos e relação de valor entre o ouro e a prata, do descobrimento da América aos nossos dias*].
Adolf G. Soetbeer (1814-1892), economista e estatístico alemão. Destacou-se em Hamburgo com seus estudos sobre moeda e finanças. Foi, ainda, professor na Universidade de Gotinga.

[554] Observe-se que o táler, como moeda metálica, começou a circular no século XVI – somente em 1871 foi substituído pelo marco.

novo em circulação os táleres de prata que já não tinham uso e haviam sido substituídos por ouro.

O senhor Dechend,[555] presidente do banco nacional, imagina que pode, graças ao bimetalismo, saldar as dívidas exteriores da Alemanha à base da má prata no lugar de fazê-lo com o belo ouro, evitando assim a escassez deste último; isto seria na realidade muito cômodo [*commode*] no caso de que a coisa pudesse caminhar – mas o que resultaria daí é que o senhor Dechend ver-se-ia absolutamente incapaz de ser presidente de um banco e que seu lugar é nos bancos escolares e não na chefia do banco do *Reich*.

É certo também que os *junkers* prussianos se sentiriam felizes de poder resgatar em prata de uma taxa de 17 ½ por 1 as hipotecas que contraíram em prata de uma taxa de 15 ½ por 1 ou de pagar os juros conforme esta taxa. E como esta operação se desenvolveria no interior, semelhante vigarice, executada pelos devedores à custa dos credores, seria certamente possível, desde que... a nobreza encontrasse pessoas que lhe emprestassem prata de uma taxa de 17 ½ por 1 para pagar à razão de 15 ½ por 1. Mas os meios de que dispõe não permitem efetuar esta operação – ao contrário, as pessoas comprariam a sua prata a 15 ½ por 1 e então nada teria mudado para ela.

No que se refere à produção alemã de prata, o que se produz tratando mineral *alemão* não deixa de diminuir ano após ano em relação com a produção (renana) tratando mineral *sul-americano*. Em 1876, a produção total se elevou na Alemanha a aproximadamente 280 mil, das quais 58 mil tratando mineral sul-americano e desde então esta última porção vem aumentando.

É evidente que o fato de reduzir a prata ao papel-moeda divisionário deve fazer baixar ainda mais seu valor; a utilização da prata para outros fins distintos do monetário é proporcionalmente ínfima e não aumenta com igual rapidez a afluência de prata ao mercado por efeito da desmonetarização.

Quanto à introdução do bimetalismo na Inglaterra, nem pensar nisto. Não há país com moeda de ouro que possa atualmente reintroduzir o bimetalismo de forma duradoura. Um bimetalismo *geral* é, ademais, uma impossibilidade generalizada. Ainda que todos os homens convencionassem que, a

---

[555] Herman F. A. Dechend (1814-1890), presidente do *Deutsche Staats Bank* [Banco do Estado Alemão] a seguir a 1880.

partir de hoje, a prata deveria valer de novo 15 ½ por 1, não poderiam modificar o fato de que não vale mais que 17 ½ por 1 e contra este fato não se pode fazer absolutamente nada. Seria como redigir-se um decreto determinando que 2 × 2 fazem 5. [...]

185. ENGELS A KARL KAUTSKY

(em Viena)

Londres, 12 de setembro de 1882

[...] Perguntas o que pensam os trabalhadores ingleses da política colonial. Bem, pensam exatamente o mesmo que pensam sobre a política em geral – e é exatamente o que pensam os burgueses. Aqui, como sabes, não há partido operário, não há mais que conservadores e radicais liberais, e os operários comem alegremente a sua parte do que resulta do monopólio da Inglaterra sobre o mercado mundial e do domínio colonial. A meu juízo, as colônias propriamente ditas, isto é, os países povoados por pessoas de ascendência europeia, o Canadá, o Cabo,[556] a Austrália, serão todos independentes; ao contrário, os países que estão sob direta dominação e povoados de nativos, a Índia, a Argélia, as possessões holandesas, portuguesas e espanholas, terão que ser tomados provisoriamente pelo proletariado e conduzidos à independência o mais rapidamente possível. Como este processo se desenvolverá, é difícil antecipá-lo. A Índia talvez viva uma revolução, que é o mais provável. E como o proletariado, ao libertar-se, não pode fazer nenhuma guerra colonial, não haverá outro remédio que deixar livre o processo revolucionário, o que, naturalmente, não deixará de provocar destruições de todo tipo – o que, porém, é comum a todas as revoluções. O mesmo processo poderia desenvolver-se também em outras partes: por exemplo, na Argélia e no Egito, e isto seria, *para nós*, sem dúvida alguma, a melhor solução. Nós teremos muito a fazer aqui. Uma vez que a Europa e a América do Norte estejam reorganizadas, constituirão uma força tão colossal e um exemplo de tal natureza que os povos semicivilizados seguirão por si mesmos o seu caminho, guiados pelas

---

[556] A colônia do Cabo, na África Austral, atualmente a República da África do Sul.

suas necessidades econômicas. Através de que fases de desenvolvimento social e político esses países terão que passar para chegar, também eles, a uma estrutura socialista – sobre isto, creio que não podemos hoje mais que levantar hipóteses especulativas. Só há uma coisa segura: o proletariado vitorioso não pode fazer à força a felicidade de nenhum povo estrangeiro sem, com isto, comprometer a sua própria vitória. O que não significa, naturalmente, que fiquem excluídas guerras defensivas de diferentes tipos. [...]

186. ENGELS A MARX

(em Ventnor)[557]

Londres, 15 de dezembro de 1882

[...] Entre parênteses, a reintrodução generalizada da servidão é uma das razões que explicam porque, na Alemanha, nenhuma indústria pôde prosperar nos séculos XVII e XVIII. Em primeiro lugar, a divisão do trabalho ao inverso nas corporações, à diferença da que existe na manufatura: no lugar de estar dividido dentro da oficina, o trabalho está dividido *entre as corporações*. Nesse estágio, a Inglaterra experimentou migrações quando no país já não imperavam as corporações. Na Alemanha, a transformação dos camponeses e dos habitantes das comunas agrícolas em servos impediu esse fenômeno. Mas, finalmente, foi também a causa da ruína da corporação, logo que esta sentiu a concorrência da manufatura estrangeira. Deixo aqui de lado os demais fatores que contribuíram para impedir o desenvolvimento da manufatura alemã. [...]

---

[557] Marx, no último dia de outubro, dirigiu-se para Ventnor (ilha de Wight), em tratamento da sua abalada saúde.

1883

187. ENGELS A EDUARD BERNSTEIN

(em Zurique)

Londres, 8 de fevereiro de 1883

[...] Imposto sobre a Bolsa. Aqui na Inglaterra existe, há muito tempo, na forma de um simples selo absolutamente banal sobre a ata da cessão – 0,5% da soma paga e cinco xelins de direitos de escritura (existem aqui poucas ações ao portador [*au porteur*], e elas estão isentas). Sua única consequência é que o jogo bursátil *propriamente dito* se realiza na forma do mercado a termo, para o qual nenhuma transferência real é necessária. Portanto, apenas o chamado "investimento seguro de capital" é afetado. E mesmo isso não impede que os especuladores com a troca de ações possam contornar a lei.

Eu sou contra, 1) porque nós exigimos unicamente impostos *diretos* e rejeitamos *todos* os indiretos, a fim de que o povo saiba e sinta o que paga e porque é assim que se pode pressionar o capital; 2) porque nunca poderemos votar um centavo de imposto para *este* governo.

Tu qualificas, com razão, as vozes que se levantam contra a Bolsa como pequeno-burguesas. A Bolsa não faz mais que modificar a *distribuição* da mais-valia *já roubada* dos trabalhadores e talvez seja indiferente para eles, enquanto trabalhadores, saber como isto se realiza. Porém, a Bolsa modifica esta distribuição no sentido de uma centralização e acelera enormemente a concentração de capitais – eis por que ela é tão revolucionária quanto a máquina a vapor.

Igualmente pequeno-burguesa é a tendência a justificar, escusável a rigor, os impostos com finalidade moral: impostos sobre a cerveja, as bebidas espirituosas. Neste contexto, isso é completamente ridículo e fundamentalmente reacionário. Se a Bolsa não tivesse criado na América do Norte fortunas colossais, onde se encontraria neste país de camponeses a possibilidade de uma grande indústria e de um movimento social?

Seria muito bom que tu te detivesses um pouco sobre o assunto, mas com reflexão. Não podemos nos permitir o luxo de oferecer aos Stoecker as varas com as quais nos golpeiem.

Terceira edição d'*O capital*. Demandará ainda, seguramente, algum tempo, já que a saúde de Marx segue sendo má. A estada em Ventnor não lhe fez bem por causa de uma chuva persistente. A isto se somou a perda de sua filha.[558] Está aqui há três semanas e tão afônico que mal consegue falar. Não tem condições nem para discutir. (Porém, sobre isto, nem uma palavra no jornal).

Ficaremos muito agradecidos a ti pelo livro de Rodbertus-Meyer.[559] Este homem esteve uma vez a ponto de descobrir a mais-valia, porém sua grande propriedade na Pomerânia o impediu. [...]

Kautsky enviou-me um folheto sobre o trigo americano. Saborosa ironia: há três anos, havia que limitar a população, pois, do contrário, não se teria o que comer; agora, não há população suficiente para consumir nem sequer os produtos americanos! É isto o que acontece quando alguém[560] se põe a estudar pretensas "questões", uma após a outra, sem ver os nexos que há entre

---

[558] Marx permaneceu em Ventnor até 12 de janeiro. Lá o atacou um resfriado e a chuva persistente mal o deixou sair de seu quarto. Voltou a Londres quando recebeu a notícia da morte, em Paris, em 11 de janeiro, de sua filha mais velha, Jenny (1844-1883) – golpe que o abateu profundamente –, casada desde 1872 com o socialista Charles Longuet (1839-1903).

[559] Trata-se do livro de Rodbertus, publicado em Berlim, em 1882, em 2 volumes: *Briefe und Sozialpolitische Aufsätze* [*Cartas e ensaios sobre política social*], 2 v. – sobre o autor, cf., *supra*, as notas 171 e 172. A obra foi editada e prefaciada pelo economista conservador alemão Rudolf H. Meyer (1839-1899).

[560] A referência é mesmo a Kautsky, que, pouco tempo antes (cf., *supra*, a carta de número 176), preocupava-se muito com o aumento da população e agora se alarma porque a produção de cereais é excessiva.

elas. E então se converte em vítima desta dialética que, apesar de Dühring, "encontra-se objetivamente nas próprias coisas".[561] [...]

188. ENGELS A EDUARD BERNSTEIN

(em Zurique)

Londres, 10 de fevereiro de 1883

[...] Voltando ao imposto sobre a Bolsa, não necessitamos negar a "imoralidade" da Bolsa e a fraude que representa; podemos até pintá-la de forma muito sugestiva como o coroamento da rapina capitalista, o ponto em que a propriedade se associa diretamente com o roubo – porém, há que concluir em seguida que não interessa, em absoluto, ao proletariado destruir esta bela flor da economia atual, mas sim deixá-la desenvolver-se livremente, a fim de que até o mais idiota dos homens possa compreender aonde leva a economia atual. Deixemos, pois, a indignação moral para aqueles que são suficientemente cúpidos para ir à Bolsa, sem serem eles mesmos especuladores e que se deixam depenar como é de costume. E se, depois, a Bolsa e os "negócios sérios" se põem a disputar entre si, e se o *junker*, que também se lança no jogo dos papéis na Bolsa e que necessariamente perde nele a camisa, é o terceiro ladrão nesta luta em que mutuamente se envolvem as três frações principais da classe dos exploradores, então nós seremos a quarta fração, a que ri por último. [...]

189. ENGELS A PIOTR L. LAVROV

(em Paris)

Londres, 2 de abril de 1883

[...] Encontrei o manuscrito *"Zirkulation des Kapitals"* [*"Circulação do capital"*] e do livro III, *"Die Gestaltungen des Gesamtprozess"* [*"As formas do*

---

[561] Fica evidente, aqui, a ironia engelsiana se evocarmos a exposição que ele faz das ideias de Dühring sobre a dialética nos itens XI e XII da seção I do *Anti-Dühring* (na edição brasileira citada do *Anti-Dühring*, cf. especialmente as p. 150-152).

processo global"] – umas mil páginas *in-folio*.[562] Impossível dizer agora se este manuscrito reúne condições de ir para a impressão tal qual está. De toda forma, terei que copiá-lo porque é um rascunho. Amanhã disporei, enfim, de tempo para dedicar algumas horas a examinar todos os manuscritos deixados pelo Mouro, especialmente um esboço de dialética que sempre quis elaborar.[563] Porém, nunca nos revelou o estado de seus trabalhos; e ele exigia, para liberar o que estava pronto sem sentir-se violentado, que tudo estivesse concluído para a impressão. Por isto, não tenho o direito de publicar nada sem a aprovação de Tussy,[564] que é, comigo, testamenteira literária de Marx. [...]

190. ENGELS A F. DOMELA NIEUWENHUIS

(em Haia)

Londres, 11 de abril de 1883

[...] Marx deixou um volumoso manuscrito para a segunda parte d'*O capital*. Primeiro, tenho que lê-lo inteiro (e que letra!)[565] antes de poder dizer até que ponto é publicável e se não deverá ser completado com outros cadernos redigidos posteriormente. Em todo caso, *o essencial está aí*. Porém, como não posso ainda dizer nada mais preciso, peço-te que não publiques nada de momento sobre este assunto na imprensa: daí não surgirá mais que mal-entendidos. Além disso, Eleanor, a filha mais nova de Marx, é comigo a testamenteira para todas as publicações e eu não posso fazer nada sem ela, e as mulheres, como sabes, são muito apegadas às formalidades. [...]

---

[562] Poucas semanas após a morte de Marx (14 de março), Engels tomou conhecimento desses manuscritos. Nos prefácios que escreveu para as edições que preparou dos livros II e III d'*O capital*, ele deu conta do trabalho realizado para a publicação dos dois livros (cf., na edição brasileira citada d'*O capital*, o livro II, p. 79-100 e o livro III, p. 31-49).

[563] Engels não encontrou o tal "esboço" – ao que sabemos, Marx nunca avançou neste projeto.

[564] *Tussy* – apelido familiar da filha mais nova de Marx, Eleanor (1855-1898).

[565] Noutras cartas – algumas reunidas nesta coletânea – Engels menciona a dificuldade de decifrar a letra de Marx.

191. ENGELS A F. A. SORGE

(em Hoboken)

Londres, 29 de junho de 1883

[...] A terceira edição d'*O capital* está me dando um trabalho dos diabos.[566] Possuímos um exemplar em que M[arx] anotou as modificações a fazer e mais outras adições segundo a edição francesa, mas o detalhamento completo ainda não está concluído. Fui até "a acumulação", porém aí se trata de uma refundição quase inteira de toda a parte teórica. Cresce a minha responsabilidade, já que a tradução francesa é em parte uma transposição pura e simples do texto alemão – e, em alemão, M[arx] não teria nunca escrito desta maneira. Em contrapartida, o editor me apressa. Antes de terminar isto, não posso sonhar em me meter no livro II. Para começar, existem pelo menos quatro versões, as mesmas vezes que M[arx] colocou as mãos à obra e cada vez viu-se interrompido pela enfermidade durante a redação definitiva. Ainda não posso dizer como ajustar a ordem e a conclusão da última redação, que data de 1878, com a ordem da primeira, que data de 1870. [...]

Não fosse pela quantidade da documentação, americana e russa (só de estatísticas russas há mais de dois metros cúbicos de livros), o livro II há tempo estaria impresso. Esses estudos detalhados absorveram Marx durante anos. Como sempre, tudo deveria estar completo e atualizado e agora tudo isto não serve para nada, com exceção dos extratos que ele fez, nos quais espero que haja, conforme seu costume, muitas glosas críticas, utilizáveis para as notas do livro II. [...]

Quanto à terceira edição, já reli (segundas provas) cinco *placards*; o bom impressor promete preparar três *placards* por semana. [...]

---

[566] Trata-se da terceira edição do livro I – cf., na edição brasileira d'*O capital* que estamos citando, o prefácio de Engels a este livro I (datado de 7 de novembro de 1883) às p. 97-99. Esta terceira edição saiu ainda em 1883, mas após a morte de Marx.

192. ENGELS A AUGUST BEBEL[567]

(em Borsdorf, junto a Leipzig)

Eastbourne,[568] 30 de agosto de 1883

Caro Bebel:

Aproveito um momento de tranquilidade para te escrever. Em Londres, com todos os trabalhos, aqui, com todos os inconvenientes (três adultos e duas crianças em um só quarto) e mais com a correção, a revisão da tradução ao inglês de um ensaio e de uma edição popular resumida d'*O capital* em francês[569] – quem consegue escrever cartas?

Da terceira edição [do livro I d'*O capital*], que recebeu muitas adições, revisei até o *placard* 21. De agora até o final do ano, o livro sairá. Quando regressar, me dedicarei ao livro II e isso será um imenso trabalho. Ao lado de fragmentos completamente elaborados, há outros apenas esboçados; tudo é rascunho [*brouillon*], com exceção de dois capítulos. As citações não estão classificadas, estão empilhadas, simplesmente reunidas com vistas a um trabalho posterior. Além disso, há a letra que, realmente, somente eu consigo ler e não sem dificuldade. Tu me perguntas como foi possível que ele me tenha ocultado, justamente a mim, o estado do material? Muito simples: se eu soubesse, tê-lo-ia assediado dia e noite até que a obra estivesse acabada e impressa. E M[arx] sabia disso melhor que ninguém; e sabia também que, na

---

[567] August Bebel (1840-1913), alemão, torneiro de profissão, desde 1862 vinculou-se ao movimento operário e, em 1869, foi um dos fundadores da organização política de Eisenach que, em 1875, no Congresso de Gotha, fundindo-se com os seguidores de Lassale, deu origem ao Partido Social-Democrata – do qual Bebel foi organizador, dirigente e representante parlamentar. Notável orador de massas, publicou em 1879 o livro *Die Frau und der Sozialismus* [*A mulher e o socialismo*] que, em 1914, já alcançara 50 edições em alemão e 15 em outros idiomas.

[568] Eastbourne, balneário na costa sul da Inglaterra, era frequentado por Engels especialmente no verão – quando faleceu (5 de agosto de 1895), seguindo seu expresso desejo, ele foi cremado e suas cinzas esparzidas (a 27 de agosto) no mar de Eastbourne.

[569] Trata-se do resumo de Gabriel Deville (1854-1940, publicista do socialismo na França), *Le Capital de Karl Marx, résumé et accompagné d'un aperçu sur le socialisme scientifique* [*O capital de Karl Marx, resumido e acompanhado de uma exposição sumária do socialismo científico*], Paris, 1883. Desde os anos 1930, este resumo de Deville vem sendo parcialmente divulgado no Brasil; para uma edição mais recente, cf. K. Marx, *O capital. Edição condensada* (São Paulo: Edipro, 2008).

pior das eventualidades, que ocorreu agora, o manuscrito poderia ser editado por mim conforme o seu espírito – coisa, aliás, que já dissera a Tussy. [...]

193. ENGELS A KARL KAUTSKY
(em Stuttgart)

Londres, 18 de setembro de 1883

[...] Em termos gerais, em todas estas pesquisas científicas que abarcam um campo tão amplo e uma matéria tão considerável, não é possível produzir uma autêntica obra senão à base de um estudo que se prolongue por vários anos. É mais fácil chegar a pontos de vista novos e exatos sobre uma questão particular, como se verifica em teus artigos; porém, dominar o conjunto e organizá-lo de forma nova não é possível senão até depois de haver esgotado o estudo. Do contrário, existiriam muitos mais livros como *O capital*. Por isso, me agrada observar que tu te inclinaste – para a tua atividade literária imediata – a escolher temas como a história bíblica primitiva e a colonização que, apesar de tudo, permitem produzir trabalhos que serão de atualidade sem a exigência de um estudo exaustivo dos detalhes.[570] O artigo sobre a colonização me agradou muito. Infelizmente, na maior parte dele, não utilizaste mais que documentação alemã que, como de costume, é um tanto sem cor e não reflete os traços mais carregados da colonização dos países tropicais, nem seus métodos mais recentes – colonização em benefício da especulação bursátil, tal como se pratica direta e abertamente pela França na Tunísia e em Tonkin. A respeito do comércio de escravos nos Mares do Sul, há aqui um novo e surpreendente exemplo: a intenção de anexação da Nova Guiné etc. pelo Queensland[571] visava diretamente o comércio de escravos. No mesmo dia, ou quase no mesmo dia, em que partiu a expedição para a conquista da Nova Guiné, um navio de Queensland, o *Fanny*, partiu para este país e as

---

[570] Engels comenta aqui dois artigos que Kautsky acabara de publicar – "Die Entstehung der biblischen Urgeschichte" ["O surgimento da pré-história bíblica"] e "Auswanderung und Kolonisation" ["Emigração e colonização"].

[571] Um dos estados da Austrália, situado ao noroeste da ilha.

ilhas situadas a leste, para capturar ali *força de trabalho* [*labour*] – mas regressou com feridos e com outras evidências desagradáveis do combate que então se travou e *sem labour* para explorar. É o *Daily News* que conta a história, sublinhando, em um editorial, que será difícil aos ingleses, que continuam fazendo o mesmo, recriminar os franceses por práticas deste estilo (começo de setembro).[572] [...]

Seja dito de passagem que o exemplo de Java demonstra que a população não aumenta nunca – em parte alguma – tão rapidamente[573] como sob um sistema de trabalho forçado não demasiado opressor: 1755, 2 milhões; 1826, 5,5 milhões; 1850, 9 milhões; 1878, 19 milhões; quase multiplicada por dez em 125 anos – o único exemplo de progressão malthusiana aproximada. Expulsos os exploradores holandeses, a cifra da população se estabilizará por aí ou um pouco menos. [...]

O livro II d'*O capital* ainda me dará muito trabalho. A maior parte do manuscrito data de *antes de 1868* e, em vários passos, é um simples rascunho [*brouillon*]. Este livro II vai decepcionar muito os socialistas vulgares, quase não contém mais que análises estritamente científicas, estudos muito sofisticados sobre fenômenos que se desenvolvem no seio mesmo da classe capitalista, absolutamente nada que permita fabricar *slogans* ou esquemas. [...]

---

[572] *The Daily News* [*O diário de notícias*], ed. de 12 de setembro de 1883 – este diário liberal de Londres circulou, com este título, de 1846 a 1930.

[573] Aqui, Engels considera tão somente o caso das colônias.

1884

194. ENGELS A PIOTR L. LAVROV

(em Paris)

Londres, 28 de janeiro de 1884

[...] A respeito deste livro II, começo enfim a ver claro. No que toca a ele – *a circulação do capital* –, contamos, para as suas partes mais importantes, com uma redação de 1875 e ainda posterior, isto é, para o começo e para o final. Haverá apenas que introduzir as notas relativas às citações, de acordo com as indicações consignadas. Para a parte do meio, não são menos de quatro as redações, que datam de antes de 1870; aí está a única dificuldade. Quanto ao livro III – *a produção capitalista considerada em sua totalidade* –, temos duas redações anteriores a 1869; mais adiante, só há algumas notas e todo um caderno de equações para o cálculo das razões múltiplas conforme as quais a taxa de mais-valia [*Mehrwertsrate*] se converte em taxa de lucro [*Profitrate*]. Os extratos de livros relativos à Rússia e aos Estados Unidos contêm uma montanha de materiais e de notas sobre a renda da terra e outras se referem ao capital monetário, ao crédito, ao papel-moeda como instrumento de crédito etc. Não sei ainda o proveito que poderei retirar de tudo isso para o livro III; talvez seja melhor reunir tudo em uma publicação à parte – e é o que seguramente farei se for demasiado difícil incorporar o material n'*O capital*. O que principalmente me importa é que o livro apareça o mais rápido possível e, sobretudo, que aquilo que eu publicar seja de fato uma *obra de Marx*.

Qualquer dia destes chegarão exemplares da 3ª edição do livro I e então logo te enviarei um.

As publicações russas de Genebra – o *Manifesto* etc. – me deixaram muito satisfeito.[574]

Acabo de receber uma carta de dois poloneses, Krzywicki e Sosnowski,[575] pedindo-me nosso consentimento[576] para uma tradução polonesa d'*O capital* – naturalmente consentimos. [...]

195. ENGELS A PIOTR L. LAVROV

(em Paris)

Londres, 5 de fevereiro de 1884

[...] O livro II – ah! se soubesses, meu velho amigo, como este livro me pressiona! Mas eis que perdi seis meses por causa desta maldita enfermida-de.[577] E ainda não poderei começar realmente antes de meados de março; terei que, até lá, pôr ordem em todos os livros, papéis, jornais etc. – e não posso trabalhar nele senão algumas horas por dia sem fatigar-me demasiadamente. Esta pressão torna-se maior *quando penso que não há ninguém vivo, além de mim*, que possa decifrar essa escrita e essas abreviações de palavras e de estilo. Quanto à publicação em fascículos, dependerá em parte do editor e da legis-lação alemã – mas, até agora, não creio que isto seria útil para um livro como este. Tratarei de agir como Lopatin deseja quanto às provas. Mas eis que, há uns dois meses, Vera Zassulitch me escreveu para que eu confie a ela a tradu-ção. Respondi que reservava os direitos anteriores de Lopatin e que era muito

---

[574] A partir de 1881, em Genebra, G. Plekhanov e seus companheiros do grupo "Emancipação do trabalho" iniciaram atividades editoriais, inclusive com uma nova edição (a segunda, em russo) do *Manifesto do Partido Comunista*, para a qual Marx e Engels redigiram um prefácio em 21 de janeiro de 1882.

[575] Ludwik Krzywicki (1859-1941), economista, professor da Universidade de Varsóvia; Kasimierz Sosnowski (1859-1930), engenheiro – ambos traduziram o livro I d'*O capital* ao polonês. Sosnowski, mais tarde, afastou-se do movimento revolucionário.

[576] "Nosso consentimento" – dos dois testamenteiros literários de Marx, Engels e Eleanor Marx.

[577] Sabe-se que, ao longo da vida, Engels – à diferença de Marx – sempre gozou de excelente saúde. Todavia, em outubro de 1883, acometeu-lhe uma "maldita doença" (mencionada por ele em carta do dia 15 daquele mês a Laura, filha de Marx) que o atormentou por alguns meses, impedindo-o de manter o seu habitual e intenso ritmo de trabalho.

cedo para tratar disso; o que poderia ser discutido agora é a possibilidade de publicar a tradução na *Rússia*. Acreditas que isto seja possível? O livro II é puramente científico e trata das questões apenas *entre burgueses*; porém, o III tem passagens que inclusive me fazem duvidar da possibilidade de publicá-lo na Alemanha sob as leis de exceção.

A mesma dificuldade existe com respeito à publicação das obras completas de M[arx]; e esta não é mais que uma das muitas dificuldades que há que superar. Tenho uns 4 *placards* de velhos manuscritos de M[arx] e meus dos anos 1845 a 1848. De tudo isto não se poderá divulgar mais que extratos, mas não poderei ocupar-me disto antes de terminar o manuscrito do livro II d'*O capital*. Logo, não há outro remédio senão esperar.

[...] Deville[578] enviou-me o seu manuscrito para que o revisasse. Enfermo como estou, limitei-me à parte teórica, na qual encontrei umas poucas coisas a retificar. Porém, a parte descritiva foi feita demasiado rapidamente; em primeiro lugar, é às vezes ininteligível para quem não leu o original e depois, com muita frequência, recorre às conclusões de M[arx] suprimindo as condições nas quais, e somente nelas, essas conclusões são verdadeiras – o que às vezes produz uma impressão mais ou menos falsa. Chamei a sua atenção sobre isto, mas havia muita pressa em publicar o livro.

Atenciosamente,

F. Engels.

196. ENGELS A EDUARD BERNSTEIN

(em Zurique)

Londres, 11 de abril de 1884

[...] Quanto ao assunto Rodbertus,[579] o melhor é esperar até que conheças o meu prefácio à *Miséria* [*da filosofia*]; na Alemanha, é absolutamente impossível que examines as obras principais, os textos ingleses (aludidos na *Misé-*

---

[578] Cf., *supra*, a nota 569.

[579] Cf., *supra*, a nota 171.

ria..., p....[580]), em que se verifica que a *aplicação prática*, socialista, da teoria do valor de Ricardo – a grande mania de Rodbertus – era na Inglaterra um lugar comum em economia a partir de 1820 e um lugar comum socialista a partir de 1830, que todo mundo conhecia. Creio já te haver escrito que, neste mesmo prefácio, provarei que Marx, longe de plagiar Rodbertus, criticou-o antecipadamente, sem o saber, na *Miséria...*, tanto nas obras escritas como nas ainda não escritas de Rodbertus. Eu creio que, antes de atacar, vale esperar que apareça a edição alemã da *Miséria...* e depois pegar com todas as forças (refiro-me ao ataque principal; as escaramuças, para obrigar os discípulos de Rodbertus a abrirem fogo, são sempre uma boa coisa).

Espero o manuscrito.[581] *Nota bene*: se, na segunda seção, houver problemas com as expressões hegelianas, deixem simplesmente em branco no manuscrito, que eu as incluo; é necessário que se encontre em alemão a terminologia exata – caso contrário, resultará incompreensível.

Havia *três* exemplares da terceira edição.[582] O *Dühring*,[583] que estava junto a eles, me causou uma verdadeira dor de cabeça; depois, com tranquilidade, pensei que poderia ter havido problemas no envio. Não me ocorreu em nenhum momento que se tratava de uma indicação com vistas à segunda edição. Que seja assim até me consola particularmente, tanto mais que acabo de me inteirar, por diferentes caminhos, que a obra teve, sobretudo na Rússia, uma acolhida que eu jamais previra. Uma aborrecida polêmica contra um adversário insignificante não impediu que esta tentativa de oferecer uma visão de conjunto, enciclopédica, de nossa concepção dos problemas filosóficos, científicos e históricos tenha produzido seu efeito. Limitar-me-ei a umas quantas modificações de forma e talvez acrescente algo na parte que trata

---

[580] Aqui, Engels deixou em branco as páginas da *Miséria da filosofia* em que se relacionam tais textos – na edição brasileira da *Miséria* que estamos citando, a relação encontra-se às páginas 83-84; nesta mesma fonte, o prefácio referido por Engels, datado de 23 de outubro de 1884, encontra-se às páginas 195-212.

[581] A *Miséria da filosofia* (1847) foi redigida originalmente por Marx em francês. A primeira edição alemã, que saiu em janeiro de 1885, sob a responsabilidade de Engels, foi traduzida do francês por Bernstein e Kautsky – é ao manuscrito da versão de ambos que Engels se refere aqui.

[582] Engels se refere aqui a exemplares da 3ª edição alemã do livro I d'*O capital*, publicada em 1883.

[583] Ou seja, da obra engelsiana *A revolução da ciência segundo o senhor Eugen Dühring* – conhecida como *Anti-Dühring*. Nas linhas seguintes, Engels retoma o diálogo que mantivera com Bernstein sobre a segunda edição desta obra, que saiu em Zurique, em 1886.

das ciências da natureza. A edição anterior em duas partes estava justificada naquele momento pela forma em que saiu o livro (em partes separadas); de outro modo, não teria nenhum sentido. [...]

197. ENGELS A KARL KAUTSKY

(em Zurique)

Londres, 26 de abril de 1884

Caro Kautsky:

Havia me prometido – e contado a todo mundo aqui – pregar uma peça em Bismarck, escrevendo um texto (Morgan) que ele não poderia de modo algum proibir.[584] Porém, mesmo com a maior boa vontade do mundo, a coisa não vai. O capítulo sobre a monogamia e o capítulo final sobre a propriedade privada, fonte dos antagonismos de classe e alavanca que rompeu a comunidade primitiva, não *pude* simplesmente redigi-los de forma que pareçam dobrar-se à lei antissocialista. Como disse Lutero: o diabo não me importa nada, não posso fazer de outro modo.[585]

Ademais, a coisa não teria sentido se quisesse simplesmente escrever acrítica e "objetivamente" sobre M[organ], não utilizar os resultados recentemente adquiridos, não pô-los em relação com nossas concepções e com os dados já estabelecidos. Não seria de proveito algum para os nossos operários. Portanto: ou algo bom, que será proibido, ou algo ordinário e permitido – o que não posso fazer.

---

[584] Entre abril e maio de 1884, Engels redigiu a obra a que aqui vai se referir – *A origem da família, da propriedade privada e do Estado*. São Paulo: Expressão Popular, 2010 – e que se vale das descobertas do antropólogo norte-americano Lewis H. Morgan (1818-1881). O livro de Engels publicou-se em fins de 1884.

[585] Engels parafraseia aqui Lutero: este, segundo a lenda, em 18 de abril de 1521, na Dieta de Worms, assim respondeu à pergunta de como defendia a sua heresia: "Aqui estou eu – não posso fazer diferente".

M. Lutero (1483-1546). Líder mais conhecido do movimento da Reforma, dirigido contra a Igreja de Roma. Participou da repressão à insurreição camponesa alemã (1524/1525), vocalizando os interesses dos príncipes e da emergente burguesia urbana.

Na próxima semana, provavelmente, poderei terminá-lo (Schorl[emmer] está de novo aqui, até segunda-feira): dará quatro *placards* ou mais. Se *quiseres* correr o risco – depois de tê-lo lido – de publicá-lo na *N[eue] Z[eit]*, que o sangue que verter caia sobre a tua cabeça e não venhas depois acusar-me. Porém, se fores razoável, para não colocar em perigo toda a revista por um só texto, faze com que se imprima em forma de brochura, seja em Zurique ou como *Die Frau [A mulher]*.[586] É assunto teu.

Para a nossa concepção geral, o livro terá, creio eu, uma importância particular. M[organ] nos permite apresentar pontos de vista completamente novos ao nos oferecer, com a pré-história, uma base que realmente faltava até agora. Quaisquer dúvidas sobre tal ou qual ponto da história primitiva e dos "selvagens" que se possa ter tido (tu inclusive), o caso fica resolvido no essencial com a *gens* e a história primitiva se clarifica.[587] Eis por que convém elaborar seriamente a coisa, pensá-la, apresentar seus prós e seus contras e tratá-la *sem levar em conta a lei antissocialista*.

Há, ainda, um ponto essencial: tenho que provar a genialidade com que Fourier[588] se antecipou em muitos aspectos a M[organ]. É graças a M[organ] que aparece tudo o que tem de genial a crítica da civilização feita por Fourier. E isto exige trabalho. [...]

198. ENGELS A KARL KAUTSKY

(em Zurique)

Londres, 23 de maio de 1884

[...] Tenho *O capital* de Rodb[ertus].[589] Parece que não há nada dentro. Este homem é uma máquina de repetir eternamente o mais pobre dos conteúdos.

---

[586] Referência ao livro de Bebel, citado na nota 567, *supra*, impresso em Zurique-Gotinga.

[587] N'*A origem da família, da propriedade privada e do Estado*, especialmente nos capítulos III, IV, VI e VII, Engels tematiza a questão da *gens* – para esta noção, central no trato da família, cf. o rastreio da palavra latina às p. 109-110 da edição brasileira que citamos na nota 584, *supra*.

[588] Cf., *supra*, a nota 25.

[589] Referência a Karl Rodbertus-Lagetzow, *Das Kapital. Vierler socialer Grief an von Kirchmann* [*O capital. Quarta carta social a von Kirchmann*]. Berlim, 1884.
Julius von Kirchmann (1802-1884), jurista e político alemão.

Os papeis dos arquivos estão bem seguros em minha casa e os devolverei com todo cuidado.[590] Quando terminar o capítulo final e colocar ordem em várias coisas em casa – livros etc. –, vou me ocupar do livro II d'*O capital* durante o *dia* e, à *noite,* da *Miséria da filosofia*, revisando o texto e redigindo as notas e o prefácio.[591] Esta divisão não só é útil, mas absolutamente necessária: não é possível estudar durante muito tempo, sob luz artificial, os manuscritos de M[arx] se não se quiser ficar deliberadamente cego. Ademais, minha crítica a Rodb[ertus] se limitará essencialmente à sua acusação de plágio e apenas mencionarei o resto – suas utopias sociais filantrópicas, sua [teoria da] renda da terra, seu sistema de empréstimos para liquidar as dívidas da nobreza fundiária etc. Com isto, tu terás matéria suficiente para desancar este pequeno explorador pomerânio de jornaleiros que, quem sabe, talvez chegasse a ser um economista de segunda linha se não tivesse nascido na Pomerânia. Desde que formulações lábeis à moda de Freywald Thüringer[592] – que, por um lado o aproximam de nós e, por outro, aos socialistas de cátedra, querendo manter-se equidistante de ambos – utilizam o "grande Rodbertus" contra Marx e que até os Adolph Wagner e outros bismarckianos querem fazer dele um profeta do socialismo dos arrivistas, não temos razão alguma para poupar esse "grande homem" inventado pelo próprio Rodbertus e celebrado por Meyer[593] (que não entende nada de economia e do qual Rodbertus foi o oráculo secreto). No plano econômico, o homem não produziu nada; tinha talento, porém nunca deixou de ser um amador e, sobretudo, um pomerânio ignorante e um prussiano arrogante. O máximo que conseguiu foi toda uma série de pontos de vista justos e felizes, dos quais, porém, nunca soube extrair nada. Como pode um sujeito correto pensar em ser o evangelista dos carreiristas do socia-

---

[590] Trata-se de parte dos arquivos do Partido Social-Democrata.

[591] Cf., *supra*, as notas 581 e 582. No seguimento, Engels adianta a Kautsky como criticará Rodbertus no prefácio que escreverá para a edição alemã da *Miséria da filosofia* – prefácio que também será publicado como artigo ("Marx e Rodbertus") na edição de janeiro de 1885 da revista *Die Neue Zeit*.

[592] Pseudônimo de Max Quarck (1859-1930), advogado, jornalista e político da direita social-democrata, que publicara artigos na *Neue Zeit*. Em sua correspondência, Engels se refere a ele pejorativamente – inclusive nesta passagem, de forma intencional, grafa erradamente ("*Freicult*") o pseudônimo, que aqui aparece corrigido.

[593] Cf., *supra*, a nota 559.

lismo bismarckiano? Essa é a vingança da história sobre um "grande homem" inflado artificialmente. [...]

199. ENGELS A KAUTSKY

(em Zurique)

Londres, 21-22 de junho de 1884

[...] O livro II d'*O capital* vai provocar ainda mais dor de cabeça, pelo menos no princípio, que o I. Mas há nele admiráveis análises que farão com que muita gente compreenda, afinal, o que é o dinheiro, o que é o capital e muitas outras coisas. [...]

200. ENGELS A KARL KAUTSKY

(em Zurique)

Londres, 26 de junho de 1884

Caro Kautsky:

O manuscrito anti-Rodb[ertus][594] será remetido amanhã por correio registrado. Não há muitas observações a fazer; assinalei algumas glosas a lápis. Além disso, há também os pontos seguintes.

1. O direito romano, direito acabado da produção mercantil simples, isto é, da produção pré-capitalista, cobre também, na maioria dos casos, as relações jurídicas do período capitalista. Mais precisamente, aquilo de que os capitalistas de nossas cidades *necessitavam* para o seu desenvolvimento e que *não* encontravam no direito consuetudinário local.

Página 10, teria muito a corrigir. 1. A mais-valia é só excepcional na produção obtida com ajuda de escravos e servos – deveria chamar-se *sobreproduto*, que a maioria das vezes é consumido diretamente, porém não é *valorizado*. 2. A história dos meios de produção não é exatamente o que tu dizes. Em todas

---

[594] Engels trata aqui de um artigo de Kautsky contra Rodbertus.

as sociedades baseadas em uma divisão do trabalho que tem sua origem na natureza, é o produto e, pois, de certo modo, o meio de produção – ao menos em alguns locais – que domina o produtor: na Idade Média, a terra domina o camponês, que não é mais que um acessório dela; os instrumentos do artesão controlam o membro da guilda (dentro da corporação). A divisão do trabalho é o domínio direto dos instrumentos de trabalho sobre o trabalhador, embora não no sentido capitalista.

O mesmo acontece quando falas dos meios de produção no final.

1. Não tens o direito de separar a *agricultura* da Economia Política e menos ainda a *técnica*, como se vê nas páginas 21 e 22. O cultivo alternado dos campos, os fertilizantes artificiais, a máquina a vapor, o tear mecânico não podem separar-se da produção capitalista, como tampouco os instrumentos dos selvagens e do bárbaro podem sê-lo da sua produção. Os instrumentos do selvagem condicionam a *sua* sociedade tanto ou mais que os instrumentos modernos condicionam a sociedade capitalista. Teu ponto de vista desemboca nisto: se a produção determina *atualmente* o regime social, não o fazia antes da produção capitalista, porque os instrumentos não haviam cometido ainda o pecado original.

Quando falas em meios de produção, falas de sociedade e de sociedade *co-determinada* por estes meios de produção. Não há meios de produção *em si*, fora da sociedade e sem influência sobre ela, assim como não há capital *em si*.

Mas como esses meios de produção – que, nos períodos anteriores, inclusive da produção mercantil simples, não exerciam mais que um domínio muito débil comparado à atualidade – chegaram à sua dominação dos dias de hoje, à sua ditadura atual? Isto é o que há que provar e a tua demonstração me parece insuficiente porque não menciona um dos polos: criou-se uma classe que não possuía por si mesma meios de produção e, portanto, de subsistência, e que, por consequência, teve que vender-se a si própria, indivíduo por indivíduo.

Entre as proposições positivas de Rodb[ertus], deve-se sublinhar o seu proudhonismo – ele não se proclama a si mesmo o Proudhon n. 1, que se antecipou às conclusões do Proudhon francês? Deve ficar estabelecido que o valor constituído foi inventado por R[odbertus] desde 1842.[595] As propo-

---

[595] Marx ocupa-se das ideias de Proudhon sobre o "valor constituído" no §2 do capítulo 1 da *Miséria da filosofia* (na edição brasileira que estamos citando, cf. p. 57-83).

sições que faz a este respeito estão lamentavelmente atrasadas frente ao que propõe Bray e frente ao banco de trocas de Proudhon.[596] O operário não deve receber mais que a quarta parte do produto, porém deve recebê-la com toda segurança! Podemos voltar a falar nisso mais adiante.

O repouso (físico) me faz bem – minha saúde melhora dia a dia, e desta vez sei que é a cura completa. O ditado do livro II avança perfeitamente.[597] Estamos já na segunda seção, porém aqui há muitas lacunas. Naturalmente não se trata mais do que uma redação provisória, porém tudo está andando. Vejo para onde vou e isto basta [*cela suffit*]. [...]

201. ENGELS A EDUARD BERNSTEIN
(em Zurique)

Worthing,[598] *22 de agosto de 1884*

[...] Um índice para *O capital* é muito desejável. Porém, por que não fazê--lo para o conjunto, quando estiver terminado? Coisa que acontecerá seguramente no próximo ano, se eu não entrar em colapso antes e, no momento, não parece que isto ocorrerá. Até a *História da teoria*[599] está – entre nós – escrita no essencial. O manuscrito de *Contribuição à crítica da Economia Política*, de 1860 a 1862 contém, como creio haver mostrado aqui, umas 500 folhas (31 *placards*) de "teorias sobre a mais-valia", nas quais há, certamente, muito que suprimir, porque já se utilizou em outros locais, mas ainda não fica de todo mal.

---

[596] Sobre Bray, cf., *supra*, a nota 135; sobre suas ideias, cf., na edição brasileira citada da *Miséria da filosofia*, as p. 83-93 (inclusive com uma nota de Engels à primeira edição alemã da obra, em que se menciona o banco de trocas proudhoniano).

[597] Engels, para editar o livro II d'*O capital* (e o procedimento foi praticamente reiterado no caso do livro III), examinava os manuscritos marxianos, decifrando a caligrafia, e ditava o texto a um copista, que preparava um novo manuscrito que Engels enfim revisava.

[598] Neste verão de 1884, Engels passou dias em Worthing, um balneário a 16 km a oeste de Brighton.

[599] Engels designa assim as *Teorias da mais-valia*, parte d'*O capital* (livro IV) que Kautsky editará entre 1905 e 1910.

Em seu Schulze-Bastiat,[600] Lassalle cita Rodbertus em uma circunstância que teria valido, entre ambas as partes, uma sólida inimizade – como autoridade ou inventor de uma ninharia. Creio que as *Cartas*[601] contribuíram para o culto rodbertusiano. O essencial nasceu do desejo dos não comunistas de colocar ao lado de Marx um rival, não comunista também, e da confusão acientífica das pessoas. Para todos os que andam rondando a fronteira entre o socialismo de Estado e o nosso partido, que pronunciam discursos de simpatia, mas que querem evitar a violação das leis policiais, sua excelência Rodbertus é um prato feito. [...]

202. ENGELS A KARL KAUTSKY

(em Zurique)

Worthing, 22 de agosto de 1884

[...] *Miséria* [*da filosofia*]. Terminei de revisar a parte do manuscrito que se encontra em anexo.[602] À parte alguns ligeiros equívocos sobre as finuras de sentido do francês que só se conhecem bem na França, não havia nada a modificar. Em lugar de *Beziehung* utilizo, na maioria dos casos, para relações [*rapports*], *Verhältnis*, porque o primeiro termo é demasiado impreciso e porque o próprio M[arx] traduzia sempre por relação [*rapport*] o termo alemão *Verhältnis* e vice-versa. Ademais, por exemplo, em relação de proporcionalidade [*rapport de proportionalité*], a relação [*rapport*] é *quantitativa*, o que não poderia traduzir-se mais que por *Verhältnis*, já que *Beziehung* tem melhor sentido qualitativo. Tenho que acrescentar ainda algumas notas a este respeito. Espero a continuação do manuscrito. As passagens que se referem a Hegel – e aos termos hegelianos – não poderei revisá-las antes de voltar a Londres,

---

[600] Ferdinand Lassalle, *Herr Bastiat-Schulze von Delitzsch, der ökonomische Julian, oder: Kapital und Arbeit* [*O Sr. Bastiat-Schulze von Delitzsche, o Juliano economista, ou Capital e trabalho*], Berlim, 1864.

[601] A referência é, provavelmente, a Karl Rodbertus, *Sociale Briefe an von Kirchmann* [*Cartas sociais a von Kirchmann*], Berlim, I-IV,1850-1884.

[602] Trata-se da tradução alemã da *Miséria da filosofia*.

porque necessito tê-lo comigo. Farei todo o possível para terminar o quanto antes. Porém, há que concluir também o livro II d'*O capital* e me fica muito por fazer; e, neste caso, é *O capital* o que ponho à frente! Não obstante, farei todo o possível. Para quando necessitas do prefácio?[603] Dividirei a réplica a Rodbertus em duas partes. Introduzirei uma parte no prefácio ao livro II d'*O capital* e a outra no da *Miséria da filosofia*. Não há maneira de fazê-lo de outro modo, posto que as coisas se avolumam e a acusação de R[odbertus][604] tem sido repetida de maneira formal. N'*O capital*, quero adotar um tom polido; no prefácio da *Miséria* [*da filosofia*], posso dizer mais livremente o que levo no coração. [...]

203. ENGELS A KARL KAUTSKY

(em Zurique)

Londres, 20 de setembro de 1884

Caro Kautsky:

Devolvo-te os manuscritos por correio registrado.[605]

Teu artigo sobre R[odbertus] era, no plano econômico, muito bom; o que de novo devo criticar nele são afirmações apodíticas sobre temas nos quais sabes que não tens segurança e em que abres flancos que S[chramm] habilmente aproveita para atacar.

Isto é certo especialmente em relação à "abstração" que, no geral, rebaixaste em demasia. Neste particular está a diferença: Marx condensa o conteúdo comum dos fatos e de suas relações em sua expressão conceitual mais genérica e sua abstração consiste, portanto, simplesmente em refletir o conteúdo encerrado previamente nas coisas sob forma conceitual.

R[odbertus], ao contrário, forja uma expressão conceitual desse gênero, mais ou menos perfeita, e mensura as coisas segundo o conceito ao qual elas

---

[603] Prefácio à edição alemã da *Miséria da filosofia*, redigido por Engels.

[604] Rodbertus, recorde-se, acusara Marx de plagiá-lo.

[605] Estes manuscritos – artigos de Kautsky e Schramm para a *Neue Zeit* – explicitavam a polêmica entre os dois social-democratas acerca da relação Marx-Rodbertus.

devem se conformar. Ele busca o conteúdo verdadeiro, *eterno*, das coisas e das relações sociais, que é essencialmente transitório. Busca, pois, o capital *verdadeiro*, que não é o capital *atual*, posto como uma realização imperfeita do conceito. Em lugar de extrair a noção de capital do capital atual, que é o único existente realmente, chama em sua ajuda, para chegar do capital de hoje ao verdadeiro capital, o indivíduo isolado e se pergunta o que, em sua produção, poderia bem figurar como capital. Este é o meio de produção simples. Com isto, o *verdadeiro* capital é identificado ao mesmo tempo com o meio de produção que, segundo as circunstâncias, é ou não é capital. E assim todos os *defeitos* do capital – quer dizer, todas as suas particularidades reais – ficam eliminados. Deste modo, pode exigir que o capital real se adapte a este conceito, que não desempenhe senão a função de simples meio de produção social, que se despoje de tudo que faz dele capital e que, no entanto, continue sendo capital – mais ainda: que, mediante essa operação, se converta finalmente em capital verdadeiro. [...]

1885

204. ENGELS A PIOTR L. LAVROV

(em Paris)

Londres, 12 de fevereiro de 1885

[...] Na tradução alemã da *Miséria* [*da filosofia*], não há mais que umas notas explicativas minhas – mas também um artigo de Marx de 1865 sobre Proudhon e o seu discurso de 1847 sobre o livre-câmbio.[606]

O livro II d'*O capital* está na tipografia; ontem corrigi o quarto *placard*. O resto do manuscrito sai dentro de 15 dias. O livro III será o mais importante e começarei com ele quando o livro II estiver aparecendo. A edição inglesa [do livro I] vai se arrastando, pois os dois tradutores têm muito o que fazer em outras coisas para poder se dedicar integralmente a ela – espero que fique pronta para o verão.[607]

No prefácio ao livro II d'*O capital,* volto a tratar de Rodbertus para provar que suas objeções a M[arx] apoiam-se numa ignorância absolutamente inacreditável da Economia Política clássica. [...]

---

[606] Cf., na edição brasileira citada da *Miséria da filosofia*, respectivamente as p. 262-269 e 219-236.

[607] A tradução ao inglês do livro I d'*O capital*, feita por Samuel Moore e Edward Aveling, iniciou-se em meados de 1883 e se concluiu em março de 1886. A edição, sob a responsabilidade de Engels, começou a circular, de fato, em janeiro de 1887. No prefácio a esta 1ª edição inglesa, datado de 5 de novembro de 1886, Engels esclarece a divisão de trabalho entre Moore e Aveling e menciona, ainda, a colaboração prestada por *Tussy*, a filha caçula de Marx – cf., na edição brasileira d'*O capital* que estamos citando, o livro I, p. 101-104.

205. ENGELS A JOHANN PHILIPP BECKER

(em Genebra)

Londres, 2 de abril de 1885

[...] O livro II d'*O capital* já tem dois terços impressos e aparecerá dentro de poucos meses; o trabalho relativo ao III já está bem avançado. Este livro III, que contém os resultados finais – análises realmente brilhantes –, revolucionará definitivamente toda a Economia Política e fará muito barulho. [...]

206. ENGELS A N. F. DANIELSON[608]

(em Petersburgo)

Londres, 23 de abril de 1885

Caro senhor:

Recebi sua gentil carta de 9/21[609] do passado mês e lhe agradeço pelos interessantíssimos informes que nela me proporciona. Evidentemente, é muito expressivo o fato de que também na Rússia se verifique a lei segundo a qual os salários se encontram em relação inversa à duração da jornada de trabalho. E que se verifique também a rápida dissolução do *mir* (comunidade rural) por efeito do desenvolvimento da indústria e da economia pecuniária moderna, tal como o demonstra o crescente número de agricultores sem terra [*besjosáistvennie josiáeva*]. Todos estes fatos têm para mim a maior importância e lhe ficaria muito agradecido se, de quando em quando, puder comunicar-me o que souber da situação e evolução econômica de seu país. Desgraçadamente,

---

[608] Na sua correspondência com Danielson, que vivia na Rússia sob a pressão e a censura tsaristas, por razões de segurança, Engels assinou cartas como Percy White Rosher; este, que nasceu em 1835 e faleceu em 1902, era casado com uma sobrinha de Lydia Burns, ("Lizzie", 1827-1878), a segunda mulher de Engels.

[609] Em correspondência com missivistas russos, a data das cartas, com frequência, assinalava a diferença entre o calendário vigente na Rússia tsarista (*juliano*) e o ocidental (*gregoriano*) – este último foi adotado na Rússia em 1918, após a revolução bolchevique. O primeiro número assinalado corresponde ao dia do calendário juliano.

estou tão absorvido pela publicação dos manuscritos que me vejo na necessidade de interromper não só meus trabalhos particulares, mas até meus estudos, restando-me somente tempo para atender a minha correspondência. Esta é a razão pela qual não pude aceitar sua oferta de me enviar obras russas originais sobre temas econômicos, pois não teria tempo para ocupar-me delas. Confio, porém, que não me levará a mal se mais adiante eu tomar a liberdade de recordar-lhe o seu amável oferecimento. No momento, estes inestimáveis manuscritos em que estou trabalhando constituem para mim uma fonte do mais profundo prazer científico, como seguramente o senhor também comprovará com as provas impressas. Há cerca de três semanas, a 27 de março, enviei-lhe os *placards* de cinco a nove, e amanhã enviarei os de dez a 14. Logo enviarei mais, sempre pelo correio registrado. O livro II terá uns 39 *placards* e será publicado em finais de maio. Agora estou trabalhando no livro III, a parte final e o coroamento da obra – e que deixará pequeno o livro I. Estou ditando o texto original, ilegível para qualquer outra pessoa que não seja eu; e não descansarei até vê-lo transformado em um manuscrito legível para todos. Só então poderei dedicar-me com toda tranquilidade à redação definitiva, uma tarefa nada fácil tendo em conta o estado incompleto do original. De todo modo, mesmo que não consiga terminar o trabalho, tê-lo-ei salvo pelo menos da sua perda total e poderá ser publicado, se necessário, tal como está. Este livro III é o mais surpreendente que li e nunca se lamentará o suficiente que o autor tenha morrido sem tê-lo podido elaborar e publicar – e que não possa ver a repercussão que seguramente alcançará. Depois desta brilhante exposição, não lhe caberá nenhuma oposição honrada. Nela estão clarificados e deslindados, como num jogo de criança, os problemas mais difíceis e todo o sistema adquire um aspecto novo e simples. Calculo que este livro III demandará dois volumes. Há, ademais, um antigo manuscrito sobre a história da teoria, que também exigirá muito trabalho. Como pode ver, não me falta em que me entreter.

Fraternalmente,

P. W. Rosher.

207. ENGELS A N. F. DANIELSON

(em Petersburgo)

Londres, 3 de junho de 1885

Caro senhor:

Recebi sua carta de 24[de abril]/6 de maio e espero que lhe tenham chegado os *placards* 22 a 26 que enviei a 13 de maio. Hoje lhe remeto os de números 27 a 33, o último. Dentro de uns dias espero poder lhe enviar o prefácio. Neste, poderá verificar que o manuscrito do livro III foi escrito entre 1864 e 1866, ou seja, antes do período em que o autor, graças à sua amabilidade, iniciou-se perfeitamente no sistema agrícola de seu país. No momento estou trabalhando no capítulo sobre a renda da terra e ainda não encontrei nenhuma alusão às condições da Rússia. Quando todo o manuscrito estiver transcrito de forma legível, terei que compará-lo com os demais materiais deixados pelo autor; para o capítulo sobre a renda, há volumosos extratos das distintas fontes estatísticas que pude trabalhar graças ao senhor; todavia, ainda não posso lhe dizer se contêm notas críticas que possam ser utilizadas para o volume. Tudo o que há, utilizar-se-á da maneira mais conscientemente cuidadosa. Em todo caso, só o trabalho de transcrição me ocupará até o outono e, como o manuscrito representa umas 600 páginas *in folio*, é possível que seja preciso dividi-lo também em dois volumes.

A análise da renda está tão elaborada do ponto de vista teórico que o senhor encontrará necessariamente itens que afetam as condições particulares de seu país. No entanto, este manuscrito não trata das formas pré-capitalistas da propriedade da terra;[610] somente se fazem alusões aqui e ali para efeitos de comparação.

Cordialmente,

P. W. Rosher.

---

[610] Ao que parece, Engels não tinha terminado ainda a leitura dos manuscritos quando escreveu estas linhas. Formas pré-capitalistas da propriedade fundiária são tratadas na seção VI, cap. 47, do livro III (cf., na edição brasileira d'*O capital* que estamos citando, p. 843-873).

208. ENGELS A F. A. SORGE

(em Hoboken)

Londres, 3 de junho de 1885

[...] O livro II d'*O capital* aparecerá muito em breve – já estou esperando o último meio *placard* do prefácio, em que Rodbertus recebe de novo a sua cota. O livro III avança bem, contudo ainda requererá tempo, o que, por outra parte, não é mal – há que aguardar, primeiro, que o livro II seja digerido. O livro II vai provocar uma grande decepção porque é puramente científico e quase não contém textos de agitação. Ao contrário, o III produzirá novamente o efeito de um trovão, pois nele é tratada toda a produção capitalista em suas interconexões e toda a Economia Política burguesa é jogada por terra. Porém, isto exigirá ainda muito trabalho. Desde o começo do ano, já ditei mais da metade e espero terminar este trabalho dentro de uns quatro meses. E ainda fica a fazer o trabalho de redação propriamente dito, coisa nada fácil, uma vez que os capítulos mais importantes encontram-se bastante desordenados para atender às exigências de que a forma carece. Todo o necessário será feito, é só questão de tempo.

Compreendes que tenho que deixar de lado tudo o mais até que tenha terminado esta tarefa e, por isto, descuido até da minha correspondência – quanto a escrever artigos, nem falar por agora. Porém, faze-me este favor: do que te disse sobre o livro III, não publiques nada no *Sozialist*.[611] Isto provoca sempre contratempos em Zurique[612] e em outros locais. O que o público precisa saber, digo-o no prefácio ao livro II. [...]

---

[611] Órgão da Executiva Nacional (fundado em 1876, Nova York) do Partido Socialista da América.

[612] *Der Sozialdemokrat* [*O social-democrata*], órgão do Partido Social-Democrata Alemão, à época, era publicado em Zurique.

209. ENGELS A AUGUST BEBEL

(em Plauen, perto de Dresden)

Londres, 22-24 de junho de 1885

[...] O livro III d'*O capital* já está, em sua maior parte, ditado e limpidamente copiado a partir do manuscrito. Dentro de cinco ou seis semanas, esta tarefa deverá estar terminada. Depois virá a dificílima redação final, que exigirá muito trabalho. Porém, a obra é brilhante, refulgente como um raio.

Espero a cada dia os primeiros exemplares do livro II. Receberás um imediatamente.

Teu velho amigo,

F. E.

210. ENGELS A N. F. DANIELSON

(em Petersburgo)

Londres, 8 de agosto de 1885

Caro senhor:

Refleti sobre a sua proposta de escrever um prefácio especial para a edição russa,[613] mas não vejo como poderei fazê-lo de modo satisfatório.

Se o senhor sugere que é melhor não fazer nenhuma alusão a Rodbertus, eu proponho que se suprima toda a segunda parte do prefácio. Sendo a exposição sobre o lugar que o autor[614] ocupa na história da ciência econômica, esta segunda parte só tem sentido se se justificam as condições particulares sob as

---

[613] Do livro II d'*O capital*, cuja primeira edição alemã, com um prefácio de Engels assinado no dia do aniversário de Marx (5 de maio), veio a público em inícios de julho de 1885. Lembre-se que Danielson, responsável pela tradução russa, acompanhou a revisão das provas tipográficas do livro, com Engels lhe enviando os *placards* que examinava (cf., *supra*, a carta de número 205).

[614] Trata-se, nem é preciso dizê-lo, de Marx.

quais foi escrita, isto é, no contexto dos ataques da claque de Rodbertus. Esta claque é por demais influente na Alemanha; faz enorme barulho e com certeza não tardará muito para que tenha audiência também na Rússia. Pode-se resolver facilmente isto procedendo como se não ouvíssemos a claque – forma cômoda, que pode repetir-se quando escutarmos a claque gritando, em todos os lugares em que nosso autor seja lido e discutido, que ele se limitou a copiar Rodbertus. Porém, sobre todas estas questões, o senhor é o melhor juiz e lhe concedo plena liberdade para decidir, tanto mais que não tenho a menor ideia do que a censura russa deixará ou não passar.[615] [...]

211. ENGELS A N. F. DANIELSON

(em Petersburgo)

Londres, 13 de novembro de 1885

[...] Não duvidava que o livro II provocaria no senhor o mesmo prazer que em mim. Os desenvolvimentos que contém são realmente de um nível tão elevado que o leitor comum não se dará ao trabalho de se aprofundar neles nem de segui-los até o final. Este é efetivamente o caso da Alemanha, onde toda a ciência histórica, incluída a Economia Política, degradou-se tanto que já não pode decair mais. Nossos "socialistas de cátedra" não têm sido, no plano teórico, mais que economistas vulgares, vagamente filantropos, e agora chegaram ao ponto de não serem mais que simples apologistas do socialismo de Estado de Bismarck. Para eles, o livro II permanecerá como um volume escrito em chinês. É um belo exemplo do que Hegel chama ironia da história mundial que a ciência histórica alemã, na sequência do acesso da Alemanha à condição de primeira potência europeia, seja novamente reduzida ao mesmo estado lamentável a que a condenou a degradação política mais profunda da

---

[615] Quando a edição russa foi publicada, saiu sem o "prefácio especial" – saiu com o mesmo prefácio que Engels redigira para a edição alemã, mas sem a "segunda parte", que esclarecia, nos termos justos, a relação da obra marxiana com as infundadas críticas de Rodbertus e seus discípulos.

Alemanha depois da Guerra dos Trinta Anos.[616] Mas estes são os fatos. Eis por que a "ciência" alemã conserva os olhos fixos neste livro II sem ser capaz de compreendê-lo; porém, um temor saudável frente às consequências impede às pessoas o criticá-lo em público; também as publicações econômicas oficiais guardam diante dele um prudente silêncio. O livro III, contudo, obrigará todos a abrirem a boca. [...]

---

[616] A chamada Guerra dos Trinta Anos (1618-1648), formalmente encerrada com a "Paz de Westfália", foi um conflito bélico de magnitude até então desconhecida na Europa, que envolveu forças de praticamente todo o continente e no qual confluíram e colidiram interesses feudais e de burguesias emergentes. O confronto entre tais interesses, heterogêneos e complexos, disfarçados em pretextos de natureza religiosa (católicos × protestantes), redundou numa ampla reconfiguração do perfil político da Europa, liquidando de fato o Sacro Império Romano-Germânico.

1886

212. ENGELS A F. A. SORGE

(em Hoboken)

Londres, 29 de abril de 1886

[...] O manuscrito[617] contém em sua maioria as mesmas observações que M[arx] havia resenhado em seu exemplar para a terceira edição [alemã d'*O capital* (1883)]. Outras, que preconizam mais adições extraídas da edição francesa, não me pareceram obrigatórias: 1º porque o trabalho para a terceira edição é muito posterior e, portanto, para mim mais decisivo; 2º porque, para uma tradução nos Estados Unidos, longe do seu controle, M[arx] preferia que mais de uma passagem difícil fosse traduzida exatamente do texto francês (que as torna mais acessíveis e preferíveis a uma versão inexata do texto alemão) – e esta consideração já não tem razão de ser. Não obstante, o manuscrito me proporcionou várias indicações muito úteis, que serão utilizadas no devido momento para a quarta edição alemã. Quando tiver terminado, te enviarei por correio registrado. [...]

Creio que a impressão da versão inglesa do livro I d'*O capital* vai começar dentro de 15 dias a três semanas. Há muito que terminei a revisão das provas, e já há 300 páginas prontas e outras 100 quase prontas para impressão.[618] [...]

---

[617] Para a tradução do livro I d'*O capital* que então se cogitava fazer nos Estados Unidos, Marx, tomando a edição francesa como referência, elaborou uma série de modificações e adições para a versão em inglês. O manuscrito aqui mencionado por Engels – e a que ele refere no seu prefácio à edição inglesa d'*O capital* (cf., na edição brasileira que estamos citando, o livro I, p. 102) – reúne tais modificações e adições.

[618] A tradução inglesa do livro I d'*O capital* saiu a público em princípios de 1887.

213. ENGELS A FLORENCE KELLEY-WISCHNEWETZKY [619]

(em Zurique)

Eastbourne, 13-14 de agosto de 1886

[...] Um bom trabalho consistiria numa série de folhetos que expusessem, em linguagem popular, o conteúdo d'*O capital*. A teoria da mais-valia: número 1; a história das diversas formas da mais-valia (cooperação, manufatura, indústria moderna): número 2; acumulação e história da acumulação primitiva: número 3; o desenvolvimento da produção da mais-valia nas colônias (*último capítulo*): número 4; isto seria particularmente instrutivo na América, já que aí teríamos a história econômica deste país, desde a época em que era uma terra de camponeses independentes até a época em que se converteu num centro da indústria moderna, e se poderia completar com os dados especificamente americanos.

---

[619] Florence Kelley-Wischnewetzky (1859-1932), socialista estadunidense, fez estudos na Alemanha; traduziu, de Engels, *A situação da classe trabalhadora na Inglaterra*. Na entrada do século XX, tornou-se reformista, desenvolvendo intensa militância social.

1887

214. ENGELS A N. F. DANIELSON

(em Petersburgo)

Londres, 19 de fevereiro de 1887

[...] Julgo que faria um bom trabalho demonstrando a seus compatriotas como a teoria de nosso autor[620] se aplica às suas condições. Porém, talvez fosse melhor esperar, como o senhor disse, até que a obra esteja terminada. O capítulo sobre a renda da terra, ainda que tenha sido escrito antes que Marx estudasse as condições econômicas russas e ainda que sem alusões a elas, ser-lhes-á muito útil. Voltarei ao livro III quando tenha terminado outros trabalhos que estão acumulados – afora três seções, a maior parte já está pronta para ser impressa. [...]

Até agora não se publicou nenhuma resenha da edição inglesa [do livro I d'*O capital*]. Os críticos profissionais evidentemente não sabem o que fazer com este livro e têm medo de queimar os dedos.

Ao seu dispor,

P. W. Rosher.

---

[620] "Nosso autor" é, obviamente, Marx.

215. ENGELS A F. A. SORGE

(em Hoboken)

Londres, 10 de março de 1887

[...] A W[ischnewetzsky] não está em condições de traduzir o *Manifesto* [*do Partido Comunista*].

Não há mais ninguém que possa fazê-lo, além de Sam[uel] Moore, que já está trabalhando nele – tenho em meu poder a primeira parte da tradução manuscrita. E é preciso, a propósito, recordar que, tanto o *Manifesto* como quase todas as obras menores de Marx e minhas, são atualmente muito difíceis de serem compreendidas na América. Os operários deste país acabaram de entrar no movimento, ainda não estão suficientemente forjados na luta, mostram-se muito atrasados especialmente no plano teórico em razão da natureza e da formação anglo-saxã em geral e americana em particular; neste caso, há que proceder apoiando-se diretamente na prática e, para isto, são necessárias obras completamente novas. Faz tempo que aconselhei W[ischnewetzsky] a apresentar, em linguagem popular, os principais pontos d'*O capital* em pequenos folhetos que constituam um todo.[621] Uma vez que as pessoas avancem um pouco mais pela via correta, o *Manifesto* não deixará de produzir seu efeito; atualmente, não causará efeito mais que sobre uma minoria. [...]

---

[621] Cf., *supra*, a carta de número 212.

1888

216. ENGELS A N. F. DANIELSON

(em Petersburgo)

Londres, 5 de janeiro de 1888

[...] Temo que seu banco de terras para a nobreza obterá, mais ou menos, o mesmo resultado alcançado pelos seus similares prussianos.[622] Na Prússia, a nobreza contraiu empréstimos a pretexto de melhorar suas explorações, porém, na realidade, gastou a maior parte desse dinheiro para manter seu modo de vida habitual: em jogar, em ir à Berlim e às principais capitais de província etc. A nobreza considerava que seu primeiro dever era viver em conformidade com seu estatuto social e lhe parecia que o primeiro dever do Estado era facilitar a consecução deste objetivo. Esta é a razão pela qual, apesar de todos os bancos, de todas as enormes quantidades de dinheiro que o Estado lhes presenteou direta ou indiretamente, os nobres prussianos estão endividados até o pescoço com os judeus, e não será o aumento dos impostos sobre a importação dos produtos agrícolas que poderá salvá-los. [...]

Seu banco de terras parece assemelhar-se muito aos bancos de terras prussianos; e é quase inconcebível que a alguns resulte tão difícil ver que todas

---

[622] Em carta anterior, Danielson pedira a Engels a sua opinião sobre a questão de bancos estatais voltados para a questão fundiária. Na Rússia, o governo tsarista, para implementar as suas reacionárias políticas agrárias, criara dois bancos estatais: em 1882, o Banco de Terras Camponesas e, em 1885, o Banco de Terras para a Nobreza. A resultante geral da atividade desses dois bancos foi a aceleração da estratificação social no campo, aumentando a concentração de parte significativa das terras nas mãos da nobreza rica e da burguesia rural.

as novas fontes de crédito abertas aos proprietários (grandes ou pequenos) de terras devem ter necessariamente como resultado a sua sujeição aos capitais vitoriosos.

Meus olhos ainda requerem cuidados [*ménagements*], porém de toda maneira espero que dentro de pouco, digamos no próximo mês, eu possa retomar meu trabalho sobre o livro III; infelizmente, ainda não posso fazer promessas acerca da data em que o terminarei.

A tradução inglesa [do livro I d'*O capital*] vendeu e vende muito bem, o que é surpreendente para um livro desta dimensão e deste nível; o editor está encantado com sua especulação. As críticas, ao contrário, estão muito abaixo do habitual. Somente um bom artigo em *Athenaeum*;[623] os demais se limitam a reproduzir extratos do prefácio ou tratam de enfrentar-se com o livro em si e são de uma indigência inominável. A teoria da moda neste momento é a de Stanley Jevons,[624] segundo a qual o valor é determinado pela *utilidade* ou, dito de outra forma, valor de troca = valor de uso e, de outro lado, pelos limites da oferta (isto é, o custo de produção), o que simplesmente é uma forma confusa e enviesada de dizer que o valor está determinado pela oferta e demanda. Economia vulgar por toda parte! O segundo grande órgão literário daqui, *Academy*,[625] ainda não disse nada.

A venda da edição alemã dos livros I e II vai muito bem. Escreveram-se muitos artigos sobre o livro e suas teorias e um extrato, ou melhor, uma reprodução independente em *Doutrinas econômicas de Karl M*[arx], por K[arl] Kautsky – não é mau, porém nem sempre é de todo exato; enviarei ao senhor. Além disso, um miserável judeu apóstata, Georg Adler,[626] leitor [*Privatdozent*] em Breslau, escreveu um enorme volume, cujo título esqueci, para provar que M[arx] estava errado, que é simplesmente um panfleto grosseiro, ridículo, com

---

[623] *O Ateneu* – semanário londrino de grande prestígio, que circulou de 1828 a 1921. O artigo referido por Engels saiu no n. 3.097, de 5 de março de 1887.

[624] William Stanley Jevons (1835-1882), festejado economista burguês da "teoria da utilidade marginal". Sua principal obra, de 1871, *The Theory of Political Economy*, está traduzida ao português: *A teoria da Economia Política*. São Paulo: Abril Cultural, 1987.

[625] *Academia* – respeitado semanário liberal, que circulou, em Londres, de 1869 a 1902.

[626] Georg Adler (1863-1908), jornalista e professor. O livro de Adler, cujo título Engels não lembra, foi publicado em Tubingen, em 1887: *Die Grundlagen der Karl Marx'schen Kritik des bestehenden Volkswirtschaft* [*As bases da crítica de Karl Marx à economia existente*].

o qual o autor quer atrair a atenção (a atenção do ministério e da burguesia) sobre si mesmo e sua importância. Pedi a todos os meus amigos que *não* lhe prestem atenção. Assim são as coisas: sempre que um tipo miserável e incapaz quer "fazer propaganda" ["*faire de la réclame*"], ele ataca o nosso autor. [...]

217. ENGELS A CONRAD SCHMIDT[627]

(em Berlim)

Londres, 8 de outubro de 1888

[...] Estou ansioso para ler o seu ensaio.[628] Além do senhor, também Lexis[629] tentou resolver esta questão, sobre a qual me verei obrigado a voltar no prefácio ao livro III d'*O capital*. Não surpreende, em absoluto, que o senhor mesmo tenha chegado, ao longo de seus trabalhos, enfim, ao ponto de vista de Marx; creio que o mesmo sucederá a qualquer um que aborde a questão a fundo e sem preconceitos. Mas, ainda hoje, muitos professores têm problemas suficientes para ficarem calados sobre a conclusão necessária e correta quando, como sempre, estão explorando Marx; e outros, como mostra o extrato do Tucídides citado pelo senhor,[630] recaem em puras e simples infantilidades para oferecer qualquer tipo de resposta.

Se meus olhos resistirem, o que eu espero – a viagem à América[631] me fez um bem enorme –, o livro III estará pronto para a impressão neste inverno e

---

[627] Conrad Schmidt (1863-1932), marxista nos anos 1880, depois neokantiano. Foi um dos fundadores do periódico *Sozialistische Monastshefte* [*Cadernos socialistas mensais*], órgão dos chamados *revisionistas*, editado em Berlim, que circulou de 1897 a 1933.

[628] Schmidt trabalhava, à época, no ensaio *Die Durchschnitts Profitable auf des Marx'schen Wertgesetzes* [*A taxa média de lucro à base da lei do valor de Marx*], publicado em seguida em Stuttgart, em 1889.

[629] Wilhelm Lexis (1837-1914), economista alemão, mas também estatístico da maior relevância no estudo das séries demográficas temporais.

[630] Marx e Engels, ironicamente, qualificavam W. Roscher como Tucídides alemão (cf., *supra*, a nota 171).

[631] Feita entre 8 de agosto e fins de setembro de 1888, em companhia de Eleanor Marx (*Tussy*), seu companheiro, o socialista inglês, divulgador das ideias de Darwin, Edward Aveling (1849-1898) e C. Schorlemmer.

daqui a um ano explodirá como uma bomba no meio dessa confraria. Interrompi ou recusei todos os demais trabalhos para terminar de vez, pois esta é a minha tarefa mais urgente. A maior parte está quase pronta, porém há duas ou três seções, das sete, que necessitam de uma boa reelaboração, sobretudo a primeira, da qual existem duas versões.

A América me interessou muito; é preciso, no entanto, ver com os próprios olhos este país, cuja história não remonta mais além da produção mercantil e que é a terra prometida da produção capitalista. As representações que dela temos comumente são tão falsas como a ideia que tem da França um ginasiano alemão. [...]

218. ENGELS A N. F. DANIELSON

(em Petersburgo)

Londres, 15 de outubro de 1888

Caro senhor:

Não pude responder às suas amáveis cartas de 18-20 de janeiro e de 3-15 de junho (assim como muitas outras) em consequência, primeiro, de uma infecção nos olhos, que me impediu trabalhar em meu escritório mais de duas horas por dia e me obrigou a desconsiderar tarefas e correspondências e, depois, por causa de uma viagem à América em agosto e setembro, da qual regressei há pouco. Meus olhos estão melhores, mas como agora quero mergulhar no livro III para terminá-lo, ainda tenho que ter cuidado para não cansá-los e necessito, portanto, que meus amigos me perdoem se minhas cartas não são nem muito longas nem muito frequentes.

As observações de sua primeira carta sobre a relação entre a taxa de mais-valia e a taxa de lucro são muito interessantes e sem dúvida de grande valor para a organização de estatísticas; porém, não é este o modo como o nosso autor[632] enfrenta o problema. O senhor supõe, em sua fórmula, que cada industrial conserve toda a mais-valia de que se apropria em primeiro lugar. Ora, se se admitir este suposto, o capital mercantil e o capital bancário seriam

---

[632] Karl Marx.

impossíveis, porque nem comerciantes nem banqueiros teriam nenhum lucro. O lucro de um industrial não pode, pois, representar toda a mais-valia que ele extraiu dos seus operários.

Por outra parte, sua fórmula serviria, *talvez*, para calcular aproximadamente a composição de capitais diferentes em indústrias diferentes, sobre a base de uma taxa de lucro comum e igual. Digo *talvez* porque, neste momento, não tenho à mão materiais que me permitam verificar a fórmula teórica que o senhor estabeleceu.

O senhor me pergunta por que a Economia Política encontra-se na Inglaterra em um estado tão lastimável. O fenômeno é geral, inclui mesmo a economia clássica – o que digo? Até os mais vulgares pregadores do livre-cambismo são considerados com desprezo pelos seres "superiores" ainda mais vulgares que ocupam as cátedras universitárias de economia. É a culpa, em grande parte, que cabe ao nosso autor: ele ensinou às pessoas a ver as perigosas consequências da economia clássica; e elas percebem que, neste terreno ao menos, a completa *negação* da ciência é a forma mais segura de se sair bem. E conseguiram cegar tão bem os filisteus ordinários que há agora quatro pessoas em Londres que se dizem "socialistas" e que pretendem ter refutado completamente o nosso autor opondo à sua teoria a de Stanley Jevons![633] [...]

Li com grande interesse suas observações fisiológicas sobre o esgotamento provocado pelo prolongamento do tempo de trabalho e sobre a quantidade de energia potencial necessária, em forma de alimento, para compensar este esgotamento. Sobre a afirmação de Ranke[634] que o senhor cita, tenho que fazer uma pequena objeção: se os um milhão de quilogrâmetros de alimentos compensam simplesmente a quantidade de calor e de trabalho mecânico efetuado, serão absolutamente insuficientes, já que não compensarão o desgaste dos músculos e dos nervos; daí que não só se necessite um alimento produtor de calor, mas também albumina, que não pode ser medida somente em quilogrâmetros, já que o corpo animal é incapaz de elaborá-la partindo dos elementos.

---

[633] Os editores das *MEW*, assim como também os das *MECW*, anotam que, neste passo, Engels provavelmente se refere aos líderes da *Sociedade Fabiana* – Sidney (1859-1947) e Beatrice Webb (1892-1943), G. Bernard Shaw (1856-1950) e Edward Pease (1857-1955).

[634] Danielson retirou a citação da obra *Grundzüge der Physiologie des Menschen* [*Fundamentos da fisiologia humana*], publicada em Leipzig, em 1868, cujo autor, Johannes Ranke (1836-1916), foi, no século XIX, um dos maiores especialistas alemães em fisiologia e nutrição.

Não conheço os dois livros de Ed[ward] Young e Phil[ips] Bevan,[635] porém deve haver um erro na afirmação segundo a qual os operários da fiação e
tecelagem de algodão na América recebem de 90 a 120 dólares por ano. Isto
representa 2 dólares por semana, ou seja, 8 xelins, mas representa, na realidade, em termos de poder aquisitivo, menos de 5 xelins na Inglaterra. De tudo
o que sei, os salários dos trabalhadores da indústria de fiação e tecelagem na
América são normalmente mais elevados, porém, de fato, equivalem simplesmente aos salários vigentes na Inglaterra, o que suporia uns 5 ou 6 dólares
por semana, correspondentes a 12 ou 16 xelins na Inglaterra. Recorde que o
trabalho na fiação e na tecelagem está agora sendo realizado por mulheres ou
jovens de 15 a 18 anos. Quanto à afirmação de Kautsky, ele cometeu o erro
de tratar os dólares como se fossem libras esterlinas; para reduzi-los a marcos, deve-se multiplicar por 20 em lugar de multiplicar por 5, com o que se
obtém quatro vezes o montante exato. Os números do censo (*Compendium
du dixième recensement aux États-Unis, 1880* [*Compêndio do décimo censo dos
Estados Unidos*], Washington, 1883, p. 1124, dados específicos da indústria
do algodão) são:

Trabalhadores e quadros	174.659
A deduzir: empregados, diretores etc.	2.115
	172.544 trabalhadores

Homens (acima de 16 anos)	59.685
Homens jovens (abaixo de 16 anos)	15.107
Mulheres (acima de 15 anos)	84.539
Mulheres jovens (abaixo de 15 anos)	13.213
	172.544

Total dos salários: US$ 42.040.510, isto é, US$ 243,06 por pessoa e ano,
o que coincide com meu cálculo anterior, já que o que os homens ganham
a mais está compensado pelo que os jovens (homens e mulheres) ganham a
menos.

---

[635] Do norte-americano Edward Young (1814-1909) o livro em questão foi publicado em Washington,
em 1875, com o título *Labor in Europe and America* [*Trabalho na Europa e na América*]; do geógrafo e estatístico vitoriano George Philips Bevan (1829-1889), a obra em tela, intitulada *The
Industrial Classes and Industrial Statistics* [*As classes industriais e as estatísticas industriais*] saiu em
Londres, em 1877.

Para o senhor ter uma ideia do abismo em que caiu a ciência econômica: Lujo Brentano[636] publicou um curso sobre *A economia nacional clássica* (Leipzig, 1888) em que proclama que "a economia geral ou teórica não serve para nada, mas a economia especial ou prática é tudo. Como nas ciências da natureza (!), devemos nos limitar à *descrição* dos fatos; tais descrições são de um valor infinitamente maior que todas as deduções *a priori*". "Como nas ciências da natureza!" – isto é *impagável* no século de Darwin, de Mayer, de Joule, de Clausius,[637] da evolução e da transformação da energia! [...]

---

[636] Lujo Brentano (1844-1931), economista alemão, professor universitário, "socialista de cátedra". Muitas de suas críticas a Marx foram veiculadas no órgão da *Associação dos Industriais Alemães*.

[637] Julius R. Mayer (1814-1878), cientista alemão, pioneiro na pesquisa da lei da conservação/transformação da energia; James P. Joule (1818-1889), físico inglês, estudioso do eletromagnetismo; Rudolf Clausius (1822-1888), físico alemão, referência na termodinâmica.

1889

219. ENGELS A KARL KAUTSKY

(em Viena)

Londres, 28 de janeiro de 1889

Caro Kautsky:

Hoje tenho uma proposta a te fazer, proposta que tem a aprovação de Ede, de Gina e de Tussy.[638]

Pressinto que, no melhor dos casos, serei obrigado a cuidar de meus olhos durante muito tempo até me restabelecer. O que exclui, ao menos por uns anos, a possibilidade de eu mesmo ditar a alguém o manuscrito do livro IV d'*O capital*.

Por outra parte, tenho que pensar não só neste manuscrito de Marx, mas ainda em outros que permanecerão utilizáveis mesmo quando eu não estiver mais por aqui. Esta utilização não será possível se eu não iniciar outras pessoas nesta escrita hieroglífica – pessoas que, em caso de necessidade, poderão ocupar meu posto e, até lá, também ajudar-me no trabalho de edição. Para tanto, não posso contar mais que contigo e com Ede. Proponho, portanto, para começar, que isto seja feito por nós três.

Pois bem, o livro IV é a primeira tarefa que temos que enfrentar e, para isto, Ede está demasiado ocupado com a redação do *Sozialdemokrat* e pelas

---

[638] Os amigos – tão próximos de Engels – são aqui chamados pelos apelidos familiares: *Ede* (Bernstein), sua então esposa, *Gina* (Regina, 1849-1923) e *Tussy* (Eleanor Marx).

numerosas reuniões e intrigas que este negócio [*shop*] trouxe para cá.[639] Em troca, tu tens tempo livre para, com a ajuda de tua mulher e depois de algumas lições e um pouco de prática, converter num manuscrito legível, ainda que sejam precisos dois anos, as aproximadamente 750 páginas do original (do qual provavelmente ficará excluída uma boa parte, posto que já incluída no livro III). Uma vez que estejas em condições de entender a letra de Marx, poderás ditar à sua mulher e a coisa irá mais rápida. [...]

Ede deseja ardentemente iniciar-se nos hieróglifos de Marx; já tenho outros manuscritos para ele e também lhe darei algumas lições; porém, já lhe disse, naturalmente, que eu não podia pagar mais que a uma só pessoa e ele está completamente de acordo. Trata-se, no final das contas, de providenciar também, mais adiante – quem sabe não será comigo em vida –, edições completas dos escritos de Marx e dos meus e precisamente por isso quero tomar as medidas pertinentes. Falei sobre isto a Tussy e, da parte dela, podemos contar com toda a ajuda possível. Quando já tiver capacitado ambos a ler os escritos de Marx, haverá uma preocupação a menos no meu coração e, então, terei tempo para cuidar de meus olhos sem desatender um dever essencial, porque então esses manuscritos deixarão de estar em chinês ao menos para duas pessoas.

Até agora, à exceção de Lenchen,[640] somente os Ede e os Aveling estão informados do meu projeto e, se tu o aceitares, ninguém afora você precisa conhecer os detalhes do assunto. Ademais, Louise[641] encontrará provavelmente nisso uma atividade que lhe cairá bem.

Reflete sobre isto e, se aceitas, vem quando for possível. [...]

---

[639] A redação do jornal do Partido Social-Democrata fora transferida de Zurique para Londres em outubro de 1888 e aí permaneceria até setembro de 1890.

[640] Apelido carinhoso de Helene Demuth (1820-1890), agregada da família de Marx que, depois da morte deste, ficou na casa de Engels.

[641] Louise Kautsky (1864-1944), esposa de Karl Kautsky.

220. ENGELS A N. F. DANIELSON

(em Petersburgo)

Londres, 4 de julho de 1889

[...] O livro III está parado há três meses, consequência de diversas circunstâncias inevitáveis,[642] e como o verão é sempre um período de grande ócio, temo que não possa trabalhar muito nele até setembro ou outubro. A seção sobre os bancos e o crédito oferece consideráveis dificuldades. Os princípios básicos são enunciados com bastante clareza; porém, todo o contexto é de tal natureza que pressupõe um leitor muito inteirado das principais obras escritas sobre o tema, como as de Tooke e Fullarton[643] e, como este não é em geral o caso, serão necessárias notas explicativas etc.

A última seção, "sobre a renda da terra", não exigirá, pelo que posso recordar, mais que uma revisão formal, de tal sorte que, uma vez terminadas as seções sobre a banca e o crédito (isto é, a terceira parte do total), os outros dois terços (a renda e as diferentes categorias de renda) não tomarão demasiado tempo. Mas como este livro final é uma obra tão esplêndida e perfeitamente inatacável, considero meu dever publicá-lo numa forma que faça ressaltar toda a sua argumentação, com toda a clareza e com muito relevo. E, levando em conta o estado deste manuscrito (simplesmente um esboço, frequentemente interrompido e sem terminar), não é tarefa tão fácil.

Estou tratando de chegar a um acordo com duas pessoas competentes[644] para copiar os materiais dos manuscritos para o livro IV; o estado da minha vista me permite apenas ditar. Se elas aceitarem, conseguirei treiná-las para decifrar esses manuscritos que até agora são um segredo para todo mundo – menos para mim, já que estou habituado à letra e às abreviaturas do autor e,

---

[642] Engels, neste período, estava muito ocupado, envolvido na preparação do congresso socialista internacional a realizar-se em Paris, em julho, que acabou por ser o ponto de partida para a criação da Internacional Operária e Socialista, conhecida em seguida como a *Segunda Internacional*.

[643] Sobre Tooke, cf., *supra*, a nota 40; John Fullarton (1780-1849), economista inglês.

[644] Cf., *supra*, a carta de número 218.

assim, poderão aproveitar os outros manuscritos de Marx no dia em que eu falte. Espero que este acordo fique formalizado no ainda outono.

Cordialmente,

P. W. Rosher.

P. S. O tradutor inglês da maior parte do livro I, o Sr. Moore, acaba de se mudar para a África, nomeado alto juiz no território da Niger Company. Olhe o caminho pelo qual o livro III – ou, ao menos, uma parte dele – chegará para ser traduzido: às margens do Níger.

221. ENGELS A KARL KAUTSKY

(em Viena)

Londres, 15 de setembro de 1889

[...] Por conta desse maldito congresso,[645] desde o mês de fevereiro não pude fazer nada no livro III e, por acréscimo, agora se torna necessária uma quarta edição do livro I e tenho que começar por aí. Não será uma tarefa muito larga; porém, quando não se está autorizado a trabalhar mais que três horas por dia, a coisa se alongará. Além disso, aproximam-se os dois meses de noite e nevoeiro interminável. [...]

Teus artigos sobre os mineiros de Turíngia[646] são o melhor que escreveste até agora: um verdadeiro estudo, que aprofunda os pontos decisivos, que se apoia sobre a simples elucidação de fatos e não está orientado, como na história da população e da família antiga, para a confirmação de uma opinião pré-concebida.[647] Por isto, apresenta um resultado concreto. O estudo escla-

---

[645] Cf., *supra*, a nota 642.

[646] Série de artigos que Kautsky publicou, em 1889, na *Neue Zeit* – "Die Bergarbeiter und der Bauernkrieg, vornehmlich in Thüringen" [*"Os mineiros e a guerra dos camponeses, especialmente na Turíngia"*].

[647] Cf., *supra*, a nota 506.

rece uma parte essencial da história alemã; certo que aqui e ali há algumas lacunas no processo do desenvolvimento, mas isto não é o mais importante. Só ao lê-los compreendi claramente (coisa que não havia visto senão de uma maneira obscura e imprecisa lendo Soetbeer)[648] até que ponto a produção de ouro e de prata da Alemanha (e da Hungria, cujos metais preciosos chegavam aos países do ocidente através da Alemanha) foi o último elemento motor que, de 1470 a 1530, colocou a Alemanha, economicamente, à frente da Europa e, por consequência, fez dela o centro da primeira revolução burguesa sob uma máscara religiosa, a que se chamou Reforma – *último* elemento no sentido de ter provocado um desenvolvimento relativamente alto das corporações e do comércio intermediário, o que deu à Alemanha a primazia sobre a Itália, a França e a Inglaterra. [...]

---

[648] Cf., *supra*, a carta de número 183.

1890

222. ENGELS A CONRAD SCHMIDT

(em Berlim)

Londres, 27 de outubro de 1890

Caro Schmidt:

Dedico minha primeira hora de liberdade para te responder.[649] Creio que farias bem em aceitar o emprego em Zurique. Ali sempre poderás aprender muitas coisas do ponto de vista econômico, embora considerando que Zurique não é mais que um mercado monetário e de especulação de terceira ordem e, em consequência, onde as impressões que ali se recebem apresentam-se debilitadas ou falsificadas conscientemente por terem sido refratadas duas ou três vezes. Porém, ali travarás conhecimento com o mecanismo e te verás obrigado a acompanhar o curso da bolsa em primeira mão em Londres, Nova York, Paris, Berlim, Viena e, ao mesmo tempo, se te tornará claro o mercado mundial nos aspectos de mercado monetário e de mercado de valores que são o seu reflexo. Sucede com os reflexos econômicos, políticos e de outro tipo exatamente o mesmo que com os reflexos no olho humano – atravessam uma lente convexa e, portanto, assumem uma forma inversa, os pés no ar. A única diferença é que lhes falta um sistema nervoso que volte a colocá-los com os pés no chão. O homem do mercado mundial não vê as flutuações da indústria e

---

[649] Em carta de 20 de outubro de 1890, Schmidt escrevera a Engels informando-o de contatos com o jornal *Züricher Post* [*Correio de Zurique*], diário democrático suíço que circulou entre 1879 e 1936. Comentava, ainda, um livro de P. Barth (cf., *infra*, a nota 657) e, ao mesmo tempo, apresentava-lhe várias questões sobre o "materialismo histórico".

do mercado mundial senão sob a forma de reflexo invertido do mercado monetário e do mercado de valores – e, então, o efeito se converte em causa no seu espírito. Isto eu vi em Manchester pelos anos [18]40: para compreender a marcha da indústria, com seus máximos e mínimos periódicos, não serviram as cotizações da Bolsa de Londres porque estes senhores queriam explicar tudo através das crises do mercado do dinheiro que, na maioria dos casos, não eram senão sintomas. Tratava-se, então, de demonstrar que o nascimento das crises industriais não tinha nada a ver com uma superprodução temporal e o assunto apresentava, ainda, um caráter tendencioso que estimulava a falsificação. Hoje, este elemento desapareceu – para nós, ao menos de uma vez para sempre –, embora seja um fato que o mercado do dinheiro pode ter também suas próprias crises, nas quais as perturbações que se produzem diretamente na indústria não jogam senão um papel subordinado ou mesmo nenhum; neste terreno, restam ainda muitas coisas por estabelecer e por estudar e, de maneira especial, no que se refere à história dos 20 últimos anos.

Onde há divisão do trabalho em escala social, há também independência dos trabalhos parciais, uns em relação a outros. A produção é o fator decisivo em última instância. Mas, ao mesmo tempo em que o comércio dos produtos se torna independente da produção propriamente dita, ele obedece a seu próprio movimento, que geralmente é governado pelo da produção, porém que, em detalhe e dentro desta dependência geral, segue as suas próprias leis, leis que têm sua origem na natureza deste novo fator – conta com suas próprias fases e atua, por sua vez, sobre o processo de produção. A descoberta da América deveu-se à sede de ouro que já antes havia empurrado os portugueses para a África (cf. Soetbeer, *A produção dos metais preciosos*),[650] porque a indústria europeia, que havia se desenvolvido fortemente nos séculos XIV e XV, e o comércio correspondente exigiam novos meios de troca que a Alemanha – o grande país produtor do dinheiro [metal] de 1450 a 1550 – já não podia proporcionar. A conquista da Índia pelos portugueses, holandeses e ingleses, de 1500 a 1800, tinha como finalidade as *importações* procedentes da Índia – ninguém pensava em exportações para lá. E, no entanto, que efeito colossal essas descobertas e essas conquistas, motivadas exclusivamente por interesses

---

[650] Cf., *supra*, a carta de número 183.

comerciais, tiveram sobre a indústria: as necessidades de *exportação* em direção a estes países criaram e desenvolveram a grande indústria.

O mesmo acontece com o mercado de valores. Ao mesmo tempo que o comércio de valores se separa do comércio das mercadorias, o comércio do dinheiro – sob certas condições postas pela produção e pelo comércio de mercadorias e dentro destes limites – tem sua própria evolução, obedece a leis particulares, definidas por sua própria natureza e passa por fases particulares. Se a isto se soma ainda que, no curso desta evolução nova, o comércio do dinheiro se amplia para ser comércio de títulos, que não são apenas bônus do Estado, mas também ações de sociedades industriais e de transporte – que, enfim, o comércio do dinheiro adquire um poder direto sobre uma parte da produção (que o domina em termos gerais), compreende-se que a retroação do comércio do dinheiro sobre a produção se faz ainda mais forte e mais complicada. Aqueles que realizam o comércio do dinheiro são os proprietários das ferrovias, das minas, das siderurgias etc. Estes meios de produção adquirem uma dupla face: sua exploração tem que responder aos interesses da produção direta, mas também aos dos acionistas na medida em que estes são banqueiros. Eis o exemplo mais evidente: a exploração das ferrovias na América do Norte depende totalmcntc das operações bursáteis que em determinado momento fazem Jay Gould, Vanderbildt,[651] etc. etc. – e estas operações são perfeitamente estranhas às ferrovias em particular e ao que lhes é útil enquanto meio de comunicação. Inclusive aqui na Inglaterra, temos visto, durante dezenas de anos, diferentes sociedades ferroviárias lutarem entre si pela posse de áreas fronteiriças de umas e outras; ao longo destas lutas gastaram-se somas enormes, não no interesse da produção e do transporte, mas tão somente devido a rivalidades que, na maioria dos casos, apenas tinham por fim permitir operações na bolsa por parte de banqueiros acionistas.

Através destas observações sobre a forma em que eu concebo as relações entre a produção e o comércio das mercadorias e entre estas e o comércio do dinheiro, já respondi, no fundo, também às tuas perguntas relativas ao "materialismo histórico" em geral. O tema se entende mais facilmente do ponto de vista da divisão do trabalho. A sociedade cria determinadas funções comuns

---

[651] Cf., *supra*, a nota 515.

das quais não pode prescindir. As pessoas que são arregimentadas para desempenhá-las constituem novos ramos da divisão do trabalho *no seio da sociedade*. Assumem assim interesses particulares, relacionados aos dos seus mandatários, fazem-se indispensáveis a eles e... eis o Estado. E as coisas vão evoluir da mesma forma no comércio das mercadorias e, mais tarde, no comércio do dinheiro: a nova força independente deve seguir em conjunto o movimento da produção, porém, em virtude da independência relativa que lhe é inerente, isto é, que lhe foi conferida e que continua desenvolvendo-se progressivamente, atua também, por sua vez, sobre as condições e sobre o curso da produção. Há uma ação recíproca entre duas forças desiguais – do movimento econômico, por um lado e, por outro, da nova potência política que aspira à maior independência possível e que, uma vez constituída, está dotada também de um movimento próprio; o movimento econômico se impõe em termos gerais; contudo, vê-se obrigado igualmente a sofrer o contragolpe do movimento político que ele mesmo constituiu e que está dotado de uma independência relativa; por uma parte, o contragolpe do movimento do poder do Estado e, por outra, de uma oposição que se constituiu simultaneamente a ele. Assim como no mercado do dinheiro se reflete em termos gerais o movimento do mercado industrial, com as reservas assinaladas acima e naturalmente ao *inverso*, do mesmo modo, na luta entre o governo e a oposição, reflete-se a luta de classes que existiam e lutavam já antes entre si – todavia, reflete-se também ao inverso, não direta, porém indiretamente, não como uma luta de classes, mas como uma luta por princípios políticos e tão inversamente que foram necessários mil anos para que descobríssemos seu mistério.

A repercussão do poder do Estado sobre o desenvolvimento econômico pode ser de três tipos: o Estado pode atuar na mesma direção e, então, tudo vai mais rápido; pode atuar em sentido inverso ao do desenvolvimento econômico e em nossos dias, em todos os grandes países, conduzi-lo ao fracasso; ou, ainda, pode travar caminhos ou impor outros ao desenvolvimento econômico – o que, no final, leva a um dos dois tipos anteriores. Porém, está claro que, no segundo e no terceiro casos, o poder político pode causar um grande prejuízo ao desenvolvimento econômico e produzir um desperdício massivo de força e de matéria.

Mas há, ainda, o caso da conquista e da destruição brutal de recursos econômicos que, em determinadas circunstâncias, fez desaparecer todo um desenvolvimento local e nacional. Hoje, este caso tem, em grande parte das ocasiões, efeitos contrários – pelo menos nos países maiores: do ponto de vista econômico, político e moral, o vencido ganha às vezes, a largo prazo, mais que o vencedor.

O mesmo acontece com o direito [*Jus*]: quando uma nova divisão do trabalho se faz necessária e cria os juristas profissionais, abre-se um novo campo, independente, que, ainda que continue sendo dependente de maneira geral da produção e do comércio, nem por isto deixa de possuir uma capacidade especial de atuar sobre estes domínios. Em um Estado moderno, tanto se necessita que o direito corresponda à situação econômica geral e seja a sua expressão quanto que possua também sua coerência interna e não leve em si a sua negação provinda das suas contradições internas. E o preço desta criação é que a fidelidade do reflexo das relações econômicas se desvaneça cada vez mais. E isso é mais evidente quando ocorre, em raras vezes, que um código seja a expressão brutal, intransigente, autêntica do domínio de uma classe: a coisa, em si mesma, não iria contra a "noção de direito"? A noção de direito puro, consequente, da burguesia revolucionária de 1792 a 1796 está já falseada, como sabemos, em muitas passagens do Código Napoleônico e, nele encarnada, vê-se obrigada diuturnamente a sofrer toda a classe de atenuações, por efeito do crescente poder do proletariado. O que não impede que o Código de Napoleão seja o código que serve de base a todas as novas codificações em todas as partes do mundo.[652] Daí que o "desenvolvimento do direito" não consista, em grande parte, mais que em buscar, à partida, suprimir as contradições, resultadas da tradução direta de relações econômicas em princípios jurídicos, tratando de estabelecer um sistema jurídico harmônico, para comprovar em seguida que a influência e a pressão do desenvolvimento econômico ulterior não deixam de provocar a quebra desse sistema e de envolvê-lo em novas contradições (não falo aqui, para começar, mais que do direito civil).

---

[652] O Código Napoleônico, formulado sob Napoleão I, entre 1804 e 1810, compunha-se de cinco códigos: civil, civil-processual, comercial, penal e penal-processual.

O reflexo das relações econômicas na forma de princípios jurídicos tem também, necessariamente, como resultado colocar as coisas de cabeça para baixo; e isto se produz sem que aqueles que aí intervêm tenham consciência da sua ação; o jurista imagina que atua mediante proposições *a priori* que, na realidade, não são mais que reflexos econômicos – esta é a razão de tudo ser posto de cabeça para baixo. E me parece evidente o fato de que esta inversão – que, enquanto não reconhecida, constitui o que nós chamamos um *ponto de vista ideológico* – atua sobre a base econômica e pode modificá-la, dentro de certos limites. A base do direito sucessório, supondo a igualdade do estágio de desenvolvimento da família, é uma base econômica. No entanto, será difícil demonstrar, por exemplo, que na Inglaterra, a liberdade absoluta para testar e, na França, a sua grande limitação, não têm, em todas as suas particularidades, mais que causas econômicas. Porém, ambas operam de modo importante sobre a economia, posto que influam na repartição da fortuna.

Em relação aos domínios ideológicos que planam mais alto nos ares: a religião, a filosofia etc., todos eles estão constituídos por resíduos que remontam à pré-história e que o período histórico encontrou e recolheu – resíduos do que chamaríamos hoje idiotice.[653] No fundo destas diversas representações falsas da natureza, inclusive da natureza do homem, dos espíritos, dos poderes mágicos etc., na maioria dos casos não há senão um elemento econômico negativo; o baixo desenvolvimento econômico do período pré-histórico tem como complemento, porém também aqui e ali como condição e até como causa, as falsas representações da natureza. E ainda que a necessidade econômica tenha sido a mola principal do progresso no conhecimento da natureza humana e o seja cada vez mais, nem por isto deixaria de ser menos pedante o querer buscar causas econômicas para todos esses primitivos absurdos. A história das ciências é a história da eliminação progressiva desses absurdos, ou sua substituição por uma nova absurdidade, todavia cada vez menos absurda. Aqueles que se ocupam disto fazem parte, por sua vez, das esferas particulares da divisão do trabalho e imaginam que trabalham num terreno independente. E, na medida em que constituem um grupo independente no bojo da

---

[653] A palavra usada aqui por Engels é mesmo muito forte – veja-se o seu registro em outros idiomas: *Blödsinn* (absurdo), em alemão; *rubbish* e *idiocy* (refugo/lixo, idiotice), em inglês; *imbécillité* e *imbecilidad* (imbecilidade), em francês e castelhano. [*Nota do revisor técnico.*]

divisão social do trabalho, suas produções, incluindo seus erros, atuam sobre todo o desenvolvimento social, inclusive sobre o desenvolvimento econômico. Mas, com isto tudo, não deixam de estar eles mesmos sob a influência dominante do desenvolvimento econômico. É na filosofia, por exemplo, onde se pode comprová-lo mais facilmente no período burguês. Hobbes foi o primeiro materialista moderno (no sentido do século XVIII), mas foi um partidário do absolutismo na época em que a monarquia absoluta florescia em toda a Europa e sustentava na Inglaterra a luta contra o povo. Locke foi, na religião como na política, o filho do compromisso de classe de 1688.[654] Os deístas ingleses e seus sucessores mais consequentes, os materialistas franceses, foram os autênticos filósofos da burguesia – na França, foram os filósofos da revolução burguesa. Na filosofia alemã que vai de Kant a Hegel,[655] vemos passar o filisteu alemão, ora de forma positiva, ora de forma negativa. Enquanto campo determinado da divisão do trabalho, a filosofia de cada época supõe uma determinada série de ideias que lhe foram transmitidas pelos pensadores que a precederam e da qual ela parte. Por isso, ocorre às vezes que países economicamente atrasados podem dar o tom na filosofia: a França no século XVIII em relação à Inglaterra, cuja filosofia foi a base para os franceses, e mais tarde a Alemanha em relação àqueles dois países. Porém, tanto na França como na Alemanha, a filosofia, assim como o florescimento literário geral dessa época, foi também o resultado de um florescimento econômico. A supremacia final do desenvolvimento econômico, também nesses campos, é para mim algo indubitável, porém algo que se processa no interior de condições que o próprio campo em questão prescreve – na filosofia, por exemplo, por efeito de influências econômicas (que, por seu turno e frequentemente, operam sob

---

[654] A referência é ao golpe de 1688, que depôs a dinastia dos Stuart e estabeleceu a monarquia constitucional com William de Orange no trono. O novo sistema baseou-se num compromisso entre a aristocracia fundiária e a grande burguesia. A historiografia britânica burguesa designa esse golpe como *Revolução Gloriosa*.

[655] Imanuel Kant (1724-1804), grande pensador ilustrado, segundo muitos o iniciador da "filosofia crítica", um dos pontos altos da filosofia clássica alemã, tem parte significativa da sua obra vertida ao português: as suas "três críticas" – a *Crítica da razão pura*, a *Crítica da razão prática* e a *Crítica da faculdade de julgar* (Petrópolis: Vozes, 2015 e 2016) – e ainda: *A paz perpétua e outros opúsculos* e *Fundamentação da metafísica dos costumes* (ambos editados em Lisboa, Ed. 70, 2008) e *Lições de ética* (São Paulo: Unesp, 2018).
Sobre Hegel, cf., *supra*, a nota 114.

uma roupagem política etc.) sobre a matéria filosófica existente, transmitida por seus predecessores. A economia não cria aqui nada de novo [*a novo*], mas determina o tipo de modificação e de desenvolvimento da matéria intelectual existente e ainda assim, na maioria dos casos, o faz indiretamente: são os reflexos políticos, jurídicos e morais os que exercem a grande ação direta sobre a filosofia.

Sobre a religião, disse o indispensável em meu último capítulo sobre Feuerbach.[656]

Portanto, quando Barth[657] pretende que negamos toda a mútua incidência entre movimentos políticos etc. e o movimento econômico, ele apenas combate moinhos de vento. Seria suficiente ter olhos para examinar *O 18 brumário*[658] de Marx, que trata quase que exclusivamente do papel *particular* desempenhado pelas lutas e acontecimentos políticos, naturalmente dentro dos limites da sua dependência *geral* das condições econômicas – ou [no livro I d']*O capital*, por exemplo, a seção sobre a jornada de trabalho, onde a legislação, que é um autêntico ato político, tem uma ação tão profunda, ou também o capítulo (24) sobre a história da burguesia. Por que lutamos em prol da ditadura política do proletariado, se o poder político é economicamente impotente? A violência (isto é, o poder do Estado) é também um poder econômico.

Agora não tenho tempo de fazer a crítica desse livro [de Barth]. É indispensável que, primeiro, eu faça sair o livro III e, por outro lado, creio que Bernstein poderia fazê-lo muito bem.

---

[656] Engels refere-se aqui a seu opúsculo *Ludwig Feuerbach e o fim da filosofia clássica alemã*, de 1888, que reuniu, revisados, os artigos antes divulgados em *Neue Zeit*, n. 4 e 5, de 1886, nos quais criticava um livro de C. N. Starcke, de 1885 (*Ludwig Feuerbach*, editado em Stuttgart). O opúsculo de Engels há muito que foi publicado no Brasil – cf. K. Marx-F. Engels, *Obras escolhidas em três volumes*. Rio de Janeiro: Vitória, 1963, v. 3, p. 169-207. Carl N. Starcke (1858-1926), dinamarquês, professor da Universidade de Copenhague, escreveu textos especialmente de natureza sociológica.

[657] Paul Barth (1858-1922), professor da Universidade de Leipzig. Na sua carta já citada (cf., *supra*, a nota 649), Schmidt avalia positivamente o livro de P. Barth *Die Geschichtsphilosophie Hegel's und der Hegelianer bis auf Marx und Hartmann* [*A filosofia da história de Hegel e dos hegelianos até Marx e Hartmann*].

[658] Há várias edições brasileiras d'*O 18 brumário de Luís Bonaparte* – cf., p. ex., K. Marx, *A revolução antes da revolução*. São Paulo: Expressão Popular, 2008, v. II, p. 199-336.

O que falta a todos estes senhores é a dialética. Não enxergam nunca mais que a causa, umas vezes, ou o efeito, outras. Operam com abstrações vazias: não compreendem que no mundo real não existem semelhantes antagonismos polares metafísicos, salvo nas crises, que todo o grande desenvolvimento das coisas se produz sob a forma de ação e reação de forças, muito desiguais sem dúvidas (das quais o desenvolvimento econômico é a mais poderosa, a mais original, a mais decisiva), que não há aí nada de absoluto, que tudo é relativo. O que fazer? – se, para eles, Hegel não existiu. [...]

1891

223. ENGELS A F. A. SORGE

(em Hoboken)

Londres, 4 de março de 1891

[...] Atualmente tenho que terminar três brochuras: uma nova impressão de: 1) *A guerra civil na França,* a mensagem do Conselho Geral [da *Associação Internacional dos Trabalhadores*] relativa à Comuna [de Paris]. Vou reeditá-la depois de revisá-la, com as duas mensagens do Conselho Geral sobre a guerra franco-alemã, que hoje são mais atuais que nunca, e uma introdução minha;[659] 2) *Trabalho assalariado e capital,* de Marx, que tenho de elevar à altura d'*O capital,* porque, sem esclarecimentos, o texto confundiria os meios operários, em razão das formulações imperfeitas (por exemplo, venda de *trabalho* em lugar de venda da *força de trabalho* etc.) – coisa que reclama também uma introdução;[660] 3) o meu *Desenvolvimento do socialismo,* texto que não necessito senão torná-lo, se possível, um pouco mais acessível.[661] [...]

---

[659] Este material encontra-se disponível na mesma fonte citada na nota anterior, p. 337-437.

[660] Este material encontra-se disponível em K. Marx, *Trabalho assalariado e capital & Salário, preço e lucro.* São Paulo: Expressão Popular, 2006, p. 17-68.

[661] O texto assim referido por Engels é o que se encontra, sob o título *Do socialismo utópico ao socialismo científico,* cf. na fonte citada, *supra,* na nota 25. Na sua versão original e mais ampla, é parte do *Anti-Dühring* – cf., na edição brasileira citada desta obra, a seção III, p. 287-359.

224. ENGELS A KARL KAUTSKY

(em Stuttgart)

Londres, 17 de março de 1891

[...] e *Trabalho assalariado e capital* está escrito ainda na terminologia anterior à mais-valia e hoje é impossível deixar as coisas assim numa brochura de propaganda de que se farão 10 mil exemplares. Tenho, pois, que traduzi-lo a uma linguagem atual e acompanhá-lo de uma justificativa. [...]

225. ENGELS A MAX OPPENHEIM[662]

(em Dresden)

Londres, 24 de março de 1891

[...] O senhor toca em alguns temas difíceis, que não se é possível esgotar – nem é necessário fazê-lo – em uma breve carta. Seria um progresso, sem dúvida alguma, se as associações operárias pudessem discutir diretamente e em nome de todos com o patrão sobre um acordo acerca do salário. Aqui na Inglaterra estão fazendo esforços para consegui-lo há 50 anos, mas os capitalistas conhecem demasiado bem as vantagens de não morder a isca se não se veem obrigados a fazê-lo. Na grande greve de 1889 dos estivadores,[663] esta medida foi imposta, e também antes e depois, aqui e ali, durante algum tempo; porém, na primeira oportunidade os senhores patrões se libertam desta "insuportável tirania" dos sindicatos e proclamam ser inadmissível que terceiros, pessoas não qualificadas, intrometam-se nas relações patriarcais que mantêm com seus trabalhadores. É a velha cantilena: nos bons anos, a demanda de trabalho obriga esses senhores a mostrarem-se complacentes; nos

---

[662] Max Oppenheim, comerciante em Praga e Dresden, cunhado de Ludwig Kugelmann.

[663] Esta greve em Londres – de 12 de agosto a 14 de setembro de 1889 – foi um marco no movimento operário britânico do final do século XIX: envolveu 30 mil estivadores e mais 30 mil trabalhadores de outras atividades. Ela se desenvolveu mediante a organização da solidariedade entre os trabalhadores e estimulou, em seguida, um grande crescimento das atividades sindicais.

maus anos, exploram a abundância de trabalho para anular de novo todas as concessões. No conjunto, contudo, a resistência dos trabalhadores aumenta com o crescimento da sua organização a ponto de a situação geral – a média – melhorar um pouco, enquanto não se chegue ao extremo de alguma crise fazer com que eles decaiam novamente ou, até, regressem ao ponto zero, o ponto *mais baixo* da crise anterior. Quanto ao que pode suceder se um dia vivermos uma longa crise industrial *geral*, uma crise crônica perdurando cinco ou seis anos – é difícil dizê-lo.

O emprego por parte do Estado ou dos municípios dos operários excedentes e a nacionalização do comércio dos produtos alimentícios são pontos que convém, no meu entender, enfocar a partir de um ângulo mais amplo do que o senhor utiliza em sua carta. Haveria que incluir não só o *comércio*, mas também a *produção* de produtos alimentares que podem ser fabricados no próprio país. De que outra forma os trabalhadores excedentes poderiam ser empregados? Se estes trabalhadores são efetivamente excedentários é precisamente porque não existe saída para seus os produtos. Porém, aqui nos encontramos frente à expropriação dos proprietários fundiários – e isto nos leva a uma distância respeitável do ponto aonde chegariam os atuais Estados alemão ou austríaco. E, ademais, não podemos confiar a missão de executar tais medidas nem a um nem a outro desses dois Estados. Como acontece isso e o que é que daí resulta, quando *junkers* se encarregam de expropriar *junkers*, pode comprovar-se aqui, na Inglaterra, onde, apesar de tudo, em meio a todas as formas medievais, impera uma vida política muito mais moderna que de um lado ou outro do Erzgebirge.[664] Este é precisamente o ponto sensível: enquanto as classes possuidoras tiverem o timão, toda nacionalização não constitui uma supressão da exploração, mas uma mudança da sua forma – e isto não é menos verdade na república francesa, americana ou suíça do que na Europa central monárquica ou na Europa oriental despótica. E para arrebatar o timão das classes possuidoras precisamos, em primeiro lugar, de uma revolução nas cabeças das massas operárias, tal como se está produzindo atualmente (com uma lentidão relativa, é certo) e, para realizá-la, necessita-se

---

[664] *Erzgebirge: Montanhas metalíferas* – maciço fronteiriço entre a Alemanha e a República Tcheca, em 1891 separava a Alemanha do Império Austro-Húngaro.

de um ritmo ainda mais rápido na revolução dos métodos de produção, mais máquinas, mais concentração de trabalhadores, mais ruína de camponeses e pequeno-burgueses – necessitamos que as consequências inevitáveis da grande indústria moderna sejam mais palpáveis e mais massivas.

Na medida em que esta revolução econômica se produza com maior rapidez e de uma forma mais profunda, nessa mesma medida impõem-se também, necessariamente, decisões que, à primeira vista destinadas tão somente a pôr fim a abusos que se tornam insuportáveis por sua amplitude mesma, minarão, com suas consequências, as bases do modo de produção atual; e as massas operárias se farão escutar por meio do sufrágio universal. Quanto a saber *quais* medidas serão as primeiras, isto depende de condições locais e temporárias; sobre este ponto, não se pode antecipar nada e em caráter geral. Mas, a meu juízo, ações realmente emancipadoras só serão possíveis quando a revolução econômica fizer com que a grande massa trabalhadora tome consciência da sua situação, abrindo-se assim o caminho para o poder político. As outras classes não podem fazer mais que remendos ou simular não ver nada. E este processo de esclarecimento nas cabeças dos operários se acelera atualmente dia a dia; dentro de cinco ou dez anos, os diferentes parlamentos terão um aspecto completamente diferente.

O trabalho sobre o livro III recomeçará quando as malditas pequenas tarefas e a minha correspondência sem fim com todos os países do mundo me permitirem algum tempo livre. E, então, farei a minha revolução, fecharei a minha loja e não me deixarei levar novamente. Espero terminar este ano, tenho pressa e *é preciso* terminar. [...]

226. ENGELS A CONRAD SCHMIDT

(em Zurique)

Ryde, Ilha de Wight, 1º de julho de 1891

[...] Tenho à minha frente as tuas duas cartas, de 5 de março e de 18 de junho. Quanto ao teu trabalho sobre o crédito e o mercado monetário, creio que o melhor é deixá-lo sem concluir, esperando a publicação do livro III.

Nele encontrarás muitas coisas novas e ainda mais questões não resolvidas sobre o tema – novos problemas ao lado de soluções novas. Quando passar o verão, sem interrupções, o livro III será terminado. O teu segundo projeto, as etapas de transição para a sociedade comunista, merecem bem uma reflexão, mas eu aconselharia: fique o original guardado até o nono ano [*Nonum prematur in annum*];[665] o objeto é o mais difícil sobre o qual podes trabalhar, já que as condições não param de se modificar. [...]

227. ENGELS A N. F. DANIELSON

(em Petersburgo)

Londres, 29-31 de outubro de 1891

[...] O "criadouro de milionários", como diz Bismarck, parece prosseguir em seu país a passos largos. Os lucros que se revelam em suas estatísticas oficiais não são conhecidos em nossos dias nas indústrias têxteis da Inglaterra, da França ou da Alemanha. Lucros médios de dez, 15, no máximo 20%, e de 25 a 30% em anos de prosperidade absolutamente excepcionais, são considerados como bons. Só na infância da indústria moderna algumas fábricas equipadas com as melhores e mais recentes máquinas, que produziam suas mercadorias com muito menos trabalho e tempo do que era socialmente necessário à época, podiam conseguir tais taxas de lucro. Agora, estes lucros só os obtêm as empresas que especulam com sorte e novos inventos, isto é, uma empresa entre 100 – as outras fracassam por completo.

O único país onde ainda são possíveis, em nossos dias, nas principais indústrias ganhos similares ou aproximados são os Estados Unidos da América. As tarifas protecionistas depois da Guerra da Secessão e agora a *MacKinley Tariff*[666] produzem efeitos similares e os ganhos devem ser e são efetivamente

---

665 A máxima é o conselho aos jovens escritores dado pelo poeta latino Horácio (65a.C.- 8a.C), na sua *Ars Poetica* – há edição bilíngue, latim-português: *Arte poética*. Lisboa, Ed. Inquérito, 1984. É utilizada aqui por Engels no sentido de que é preciso cuidado para evitar precipitações.

666 A tarifa, vigente a partir de outubro de 1890, representou um acréscimo de quase 50% na tributação sobre importações, favorecendo enormemente os monopólios nacionais emergentes. Resultou

enormes. O fato de que este estado de coisas dependa por completo da legislação aduaneira, modificável de um dia para outro, basta para impedir todo forte investimento de capital estrangeiro (forte em relação à quantidade de capital interno investido) nessas indústrias e, portanto, para ladear a principal causa da concorrência e da redução dos ganhos.

A descrição que o senhor faz das mudanças introduzidas por esta extensão da indústria moderna à vida da massa do povo, assim como a ruína da indústria doméstica que provê o *consumo direto dos produtores*, ruína que se estenderá muito rapidamente também à indústria doméstica que trabalha para o comprador capitalista, me lembra muito o capítulo do nosso autor sobre a criação do mercado interno[667] e o que ocorreu um pouco na Europa central e ocidental entre 1820 e 1840. Esta mudança produziu naturalmente em seu país resultados até certo ponto diferentes. O camponês proprietário da França e da Alemanha não se conforma em sucumbir; arrasta-se por duas ou três gerações entre as mãos do usurário antes de estar perfeitamente maduro para a expulsão por venda da sua terra e da sua casa, ao menos nas regiões em que a indústria moderna não penetrou ainda. Na Alemanha, os camponeses resistem ainda graças a toda classe de indústrias domésticas (cachimbos, brinquedos, cestos etc.), que praticam por conta dos capitalistas; como seu tempo livre não tem valor algum para eles depois que cultivaram seu pequeno terreno, consideram cada centavo que recebem por um trabalho suplementar como grande ganho; daí os salários lamentavelmente baixos e o inconcebível preço baixo deste tipo de produto industrial na Alemanha.

Em seu país, ainda resta vencer a resistência da comunidade rural [*obtschi-na*] (embora, parece-me, ela deve perder muito terreno na sua luta constante contra o capitalismo moderno); conserva-se o recurso de arrendar terras dos grandes proprietários, recurso que o senhor descreve em sua carta de 1º de maio como um meio não somente de assegurar uma mais-valia ao proprietá-

---

da atividade legislativa de William Mackinley Jr., natural do Ohio, onde nasceu em 1843; membro do Partido Republicano, elegeu-se (1897) como o 25º presidente dos Estados Unidos, com o mandato interrompido pelo seu assassinato em 1901.

[667] Cf., na edição brasileira d'*O capital* que estamos citando, o livro I, seção VII, capítulo 24, p. 816-819.

rio, mas também de permitir ao camponês que continue mantendo a sobrevivência precária *como camponês*; além disso, os camponeses ricos [*kulaks*], pelo que entendo, preferem, em última instância, conservar os camponeses pobres em suas garras como objeto de exploração [*sujet à exploitation*] a arruiná-los de uma vez para sempre e apropriar-se de sua terra. Parece-me, portanto, que o camponês russo, ao menos ali onde não o necessitem como operário para a fábrica ou para a cidade, também não se resignará a sucumbir e a se deixar matar muitas vezes antes de morrer para sempre.

Os enormes lucros realizados pela jovem burguesia na Rússia e o fato de que eles dependem de uma boa colheita, como o senhor expõe tão bem, explicam muitas coisas que, de outra forma, permaneceriam obscuras. Como eu poderia compreender, por exemplo, a afirmação do correspondente em Odessa de um jornal londrinense desta manhã: as classes comerciantes russas, escreve ele, parecem obcecadas pela ideia de que a guerra é a única panaceia autêntica para a crise e a desconfiança crescente de que padecem hoje todas as indústrias russas? Como poderia compreendê-la e como a explicaria sem esta dependência absoluta de uma indústria, apoiada em tarifas aduaneiras, ao mercado interno e à colheita das regiões agrícolas que determina o poder aquisitivo de seus únicos clientes? E se este mercado se retrai, o que pode parecer mais natural aos ingênuos que ampliá-lo mediante uma guerra vitoriosa?

Julgo muito interessantes as suas notas sobre o fato aparentemente contraditório de que em seu país uma boa colheita *não* significa necessariamente uma baixa no preço do trigo. Quando estudamos as relações econômicas verdadeiras em diversos países e em diversos estágios de civilização, verificamos quão errôneas e insuficientes são estas generalizações racionalistas do século XVIII: o bom velho Adam Smith considerava as condições de Edimburgo e dos Lothians[668] como condições normais e universais! Bem, já Puchkin sabia que

> [...] Ele [o Estado] não necessita de ouro,
>
> Já que possui matérias-primas.

---

[668] Região fértil da Escócia.

Scu pai não podia compreendê-lo

e hipotecava suas terras.[669]

Muito sinceramente ao senhor, o seu

P. W. Rosher.[670]

P. S. Na próxima segunda-feira, volto a envolver-me com o livro III e espero que não haja interrupções até que esteja terminado.

Esta carta atrasou até hoje, 31 de outubro, por causa de um imprevisto.

228. ENGELS A CONRAD SCHMIDT

(em Zurique)

Londres, 1º de novembro de 1891

[...] A inversão da dialética em Hegel assenta sobre o fato de que é, segundo ele, um "autodesenvolvimento do pensamento" e que, por consequência, a dialética da realidade concreta não seria mais que seu reflexo, enquanto que, para nós, a dialética em nosso cérebro não é mais que o reflexo da evolução real que se realiza no mundo natural e histórico, obedecendo a formas dialéticas.

Compara, pois, em Marx, a passagem da mercadoria ao capital com o modo em que, em Hegel, se passa do ser à essência e terás um excelente paralelo: num, o desenvolvimento concreto, tal como se extrai dos fatos; no outro, a construção abstrata, pensamentos muito geniais e, às vezes, transformações muito importantes, como a transformação da qualidade em quantidade e vice-versa, são elaborados para desembocar num aparente autodesenvolvimento de um conceito a partir do outro, quando se poderia inventar igualmente uma dezena de outros desenvolvimentos deste tipo. [...]

---

[669] Fragmento de *Eugênio Oneguin*, romance em versos de Alexander Puchkin (1799-1837), considerado um dos fundadores da literatura russa moderna – sob este título, a obra foi publicada no Brasil pela Record, Rio de Janeiro, 2010.

[670] Cf., *supra*, a nota 608.

229. ENGELS A KARL KAUTSKY

(em Stuttgart)

Londres, 3 de dezembro de 1891

Querido Kautsky:

Tua carta de 30 de outubro ficou muito tempo sem resposta: a culpa é do livro III, sobre o qual eu me exauro de novo. Estou chegando justamente na parte mais difícil, os últimos capítulos (seis a oito) que tratam do capital monetário, dos bancos, do crédito e, uma vez que me meti nele, tenho que prosseguir sem interrupção, repassar todas as fontes, em uma palavra: ater-me absolutamente ao fato [*au fait*] de deixar a maior parte – provavelmente – tal como está, porém com a segurança absoluta de não haver cometido barbaridades, nem acrescentando nem retirando nada.

[...] Os recentes estudos que indicaram que o capítulo de Marx sobre a tendência histórica da acumulação capitalista teria sido superado são, em todo caso, de Geiser, que em Breslau passa por uma verdadeira autoridade científica.[671] Todavia, também é possível que Liebknecht, em seu constrangimento (já que ignorava evidentemente que essas frases foram retiradas d'*O capital*), tenha dito a "primeira idiotice", segundo sua expressão habitual, que lhe veio à mente. [...]

230. ENGELS A KARL KAUTSKY

(em Stuttgart)

Londres, 27 de dezembro de 1891

[...] Tu compreenderás que – como o trabalho no livro III, retomado, deve ser seguido *sem interrupção* e concluído o mais rápido possível – só posso

---

[671] Bruno Geiser (1846-1898), jornalista e político do grupo de direita do Partido Social-Democrata, genro de W. Liebknecht. O capítulo em questão é o 23 do livro I d'*O capital*, "A lei geral da acumulação capitalista" – cf., na edição brasileira d'*O capital* que estamos citando, o livro I, p. 689-784.

examinar rapidamente o teu manuscrito,[672] mas o que posso fazer, farei com prazer.

As novidades [*nova*] sobre o valor de troca e o valor provêm, na terceira edição d'*O capital*,[673] de adições manuscritas de Marx, infelizmente pouco numerosas e que foram elaboradas em meio a grandes dificuldades devidas à enfermidade. Marx esteve, durante muito tempo, buscando a expressão exata [*mot juste*] e fez muitas correções. [...]

---

[672] Tratava-se do folheto *Das Erfurter Programm in seinem grundsätzlichen Theil erläuter* [*Explicação do Programa de Erfurt em sua parte básica*], que Kautsky publicaria no ano seguinte. Kautsky foi um dos formuladores do programa, aprovado pelo congresso do Partido Social-Democrata que se realizou em outubro de 1891 e cujo projeto fora alvo de uma crítica de Engels, redigida meses antes (junho). Esta crítica – que a direção do partido só publicou *depois* da morte de Engels – está disponível em K. Marx-F. Engels, *Obras escolhidas em três tomos*. Lisboa/Moscou: Avante!/Progresso, 1977, t. III.

[673] As adições/modificações a que Engels faz menção incidiram, no livro I, na seção I, §3 – correspondente, na edição brasileira d'*O capital* que estamos citando, às p. 124-146.

1892

231. ENGELS A CONRAD SCHMIDT

(em Zurique)

Londres, 4 de fevereiro de 1892

[...] Muito obrigado por teu artigo contra Wolf[674] – mas, ao mesmo tempo, me obrigaste a ler a obra de Wolf, que eu havia colocado tranquilamente na biblioteca à espera de tempos menos bons. Como nosso homem pensa que a língua alemã não tem outra missão que a de encobrir o vazio de seu pensamento, em certo sentido é um trabalho pesado o de ler este entulho; entretanto, não se tarda muito em descobrir... que não há nada detrás. Disseste o essencial muito certa e claramente e foi muito bom deixar de lado todas as questões acessórias; de fato, foram adicionadas apenas para induzir o leitor a centrar-se nelas e não atentar ao erro principal. Que o nosso homem seja um gênio em matéria de estupidez econômica, eu já o percebera num dos seus artigos da *Neue Freie Presse*,[675] onde trata de confundir ainda mais o cérebro dos burgueses de Viena. Porém, agora superou todas as expectativas.

---

[674] No prefácio ao livro III d'*O capital*, Engels discorre brevemente sobre trabalhos de Schmidt e de Wolf – cf., na edição brasileira citada d'*O capital*, o livro III, respectivamente, as p. 40-41 e 43-44. Julius Wolf (1862-1937), economista suíço, crítico de Marx.

[675] *Neue Freie Presse* [*Nova imprensa livre*], jornal fundado em Viena em 1864, circulou até 1939. O polêmico escritor Karl Kraus (1874-1936) fez do periódico um alvo privilegiado das suas sátiras corrosivas.

Reduzamos a sua argumentação a fórmulas matemáticas: suponhamos que C_1 e C_2 são dois capitais totais, cujos componentes variáveis são v_1 e v_2 e as *quantidades* de mais-valia respectivas m_1 e m_2. Para uma mesma taxa de lucro (suponhamos provisoriamente que lucro e mais-valia são equivalentes), teremos:

$$C_1 : C_2 = m_1 : m_2 \text{; então } \frac{C_1}{m_1} = \frac{C_2}{m_2}$$

Devemos estabelecer as taxas de mais-valia necessárias na hipótese considerada: multipliquemos, pois, um membro da equação por $\frac{v_1}{v_1} = 1$ e o outro por $\frac{v_2}{v_2} = 1$. E teremos:

$$\frac{C_1 v_1}{m_1 v_1} = \frac{C_2 v_2}{m_2 v_2} = \frac{C_1}{v_1} \times \frac{v_1}{m_1} = \frac{C_2}{v_2} \times \frac{v_2}{m_2} .$$

Passemos os fatores respectivos ao outro membro da equação, o que implica a inversão da fração. E então temos:

$$\frac{C_1}{v_1} \times \frac{m_2}{v_2} = \frac{C_2}{v_2} \times \frac{m_1}{v_1} \text{ ou } \frac{C_1}{v_1} : \frac{C_2}{v_2} = \frac{m_1}{v_1} : \frac{m_2}{v_2}$$

ou também que as taxas da mais-valia, para reproduzir a mesma taxa de lucro, segundo Wolf, devem se comportar como os capitais totais respectivos, divididos por seus componentes variáveis respectivos. Se não o fazem, toda a igualdade das taxas de lucro de Wolf cai por terra. Porém: 1) que *possam* fazê-lo, 2) que o façam *necessariamente sempre* – eis precisamente o fato econômico que Wolf devia provar. Em lugar desta prova, ele nos apresenta uma dedução que implica, *sob a forma de hipótese*, o que se trata de determinar. Porque a igualdade das taxas de mais-valia não é, como mostramos, mais que outra forma da equação de taxas de lucros idênticos.

Exemplo:

$$C_1 = 100, v_1 = 40, m_1 = 10$$

$$C_2 = 100, v_2 = 10, m_2 = 10$$

$$\frac{C_1}{v_1} : \frac{C_2}{v_2} = \frac{m_1}{v_1} : \frac{m_2}{v_2}$$

$$\frac{100}{40} : \frac{100}{10} = \frac{10}{40} : \frac{10}{10} \qquad \text{Exato.}$$

Por agora, creio que, talvez, tu vais um pouco demasiado longe ao afirmar a igualdade absoluta das taxas de mais-valia para o conjunto da grande produção. Os vetores econômicos que impõem a igualdade da taxa de lucro são, no meu entender, muito mais fortes e de um efeito muito mais rápido que os que pressionam para a equalização da taxa de mais-valia. Entretanto, a *tendência* existe e as diferenças são na prática insignificantes e, no final das contas, todas as leis econômicas não são mais que a expressão de tendências que se impõem progressivamente e se contrariam reciprocamente.

Quando o prefácio ao livro III abordar este ponto, o senhor Wolf encontrará ali algo com o que se deleitar.[676] [...]

232. ENGELS A AUGUST BEBEL

(em Berlim)

Londres, 8 de março de 1892

[...] Esta questão dos operários desempregados pode piorar, é certo, no próximo ano. O sistema protecionista tem exatamente os mesmos resultados que os do livre-câmbio: saturação dos distintos mercados nacionais e isto quase em toda parte – só que aqui [Inglaterra] não é tão grave como aí [Alemanha]. Porém, mesmo aqui, onde desde 1867 superamos duas ou três pequenas crises larvares, parece que se prepara enfim uma crise aguda. As colossais colheitas de algodão dos dois ou três últimos anos (mais de 9 milhões de fardos por ano) fizeram baixar os preços como nos piores momentos da crise de 1846 e pesam de forma fantástica sobre a produção, com os fabricantes daqui obrigados a operar em nível de superprodução, já que os plantadores americanos contam com uma estupenda colheita! E atuando assim não deixam de perder dinheiro, visto que, dada a baixa dos preços das matérias-primas, seu produto tecido a partir de um algodão caro se encontra sempre desvalorizado ao chegar ao mercado. Essa é também a causa dos gritos de socorro que lançam os fiadores alemães e alsacianos; porém, no *Reichstag* não se diz nenhuma palavra sobre isto. Nos demais ramos da indústria, tampouco as coisas andam muito bem por aqui: há 15 meses, as receitas das ferrovias e das exportações

---

[676] Cf., *supra*, a nota 674.

de produtos industriais estão em clara baixa, de modo que também poderão surgir novamente dificuldades no próximo inverno. Não cabe, em absoluto, esperar uma melhora nos Estados protecionistas do continente: se seus tratados comerciais puderem constituir provisoriamente um remédio, serão cancelados no final do ano. Se esta situação, no próximo inverno, se reproduzir em maior escala em Paris, Berlim, Viena, Roma e Madri a partir de Londres e Nova York – os sinos tocarão e a coisa pode converter-se em algo muito sério. Mas o aspecto positivo do caso consiste em que, tanto em Paris como em Londres, ao menos, há conselhos municipais que *sabem demasiado bem* que dependem de seus eleitores operários e que, a partir de agora, se opõem menos a reivindicações realizáveis (programas de obras públicas, redução da jornada de trabalho, salários de acordo com as reivindicações das associações profissionais etc.) e menos ainda quando nelas veem o melhor e único meio de preservar as massas das heresias socialistas – *realmente* socialistas – muito piores. Depois veremos se os conselhos municipais de Viena e Berlim, eleitos segundo o sistema de classes e por voto censitário,[677] não se sentirão forçados a seguir o movimento, querendo-o ou não [*nolentes volentes*]. [...]

233. ENGELS A N. F. DANIELSON

(em Petersburgo)

Londres, 15 de março de 1892

[...] Seu país atravessa, realmente, um grave período, cuja importância não deve ser subestimada. De acordo com as suas cartas, parece-me que o senhor considera a má colheita atual não um acidente, mas como o resultado necessário, como um dos inevitáveis fenômenos concomitantes ao desenvolvimento econômico em que se acha comprometida a Rússia desde 1861.[678] E esta é também a minha opinião, na medida em que se pode julgar à distância. Em 1861, a Rússia entrou na era da indústria moderna em uma escala digna

---

[677] Até 1918, na Prússia, os eleitores estavam divididos por classes segundo a quantia de impostos pagos – sistema que favorecia evidentemente aos ricos e lhes dava mais "peso eleitoral".

[678] Em fevereiro de 1861 foi abolida a servidão na Rússia – desobstruindo a via para o desenvolvimento capitalista do país.

de uma grande nação. Amadureceu a convicção de que, em nossos dias, nenhum país pode ocupar um lugar conveniente entre as nações civilizadas sem possuir uma indústria mecânica movida pelo vapor e sem cobrir, ao menos em grande parte, as suas próprias necessidades em produtos manufaturados. Partindo dessa convicção, a Rússia tem atuado e o faz com uma grande energia. É natural que ela se cerque de um muro de direitos protecionistas: a concorrência inglesa impõe essa política à maioria dos grandes países – até a Alemanha, onde se desenvolveu com êxito uma grande indústria [*une grande industrie*] sob um regime de *livre-câmbio quase absoluto*, uniu-se ao coro e se tornou regime protecionista simplesmente para acelerar o processo do que Bismarck chamou "criadouro de milionários". E se a Alemanha se lançou por este caminho sem a menor necessidade, quem poderá recriminar a Rússia que fez o que para ela *era* uma necessidade, uma vez que decidiu lançar-se por este novo caminho industrial?

Até certo ponto, a situação atual da Rússia me parece encontrar um paralelo com a da França sob Luís XIV. Também ali foram viáveis as indústrias graças ao sistema protecionista de Colbert;[679] e ao cabo de 20 ou 30 anos, descobriu-se que uma indústria manufatureira nacional não poderia surgir, nas circunstâncias dominantes de então, senão às custas do campesinato. A economia natural [*Naturalwirtschaft*] dos camponeses foi destruída e superada pela economia monetária [*Geldwirtschaft*], que criou o mercado interno, quase destruído, ao menos provisoriamente, por este mesmo processo e pela violência sem precedentes com que se impôs a necessidade econômica. A estas causas se somaram as crescentes taxações, em dinheiro, e a arregimentação de homens, forçadas então pela instituição de exércitos permanentes por meio da conscrição (da mesma maneira que se veem forçados hoje os alemães pela instituição do sistema prussiano do serviço militar generalizado). E quando enfim sobrevieram uma ou duas más colheitas, estendeu-se a todo o país uma situação precária, que encontramos descrita em Boisguillebert e no marechal Vauban.[680]

Há, porém, uma grande diferença: a diferença entre a velha "manufatura" e a "grande indústria" ["*la grande industrie*"] moderna, diferença que (na

---

[679] Jean-Baptiste Colbert (1619-1683), ministro de Luís XIV de 1661 até sua morte. Sua orientação econômico-política fomentou o desenvolvimento da indústria na França.

[680] Sébastien le Prestre de Vauban (1633-1707), célebre engenheiro e chefe militar, responsável pela implantação de um sistema de fortalezas (algumas existentes até hoje).

medida em que afeta o camponês, o pequeno produtor agrícola que possui seus próprios meios de produção) é análoga à que separa o antigo mosquete de pederneira de 1680 do moderno fuzil de repetição, calibre 7,5 mm, de 1892. Mais ainda: enquanto que em 1680 a pequena agricultura era ainda a forma normal de produção e a grande agricultura patrimonial não podia ser mais que uma exceção do progresso, porém sempre uma exceção, a grande agricultura mecanizada é hoje a regra e está se convertendo cada vez mais na única forma possível de produção agrícola – até o ponto de hoje o camponês parecer condenado.

O senhor recorda o que disse nosso autor na carta sobre Zhukovsky: se a Rússia persevera no caminho iniciado em 1861, a [comuna] camponesa deve ir à ruína.[681] Parece-me que é o que está acontecendo neste momento. Parece estar chegando, ao menos em algumas regiões, o momento em que o conjunto das velhas instituições sociais da vida camponesa não só perde todo o seu valor para o camponês individual, mas também se converte em um obstáculo, exatamente como aconteceu antes na Europa ocidental. Temo que tenhamos que tratar a [comuna] como um sonho do passado e contar no futuro com uma Rússia capitalista. É sem dúvida uma grande oportunidade que se perde, porém contra os fatos econômicos não existe recurso algum. O mais curioso é que os mesmos homens que, na Rússia, defendem incansavelmente a superioridade inestimável das instituições primitivas russas sobre as do apodrecido Ocidente, fazem realmente o melhor que podem para destruir estas instituições primitivas e substitui-las pelas do Ocidente apodrecido!

Mas se o camponês russo está condenado a ver-se transformado em proletário industrial ou agrícola, também parece condenado o proprietário fundiário. Pelo que compreendo, esta classe está ainda mais endividada que os camponeses e tem que vender pouco a pouco seus domínios. E entre ambos parece surgir uma nova classe de proprietários da terra [*kulaks*] das aldeias ou burgueses das cidades – talvez pais de uma futura aristocracia fundiária russa?

---

[681] Trata-se da carta redigida por Marx, provavelmente em novembro de 1877, para ser publicada na revista *Otechestvennyie Zapisti* [*Folhas patrióticas*], de Petersburgo, que circulou entre 1868 e 1884. Nesta carta, Marx afirma ainda que as suas pesquisas lhe permitem concluir que, "se a Rússia continuar no caminho que seguiu desde 1861, perderá a melhor chance que a história ofereceu a uma nação para apenas sofrer todas as vicissitudes fatais do sistema capitalista" (cf. *MECW*, 2010, v. 24, p. 199).

O desastre da colheita do último ano projetou uma luz viva em tudo isto. Compartilho plenamente da sua opinião de que as causas são absolutamente sociais. E quanto ao desflorestamento, é também, e de forma tão essencial como a ruína dos camponeses, uma condição vital da sociedade burguesa. Não há nenhum país europeu "civilizado" que não tenha feito tal experiência e os Estados Unidos,[682] e sem dúvida a Rússia também, estão a fazê-la neste momento. O desflorestamento tem, para mim, essencialmente uma causa social e, igualmente, tem consequência social. Mas é também um pretexto muito banal para os partidos interessados para declinar da responsabilidade das desgraças econômicas pelas quais aparentemente ninguém é responsável.

A meu juízo, a desastrosa colheita não fez mais que *patentear* o que estava *latente*. Ela, porém, acelerou enormemente o processo que já estava em curso. O camponês se encontrará, na hora de semear nesta primavera, infinitamente mais fragilizado do que estava quando da semeadura do último outono. E terá que recobrar suas forças em condições muito mais desfavoráveis. Pobre, endividado até o pescoço, sem gado, o que ele pode fazer, inclusive nas regiões em que passou o inverno sem se ver obrigado a abandonar a sua terra? Parece-me que serão necessários anos para superar completamente essas provações e, então, a Rússia haverá de ser um país muito diferente do que era – mesmo no 1º de janeiro de 1891. E devemos nos consolar com a ideia de que tudo isto, finalmente, servirá à causa do progresso humano. [...]

234. ENGELS A KARL KAUTSKY

(em Stuttgart)

Londres, 30 de março de 1892

[...] Ontem à tarde, devolvi o prefácio corrigido, acrescentando duas linhas para a segunda edição.[683] Creio que isto é suficiente. O prefácio antigo

---

[682] Nos Estados Unidos, há quatro anos, pude constatar pessoalmente o desflorestamento. Eles estão fazendo grandes esforços para corrigir seus efeitos e evitar a repetição dos erros. [*Nota de Engels*].

[683] Em outubro de 1884, Engels escreveu o prefácio para a 1ª edição alemã da marxiana *Miséria da filosofia*; para a 2ª edição, ele apenas redigiu umas poucas linhas, datadas de 29 de março de 1892, à guisa de prefácio à nova publicação – na edição brasileira da *Miséria da filosofia* que estamos citando, cf., respectivamente, as p. 195-212 e 213.

ainda responde a esta finalidade: impedir que renasça o blefe tipo Rodbertus que, como todas as modas deste gênero, tem tendência a ressurgir periodicamente. É certo que o antigo cumpriu a sua função com uma extraordinária rapidez. Porém, não é culpa minha se os grandes homens que jogam contra nós são tipos que se possa destruir com dois prefácios. Ademais, as deduções econômicas que contêm continuam fazendo o maior bem aos alemães; o despreparo da nossa gente na polêmica econômica é surpreendente, porém de modo algum divertido. [...]

A propósito [À propos], não revisei as provas do artigo de Marx sobre Pr[oudhon], publicado no *Social-Demokrat* de Berlim:[684] não tive tempo. [...]

235. ENGELS A N. F. DANIELSON

(em Petersburgo)

Londres, 18 de junho de 1892

[...] O fato sobre o qual especialmente quero insistir é que a má colheita (para empregar a expressão oficial) do ano passado não é um acontecimento isolado nem acidental, mas a consequência necessária de toda a evolução desde o término da guerra da Crimeia;[685] é a consequência da passagem da agricultura comunitária e da indústria doméstica patriarcal à indústria moderna; no meu entender, esta transformação deve colocar em perigo, a longo prazo, a existência da comuna agrícola [*obtschina*] e introduzir o sistema capitalista também na agricultura.

Deduzo de suas cartas que o senhor está de acordo comigo no que se refere aos fatos em si; quanto à questão de se nos agradam ou não, já é outro assunto e, nos agradem ou não, os fatos continuarão estando aí. Quanto mais

---

[684] Engels colocou o texto de Marx, uma nota publicada após a morte de Proudhon em 1865, no princípio da edição alemã da *Miséria da filosofia* – cf., na edição brasileira que estamos citando, as p. 259-269.

[685] A guerra da Crimeia desenrolou-se entre outubro de 1853 e fevereiro de 1856, com a derrota do império russo diante da coalizão originalmente formada pelo império otomano, a Inglaterra, a França e o reino da Sardenha. Uma sucinta informação sobre o conflito encontra-se em E. J. Hobsbawm, *A era do capital. 1848-1875*. Rio de Janeiro, Paz e Terra, 1982, p. 94.

abstrairmos nossas simpatias e nossas antipatias, melhor poderemos julgar os fatos e suas consequências.

Não cabe dúvida de que o repentino crescimento da "grande indústria" moderna na Rússia atual foi produzido por meios artificiais, direitos protecionistas, subvenções do Estado etc. O mesmo aconteceu na França, onde o sistema protecionista existe desde Colbert, na Espanha, na Itália e, inclusive desde 1878, na Alemanha – ainda que este último país tenha quase terminado sua transformação industrial em 1878, quando se introduziram os direitos protecionistas para permitir aos capitalistas obrigar seus clientes do interior a lhes pagar preços elevados, graças aos quais puderam vender para o estrangeiro por baixo custo. E os Estados Unidos fizeram exatamente o mesmo, com o objetivo de reduzir o período durante o qual os industriais americanos não estavam em condições de enfrentar a concorrência inglesa em pé de igualdade. Que os Estados Unidos, a França, a Alemanha e a Áustria estejam algum dia em condições de lutar com êxito contra a concorrência inglesa no mercado mundial, ao menos em relação a um determinado número de artigos importantes, não cabe dúvida alguma. Atualmente a França, os Estados Unidos e a Alemanha já quebraram, até certo ponto, o monopólio industrial da Inglaterra e nisto são muito sensíveis aqui [na Inglaterra]. Poderá a Rússia fazer o mesmo? Eu duvido, já que a Rússia, e também a Itália, carecem de carvão nos pontos industrialmente favoráveis e, por outra parte, como o senhor explica muito bem em sua carta de 12-24 de março, têm que fazer frente a condições históricas diferentes. Porém, então, temos que responder a esta outra questão: poderia a Rússia, no ano de 1890, existir e sustentar seu lugar no mundo como país puramente agrícola, vivendo da exportação de seu trigo e o trocando por produtos industriais estrangeiros? Creio que a esta pergunta podemos responder com toda a segurança. Uma nação com 100 milhões de habitantes, que desempenha um importante papel na história do mundo, não poderia, nas atuais condições econômicas e industriais, seguir na situação em que se encontrava a Rússia até a guerra da Crimeia. A introdução de máquinas e equipamentos a vapor, as tentativas de fabricar produtos têxteis e metalúrgicos com os meios modernos de produção, ao menos para o consumo interno, tinham que acontecer cedo ou tarde, mas em todo caso no curso de um determinado período compreendido entre 1856 e 1880. Se a Rússia não tivesse feito isto, sua indústria doméstica patriarcal teria sido igualmente destruída pela concorrência mecânica inglesa e ela estaria convertida finalmente numa... Índia, um país submetido economicamente à grande oficina central do mundo: a Inglaterra. Mesmo a Índia reagiu mediante direitos protecionistas contra os algodões ingleses; e todas as demais colônias britânicas, quando conseguiram a autonomia, protegeram suas fábricas internas contra a concorrência destrutiva da metrópole. Escritores ingleses interessados não podem compreender porque o seu próprio exemplo de livre mercado é rechaçado em todas as partes e se estabeleceram direitos protecionistas para fazer-lhe frente. Decerto que *não se atrevem a ver* que este sistema protecionista, quase universal hoje, é um meio (mais ou menos inteligente e, em alguns casos, absolutamente estúpido) de defender-se contra este livre mercado inglês que levou o monopólio industrial da Inglaterra a seu apogeu. (É estúpido, por exemplo, no caso da Alemanha, que se transformou num grande país industrial sob o regime do livre mercado e no qual a proteção se estendeu aos produtos agrícolas e às matérias-primas, elevando assim o custo da produção industrial!). De minha parte, não considero este recurso universal à proteção como puro acidente, mas como uma reação contra o intolerável monopólio industrial da Inglaterra: a *forma* desta reação, como já disse, é talvez inadequada e ainda pior, porém a necessidade histórica de uma reação assim me parece clara e evidente.

Todos os governos, por mais absolutistas que sejam, não são, em última instância [*en dernier lieu*], mais que os executores das necessidades econômicas da situação nacional. Podem desempenhar esta tarefa de diversas formas, boa, má ou indiferente; podem acelerar ou retardar o desenvolvimento econômico e suas consequências políticas e jurídicas – porém, no longo prazo, devem segui-lo. A forma com que a revolução industrial se efetuou na Rússia foi a melhor resposta ao fim proposto? É uma interrogação que, por si só, nos levaria muito longe se quiséssemos entrar em sua discussão. Basta, para meu objetivo, poder provar que esta revolução industrial era inevitável.

O que o senhor disse a propósito dos fenômenos que acompanham necessariamente mudanças econômicas tão formidáveis é completamente exato, mas se aplica um pouco mais ou um pouco menos a todos os países que passaram ou estão passando pelo mesmo processo. O esgotamento do solo (exemplo: Estados Unidos), o desflorestamento (exemplo: Inglaterra, França e atualmente Alemanha e Estados Unidos), as mudanças climáticas e a redução dos mananciais são provavelmente mais acentuados na Rússia que em qualquer outro lugar devido ao caráter plano do país – que deve oferecer água a enormes rios sem a reserva de uma neve como a alpina, que mantém o Reno, o Danúbio, o Ródano e o Pó. A destruição das antigas relações agrárias, a passagem gradual à agricultura capitalista praticada em grandes explorações são processos que já terminaram na Alemanha oriental e estão se desenvolvendo atualmente por toda parte. E me parece evidente que a grande indústria na Rússia matará a comuna agrícola [*la grande industrie en Russie tuera la commune agricole*], a menos que intervenham outras grandes mudanças que possam protegê-la. A questão está em saber se transcorrerá tempo suficiente para que a opinião pública russa evolua até ao ponto em que seja possível enxertar uma indústria moderna e uma agricultura moderna nela [comuna] e modificá-la, ao mesmo tempo, de tal forma que possa converter-se em um instrumento conveniente e apropriado à organização desta produção moderna e à passagem desta da forma capitalista para uma forma socializada. O senhor reconhecerá que, mesmo não sendo mais que um sonho a realização desta mudança, será preciso, primeiro, que ocorra um progresso formidável na opinião pública do seu país. Haverá tempo suficiente para consegui-lo antes que a produção capitalista, ajudada nisto pelos efeitos da crise atual, atinja demasiado profundamente a [comuna]? Não tenho a menor dúvida de que ela [a comuna], em muitas regiões, ressentiu-se do golpe que recebeu em 1861 (tal como o descreve V. V.).[686] Porém, poderá ela resistir aos incessantes golpes que lhe assestam a transformação industrial, a deflagração do capita-

---

[686] *V.V.*: iniciais de Vasily P. Vorontsov (1847-1918), populista, autor de obras sobre o desenvolvimento capitalista e a comuna russa, a mais importante das quais se publicou em 1892: *Os destinos do capitalismo na Rússia*. Populistas russos estão muito presentes na correspondência de Marx e Engels – como o próprio destinatário desta carta. Por isto, talvez valha a pena observar ao leitor que a crítica dos populistas russos por *marxistas russos* foi desenvolvida após a morte de Marx e nos últimos anos de vida de Engels, até porque *efetivas influências* de ambos na Rússia só emergiram a partir de 1881, em textos de G. Plekhanov que, aliás, é considerado o "pai do marxismo russo". Na crítica marxista ao populismo, há que destacar o papel do jovem Lenin, nos anos 1890 (vejam-se, desta década, ensaios como "Quem são os 'amigos do povo' e como lutam contra os social-democratas", de 1894, e "A que herança renunciamos?", de 1897); no final desses anos, uma síntese da crítica leniniana comparece no primeiro capítulo do clássico *O desenvolvimento do capitalismo na Rússia* (1899; há edição brasileira: São Paulo: Abril Cultural, 1982).

lismo, a destruição da indústria doméstica, a ausência dos direitos comunais de livre pastoreio e de corte de madeira, a transformação da economia natural camponesa em economia monetária, a crescente riqueza e potência dos *kulaks* (grandes camponeses) e dos exploradores?

Tenho que agradecer-lhe também pelos livros que teve a gentileza de enviar-me, em especial Kablukov e Karichev.[687] No momento, encontro-me tão assoberbado de trabalho que há seis meses não tenho podido ler nenhum livro inteiro, em nenhuma língua – reservo seus livros para a minha época de descanso, em agosto. O que o senhor disse de Kablukov me parece perfeitamente exato, até onde posso julgar sem ter lido o livro. O trabalhador agrícola não tem terra, nem em posse nem em arrendamento, não encontra trabalho mais que durante uma época do ano e, se recebe só por este trabalho, tem que morrer de fome durante todo o tempo em que está desocupado, a menos que encontre outras tarefas para fazer durante este tempo – mas a produção capitalista moderna o priva de toda oportunidade de encontrar essas ocupações. Na Europa ocidental e central esta dificuldade se supera, na medida do possível, da seguinte maneira: 1) o capitalista agrícola ou o dono de terra conserva uma parte dos seus jornaleiros durante todo o ano na fazenda e os mantém, na medida das possibilidades, com seus produtos, a fim de gastar o mínimo em dinheiro. Esta prática está muito disseminada no noroeste da Alemanha e até certo ponto aqui na Inglaterra, onde, por outro lado, o clima permite realizar muitos trabalhos agrícolas durante o inverno. Ademais, na agricultura capitalista, há muitas coisas a fazer numa fazenda inclusive no inverno; 2) o que se necessita para manter os trabalhadores do campo com vida, somente com vida, durante o inverno, é fornecido, em muitos casos, pelo trabalho das mulheres e das crianças, numa nova espécie de trabalho doméstico (veja *O capital*, I, capítulo XIII, 8d).[688] Este é o caso no sul e no oeste da Inglaterra e para o modesto camponês na Irlanda e na Alemanha. É certo que os desastrosos efeitos da separação entre a agricultura e a indústria doméstica patriarcal são mais evidentes durante o período de transição, como, neste momento, são-no no seu país. [...]

---

[687] Nicolai A. Karichev (1855-1905), economista russo, professor universitário. Sobre Kablukov, cf., *supra*, a nota 518.

[688] Cf., na edição brasileira d'*O capital* que estamos citando, o livro I, p. 537-541.

236. ENGELS A CONRAD SCHMIDT

(em Zurique)

Londres, 12 de setembro de 1892

[...] Estou ansioso por conhecer os teus estudos sobre a taxa de lucro. Fireman não me enviou o seu artigo.[689] O fascículo pode ser adquirido separado? Neste caso, peço-te me indicar exatamente o fascículo e o título do artigo. É-me absolutamente impossível imprimir à parte a seção sobre a taxa de lucro antes do resto; tu já sabes que, em Marx, tudo se encadeia de tal forma que não se pode retirar nada do contexto. Em contrapartida, se continuo com boa saúde e me deixam em paz, terminarei neste inverno o livro III – porém, por favor, não digas nada, pois sei muito bem quantas vezes as coisas me saíram ao revés do que eu pensava – e então esta pobre alma de professor ficará tranquila por este lado e, por outro, um tanto mais inquieta.

Sobre a concepção de história em Marx, vais ler um artigo meu no próximo número de *Neue Zeit*; aqui, já saiu em inglês.[690]

Sobre as questões da moeda e do crédito, não se pode extrair absolutamente nada dos alemães. Marx mesmo combateu duramente Knies há alguns anos.[691]

As duas obras inglesas mais utilizáveis são as de Tooke: *An Inquiry into the Currency Principle* [Um estudo sobre a teoria dos meios de circulação], 1844 e de Fullarton: *On the regulation of Currencies* [*Da regulação e dos meios de circulação*], 2ª edição, 1845, que só se encontram em alfarrabistas.[692] Tudo

---

[689] Piotr Fireman (1863-1962), químico russo, que passou por vários países (inclusive a Alemanha) antes de fixar-se nos Estados Unidos, onde ganhou destaque como professor e empresário progressista (conhecido como Peter Fireman). Seu artigo "Crítica da teoria do valor de Marx" é comentado por Engels no prefácio ao livro III d'*O capital* (cf., na edição brasileira citada d'*O capital*, o livro III, p. 42-43).

[690] O artigo "Sobre o materialismo histórico", aqui referido, foi escrito por Engels para servir de prefácio à edição inglesa de *Do socialismo utópico ao socialismo científico*; em alemão, numa versão reduzida, saiu na *Neue Zeit* (1892-1893, 1-2). Para o texto em português, cf., na fonte citada na nota 25, *supra*, as p. 285-304.

[691] Cf., *supra*, a carta de número 168.

[692] Sobre Tooke, cf., *supra*, a nota 40; sobre Fullarton, cf., *supra*, a nota 150.

o que se pode dizer sobre o dinheiro enquanto [*qua*] dinheiro, encontra-se no livro I d'*O capital*. No livro III se encontram naturalmente muitas coisas sobre o crédito e a moeda fiduciária – esta é precisamente a seção que está me dando mais trabalho.

A *Economical Interpretation of History* [*Interpretação econômica da história*], de Rogers,[693] é um livro instrutivo em muitos aspectos, porém extremamente superficial do ponto de vista teórico. Certamente que não há nada nele parecido a uma interpretação à moda de Marx [*à la Marx*].

Proporcionou-me grande prazer a leitura do seu artigo em *Neue Zeit*[694] – será muito apropriado para a Inglaterra, porque os *jevons-mengerianos*[695] se introduzem aqui diabolicamente na Sociedade Fabiana e olham soberbamente, com um desprezo infinito, a esse Marx que já supõem superado. Se houvesse aqui uma revista [*revue*] onde publicá-lo, com sua permissão, Aveling poderia traduzi-lo e eu me encarregaria da revisão. Porém, creio que, no momento, esta possibilidade é pouco viável – é a revista [*revue*] que nos falta! [...]

237. ENGELS A N. F. DANIELSON

(em Petersburgo)

Londres, 22 de setembro de 1892

Caro senhor:

Até aqui estamos de acordo sobre um ponto, a saber: que a Rússia de 1892 não podia existir como país puramente agrícola, que precisava que sua produção agrícola fosse completada com uma produção industrial.

Ora, eu sustento que a produção industrial de nossos dias significa grande indústria [*grande industrie*], vapor, eletricidade, rebobinadoras automáticas, teares mecânicos e, enfim, máquinas que produzem máquinas. No momento em que a Rússia introduziu a ferrovia, a introdução destes meios modernos

---

[693] James E. T. Rogers (1823-1890), economista e historiador inglês.

[694] Conrad Schmidt, "Die psychologische Richtungin der neuren National-Öekonomie" ["A tendência psicológica na Economia Política atual"], *Die Neue Zeit* (1892-1893, 2).

[695] Referências a adeptos de Jevons e de Anton Menger (1841-1906), jurista e sociólogo austríaco.

de produção impôs-se por si mesma. É *preciso* que vocês possam reparar as suas próprias locomotivas, seus vagões, suas vias férreas e isso normalmente não pode ser feito se não forem capazes de *construir* no próprio país o que tiverem de reparar. A partir do momento em que a arte da guerra se converte num ramo da grande indústria [*grande industrie*][696] (encouraçados, artilharia estriada, canhões de tiro rápido e de repetição, fuzis de repetição, balas revestidas de aço, pólvora sem fumaça etc. – e nada disso pode ser produzido sem uma indústria metalúrgica altamente desenvolvida), a grande indústria se torna uma necessidade política. E ela é impossível sem um desenvolvimento correspondente de todos os demais ramos industriais, especialmente da indústria têxtil.

Estou perfeitamente de acordo com o senhor quanto a fixar o começo da nova era industrial do seu país por volta de 1861. A luta desesperada de uma nação com formas de produção primitivas contra nações equipadas com uma produção moderna foi o traço característico da guerra da Crimeia. O povo russo compreendeu isto perfeitamente – daí a transição para formas modernas, transição tornada irreversível pela lei da emancipação [dos servos] de 1861.

Uma vez admitida a necessidade da transição dos métodos primitivos de produção, que prevaleciam em 1854, para métodos modernos, que começam a prevalecer agora, torna-se secundária a questão de saber se o processo que consiste em incubar a Revolução Industrial com métodos de estufa por meio de direitos protecionistas e proibitivos era ou não vantajoso e até necessário.

Este clima industrial de estufa impõe uma forma aguda ao processo, que em outro caso poderia ocorrer sob uma forma mais crônica. Reduz a 20 anos uma evolução que, sem ele, poderia estender-se a 60 ou mais anos. Porém, não afeta a natureza do processo em si que, como o senhor diz, remonta a 1861.

Uma coisa é certa: se a Rússia tivesse realmente a necessidade de uma grande indústria própria e se estivesse decidida a tê-la, era-lhe absolutamente impossível tê-la sem tomar, *até certo ponto*, medidas protecionistas – e isto o senhor o admite. Sob este mesmo ponto de vista, a questão dos direitos pro-

---

[696] Nesta carta, todas as vezes que Engels se refere à *grande indústria*, ele o faz em francês – daqui até o fim da missiva, não registraremos mais entre colchetes a notação *grande industrie*.

tecionistas é uma questão tão somente de *grau* e não de princípio; o princípio era inevitável.

Outra coisa é certa: se a Rússia tinha necessidade, depois da guerra da Crimeia, de sua própria grande indústria, não poderia tê-la mais que de uma só forma: a forma capitalista. E ao mesmo tempo em que aceitava esta forma, estava obrigada a aceitar todas as consequências que derivam da grande indústria capitalista em todos os países.

Pois bem: eu não vejo que os resultados da Revolução Industrial que se está produzindo sob nossos olhos na Rússia sejam diferentes do que são ou têm sido na Inglaterra, na Alemanha e na América. Na América, as condições da agricultura e da propriedade da terra são distintas e isto faz efetivamente uma diferença.

O senhor lamenta o lento crescimento da força de trabalho na indústria têxtil com relação ao crescimento da quantidade da produção. Acontece o mesmo por toda parte. Do contrário, de onde viria a nossa "reserva industrial" de desempregados? (*O capital*, I, c. XXIII, seções 3 e 4).[697] O senhor mostra a substituição gradual do trabalho dos homens pelo das mulheres e crianças (*O capital*, I, c. XIII, 3a).[698]

O senhor deplora que os produtos feitos à máquina substituam os produtos da indústria doméstica e assim destruam esta produção suplementar, sem a qual o camponês não pode viver. Porém, temos aí uma consequência absolutamente necessária da grande indústria capitalista: a criação do mercado interno (*O capital*, I, c. XXIV, 5)[699] – que se produziu na Alemanha em meu tempo e diante de meus olhos. Inclusive quando o senhor diz que a introdução dos tecidos de algodão destrói não somente o fio e o tecido doméstico dos camponeses, mas também a sua cultura do linho, observo que o mesmo aconteceu na Alemanha entre 1820 e os dias de hoje. Ainda sobre este aspecto da questão – a destruição da indústria doméstica e dos ramos da agricultura que a sustentam: parece-me que a verdadeira questão, para o senhor, consiste em saber se os russos tinham que escolher se a grande indústria, *a sua própria*

---

[697] Cf., na edição brasileira d'*O capital* que estamos citando, o livro I, p. 704-723.

[698] Cf. *ibidem*, p. 468-475.

[699] Cf. *ibidem*, p. 816-819.

grande indústria, deveria destruir sua indústria doméstica ou se a importação das mercadorias britânicas deveria realizar esta destruição. Pois bem: *com* um sistema protecionista, é obra dos russos; *sem* um sistema protecionista, é obra dos ingleses. Isto me parece perfeitamente evidente.

O senhor calcula que o total dos produtos têxteis da grande indústria e da indústria doméstica não aumenta, mas que, ao contrário, continua o mesmo ou até diminui. Não só é exato este cálculo: seria falso se o resultado fosse outro. Enquanto a indústria russa contentar-se com o mercado interno, seus produtos não poderão suprir mais que o consumo interno. E este não pode aumentar senão lentamente e, me parece a mim, deve inclusive diminuir na Rússia nas atuais condições.

É que uma das consequências necessárias da grande indústria é que ela *destrói* seu próprio mercado como efeito do mesmo processo pelo qual o *cria*. Cria-o destruindo a base da indústria doméstica do campesinato. Mas, sem indústria doméstica, os camponeses não podem viver. Arruínam-se *como camponeses*; seu poder aquisitivo reduz-se ao mínimo e enquanto não se tornarem *proletários*, sob novas condições de existência, constituirão um mercado muito estreito para as novas indústrias.

O modo de produção capitalista, posto que é uma fase econômica transitória, está carregado de contradições internas que se desenvolvem e vão se manifestando à medida em que vai se desenvolvendo. Esta tendência a destruir seu próprio mercado ao mesmo tempo em que o cria é uma delas; outra é a situação sem saída [*besuychodnoye polosheniye*] na qual desemboca e que se manifesta primeiro em um país *sem* mercado externo, como a Rússia, que em países que são mais ou menos capazes de fazer frente à competição no mercado mundial. Esta situação sem saída aparente encontra sua resolução, no caso destes últimos países, nas convulsões comerciais, na abertura pela força de novos mercados. Porém, mesmo nestes casos, descortina-se outro beco sem saída [*cul-de-sac*]. Repare na Inglaterra. O último mercado novo que poderá provocar uma reativação temporária da prosperidade se se abrir ao comércio inglês é a China. Esta é a razão pela qual o capital inglês se empenha na construção das ferrovias chinesas. Porém, ferrovias significarão a destruição de toda a base da pequena agricultura e da indústria doméstica da China, e, como não haverá o contrapeso de uma grande indústria chinesa, milhões de chineses ver-se-ão na impossibilidade de seguir vivendo. Daí resultará uma emigração massiva, tão grande como não se viu outra na história, uma debandada para a América, a Ásia e a Europa desses chineses odiados, uma competição pelo emprego com o trabalhador americano, australiano e europeu sobre a base do nível de vida chinês, o mais baixo de todos e, se o sistema de produção não tiver sido mudado antes na Europa, haverá então que mudá-lo.

A produção capitalista cria a sua própria ruína e o senhor pode ter certeza de que o mesmo ocorrerá na Rússia. É possível que ela provoque – e se durar muito, seguramente provocará – uma revolução agrária fundamental. Refiro-me a uma revolução no sistema de propriedade da terra, que arruinará tanto os proprietários fundiários [*pomeshtshiki*] como os camponeses [*mushiki*] e os substituirá por uma nova classe de grandes proprietários, saídos [dos *kulaks*] das aldeias e dos especuladores burgueses das cidades. Em todo caso, estou convencido de que os conservadores que introduziram o capitalismo na Rússia ficarão um dia terrivelmente surpresos com as consequências de seus próprios atos.

Atenciosamente,

P. W. Rosher[700]

---

[700] Cf., *supra*, a nota 608.

238. ENGELS A AUGUST BEBEL

(em Berlim)

Londres, 24 de janeiro de 1893

[...] Tenho muita vontade de conseguir o estenograma do discurso de Singer sobre a Bolsa; o que li no *Vorwärts* era excelente.[701] Porém, há um ponto que todos deixam de lado com a maior facilidade quando tratam deste tema: a Bolsa é uma instituição dentro da qual os burgueses exploram não os trabalhadores, mas que se *exploram entre eles*; a mais-valia que troca de mãos na Bolsa é uma mais-valia que *já existe*, é o produto de uma exploração *passada* dos trabalhadores. Somente quando essa exploração já está realizada é que a mais-valia pode servir à especulação bursátil. Portanto, a Bolsa não nos interessa em princípio mais que indiretamente, assim como a sua influência sobre a exploração capitalista dos trabalhadores não é mais que um efeito indireto. Exigir que os trabalhadores se interessem diretamente pelos golpes de que são vítimas, na Bolsa, os *junkers*, os industriais e os pequenos burgueses e que se indignem por isso – é exigir que os trabalhadores tomem as armas

---

[701] Paul Singer (1844-1911), parlamentar, membro proeminente da direção do Partido Social-Democrata depois de 1878. Parte do discurso referido por Engels foi reproduzido no *Vorwärts* [*Avante*], fundado em 1884 – retomando o nome de antigo jornal de exilados alemães em Paris – e desde 1890 tornado órgão central do Partido Social-Democrata; fechado durante o período hitleriano; após o fim da guerra, renasceu, teve o título ligeiramente modificado, e ainda hoje é editado pelo Partido Social-Democrata.

para proteger aqueles que os exploram diretamente, para garantir-lhes a posse da mais-valia arrancada dos próprios trabalhadores. Muito obrigado. No entanto, como fruto sumamente nobre da sociedade burguesa, como espaço da mais extrema corrupção, como estufa onde amadurecem os negócios do Panamá[702] e outros escândalos – e, daí, como excelente meio de concentrar os capitais, de provocar a desagregação e a dissolução dos últimos vestígios de interconexões naturais na sociedade burguesa e, ao mesmo tempo, a destruição e a conversão em seu contrário de todos os conceitos morais ortodoxos – neste sentido, enquanto elemento incomparável de destruição e forte acelerador da revolução que subverte esta sociedade, neste sentido, historicamente, a Bolsa nos interessa diretamente. [...]

239. ENGELS A VLADIMIR I. SHMUILOV[703]

(em Dresden)

Londres, 7 de fevereiro de 1893

[...] Marx elaborou a teoria da mais-valia nos anos 1850, solitariamente e em silêncio, e se negou, energicamente, a publicar algo enquanto não tivesse extraído dela, claramente, todas as consequências. Daí que não apareceram o segundo fascículo da *Contribuição a crítica da Economia Política* e os fascículos seguintes.[704] [...]

---

[702] O escândalo do Panamá veio à tona em 1892, quando se constatou que autoridades francesas ocultaram a corrupção que empresários e agentes públicos operaram na atuação da Companhia do Canal do Panamá, cuja falência, em 1888, lesou milhares de investidores e provocou bancarrotas em cascata.

[703] Vladimir I. Shmuilov, nascido em 1864, social-democrata russo, esteve exilado na Alemanha, de onde contribuiu para a difusão de materiais editados pelo grupo "Emancipação do trabalho" (cf., *supra*, a nota 521). O parágrafo que aqui se publica é parte da cópia de uma carta em que Engels lhe forneceu, a seu pedido, dados biográficos de Marx.

[704] Cf. o primeiro parágrafo da carta de número 29, o primeiro parágrafo da carta de número 33 (e sua nota 129), o primeiro parágrafo da carta de número 40, o primeiro parágrafo da carta de número 54 e os primeiros parágrafos da carta de número 69.

240. ENGELS A N. F. DANIELSON

(em Petersburgo)

Londres, 24 de fevereiro de 1893

Caro senhor:

Perdoe-me o longo silêncio. Foi alheio à minha vontade. Necessito fazer um esforço, um supremo esforço, para terminar o livro III neste inverno e primavera. Para fazê-lo, tenho que abandonar todo trabalho suplementar, incluindo toda a correspondência que não seja absolutamente imprescindível. Se não fosse por isso, nada me teria impedido de prosseguir com o senhor a discussão do nosso problema tão interessante e importante.

Terminei já (à parte algumas questões de forma) a *redação* da seção V (bancos e crédito),[705] a mais difícil de todas, tanto em razão da natureza do objeto quanto pelo *estado do manuscrito*. Restam-me só mais duas seções (um terço do total), uma das quais (a renda fundiária) aborda também um tema muito difícil – mas, pelo que posso lembrar, o manuscrito está muito mais elaborado que o da seção V.[706] Por isso, continuo acreditando que poderei concluir minha tarefa dentro do prazo calculado. A grande dificuldade foi estar, durante um período de três a cinco meses, absolutamente livre de toda interrupção, de tal forma que pude dedicar todo meu tempo à seção V e assim, afortunadamente, agora ela está terminada. Enquanto trabalhei, pensei muitas vezes no imenso prazer que este livro vai proporcionar quando aparecer; enviarei ao senhor algumas provas, como fiz com o livro II. [...]

---

[705] Cf., na edição brasileira d'*O capital* que estamos citando, o livro III, seção V, cap. 21 a 36, p. 383-672.

[706] Engels refere-se à seção VI (na edição brasileira citada d'*O capital*, cf. o livro III, p. 673-873) e à seção VII (cf., nesta mesma fonte, p. 875-948).

241. ENGELS A RUDOLF H. MEYER[707]

(Pruhonice, junto de Praga)

Londres, 19 de julho de 1893

[...] Porém, a principal objeção que o senhor apresenta[708] é que os trabalhos agrícolas não podem ser realizados pelos trabalhadores da indústria e que a redução da jornada de trabalho com duração uniforme para todo o ano não é possível na agricultura. Sobre este ponto, o senhor não compreendeu o que disse o mestre torneiro Bebel.

Com relação ao tempo de trabalho, nada nos impede, em época de semeadura e colheita, e sempre que seja necessário, de aportar rapidamente um suplemento de força de trabalho de oito horas, se se puder fazer que trabalhem duas ou três equipes por dia; inclusive, se cada uma não tiver que trabalhar mais que duas horas por dia – neste trabalho especial – poder-se-ia fazer com que trabalhassem sucessivamente oito, nove, dez equipes, posto que há suficiente pessoas afeitas a este tipo de trabalho. E isto é o que diz Bebel e nada mais. Também na indústria não será nenhuma bobagem o fato de se trabalhar duas horas, digamos nas tecelagens, para multiplicar o número de fusos em funcionamento de tal forma que se satisfaçam as necessidades fazendo com que cada fuso não funcione mais que durante duas horas. Alternativamente, far-se-á os fusos funcionarem de dez a 12 horas, enquanto que os trabalhadores não trabalharão mais que duas horas e a cada duas horas uma nova equipe continuará o trabalho.

No que se refere à sua objeção a respeito dos cidadãos mais pobres, alquebrados pelo tempo de sua existência dedicado ao trabalho na terra, ela é indubitavelmente justa. Estou pronto a confessar-lhe a minha incapacidade de arar, semear, colher e até recolher batatas; mas o senhor sabe que afortunadamente temos na Alemanha uma população rural tão grande que, se nosso gerenciamento das fazendas fosse racionalizado, poderíamos já de início re-

---

[707] Cf., *supra*, a nota 559.

[708] Ao livro de Bebel, *A mulher e o socialismo* – cf., *supra*, a nota 567.

duzir notavelmente o tempo de trabalho de cada indivíduo e ainda sobrariam trabalhadores. Transformada toda a Alemanha em fazendas de 2 a 3 mil arpentes[709] – mais ou menos segundo as condições naturais –, introduzida a mecanização e todos os aperfeiçoamentos modernos – não teríamos, então, na população camponesa, mais trabalhadores qualificados do que os necessários? Porém, então, o trabalho do campo não bastaria para dar ocupação a esta população durante todo o ano. Grandes massas estariam ociosas se a indústria não lhes desse trabalho. De igual forma, nossos trabalhadores da indústria teriam debilitada sua saúde física se não tivessem a chance de trabalhar ao ar livre e particularmente de empregar-se no trabalho do campo. Admito que a atual geração adulta não sirva para isto. Contudo, pode-se formar a juventude para isso. Se os jovens de ambos os sexos forem, durante vários anos seguidos, durante o verão, ao campo, em locais onde haja o que fazer, quantos anos necessitariam trabalhar para obter seus certificados de semeadores, coletores, ceifadores etc.? O senhor não pode pretender que, durante toda a vida, não se possa fazer outra coisa, que se tenha que matar de trabalhar tão irracionalmente como fazem nossos camponeses antes de haver adquirido na agricultura alguns conhecimentos úteis. E isto é o que eu leio, e nada mais do que isto, no livro de Bebel: "que a própria produção, da mesma forma que a formação dos homens, nos aspectos físico e intelectual, não poderá ser levada ao seu nível mais alto enquanto não se tiver eliminado a antiga divisão do trabalho entre a cidade e o campo, a agricultura e a indústria".

Quanto à rentabilidade das grandes explorações em relação às pequenas fazendas, resolve-se, no meu entender, muito facilmente, pela simples razão de que, em última análise, as grandes explorações darão lugar ao nascimento das pequenas fazendas e que estas, por sua vez, darão origem necessariamente às grandes propriedades – da mesma forma que a concorrência desenfreada cria o monopólio e os monopólios geram essa concorrência. Porém, este ciclo vai inevitavelmente acompanhado de crise, de sofrimentos agudos e crônicos e da ruína periodicamente repetida de camadas inteiras – pela razão mesma de estar ligado a um desperdício colossal de meios de produção e de produtos; e, como agora chegamos, felizmente, a um estágio em que podemos prescin-

---

[709] Antiga medida agrária, equivalente a 0,25 hectares.

dir desses grandes senhores proprietários, assim como dos pequenos camponeses, e em que a produção agrícola, como toda a produção industrial, chegou
a uma etapa de seu desenvolvimento que, no nosso entender, não só permite,
mas exige que a sociedade controle tudo por completo em bloco [*en bloc*],
corresponde a nós romper este círculo vicioso [*circulus vitiosus*]. Para tanto,
as grandes explorações e as grandes propriedades senhoriais nos oferecem um
ponto de partida melhor do que as pequenas propriedades camponesas, assim
como, na indústria, as grandes fábricas se prestam melhor do que as pequenas empresas artesãs. E, no plano político, isto se expressa no fato de que os
proletários rurais de grandes extensões se tornam social-democratas, assim
como os proletários urbanos, na medida em que estes últimos podem lidar
com eles, enquanto que o camponês arruinado e o artesão urbano chegam à
social-democracia por meio do desvio do antissemitismo.

Que um proprietário senhorial – nobre [*lord*] ou escudeiro [*squire*] – vindo
do feudalismo chegue a aprender a forma de explorar suas terras à maneira
burguesa e que possa, igual aos burgueses, impor-se o dever de capitalizar,
em qualquer circunstância, todos os anos, uma parte da mais-valia estorqui-
da – eis uma possibilidade que contradiz toda a experiência adquirida em
todos os países que foram feudais. Se o senhor disser que, sob o império da
necessidade, tais senhores têm que se privar de muitas coisas que fazem parte
do tipo de vida a que se acostumaram, estou disposto a acreditar; porém, que
cheguem a aprender a viver dentro dos limites de suas rendas e a reservar algo
para os maus dias [*to live within their incomes and lay beyond something for a
rainy day*], isso eu teria que ver com meus próprios olhos – porque não acontece nunca; no máximo, tratar-se-ia de exceção, não certamente de uma classe
enquanto tal. O fato é que essas pessoas, há 200 anos, só vivem dos subsídios
do Estado, que lhes permitem sobreviver a todas as crises.

Atenciosamente,

Friedrich Engels.

242. ENGELS A F. A. SORGE

(em Hoboken)

Londres, 2 de dezembro de 1893

[...] A revogação da lei sobre a compra da prata[710] preservou os Estados Unidos de uma grave crise monetária e favorecerá o desenvolvimento industrial. Porém, não sei se não teria sido melhor se se produzisse realmente o craque. A fórmula do dinheiro barato [*cheap money*] parece que não entrou bem na cabeça dos camponeses do Oeste. Em primeiro lugar, eles imaginam que, se no país existem meios de circulação em abundância, as taxas de juros haverão de baixar necessariamente: pensando assim, eles confundem meios de circulação e capital monetário disponível; sobre isto, encontram-se no livro III páginas muito esclarecedoras.[711] Em segundo lugar, é um procedimento que convém a todos os devedores contrair dívidas em moedas fortes e saldá-las depois em moeda desvalorizada. Eis por que os *junkers* prussianos, carregados de dívidas, reclamam também, em alto e bom som, o bimetalismo,[712] que lhes permitiria saldar suas dívidas de forma camuflada, à moda de Sólon.[713] Se, nos Estados Unidos, se esperasse, antes de se proceder a esta reforma monetária, que as consequências dos disparates cometidos recaíssem sobre os camponeses, isto teria aberto os olhos de muitas pessoas.

A reforma tarifária, por mais lentamente que seja aplicada, nem por isso deixou de provocar entre os fabricantes da Nova Inglaterra uma espécie de pânico.[714] Ouço falar – em privado e nos jornais – nas numerosas demissões de operários, mas isto se acalmará quando a questão da lei ficar resolvida e,

---

[710] Para defender a moeda nacional, o congresso americano aprovou, em 1893, a revogação da lei de 1890 que permitia a compra de 54 milhões de onças de prata por ano.

[711] Cf., na edição brasileira d'*O capital* que estamos citando, o livro III, cap. 33, p. 579-605.

[712] Cf., *supra*, a carta de número 183.

[713] Sólon (640-560 a. C.), em Atenas, modificando as leis draconianas, reduziu os conflitos sociais mediante várias reformas, entre as quais um cancelamento de dívidas.

[714] Referência à controvérsia provocada pela reforma tarifária protecionista adotada em novembro de 1890, por iniciativa do republicano William McKinley (cf., *supra*, a nota 666).

em consequência, a incerteza cessar. Estou convencido que os Estados Unidos podem concorrer audaciosamente com a Inglaterra em todos os ramos industriais importantes. [...]

1894

243. ENGELS A WALTHER BORGIUS[715]

(em Breslau)

Londres, 25 de janeiro de 1894

Eis aqui as respostas às suas perguntas.

1. Com a expressão relações econômicas, que consideramos a base determinante da história da sociedade, queremos significar o modo como os homens de uma sociedade determinada produzem seus meios de existência e trocam os produtos entre si (na medida em que existe a divisão do trabalho). Logo, *toda a técnica* de produção e dos transportes está aí incluída. Segundo a nossa concepção, esta técnica determina igualmente o modo do intercâmbio, assim como o modo de distribuição dos produtos e, por consequência, depois da dissolução da sociedade gentílica, também a divisão em classes, quer dizer, as relações de dominação e de servidão – portanto, o Estado, a política, o direito etc. No conceito de relações econômicas incluem-se, ainda, a *base geográfica* sobre a qual estas relações se desenvolvem e os vestígios dos estágios

---

[715] Em 19 de janeiro de 1894, o jovem economista Walther Borgius (1870-1932), que por essa época se aproximara do Partido Social-Democrata, enviou a Engels uma carta – que a respondeu dias depois, com o teor aqui reproduzido. Na sequência da morte de Engels, a carta foi publicada no periódico *Der sozialistische Akademiker* [*O acadêmico socialista*] – órgão editado em Berlim, entre 1895 e 1896 – por iniciativa de um de seus redatores, o social-democrata A. H. Starkenburg, por meio do qual fora enviada a Engels. O periódico deu à luz o texto em seu número 20, de 15 de outubro de 1895; como Engels não nominara expressamente o destinatário, a carta ficou, por décadas, conhecida como "carta a Starkenburg".

de desenvolvimento econômico anteriores que se mantiveram, muitas vezes só por tradição ou por força da inércia [*vis inertiae*] e, naturalmente, também o ambiente exterior que rodeia esta forma social.

Se, como o senhor afirma, a técnica depende em grande parte do estado da ciência, esta depende ainda mais do *estado* e das *necessidades* da técnica. Quando a sociedade tem necessidades técnicas, isto ajuda o progresso da ciência mais do que possam fazê-lo dez universidades. Toda a hidrostática (Torricelli etc.)[716] surgiu pela necessidade de regularizar as torrentes das montanhas da Itália nos séculos XVI e XVII. Temos uma visão mais racional da eletricidade desde que se descobriram suas possibilidades de utilização técnica. Porém, desgraçadamente, na Alemanha tornou-se costume escrever a história das ciências como se tivessem caído do céu.

2. Consideramos as condições econômicas como o que condiciona, em última instância, o desenvolvimento histórico. Mas a própria raça é também um fator econômico. Porém, há aqui dois pontos que não convém ignorar.

a) O desenvolvimento político, jurídico, filosófico, religioso, literário, artístico etc., repousam sobre o desenvolvimento econômico. Porém, todos atuam uns sobre os outros e sobre a base econômica. Não é verdade que a base econômica seja *a causa*, *que somente ela seja ativa* e que todo o resto não seja mais que reflexo passivo. Há aqui, ao contrário, uma ação recíproca sobre a base da necessidade econômica, que sempre prevalece *em última instância*. O Estado, por exemplo, atua mediante o protecionismo, o livre-câmbio, mediante uma boa ou má tributação; e mesmo a impotência e o esgotamento mortais do filisteu alemão, resultado da situação econômica miserável da Alemanha de 1648 a 1830 – e que a princípio manifestou-se sob a forma de pietismo, depois de sentimentalismo e de servilismo que lhe curvavam a espinha diante dos príncipes e da nobreza – não deixaram de ter a sua influência econômica. Eles foram um dos maiores obstáculos ao renascimento econômico e não foram removidos senão graças às guerras da Revolução e de Napoleão, que levaram a um extremo agudizado a miséria crônica. Não existe, como de quando em quando há quem queira imaginar por simples comodismo, um efeito automático da situação econômica: são, ao contrário,

---

[716] Evangelista Torricelli (1608-1647), físico e matemático italiano, inventor do barômetro.

os homens mesmos que fazem a sua própria história, num meio determinado que os condiciona, sobre a base de relações reais pré-existentes, entre as quais as condições econômicas que, por influenciadas que estejam pelas demais condições políticas e ideológicas, nem por isto deixam de ser, em última instância, as condições determinantes e constituintes, de um extremo a outro, do fio condutor que é o único que possibilita alguém a compreendê-las.

b) Os próprios homens fazem a sua história, porém até agora não a fizeram conforme a sua vontade coletiva, segundo um plano conjunto e nem sequer dentro do marco de uma sociedade determinada, claramente delimitada. Seus esforços se contradizem e esta é precisamente a razão pela qual reina, em todas as sociedades deste tipo, a *necessidade*, de que o *acaso* é, ao mesmo tempo, o complemento e a manifestação. A necessidade que se impõe por meio de todos os acasos continua sendo, no final das contas, a necessidade econômica. Aqui abordamos a questão do que se chama os grandes homens. Naturalmente, é uma pura casualidade que um determinado grande homem surja num determinado momento, num país determinado. Porém, se o suprimirmos e for necessário substituí-lo, esta substituição far-se-á – de uma forma ou de outra [*tant bien que mal*] –: ele sempre acabará por ser encontrado. Foi uma casualidade que Napoleão, este corso, fosse precisamente o ditador militar do qual a República Francesa tinha absoluta necessidade, esgotada por sua própria guerra; porém, está provado que, na falta de um Napoleão, outro teria preenchido a lacuna, porque sempre se encontra o homem quando se é necessário: César, Augusto, Cromwell[717] etc. Se Marx descobriu a concepção materialista da história, Thierry, Mignet, Guizot, todos os historiadores ingleses anteriores a 1850 demonstram que já se faziam esforços nesse sentido e a descoberta da mesma concepção por Morgan[718] é a prova de que o tempo estava já maduro para ela e que *necessariamente* ela deveria ser descoberta.

Assim ocorre com outros acasos e com todos os acasos aparentes que surgem na história. Quanto mais nos distanciamos do econômico e mais nos aproximamos da pura ideologia abstrata, mais comprovaremos que o seu de-

---

[717] Napoleão Bonaparte (1769-1821), César (100a.C.- 44a.C.), Augusto (23 a.C.-14 d.C.) e Oliver Cromwell (1599-1658).

[718] François Mignet (1796-1884); sobre Augustin Thierry e François Guizot cf., *supra*, a nota 64; sobre Morgan, cf., *supra*, a nota 584.

senvolvimento nos apresenta o acaso e mais se desenha em ziguezague a sua curva. Contudo, quando se traça o eixo da curva, observar-se-á que, quanto mais longo é o período examinado e mais amplo o campo examinado, mais esse eixo se aproxima do eixo do desenvolvimento econômico e mais ele tende a seguir paralelo a este.

O maior obstáculo à sua justa compreensão é, na Alemanha, a imperdoável negligência quanto à história econômica; não só é muito difícil livrar-se das ideias sobre a história repetidamente batidas na escola – mais difícil ainda é reunir os materiais necessários para tanto. Quem, por exemplo, terá lido ao menos o velho G[ustav] von Gülich,[719] cuja concisa recolha de materiais contém, entretanto, tanta matéria para o esclarecimento de incontáveis fatos políticos?

Ademais, o belo exemplo que Marx nos deu n'*O 18 brumário...* deveria, acredito eu, responder suficientemente às suas perguntas, precisamente porque é um exemplo prático. No *Anti-Dühring*, introdução, seção I, capítulos 9 a 11 e seção II, capítulos 2 a 4, assim como na seção III, capítulo I e depois no último capítulo do *Feuerbach*,[720] creio igualmente haver tocado na maioria dos pontos colocados nas suas perguntas.

Por favor, não tome as palavras acima com reverência evangélica; considere-as em seu contexto geral. Lamento não ter tempo para escrever-lhe com o rigor expressivo que eu me exigiria se estivesse escrevendo para o público. [...]

244. ENGELS A KARL KAUTSKY

(em Stuttgart)

Londres, 23 de setembro de 1894

[...] A guerra entre a China e o Japão[721] significa o fim da velha China, a subversão completa, ainda que gradual, do conjunto da base econômica, até

---

[719] Gustav von Gülich (1791-1847), historiador alemão da economia.

[720] Na edição brasileira citada do *Anti-Dühring*, cf. p. 45-62, 116-159, 187-213 e 289-303. Na edição brasileira citada de *Ludwig Feuerbach e o fim da filosofia clássica alemã*, cf. p. 193-207.

[721] A guerra sino-japonesa transcorreu de agosto de 1894 a outubro de 1895.

a substituição da antiga conexão de agricultura e de indústria no campo pela grande indústria, as ferrovias etc., o que acarretará o êxodo massivo dos trabalhadores [*coolies*][722] chineses para a Europa – onde se verificará uma aceleração da catástrofe [*débâcle*] e um acréscimo dos conflitos que conduzem à crise. E veremos, uma vez mais, a admirável ironia da história: a produção capitalista não tem mais que a China para conquistar e, conquistando-a, enfim faz-se impossível a si mesma nos lugares onde nasceu. [...]

---

[722] Já no século XVIII europeus referiam-se a trabalhadores portuários do Extremo Oriente como *coolies*; no século XIX, a palavra passou a designar especialmente trabalhadores chineses que emigravam para o Ocidente – frequentemente com conotação pejorativa (não é o caso da sua utilização por Engels).

1895

245. ENGELS A G. PLEKHANOV[723]

(em Genebra)

Londres, 26 de fevereiro de 1895

[...] Não terei muito tempo para ler a crítica d'*A riqueza russa* [*Russkoye Bogatstvo*] sobre o meu livro.[724] Já vi o suficiente a este respeito no número de

---

[723] Em notas anteriores (cf. *supra*, as de número 521 e 686) já se fez referência a G. Plekhanov – mas a sua importância justifica mais esta, para sublinhar a sua influência decisiva na aproximação de egressos do populismo russo às ideias de Marx e na divulgação destas entre jovens revolucionários russos e no seio da *Internacional Socialista*; e também para observar que, da sua extensa produção, há peças disponíveis em português, como *A concepção materialista da história* (Rio de Janeiro: Vitória, 1963); *A arte e a vida social* (São Paulo: Brasiliense, 1964); *A arte e a vida social & Cartas sem endereço* (São Paulo: Brasiliense, 1969); *Ensaios sobre a história do materialismo* (Lisboa: Estampa, 1973); *O papel do indivíduo na história* (São Paulo: Expressão Popular, 2000).
Especialmente a partir de 1912, surgiram divergências *políticas* entre Lenin e Plekhanov, acentuadas no curso das revoluções russas de fevereiro e outubro de 1917 – é notória a oposição de Plekhanov ao poder soviético. Apesar disto, o líder bolchevique não hesitou em escrever, em 1921, já depois da morte de Plekhanov: "Acho oportuno assinalar entre parênteses para os jovens membros do partido que *não se pode* ser comunista consciente, *autêntico*, sem estudar – precisamente *estudar* – tudo aquilo que Plekhanov escreveu sobre filosofia, pois é o melhor de toda a literatura internacional do marxismo" (V. I. Lenine, *Obras escolhidas em três tomos*. Lisboa/Moscou: Avante!/Progresso, 1979, 3, p. 452).

[724] A crítica mencionada por Engels – "O materialismo histórico" – tem por objeto *A origem da família, da propriedade privada e do Estado*, é assinada por um certo L. Zack e é francamente hostil ao livro. *A riqueza russa*, publicação mensal referida à ciência, à política e à literatura, circulou em Petersburgo entre 1876 e meados de 1918.

janeiro de 1894.[725] Quanto a Danielson, creio que não há nada a fazer com ele. Enviei-lhe por carta [*par lettre*] os materiais sobre a Rússia da seção internacional do *Volkstaat*[726] e sobretudo o apêndice de 1894, escrito, *em parte*, diretamente para ele[727] – que o recebeu mas, como o senhor pode ver, foi inútil. Não há forma de discutir com esta geração de russos de que ele faz parte e que continua acreditando na missão espontâneo-comunista que distingue a Rússia, a verdadeira Santa Rússia [*Svyataya Russi*], dos demais povos profanos.

Enfim, num país como o seu, onde a grande indústria moderna está enxertada na comuna camponesa primitiva e onde todas as fases de civilização intermediária estão representadas ao mesmo tempo, num país que, além disso, está cercado, com mais ou menos eficácia, por uma muralha chinesa intelectual erguida pelo despotismo – enfim, nele não há por que se surpreender com as combinações de ideias mais estranhas e impossíveis. Veja o pobre diabo do Flerovski, que imagina que as mesas e as camas pensam, mas não têm memória. É uma fase pela qual o país tem que passar. Pouco a pouco, com o crescimento das cidades, desaparecerá o isolamento das pessoas de talento e com ele essas aberrações mentais produzidas pela solidão, a incoerência dos conhecimentos erráticos desses estranhos pensadores e também – entre os populistas [*narodniki*] – o desespero de ver como se desvanecem suas esperanças. Com efeito, um ex-terrorista populista poderá, com toda normalidade, tornar-se um tsarista.

Para tomar parte nessa polêmica, teria que ler toda uma literatura e depois segui-la e contestá-la. Mas isto consumiria todo o meu tempo durante um ano e o único resultado útil provavelmente seria aprender russo bem melhor do que sei até agora – e me pedem o mesmo para a Itália, a propósito do ilustre Loria.[728] Já estou assoberbado de trabalho! [...]

---

[725] Neste número, saiu o outro texto a que Engels alude nesta carta, sem citá-lo expressamente – "A literatura e a vida", de N. Mikhailovski (sobre este, cf., *supra*, a nota 487).

[726] Jornal do Partido Social-Democrata Alemão (cf., *supra*, a nota 306).

[727] Este importante apêndice de Engels ao artigo "Informações sociais da Rússia" ["Soziales aus Russland"] não está acessível em português – encontra-se em *MEW*, 1963, 22, p. 421-435 e em *MECW*, 2010, 27, p. 421-433.

[728] Achile Loria (1875-1943), economista italiano, professor universitário. Engels dedicou-lhe umas linhas críticas no prefácio ao livro III d'*O capital* (cf., na edição brasileira que estamos citando

246. ENGELS A CONRAD SCHMIDT

(em Zurique)

Londres, 12 de março de 1895

[...] Creio que a tua carta me oferece algum esclarecimento a propósito da forma pela qual tu te lanças ao tratamento da taxa de lucro[729] – através de um atalho. Nela encontro a mesma propensão a desviar-se para o detalhe e eu a atribuo ao método eclético na filosofia que se introduziu, a partir de 1848, nas universidades alemãs: perde-se completamente de vista o conjunto e se divaga, em torno de detalhes, muito frequentemente pelos altares de especulações sem fim e bastante vazias. Dentre todos os clássicos, foi sobretudo Kant quem se preocupou com isto; e Kant, em razão do estado da filosofia alemã em sua época e da sua oposição ao leibnizianismo pedante de Wolf,[730] se viu mais ou menos obrigado a fazer, na forma, concessões aparentes aos raciocínios de Wolf. Assim explico a mim mesmo a tua tendência, que se manifesta até no plano da tua carta sobre a lei do valor, a mergulhar nos detalhes e me parece que, em consequência, não levas suficientemente em conta as relações de conjunto, até o ponto em que rebaixas a lei do valor a uma ficção, uma ficção necessária, algo assim como Kant reduz a existência de Deus a um postulado da razão prática.

As objeções que fazes à lei do valor afetam *todos* os conceitos, considerados do ponto de vista da realidade. A identidade do pensamento e do ser, para utilizar a terminologia hegeliana, coincide inteiramente com o teu exemplo

---

desta obra, o livro III, p. 47) – linhas críticas a que se devem acrescentar outras, escritas posteriormente e constantes do que hoje figura nas "notas suplementares ao Livro III d'*O capital*" (cf., na mesma fonte citada do livro III, as p. 952-954).

[729] Engels considera aqui a obra de Schmidt, dada a público em Stuttgart, em 1889, *Die Durchschnittsprofitrate auf Grundlage des Marx'schen Werthgesetzes* [*A taxa média de lucro à base da lei marxiana do valor*]. Engels aborda a questão do tratamento de Schmidt à taxa de lucro no prefácio ao livro III d'*O capital* (cf., na edição brasileira que estamos citando d'*O capital*, o livro III, p. 40-41). Considerando um outro texto de Schmidt, bem mais recente (de fevereiro de 1895), Engels desenvolve novas reflexões nas acima citadas "notas suplementares ao Livro III d'*O capital*" (cf., na mesma fonte citada na nota anterior, as p. 955 e ss.).

[730] Sobre Kant, cf., *supra*, a nota 349; Christian Wolf (1679-1754), filósofo, professor nas universidades de Leipzig e Halle.

do círculo e do polígono. Ou então ambos, o conceito de uma coisa e a sua realidade, correm paralelos, como duas assíntotas que se aproximam continuamente uma da outra sem jamais se encontrar. A diferença entre ambos é a própria diferença que impede o conceito de ser direta e imediatamente realidade e impede a realidade de ser imediatamente seu próprio conceito. Porque um conceito tem o caráter essencial de conceito e, portanto, não coincide de imediato, à primeira vista [*prima facie*] com a realidade, da qual teve que ser inicial e totalmente abstraído; ele é, no entanto, mais do que uma ficção – a menos que declares ficções todos os resultados do pensamento porque a realidade lhes corresponde apenas de forma indireta e, mesmo assim, só depois de um longo percurso assintótico.

Ocorre algo diferente com a taxa geral de lucro? Ela não existe em cada momento mais que de um modo aproximado. Se chega a realizar-se em duas empresas até coincidir no mínimo detalhe, se ambas obtêm num mesmo exercício *exatamente a mesma taxa de lucro*, trata-se de pura casualidade; na realidade, as taxas de lucro variam em função de múltiplas circunstâncias, de uma empresa a outra e de um ano a outro e a taxa geral existe como média de numerosas empresas e ao longo de toda uma série de anos. Ora, exigir que em cada empresa e em cada ano a taxa de lucro seja exatamente a mesma, até a centésima casa (por exemplo, 14,876934...), sob pena de vê-la reduzida a uma simples ficção, seria desconhecer profundamente a natureza da taxa de lucro e das leis econômicas em geral – todas elas só existem na aproximação, na tendência, na média, não na realidade *imediata*. Isto decorre, por uma parte, do fato de a sua ação ser contrarrestada pela ação simultânea de outras leis e, por outra, também de sua natureza conceitual.

Vê a lei do salário, a forma como se realiza o valor da força de trabalho, que não se dá senão em média – e nem sempre – e que varia segundo a localidade, inclusive segundo o ramo, em função dos hábitos de vida. Ou a renda da terra, que representa, em relação à taxa geral, o superlucro resultante da monopolização de uma força natural; aí menos ainda coincidem automaticamente superlucro real e renda real; isto só se verifica de forma aproximada, como média.

Ocorre exatamente o mesmo com a lei do valor e da distribuição da mais-valia por meio da taxa de lucro.

1. Ambas as coisas só se realizam completamente, de maneira aproximada, na hipótese de uma produção capitalista que se efetiva em toda parte de forma absoluta, isto é, na hipótese de uma sociedade reduzida às classes modernas de proprietários fundiários, de capitalistas (industriais e comerciantes) e de operários, eliminando todas as camadas intermediárias. Ora, uma situação como esta não existe nem sequer na Inglaterra e não existirá nunca – nós não deixaremos que as coisas cheguem até este ponto.

2. O lucro, a renda incluída, compõe-se de diferentes elementos:

a) o lucro por fraude na mercadoria – que se anula na soma algébrica desses lucros;

b) os lucros derivados do aumento do valor dos estoques (por exemplo, o saldo da última colheita, quando a seguinte é má). Estes lucros *devem* também, teoricamente, compensar-se no fim das contas, desde que ainda não tenham sido anulados pela queda do valor de outras mercadorias, seja pelos capitalistas compradores tendo que desembolsar ainda mais para aumentar o que ganham os capitalistas vendedores, seja, no caso de meios de subsistência para os operários, por eventuais aumentos de salários. Porém, o mais importante é que esses aumentos de valor não são permanentes, de modo que a compensação só ocorre em média ao longo de anos e é muito imperfeita – e é evidente que se realiza às expensas dos trabalhadores: produzem mais mais-valia com sua força de trabalho não totalmente paga;

c) a soma total da mais-valia, da qual, então, se deduziu *a fração presenteada ao comprador*, particularmente em tempo de crise, quando o valor da produção excedente é reduzido ao seu verdadeiro conteúdo de trabalho socialmente necessário.

De tudo isto se segue, em primeiro lugar, que a totalidade de lucros e de mais-valia não podem coincidir senão aproximadamente. Se a isso se soma que a totalidade da mais-valia e a totalidade do capital não são magnitudes constantes, mas variáveis, que se modificam de um dia para outro, resulta que é pura e simplesmente impossível expressar a taxa de lucro mediante a fórmula $\frac{\sum m'}{\sum (c + v)}$, senão apenas considerando-a como uma função aproximada e considerando a totalidade do preço e a totalidade do valor como tendentes sempre a constituir uma só coisa e, entretanto, descartando sempre esta identidade. Em outras palavras, a unidade do conceito e do fenômeno apresenta-se como um processo infinito por essência e o é realmente, neste caso mais que em qualquer outro.

O feudalismo correspondeu alguma vez a seu conceito? Criado no reino dos francos ocidentais,[731] desenvolvido na Normandia pelos conquistadores noruegueses, melhor elaborado na Inglaterra e na Itália meridional pelos normandos franceses – foi, todavia, das cortes do breve reino de Jerusalém que nos chegou o código que é a expressão mais clássica da ordem feudal,[732] mais próxima do seu conceito. Esta ordem foi por acaso uma ficção porque só conheceu, em sua forma clássica, uma curta existência na Palestina e mesmo isto, em grande parte, apenas no papel?

Ou talvez sejam também ficções – porque nem sempre correspondem exatamente à realidade – os conceitos admitidos nas ciências naturais? A partir do momento em que aceitamos a teoria da evolução, todos os nossos conceitos da vida orgânica só correspondem à realidade de forma aproximada. Caso contrário, uma vez que coincidissem completamente conceito e realidade, no mundo orgânico não haveria mudança – a evolução cessaria. O conceito de peixe implica a existência na água e a respiração por meio de brânquias; como queres passar do peixe para o animal anfíbio sem romper este conceito? Pois ele foi efetivamente rompido: conhecemos toda uma série de peixes cuja bexiga natatória evoluiu até o pulmão e que podem respirar o ar. Como queres passar do réptil ovíparo ao mamífero, que dá à luz filhotes vivos, que traz ao mundo pequenos seres vivos, sem colocar um ou ambos os conceitos em conflito com a realidade? E na realidade possuímos, com os monotremados, toda uma subcategoria de mamíferos ovíparos – em 1843 vi, em Manchester, ovos do ornitorrinco e, em minha sólida ignorância, zombei estupidamente: como

---

[731] O reino franco-ocidental surgiu após a desintegração do império de Carlos Magno (742-814), ocupando o território da França atual.

[732] Trata-se de um conjunto de leis produzido pelas cortes do Reino de Jerusalém, reino estabelecido pelos cristãos após a primeira Cruzada e que existiu do final do século XI ao fim do século XIII.

se um mamífero pudesse botar ovos! E o caso é que hoje está provado! Não te comportes com o conceito de valor como eu me comportei outrora e te verás obrigado, como eu, a pedires desculpas ao ornitorrinco! [...]

247. ENGELS A VICTOR ADLER[733]

(em Viena)

Londres, 16 de março de 1895

[...] Posto que queiras estudar a fundo *O capital* II e III, ofereço-te algumas pistas para facilitar as coisas.

Livro II, seção I. Lê o capítulo 1 a fundo; assim poderás compreender depois mais facilmente os capítulos 2 e 3. Lê também com atenção o capítulo 4 – é um resumo; os capítulos 5 e 6 são fáceis e, de modo particular, o 6 trata de questões acidentais.

Seção II: capítulos de 7 a 9, importantes. O 10 e o 11, particularmente importantes. O mesmo que o 12, 13 e 14. Ao contrário, o 15, 16 e 17, no momento, são secundários.

Seção III: é uma exposição muito bem feita do conjunto da circulação das mercadorias e do dinheiro na sociedade capitalista desde os fisiocratas e é a primeira vez que se trata este tema; extraordinário quanto ao conteúdo, porém terrivelmente pesado quanto à forma, porque 1) foi feito de peças e trechos a partir de duas elaborações procedentes de dois métodos diferentes, e 2) a elaboração número 2 foi terminada à força, num período de enfermidade no qual o cérebro padecia de insônia crônica. Eu reservaria esta leitura para o *final, depois de um primeiro trabalho* sobre o Livro III. Ademais, para o que queres fazer, é a parte da qual podes prescindir.

Depois, o Livro III.

Nele, o importante, na seção I, são os capítulos 1 a 4; em troca, são menos importantes para o encadeamento *geral* os capítulos 5, 6 e 7, aos quais não deves dedicar demasiado tempo.

---

[733] Victor Adler (1852-1918), médico, fundador e dirigente da social-democracia austríaca e membro da *Segunda Internacional* – neste momento, estava na prisão.

Seção II. *Muito importantes*: os capítulos 8, 9 e 10. Passar mais depressa sobre o 11 e 12.

Seção III. *Muito importante*: toda, do capítulo 13 ao 15.

Seção IV. Igualmente muito importantes e fáceis de ler os capítulos 16 a 20.

Seção V. Muito importantes: os capítulos 21 a 27. Menos o capítulo 28. Capítulo 29, importante. No conjunto, sem importância para o que queres os capítulos 30 a 32; são importantes quando se trata do papel-moeda etc., o 33 e o 34; importante o 35, sobre o movimento internacional do câmbio; muito *interessante para ti* e fácil de ler é o 36.

Seção VI. Renda da terra: o 37 e 38 são importantes. São menos, porém deves lê-los, o 39 e o 40. Deixar de lado os 41 a 43 (renda diferencial, casos particulares). 44 a 47: novamente importantes e em sua maior parte fáceis de ler.

Seção VII. Muito boa, infelizmente muito esquemática e deixando transparecer incontáveis horas de insônia.

Desta forma, se estudares a fundo o essencial que marquei e percorreres superficialmente, para começar, o que é menos importante (o melhor seria voltar a ler primeiro os capítulos essenciais do livro I), terás uma visão geral do conjunto e depois poderás trabalhar com mais facilidade as passagens que deixaste de lado. [...]

248. ENGELS A CONRAD SCHMIDT

(em Zurique)

Londres, 6 de abril de 1895

Caro Schmidt:

Fico muito grato por tua tenacidade a propósito da "ficção". Existe aí, realmente, uma dificuldade que pude superar tão somente devido à tua insistência sobre a tua "ficção". A solução se encontra no livro III, 1, páginas 154 a 157;[734] porém, aí ela não se encontra claramente desenvolvida e enfatizada, e esta circunstância me estimula a voltar brevemente a este ponto na *Neue*

---

[734] A remissão de Engels é à edição alemã; na edição brasileira d'*O capital* que estamos citando, cf., no livro III, as p. 207-214.

Zeit,[735] partindo das objeções de Sombart[736] e das tuas. Além disso, gostaria de completar o livro III em outro ponto, ou melhor, gostaria de colocá-lo em sintonia com a situação atual, atendendo a certas mudanças que se produziram desde 1865 nas relações econômicas.[737]

Porém, para desenvolver este ponto sobre a eficácia e validade da lei do valor, meu projeto ficaria muito facilitado se me permitisses fazer referência não só à "hipótese" do teu artigo na *Centralblatt,*[738] como também "à ficção" de tuas cartas e citar uma ou duas passagens para definir o melhor possível o que entendes em teu artigo pela "hipótese". Volta a ler, por favor, a passagem antes mencionada e diz-me imediatamente se me permites fazer estas citações, apresentando-as como extratos de cartas que me dirigiu o Dr. Conrad Schmidt.[739] No caso de estares convencido, pela passagem de Marx, de que, para a produção mercantil, a lei do valor é no mínimo algo mais que uma ficção necessária, de tal maneira que então seríamos do mesmo parecer, eu renunciaria naturalmente com prazer a estas citações. [...]

---

[735] E, de fato, Engels preparou para a *Die Neue Zeit* (cf., *supra*, a nota 505) dois textos, ambos publicados logo depois da sua morte na revista (n. 1 e 2, 1895-1896) e ambos recolhidos nas já referidas "notas suplementares ao Livro III d'*O capital*" (cf., *supra*, as notas 728 e 729). Um deles, o primeiro, é dedicado especialmente ao esclarecimento da relação entre lei do valor e taxa de lucro, questionando, entre outras, as críticas de Loria e Schmidt. Ao segundo, faremos menção na nota 737, *infra*.

[736] O influente economista/sociólogo Werner Sombart (1863-1941), à época um dos poucos acadêmicos alemães que mantinha uma posição simpática em relação a Marx, apreciou a teoria marxiana do valor de uma forma que pareceu insuficiente a Engels – e este registra sua impressão nas "notas suplementares..." (cf., na edição brasileira citada d'*O capital*, a p. 955).

[737] O segundo texto que a *Neue Zeit* publicou em 1895-1896 não era mais que um esboço, no qual Engels assinala que o papel da *bolsa* (tratado no livro III, seção V, esp. capítulo 27, redigido por Marx em 1865) carecia de uma atualização. Os apontamentos que fez a respeito não ocupam mais de duas páginas e meia das "notas suplementares..." (cf., na edição brasileira citada d'*O capital*, as p. 968-970).

[738] Conrad Schmidt, "Der dritte Band des *Kapital*" ["O livro terceiro d'*O capital*"], *Sozialpolitisches Centralblatt* [*Semanário de política social*], Berlim, ano 4, n. 22, 25 de fevereiro de 1895. Este periódico social-democrata circulou em Berlim entre 1891-1895.

[739] Cf., na edição brasileira d'*O capital* que estamos citando, no livro III, a página 956 – aí, Engels escreve: "[...] Numa carta particular, que ele me permite mencionar, Schmidt declara que a lei do valor, no interior da forma capitalista de produção, é uma simples ficção, ainda que teoricamente necessária. Tal concepção é, em minha opinião, absolutamente falha. A lei do valor tem, para a produção capitalista, uma importância muito maior e mais definida que a de uma mera hipótese, que dirá o de uma ficção, mesmo que necessária."

249. ENGELS A STEPHAN BAUER[740]

(em Brno)

Londres, 10 de abril de 1895

Prezado senhor:

Fico-lhe muito reconhecido e agradeço vivamente o envio do fac-símile do Quadro [*Tableau*] de Quesnay, acompanhado da monografia que lhe dedicou e que me disponho a ler com grande interesse. O senhor tem razão em sublinhar que, desde Baudeau,[741] ninguém, exceto Marx, compreendeu a importância deste expressivo trabalho em matéria de economia; Marx, ademais, foi o primeiro a tirar os fisiocratas do esquecimento a que foram condenados pelos êxitos posteriores da escola inglesa. Se eu tiver a sorte de publicar o livro IV d'*O capital,* o senhor encontrará nele detalhados elogios aos méritos de Quesnay e de seus discípulos.

Atenciosamente,

F. Engels.

250. ENGELS A RICHARD FISCHER[742]

(em Berlim)

Londres, 15 de abril de 1895

[...] Com os artigos da velha *Gazeta Renana*[743] aconteceu o que eu temia: prescreveram os direitos autorais e já não podemos salvar o que é de nosso

---

[740] Stephan Bauer (1865-1934), austríaco de nascimento, foi destacado pesquisador de temas econômicos (descobriu uma rara edição do *Tableau économique* de Quesnay – cf., *supra*, a nota 181), editor de várias revistas científicas e um dos fundadores da *Organização Internacional do Trabalho.*

[741] Nicolas Badeau (1730-1792), clérigo francês, destacado animador do pensamento fisiocrata.

[742] Richard Fischer (1855-1926), jornalista social-democrata, membro do parlamento alemão.

[743] Cf., *supra*, a nota 4.

direito se não agirmos com rapidez. Seria, pois, absolutamente adequado que se anuncie imediatamente que vais publicar esses artigos com notas e introdução minhas. Talvez com o seguinte título: "Primeiros escritos de Karl Marx. Três artigos da (primeira) *Gazeta Renana* (1842): I. O Parlamento Provincial da Renânia e a Liberdade de Imprensa. II. Na mesma Assembleia, lei sobre os furtos de madeira. III. A situação dos vinhateiros do Mosela. Editados e prefaciados por F. Engels".[744]

Este título realmente não me agrada; se possível, seria conveniente evitares qualquer titulação mais precisa, enquanto não encontrarmos algo melhor. No que se refere ao artigo sobre o Mosela, estou completamente seguro, porque sempre ouvi Marx dizer que foi precisamente o ter se ocupado com os furtos de madeira e com a situação dos camponeses do vale do Mosela que o fez passar da política pura para as relações econômicas, chegando assim ao socialismo. [...]

251. ENGELS A KARL KAUTSKY
(em Stuttgart)

Londres, 21 de maio de 1895

[...] Estou terminando, para a *N[eue] Z[eit]*, um texto de que gostarás: "Notas suplementares a *O capital*, livro III, 1. Lei do valor e taxa de lucro". Resposta às objeções de Sombart e de C[onrad] Schmidt. Mais tarde seguirá o número 2: o papel da Bolsa, que experimentou importantíssimas mudanças desde que Marx escreveu sobre ela em 1865.[745] Conforme as necessidades e o tempo de que eu dispuser, haverá uma continuação. Se eu estivesse com a cabeça livre, já teria concluído o primeiro.

---

[744] Este projeto de publicar textos marxianos da *Gazeta Renana*, Engels não teve tempo de realizá-lo. Os artigos de Marx sobre o parlamento renano e o furto de madeira estão acessíveis em português – cf., respectivamente, K. Marx, *Liberdade de imprensa*. Porto Alegre: L&PM, 2001, p. 9-99 e K. Marx, *Os despossuídos*. São Paulo: Boitempo, 2017, p. 77-127.

[745] Cf., *supra*, as notas 735 e 737.

Do teu livro,[746] posso te dizer que melhora à medida que se avança em sua leitura. A julgar pelo plano original, o tratamento de Platão e do cristianismo inicial ainda é muito insuficiente. Para as seitas medievais, está muito bom e vai em crescendo. As melhores páginas referem-se aos taboritas, a Münzer,[747] aos anabatistas. Com muita frequência e em pontos importantes, os acontecimentos políticos são relacionados ao econômico, mas, ao lado disso, encontram-se lugares comuns quando existiam lacunas no teu estudo preliminar. Teu livro me ensinou muito; para uma nova versão da minha *Guerra dos camponeses*,[748] é um trabalho prévio indispensável. Os erros principais, parecem-me que são dois:

> 1. um estudo muito incompleto do desenvolvimento e do papel dos elementos sem classe [*deklassierten*], quase análogos a párias, situados completamente fora da classificação feudal, que necessariamente deveriam aparecer na fundação de cada cidade e constituem a franja mais baixa, a mais desprovida de direitos de toda a população urbana na Idade Média, sem ligação com a comunidade agrária nem com a hierarquia feudal ou com as corporações. Isto é difícil de estudar, porém é a base principal, já que, pouco a pouco, com o relaxamento dos vínculos feudais, esses grupos constituem o *pré*-proletariado, aquele que em 1789 fez a revolução na periferia [*faubourgs*] de Paris e que absorve todos os indivíduos rejeitados pela sociedade feudal e corporativa. Tu falas de proletários; a palavra é ambígua pois aí incluis tecelões, cuja importância sublinhas com razão – somente *a partir do momento em que existem tecelões sem classe*, à margem das corporações e só *porque* existem assim podes integrá-los no teu proletariado. Sobre este ponto, ainda temos muito a aprender;

---

[746] Trata-se do livro de Kautsky, *Die Vorläufer des neuren Socialismus* [*Os precursores do socialismo moderno*], t. I, partes 1-2, publicado em 1895, em Stuttgart. A obra foi escrita com a colaboração de Eduard Bernstein.

[747] Thomas Münzer (1489?-1527), teólogo, personagem revolucionário e trágico no quadro das guerras camponesas alemãs (1524-1525), estudadas por Engels na sua obra, de 1850, *As guerras camponesas na Alemanha*, incluída em F. Engels, *A revolução antes da revolução*. São Paulo: Expressão Popular, 2008, I, p. 35-161.

[748] Engels se refere aqui, evidentemente, à sua obra citada na nota anterior.

2. não consideraste inteiramente o quadro do mercado mundial – supondo que se possa falar em mercado mundial – para compreender a situação econômica internacional da Alemanha nos finais do século XV. É esta situação a *única* que explica por que o movimento burguês-plebeu sob sua forma religiosa, que fracassou na Inglaterra, nos Países Baixos, na Boêmia, poderia ter na Alemanha, no século XVI, um *certo* êxito: triunfou sob seu artifício religioso, ainda que a vitória do conteúdo burguês estivesse reservada (no século seguinte) aos países que se situavam na nova orientação do mercado mundial que, naquela altura, surgira – vale dizer, Holanda e Inglaterra. É uma longa história, que espero expor por completo [*in extenso*] na minha *Guerra dos camponeses* – se, por acaso, puder dedicar-me a ela em seguida.

Quanto ao estilo, no teu desejo de pareceres popular, cais às vezes no jornalismo, outras no professoral – deverias evitar ambos. E depois, para a alegria de Janssen,[749] tu te empenhas em não querer compreender o jogo de palavras de U[lrich] v[on] Hutten, com os seus *obscuri viri...* A graça está precisamente em que a expressão tem os dois sentidos: obscuro e obscurantista, e isso é o que Hutten queria dizer.[750]

Todas estas são simples observações ao correr da leitura. Ede[751] e tu abordaram um tema absolutamente novo e o resultado nunca é perfeito na primeira tentativa. Podes sentir-te feliz por haveres levado a bom termo uma obra que pode ser lida agora, quando apenas um primeiro esboço está concluído. Contudo, os dois têm a obrigação de não abandonar o campo que abriram – devem prosseguir nas suas pesquisas para, dentro de alguns anos, apresentar uma nova versão, que satisfaça a todas as exigências. [...]

---

[749] Johannes Janssen (1829-1891), historiador alemão.

[750] Ulrich von Hutten (1488-1523), humanista e poeta alemão. Engels refere-se aos panfletos satíricos que apareceram entre 1515 e 1517, atribuídos a von Hutten e outros, em que cartas obscuras (de "homens ignorantes") eram contrapostas às de humanistas (de "homens lúcidos") e se valiam de trocadilhos e ambiguidades idiomáticas.

[751] Forma com a qual os amigos se referiam a Eduard Bernstein.

252. ENGELS A FILIPPO TURATI[752]

(em Milão)

Eastbourne, 28 de junho de 1895

Caro cidadão Turati:

Fazer um resumo dos três livros d'*O capital* é uma das tarefas mais difíceis a que possa propor-se um escritor. No meu entender, em toda a Europa, não há mais de meia dúzia de homens capazes de realizá-la. Entre outras condições indispensáveis, há que conhecer a fundo a Economia Política burguesa e dominar perfeitamente a língua alemã. Agora, diz-me o senhor que o seu Labriolino não é muito forte neste último ponto e seus artigos na *Crítica Social*[753] me demonstram que faria melhor em começar por entender bem o livro I antes de querer fazer um trabalho independente sobre o conjunto da obra. Não tenho direito legal de impedi-lo, porém tenho que deixar minhas mãos bem limpas. [...]

---

[752] Filippo Turati (1857-1932), socialista italiano, fundador e um dos dirigentes do Partido Socialista Italiano.

[753] Refere-se ao filósofo italiano Antonio Labriola (1843-1904), que se aproximou das ideias de Marx por volta de 1880 e tornou-se um divulgador delas, produzindo uma série de trabalhos muito influentes na Itália da época.
Crítica Social, que foi um periódico do Partido Socialista, publicou-se em Milão de 1891 a 1924.

ÍNDICE DE NOMES[1]

Addison, John – 138
Adler, Georg – 398
Adler, Victor – 469
Annenkov, P. V. – 52
Arkwright, Richard – 187
Attwood, Thomas – 127, 137
Augusto – 459
Aveling, Edward – 385, 399, 406, 444

Babbage, Charles – 119, 121
Babst, Ivan K. – 149
Badeau, Nicolas – 472
Badia, Gilbert – 52, 62, 83, 100, 149, 156, 159, 276
Bakunin, Mikhail – 115, 273
Barth, Paul – 411, 418
Bastiat, Frédéric – 116, 130, 193, 265, 266, 267, 268, 381
Bauer, Bruno – 241
Bauer, Stephan – 472
Bebel, August – 147, 368, 376, 452, 453
Becker, Johann Philipp – 196, 386
Beesly, Edward Spencer – 185, 270, 274
Bentham, Jeremy – 260
Berkeley, George – 137
Bernier, François – 93
Bernstein, Eduard – 349, 355, 357, 358, 363, 365, 373, 374, 380, 405, 418, 474, 475
Bernstein, Regina (Gina) – 405
Besser, Karl H. Wilhelm – 136
Bevan, George Philips – 402
Biskamp, C. Elard – 144
Bismarck, Otto von – 140, 223, 224, 233, 327, 328, 350, 358, 359, 375, 391, 425, 435
Blake, Francis – 278
Blanc, Louis – 81, 84
Bodin, Jean – 172
Boisguillebert, Pierre Le Pesant de – 136, 172, 435
Bonaparte, Luís – 90, 91, 102, 148, 200, 303, 334, 353, 418

Bonaparte, Napoleão – 353, 415, 458, 459
Borgius, Walther – 457
Borkheim, Sigismund Ludwig – 264, 275
Bracke, Wilhelm – 327
Braun (F. Lassalle) – 139, 140, 143
Bray, John – 128, 380
Brentano, Lujo – 403
Bright, John – 66
Brockhaus, Heinrich – 163, 165
Brown, Willard – 352
Buchez, Philippe Joseph – 280
Büchner, Georg – 200
Büchner, Ludwig – 200, 297, 315
Bürgers, Heinrich – 161
Bürkli, Karl – 355-357
Byr, Robert (pseudônimo de Karl Robert von Bayer) – 316

Cabet, Étienne – 81
Cafiero, Carlo – 337
Calonne, Charles A. – 350
Cardano, Geronimo (Hieronimus Cardanus) – 169
Carey, Henry Charles – 88, 95, 97, 130, 229, 236, 238, 240, 265, 280, 281-289
César – 169, 244, 459
Cherbuliez, Antoine – 352
Chitas, Eduardo – 62
Cieszkowski, August – 355, 356
Clausius, Rudolf – 403
Cluss, Adolf – 90, 100
Cobden, Richard – 66, 291
Colbert, Jean-Baptiste – 435, 439
Colins, Jean Guillaume – 353, 354
Contzen, Karl Wilhelm – 230
Crompton, Samuel – 187
Cromwell, Oliver – 459
Cuvier, Georges – 243

---

1   Os nomes constantes desse índice referem-se apenas às cartas, excetuando os nomes dos autores das missivas – Karl Marx e Friedrich Engels; além disso, também não figuram aqui os nomes que aparecem na apresentação a este volume.

d'Ester, Karl Ludwig Johann – 44
Daire, Eugène – 49
Dana, Charles A. – 105, 111
Danielson, Nikolai Frantsevich – 272, 273, 300, 301, 304, 306, 307, 309, 329-331, 344, 347, 386, 388, 390, 391, 395, 397, 400, 407, 425, 434, 438, 444, 451, 464
Darimon, Alfred – 101
Darwin, Charles – 155, 168, 233, 245, 297, 315, 399, 403
Davies, John – 289, 290
Dechend, Herman F. A. – 360
Delfim (Louis Joseph François de Bourbon) – 62
Demuth, Helene – 406
Deville, Gabriel – 368, 373
De Paepe, César – 291
Dietzgen, Joseph – 275
Dolffus, Jean – 242
Domela-Nieuwenhuis, Ferdinand – 339, 366
Dühring, Eugen K. – 236-238, 240, 297, 321-323, 365, 374
Duncker, Franz Gustav – 117, 136, 139, 140, 144, 148, 165, 193, 203, 205
Dunning, Thomas J. – 184

Eccarius, Johann G. – 212
Eckard, J. – 264
Ede – ver Bernstein, E.
Ermen, Gottfried – 202, 258
Ermen, Heinrich – 258
Euler, Leonhard. – 342

Fallmerayer, Jakob Philipp – 240
Faucher, Julius – 229, 265, 267, 268
Fechner, Gustav T. – 297
Feuerbach, Ludwig – 275, 304, 418, 460
Fielden, John – 242
Fireman, Piotr – 443
Firks, Fiodor I. (Shedo-Ferroti) – 275
Fischer, Richard – 472
Flerovski, N. (V. V. Bervi) – 290, 292, 293, 299, 310, 464
Foster, John L. – 278
Fourier, Charles – 52, 53, 63, 376
Fraas, Karl N. – 235, 240, 245
Franklin, Benjamin – 136, 137
Freiligrath, Ferdinand – 115
Freywald Thüringer (Max Quarck) – 377
Fullarton, John – 138, 139, 407, 443

Ganilh, Charles – 267
Garnier, Germain – 267
Geib, August – 234
Geiser, Bruno – 429
George, Henry – 352-354
Gerhardt, Charles F. – 206
Girardin, Émile de – 101, 102
Gladstone, Robert – 172
Goethe, Johann. Wolfgang – 153

Götz, Ferdinand – 230
Gould, Jason (Jay) – 346, 413
Gray, John – 128, 137
Grimm, Jakob – 186, 243, 244
Grün, Karl – 51
Guizot, François – 87, 353, 459
Gülich, Gustav von – 460
Gumpert, Eduard – 190

Hargreaves, James – 168, 187
Harney, George Julian – 85
Harrison, Frederick – 185
Hegel, Georg Wilhelm Friedrich – 115, 155, 205, 206, 227, 238, 244, 261, 276, 297, 381, 391, 417-419, 428
Heine, Heinrich – 206
Heinzen, Karl – 89, 90
Held, Adolf – 277, 296
Hellwald, Friedrich – 315, 316
Heráclito – 140-142, 198
Hess, Moses – 47, 231, 271
Hilberg, Arnold – 227
Hilditch, Richard – 352
Hirsch, Max – 136
Hobbes, Thomas – 138, 155, 316, 417
Hofmann, August W. – 205
Hofstetten, Johann – 234
Horácio – 425
Hugo, Victor – 353
Hume, David – 67, 138, 143, 322, 323
Hutten, Ulrich von – 475
Huxley, Thomas H. – 168

Jaclard, Charles – 293
James I – 289
Janson, Julius E. – 347
Janssen, Johannes – 475
Jevons, William Stanley – 398, 401, 444
Johnston, Alexander K. – 85
Johnston, James F. W. – 85, 286
Jones, Richard – 88-89
Joule, James P. – 403

Kablukov, Nikolai Alexeievich – 347, 442
Kant, Imanuel – 417, 465
Karichev, Nicolai A. – 442
Kaufmann, Illarion I. – 79, 325, 336
Kautsky, Karl – 186, 341, 342, 349, 361, 364, 369, 374-378, 380-382, 398, 402, 405, 406, 408, 422, 429, 430, 437, 460, 473, 474
Kautsky, Louise – 406
Kelley-Wischnewetzky, Florence – 394
Kirchmann, Julius von – 376, 381
Klings, Karl – 181
Knies, Karl Gustav – 325, 443
Knowles, Alfred – 186
Königswärter, Maximilien – 101
Kovalevski, Maxim M. – 329

Kraus, Karl – 431

Krzywicki, Ludwik – 372

Kugelmann, Ludwig – 164, 192, 197, 202, 205, 208, 225, 228, 230, 238, 241, 267, 273, 277, 290, 296, 422

Labriola, Antonio – 476

Lachâtre, Maurice – 165, 303

Lafargue, Paul – 239, 293, 352

Laffite, Jacques – 350

Lalor, John – 260

Lange, Friedrich A. – 296, 297

Lankester, Edwin R. – 347

Lassalle, Ferdinand – 113, 116, 117, 124, 132, 136, 139, 140, 143, 144, 147, 149, 152, 163, 172, 173, 178, 181, 193, 198, 224, 233, 234, 277, 279, 381

Laurent, Auguste – 206

Laveleye, Émile de – 292

Lavrov, Piotr L. – 313-315, 322, 365, 371, 372, 385

LENCHEN – ver Demuth

Leske, Carl Friedrich Julius – 44

Lessing, Gotthold E. – 297

Lexis, Wilhelm – 399

Liebig, Justus von – 85, 190, 235, 315

Liebknecht, Wilhelm – 144, 147, 228, 230, 234, 271, 429

Lilienfeld-Toal, P. F. – 264

Lippe-Bielefeld, Leopold – 225

Locke, John – 137, 138, 417

Longuet, Charles – 364

Lopatin, G. A. – 272, 273, 300, 310, 313, 347, 372

Loria, Achile – 464, 471

Lord Castlereagh – ver Steward, Robert

Lord Overstone – ver Loyd, Samuel Jones

Lord Palmerston – ver Temple, Henry John

Loyd, Samuel Jones – 71, 138, 139

Lowndes, William – 137

Ludlow, John M. – 279

Luís Filipe – 200, 280, 334

Luís XIV – 136, 137, 335, 435

Luís XV – 335, 350

Luís XVI – 350

Lupus – ver Wolff, Wilhelm

Lutero, Martin – 375

Mac Culloch, John Ramsay – 88, 89, 217

MacKinley Jr., William – 425, 426

MacLaren, James – 131

Macleod, Henry D. – 236, 260

Magno, Carlos – 468

Malthus, Thomas R. – 66, 84, 88, 96, 155, 283, 316, 343

Maria Antonieta – 62

Marx, Eleanor – 127, 310, 366, 369, 372, 385, 399, 405, 406

Marx, Jenny – 165, 168, 187, 364

Marx, Laura – 239, 372

Maurer, Georg L. von – 239-241, 243

Mayer, Julius R. – 403

Mayer, Karl – 232-234

Meissner, Otto – 191, 196, 197, 199, 200, 201, 209, 210, 224-227, 229-231, 271, 278, 296, 298

Mendelssohn, Moses – 297

Menger, Anton – 444

Merck, Ernst – 109, 110

Meyer, Gustav – 241

Meyer, Rudolf Hermann – 226, 364, 377, 452

Meyer, Siegfried – 199, 264, 299

Michaelis, Otto – 229

Mignet, François – 459

Mikhailovski, Nikolai K. – 329, 464

Mill, James – 88, 138, 260, 352

Mill, John Stuart – 88, 185, 212, 291, 313, 352

Moleschott, Jakob – 122, 315

Monteil, Amans Alexis – 292

Montesquieu (Charles-Louis de Secondat) – 138, 143

Moore, Samuel – 206, 212, 309, 310, 385, 396, 408

Morgan, Lewis H. – 375, 459

Morley, John – 270, 274

Möser, Justus – 240, 244

Münzer, Thomas – 474

Nasmyth, James – 163

Necker, Jacques – 350

Newmarch, William – 72

Nowairi ou Novaïri – 95

Oppenheim, Max – 422

Orange, William de – 417

Owen, Robert – 53, 128, 183, 242

Peabody, George – 103

Pease, Edward – 401

Pereire, Isaac – 102, 350

Pereire, Jacob – 350

Petty, William – 67, 126, 136, 278, 289, 323

Píndaro – 151, 336

Pirscher – 48

Platão – 474

Plekhanov, G. V – 348, 372, 441, 463

Poliakov, N. P. – 272, 310

Prendergast, John P. – 289

Price, Richard – 82

Proudhon, Pierre-Joseph – 50-64, 81, 83, 84, 90, 91, 101, 143, 201, 232, 243, 274, 280, 285, 352, 379, 380, 385, 438

Puchkin, Alexander – 427, 428

Pulszki, Franz – 100

Quarck, Max – ver Freywald Thüringe

Quesnay, François – 155, 174, 175, 178, 472

Raffles, Thomas Stamford Bingley – 99

Ranke, Johannes – 401

Reclus, Élie – 165, 231

Reclus, Elisée – 165

Reincke, Peter A. – 230
Ricardo, David – 65, 69-71, 79, 87-89, 96, 118, 123-125, 127, 136, 138, 142, 143, 153, 159, 162, 173, 174, 214, 237, 238, 269, 278, 281, 283-285, 287, 288, 307, 321, 326, 339, 352, 374
Rittershaus, Emil – 225
Robespierre, Maximilien – 84, 280
Rodbertus, Johann Karl (Jagetzow) – 152, 153, 364, 373, 374, 376-378, 381, 382, 385, 390, 391, 438
Rogers, James E. T. – 444
Roscher, Wilhelm – 152, 153, 216, 229, 230, 236-238, 399
Rosher, P. W. – 386-388, 395, 408, 428, 448
Rothschild, James – 51
Rousseau, Jean-Jacques – 84
Roy, Joseph – 165, 304
Rubel, Maximilien – 62, 122
Ruge, Arnold – 142

Saint-Simon (Claude-Henri de Rouvroy) – 53
Samter, Adolf – 353
Sasonow, Nicolai I. – 149
Say, Jean-Baptiste – 88, 138, 141
Schäffle, Albert E. – 342, 350, 351
Schily, Victor – 231
Schmalz, Theodor A. H. – 266, 267
Schmidt, Conrad – 399, 411, 418, 431, 444, 465, 470, 471, 473
Schönbein, F. – 190
Schorlemmer, Carl – 213, 235, 376, 399
Schott, Sigmund – 326
Schramm, Karl A. – 339, 356, 382
Schulze-Delitzsch, Franz Hermann – 172, 193, 381
Schweitzer, Johann Baptist von – 90, 224, 234, 254, 255
Seidlitz, Georg von – 315, 316
Senior, Nassau William – 88, 89, 123, 209, 210, 295
Shaw, G. Bernard – 401
Shedo-Ferroti – ver Firks, F.
Shmuilov, Vladimir I. – 450
Siebel, Karl – 198, 225, 229
Sieber, Nikolai I. – 307, 329, 347
Simon, Ludwig – 101
Singer, Paul – 449
Sismondi, Jean-Charles-Léonard Simonde de – 96, 136, 352
Smith, Adam – 56, 79, 89, 98, 123, 124, 136, 138, 151, 159, 162, 163, 172, 174, 237, 253, 261, 262, 267, 326, 339, 427
Smith, Goldwin – 290
Soetbeer, Adolf G. – 359, 409, 412
Sombart, Werner – 471, 473
Sorge, Friedrich A. – 305, 319, 352, 367, 389, 393, 396, 421, 455
Sosnowski, Kasimierz – 372
Spencer, Herbert – 260
Spinoza, Baruch – 297
Starcke, C. N. – 418
Starkenburg, Heinz – 457
Steele, Richard – 138

Steuart, James – 127, 136-138, 261
Stepney, Cowell – 277
Steward, Robert – 137
Stirling, James H. – 261
Stoecker, Adolf – 350, 351, 364
Swinton, John – 352

Tácito, Publius Cornelius – 244
Tchernychevski, Nicolai – 273, 299, 307
Tchitcherin, Boris N. – 329
Temple, Henry John – 127
Thierry, Augustin – 87, 459
Tooke, Thomas – 72, 102, 124, 138, 261, 407, 443
Torrens, Robert – 88
Torricelli, Evangelista – 458
Tucídides – 152, 399
Turati, Filippo – 476
Turgot, A. Robert Jacques – 261, 324, 350
Tussy – ver Marx, Eleanor

Ure, Andrew – 151
Urquhart, David – 127, 239

Vanderbildt, William Henry – 346, 413
Vauban, Sébastien le Prestre de – 172, 435
Vaucanson, Jacques de – 170
Vischer, Friedrich Theodor – 117
Vogt, Karl – 148, 232, 233, 315
Vorontsov, Vasily P. – 441

Wade, John – 87
Wagner, Adolf – 296, 377
Wakefield, Edward Gibbon – 88, 287, 289
Walpole, Spencer H. – 204
Watts, John – 191
Webb, Beatrice – 401
Webb, Sidney – 401
Weiss, Guido – 234
Weston, John – 183-185
Weydemeyer, Joseph Arnold – 48, 87
Whately, Richard – 48, 87, 136
Wigand, Otto – 197, 201, 209, 210
Williams, A. – 307, 336
Willis, Robert – 168
Wilson, James – 138, 139
Wirth, Max – 229
Wolf, Christian – 465
Wolf, Julius – 431-433
Wolff, Wilhelm (Lupus) – 106, 111, 214
Wurtz, Charles A. – 206

Young, Arthur – 289
Young, Edward – 402

Zack, L. – 463
Zassulitch, Vera – 348, 372
Zhukovsky, J. L. – 306, 329, 436